Ernst Doblhofer
Die Entzifferung alter Schriften und Sprachen

Reclam

Dem Andenken meiner Eltern

RECLAM TASCHENBUCH Nr. 20415
Alle Rechte vorbehalten
© für die neubearbeitete Ausgabe: 1993, 2016
Philipp Reclam jun. GmbH & Co. KG, Stuttgart
© Paul Neff Verlag KG, Wien 1957. Mit Genehmigung der
Verlagsunion Pabel-Moewig KG, Rastatt
Umschlaggestaltung: ZERO Werbeagentur, München,
Umschlagabbildung: © istockphoto / Jan Rihak
Gesamtherstellung: Reclam, Ditzingen. Printed in Germany 2016
RECLAM ist eine eingetragene Marke der
Philipp Reclam jun. GmbH & Co. KG, Stuttgart
ISBN 978-3-15-020415-3

www.reclam.de

Inhaltsverzeichnis

Vorwort 7

I »Schriftliches« zur Einführung 9
II Das Rätsel der Sphinx: Die Entzifferung der ägyptischen Schrift 44
III Auramazdā lieh mir Beistand: Die Entzifferung der altpersischen Keilschrift 101
IV In Keilschrift auf sechs Ziegelstein': Die Entzifferung der mesopotamischen Keilschriften . . . 144
V Keil und Bild im Lande Hatti: Die Deutung des Keilschrifthethitischen und die Entzifferung der hethitischen Hieroglyphen 184
VI Streitwagen und Becher: Die Entzifferung der kretisch-mykenischen Linearschrift B 251
VII Entzifferungen und Deutungen von heute und morgen: Das Etruskische, die Indus- und die Osterinselschrift 296

Anmerkungen 323

Literaturhinweise 327

Abbildungsnachweis 344

Register 345

... der Vater aber liebt,
Der über allen waltet,
Am meisten, daß gepfleget werde
Der feste Buchstab und Bestehendes gut
Gedeutet ...
> *Hölderlin*, Patmos

Vorwort

Dieses Buch ist aus der Liebe zu den Sprachen und Schriften und zu den Geheimnissen entstanden, welche die Wunderwelt der Sprache und das Zauberreich der Schrift noch immer bergen. Es gewährt einen Einblick in den Gang mehrerer großer Schriftentzifferungen und Sprachdeutungen, die es leicht faßlich, aber eingehend und Schritt für Schritt ihrem historischen Ablauf folgend darstellt. Außerdem erzählt es vom Leben der Entzifferer und Deuter, die ja in der Fachliteratur nur mit dem bloßen Namen erscheinen, und läßt den Leser an ihrem Werdegang, ihrem Ringen mit allen Rückschlägen und Erfolgen, an Glück und Leid der Forscher und der Forschung teilnehmen.
Die Erstfassung des Buches erschien 1957 unter dem Titel *Zeichen und Wunder* in Wien, eine überarbeitete Version als dtv-Taschenbuch 1964 in München, ein von mir nicht autorisierter, unveränderter Nachdruck der Erstauflage von 1957 im Jahre 1990 in Augsburg. Übersetzt wurde es ins Französische (Paris 1959), Englische (London und Toronto 1961; New York 1961), Portugiesische (São Paulo 1962), Ungarische (Budapest 1962), Russische (Moskau 1963), Japanische (Tokio 1964), Holländische (Amsterdam 1966), Italienische (Brescia 1970) und Tschechische (Bratislava 1972). Auch diese Übersetzungen, deren manche von den Übersetzern den Erfordernissen und Gegebenheiten der Erscheinungsländer angepaßt wurden, liegen nun schon Jahrzehnte zurück; um so dankbarer bin ich dem Reclam Verlag für das Angebot, diese Neubearbeitung herauszubringen. Dabei wurden drei Kapitel der Originalversion, die von der Entzifferung entlegenerer Schriften (des ugaritischen Keilschriftalphabets, der ›Pseudohieroglyphen‹ von Byblos, der zyprischen Silbenschrift, der alttürkischen Runenschrift) handelten, weggelassen, alle übrigen auf den Stand von 1991 gebracht.

In dem Bemühen um wissenschaftliche Korrektheit in den einschlägigen Disziplinen (Vergleichende Sprachwissenschaft, Linguistik, Ägyptologie, Orientalistik, Hethitologie, Mykenologie, Ozeanistik, Völkerkunde) haben mich namhafte Gelehrte aus aller Welt mit Ratschlägen, eigenen Arbeiten und autobiographischem Material unterstützt. Mit einigen Großen einer dahingegangenen Generation von Entzifferern war mir noch persönlicher Kontakt vergönnt: mit meinem verehrten Lehrer Wilhelm Brandenstein, mit Helmuth Th. Bossert, unter dessen Leitung ich an Grabungskampagnen in Südanatolien teilnehmen durfte, mit Piero Meriggi. Brieflich halfen u. a. die Entzifferer Thomas S. Barthel, John Chadwick, Edouard Dhorme, Ignace J. Gelb; ferner die ›Schriftgelehrten‹ Hans Jensen und Johannes Friedrich, der Ägyptologe Sir Alan H. Gardiner, der Indo-Iranist Manfred Mayrhofer, die Freunde Anton Jirku in semitistischen und Heinz Kronasser in hethitologischen Fragen. Allen Genannten gilt auch heute mein bleibender Dank. Bei der vorliegenden Neubearbeitung kamen mir das reiche Fachwissen und die stete Hilfsbereitschaft folgender Kollegen zustatten: Thomas S. Barthel, Tübingen; Kurt Jaritz, Fritz Freiherr Lochner von Hüttenbach, beide Graz; Manfred Mayrhofer, Wien; Hermann Mittelberger, Graz; Günter Neumann, Würzburg. Gegenüber diesen großzügigen Helfern beanspruche ich das alleinige Urheberrecht an etwa stehengebliebenen Irrtümern und Mängeln.
Die Herren Dr. Bernhard Scholz und Dr. Christian Zinko stellten mir in zuvorkommender Weise Fachliteratur bereit; den Zugang zu entlegeneren Werken erleichterten mir die Direktorin der Grazer Universitätsbibliothek, Frau Hofrätin Dr. Sigrid Reinitzer, und ihre Mitarbeiterinnen und Mitarbeiter. Ihnen allen sei auch hier verbindlicher und herzlicher Dank gesagt.

Graz, März 1992   *Ernst Doblhofer*

I

»Schriftliches« zur Einführung

> Gesegnet sei, wer die Schrift erfand.
> *Jean Paul,* nach einem
> frommen Spruch der alten Inder

»Von Anfang her war es das Wort, der göttliche Funke ordnender Rede, welches den Menschen unbedingt über alle anderen Lebewesen auf dieser Welt erhob. Das Wort gewährte ihm, Mitmenschen an eigenem Denken und Fühlen teilhaben zu lassen und sie zur Gemeinschaft zu rufen. Doch blieb das Wort, auch wenn es als Botschaft über größere Räume getragen und als Satzung nachwachsenden Geschlechtern weitergegeben werden konnte, letzten Endes nach Raum sowohl wie Zeit in engen Grenzen eingeschrankt. Denn Botschaft wie Satzung waren der Willkür des Übermittelnden preisgegeben, und nichts konnte die getreuliche Bewahrung des erstgesprochenen Wortes gewährleisten. Solches war erst erreicht, als der Mensch die Schrift fand.«[1]
Die Schrift gehört keineswegs zu den ältesten Erfindungen, wohl aber zu den umwälzendsten Neuerungen, welche die Menschheit im Kulturprozeß je hervorgebracht hat, und sie wird bestehen, wenngleich der oberflächliche Beobachter meinen konnte, daß die zeitgenössische Tendenz, die vom geschriebenen Wort, vom geistigen Erfassen und Verarbeiten weg und zum gesprochenen Wort, zur bloßen Überhäufung mit akustischen und optischen Reizen hinstrebt, auch der Schrift ihre jahrtausendealte Herrscherrolle streitig machen könnte.
Das Gegenteil ist eingetreten. Zwar haben Telefon und Sprechfunk, Diktaphon und Audiokassette das eigenhändige Schreiben stark eingeschränkt; gar das Schönschreiben, einst ein Lehr- und Lernziel des Elementarunterrichts, wird kaum

mehr gepflegt, und auch dem gedruckten Buch hat schon 1962 der kanadische Philosoph M. McLuhan »das Ende des Buchzeitalters« prophezeit. Doch haben die mannigfachen Kopierapparate, haben Computer und elektronische Datenverarbeitung der – wenn auch nun mechanisierten – Schrift zu einem neuen, beispiellosen Siegeszug verholfen, sind doch selbst Mikrochips im Grunde genommen nur eine technische Verbesserung gegenüber den Tontäfelchen,[2] auf denen die frühen Hochkulturen zu schreiben begannen.
Die Schrift ermöglicht dem denkenden Menschen die Besinnung auf sich selbst.
Erst die Schrift erlaubte ihm das kollektive, spekulative Denken über seinen Ursprung, sein Wesen und den Sinn seines Daseins. Erst durch sie wurden die Hochkulturen und die Philosophien, durch sie die großen Religionen der Menschheit überhaupt möglich; sie war der Kitt, dessen sich die Gründer und Baumeister großer Reiche bedienten; auf ihr erst beruht die Geschichte als Wissenschaft; auf ihr auch der gewaltige Aufschwung aller anderen menschlichen Wissenszweige, nicht zuletzt der Naturwissenschaften; ganz zu schweigen von der unermeßlichen Fülle anderer Kultur- und Zivilisationsgüter, die sie der Menschheit beschert hat und die ohne sie nicht denkbar wären.
Wie der bekannte englische Kulturhistoriker Arnold Toynbee in einem seiner letzten Bücher[3] hervorhebt, hat der Mensch von seiner gesamten Existenz auf Erden, deren Dauer man heute mit 600 000 bis 1 000 000 Jahren beziffert, den weitaus größten Teil als »Primitiver« verlebt. Erst im Gefolge des »jüngsten« Aufblühens der Kulturen in den letzten 6000 Jahren wurden die verschiedenen Verfahren zum Abfassen und Aufbewahren schriftlicher Aufzeichnungen erfunden, einer Kunst, die dem Menschen erst das Bewußtsein von der »philosophischen Gleichzeitigkeit« aller Menschengenerationen vermittelt. Mit ihrer Hilfe erst kann er gewahren, daß »alles schon dagewesen« ist, daß es »nichts Neues unter der Sonne« gibt – aber auch in die Abgründe vergangenen Leides

hinabsteigen, an den Hochflügen des Menschengeistes teilnehmen und die Schätze nützen, die zahllose Geschlechter im Wandel der Zeiten aufgehäuft, behütet und bewahrt haben, um am Ende, bereichert durch unveräußerliche geistige Erkenntnis und seelischen Gewinn, das Bild vom Menschen in seiner ganzen Größe und Vergänglichkeit zu erfassen, »Größe und Elend« des Menschen, wie der französische Denker Pascal es genannt hat, zu ermessen.
Das Wissen um den ungeheuren Wert der Schrift war in grauer Vorzeit ungemein lebendig und fand bei den orientalischen Völkern seinen Niederschlag in einer Reihe von Mythen, die den göttlichen Ursprung der Schrift verkündeten. Der babylonische Nebo und der ägyptische Thot sind solche »Schreiber«-Götter und damit zugleich Herren über die menschlichen Schicksale, die sie aufschreiben »mit dem Griffel des Geschickes«. Den Juden gilt die Schrift der ersten zerbrochenen Bundestafeln (Exod. 31,18) als »Gottesschrift« im Gegensatz zur »Menschenschrift«, von der Jesaia 8,1 die Rede ist. Der Islam lehrt, daß Gott selbst die Buchstaben schuf und sie Adam mitteilte, aber selbst den Engeln vorenthielt. Und auch die christlichen Kirchen haben ihre Heiligen, die als Schöpfer und Erfinder der Schrift tätig sind; so schaffen der hl. Mesrop und der Katholikos Sahak das armenische Alphabet, eine neue Schrift, die sogleich durch eine darin niedergelegte Bibelübersetzung geheiligt wird. Bekannter sind die Schriftschöpfungen der Heiligen Kyrill und Method sowie des Wulfila.
Die alten Griechen freilich stehen dazu in dem bezeichnenden Gegensatz, in dem sich der Unterschied zwischen Orient und Okzident spiegelt: sie allein feiern in ihrer reichen Überlieferung wohl eine Reihe von Schrifterfindern, doch sind diese gepriesenen Schöpfer fast durchwegs Menschen; kaum einmal findet sich ein Gott darunter, und als solcher wird vor allem Hermes genannt, der findige und so vielseitige Gott, dem unter anderem, aber nicht primär, die Erfindung der Schrift zugeschrieben wird.

Galt bis in die jüngste Vergangenheit unbestritten die Ansicht, alle Schrift habe sich aus der bildlichen Darstellung von Gedachtem entwickelt und sei den vom Orient vorgezeichneten Weg »vom Bild zum Buchstaben« gegangen, so deutet heute manches darauf hin, daß auch der Buchstabe von Anfang an da war, daß in den Hirnen hervorragender einzelner Schöpfer »westlicher« Schriften (der anatolischen, »alpinen« und vielleicht auch der altiberischen) die Großtat der Entdeckung des Einzellautes schon vollbracht war, als es bei der Übernahme und Umgestaltung des phönizischen Alphabets durch die Griechen zur wahrhaft welthistorischen West-Ost-Begegnung kam.[4]

Es gibt an die vierhundert derzeit bekannte Schriften, wobei aber weder die sogenannten Vorstufen der Schrift noch die geringfügigen Abarten ein und derselben Schriften mitgezählt sind. Der Europäer beispielsweise kennt in der Regel etwa die griechischen Schriftzeichen. Von den Keilschriften, die den meisten unbekannt und unverständlich sind, wußte man doch wenigstens das Lied vom »Schwarzen Walfisch zu Askalon« zu singen – »da bracht' der Kellner Schar in Keilschrift auf sechs Ziegelstein' dem Gast die Rechnung dar«. An und in Kirchen oder Synagogen sind hebräische Lettern zu sehen; der Westeuropäer weiß in der Regel von der Existenz der kyrillischen Schrift der Slawen, er entsinnt sich vielleicht vom Markensammeln her der so weit verbreiteten arabischen Schrift und hat den Blick auf den chinesischen und japanischen Schriftzeichen ruhen lassen, die ihm als Legenden zu fernöstlichen Malereien und Zeichnungen entgegentraten; das Fernsehen führt heute viele fremde Schriften vor Augen. Eine nicht ferne Zeit hat im deutschsprachigen Raum auch versucht, das Interesse an den Runen wieder künstlich zu wecken, ohne freilich deren Kenntnis wirklich zu fördern. Daß aber, um hier anzuknüpfen, nicht nur die alten Germanen, Skandinavier und Angelsachsen, sondern auch die alten Türken und die alten Ungarn mit Runen schrieben (manche Forscher behaupteten dasselbe sogar von den alten Slawen),

daß viele Völker ihre Sprachen überhaupt nicht in Buchstaben, sondern in Bildern, Wortzeichen, Silbenzeichen oder gar in einem Gemisch von Wort-, Silben- und Lautzeichen niederlegten, daß es schließlich Schriften gibt, die man heute zwar lesen, aber trotz langjähriger Forschungsarbeit noch immer nicht verstehen kann, und andere, die noch nicht einmal gelesen werden können – dies alles ist gewiß weniger bekannt und wurde hier nur angeführt, um anzudeuten, wie weit und mannigfaltig das Feld ist, auf das man sich begeben muß, wenn man die Geschichte der Entzifferung einzelner Schriften verstehen will.
Es gilt nun einige Begriffe zu erklären, deren sich die Darstellung immer wieder bedienen wird.
»Schrift« im eigentlichen Sinne liegt vor, wenn zwei Merkmale gegeben, zwei Voraussetzungen erfüllt sind: wenn nämlich einerseits zeichnerische Tätigkeit im weitesten Sinne ausgeübt (Malen, Kratzen, Ritzen, Kerben u. dgl.) und andererseits der Zweck der Mitteilung angestrebt wurde, und zwar entweder der Mitteilung an andere oder aber – als Gedächtnisstütze – an den Schreiber selbst. Bei vollentwickelten Schriftsystemen kommt ein drittes Merkmal dazu: die verwendeten Zeichen stehen in einer bestimmten, durch Konvention fixierten Beziehung zu der Sprache, die sie ausdrücken.
Wo es sich um keinerlei Tätigkeit im Sinne der erstgenannten Merkmale handelt, der Zweck der Mitteilung aber mit anderen Mitteln erreicht wird, sprechen die Forscher von der sogenannten *Gegenstandsschrift*, der ersten und ursprünglichsten Vorstufe zur eigentlichen Schrift. Solche Gegenstandsschriften stellen die vielgenannten *Kerbstöcke* oder *Kerbhölzer* dar, die zu allen Zeiten und bei den verschiedensten Völkern verwendet wurden und noch werden und meist zum Festhalten von Zahlangaben dienen. Man bedient sich der Kerbstöcke vor allem als Kalender, indem man die Anzahl der Tage, Wochen usw. eingräbt; doch gibt es in Kerbholzform auch regelrechte Schuldenlisten und Verzeichnisse, von

denen abzulesen ist, »wieviel einer auf dem Kerbholz hat«; ein Dokument von nicht zu widerlegender Beweiskraft übrigens, wenn es in der Form geführt wird, daß man den Kerbstock, auf dem die Anzahl der geschuldeten Geldeinheiten eingekerbt ist, hinterher spaltet, so daß der Gläubiger die eine Hälfte, das »Original«, behält, der Schuldner hingegen die andere, die »Kopie«, an sich nimmt. Den Leugner kann man durch das Aneinanderpassen der beiden Hälften im Bedarfsfalle schnell und leicht überführen, den Zweifler überzeugen.

Um Gegenstandsschrift handelt es sich auch bei den *Botenstäben*, die man nicht nur aus dem alten Europa, wo sie sich bis in die jüngste Vergangenheit herauf verfolgen lassen, sondern vor allem auch aus Australien und dem alten China kennt. Sie werden, wie der Name sagt, Boten mitgegeben und sind mit verschiedenen eingekerbten Zeichen versehen. In der einfachsten Form dienen schlichte Kerben auf dem Stock nur als Gedächtnisstütze für den Boten, der sich daran der Zahl seiner Aufträge entsinnen soll. Höher entwickelte Botenstäbe tragen vereinbarte Zeichengruppen und Kerben, mit deren Hilfe bestimmte Bedeutungsinhalte ausgedrückt werden können.

Wohl das bekannteste und zugleich eines der eigenartigsten Beispiele für Gegenstandsschrift bilden die *Knotenschnüre*, und unter ihnen wieder die *Quipus* der alten Inkas, der einstigen Herren des heutigen Peru. Daß wir die Quipus hier als Beispiel für die Knotenschrift bringen, besagt allerdings keineswegs, daß es sie nur bei den Inkas gegeben hätte. Schon der chinesische Weise Laotse hat auf die Rolle hingewiesen, die der Knotenschrift im alten China als Verständigungsmittel zukam; einen Kalender in Knotenschrift einfachster Art empfiehlt schon der Perserkönig Dareios den Joniern bei Herodot (IV,98); der katholische Rosenkranz ist, technisch gesehen, eine Knotenschnur, und in der Gegenwart gibt es Knotenschnüre und ähnliche Gedächtnishilfen bei gewissen Stämmen von Hainan und Bengalen, auf den japanischen Riukiu-

Inseln wie in Polynesien, in Mittel- und Westafrika, in Kalifornien und Südperu; zur Nachrichtenübermittlung dienen noch jetzt auf den Salomonen, den Karolinen und den Marquesasinseln Schnüre mit Knoten und Schlingen darin.

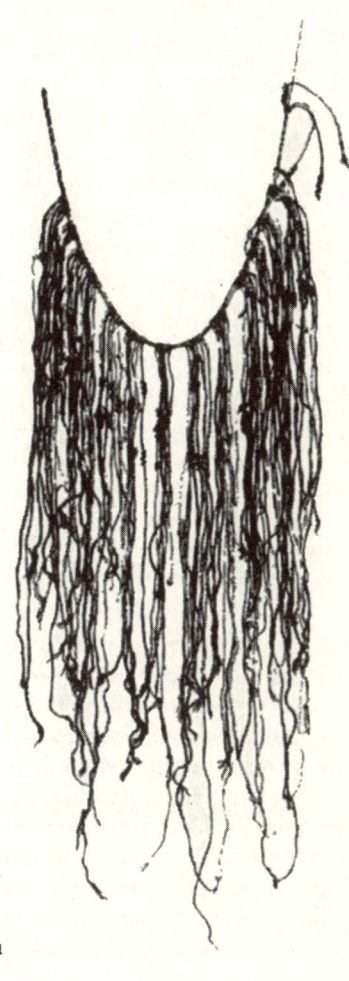

Abb. 1
Quipu (Knotenschnur) aus Peru

»Schriftliches« zur Einführung

Abb. 2
Inka Tupac Yupangui nimmt den Bericht eines seiner Gouverneure entgegen (der ihn vom Quipu abliest)

Am besten ist man jedoch über die Quipus unterrichtet, obwohl man auch von diesen nicht einmal ganz sicher weiß, ob der allgemeine Inhalt dieser Schnur-Urkunden wirklich nur Zahlangaben verschiedenster Art waren. Man war lange dieser Ansicht, und sie leuchtet auch im Hinblick auf das Material und seine Ausdrucksmöglichkeiten am ehesten ein. Ein Quipu besteht aus einer starken Hauptschnur und einer Anzahl daran befestigter Fäden. Die Bedeutung der Knotenschrift hängt ab von der Farbe der Fäden, der Beschaffenheit und Zahl der Knoten sowie ihrer Entfernung von der Hauptschnur, der Reihenfolge der Fäden und ihrer Verschlingung untereinander. Die quantitativen Ausdrucksmöglichkeiten eines solchen Quipu waren erstaunlich; man hat – durchwegs in Gräbern – recht gewichtige gefunden, darunter einen von beinahe vier Kilogramm! Nun läßt sich ja denken, daß die verschiedenen Stellungen, Bindungen und Farben der Fäden und Knoten eine ganze Reihe von Kombinationen zulassen; dennoch ist schwer einzusehen, wie man komplizierte Gedankeninhalte in Satzform darin hätte wiedergeben können. Hier werden eben die Grenzen einer solchen Gegenstandsschrift offenbar, und darum glaubte man auch, wie erwähnt, lange Zeit an den ausschließlichen Zahlencharakter des Inhalts der Quipus. Man stützte sich dabei nicht zuletzt auch auf das Zeugnis des alten Chronisten Garcilaso de la Vega, übrigens einer interessanten Persönlichkeit, des Sohnes eines spanischen Hauptmanns und einer eingeborenen Fürstentochter. Dieser Garcilaso hatte in seiner zu Cordoba 1617 erschienen *Allgemeinen Geschichte von Peru* ausdrücklich erklärt, die Peruaner hätten an den Quipus zwar die Zahl der Gefechte, Gesandtschaften und königlichen Verordnungen ablesen, den Inhalt der Botschaften aber und den Wortlaut nicht mittels der Knotenschnüre ausdrücken können. Nun geht jedoch eine neue, von namhaften Forschern aufgestellte und noch nicht widerlegte These dahin, daß die Quipus keine eigentlichen statistischen Angaben, sondern vielmehr magische Zahlenkombinationen, basierend auf astronomischen (d. h. hier mit der Astronomie zusammenhängenden) Zahlen, enthielten, die den Toten ungestörte Ruhe sichern sollten. Beide Annahmen dürften wohl zu Recht bestehen, und die letztere ist ja auch kein wesentlicher Schritt über die Theorie vom Zahlencharakter der Quipus hinaus, sondern würde sie im Prinzip nur bestätigen.

Weniger bekannte Vertreter der Gegenstandsschrift sind die *Wampumgürtel* der nordamerikanischen Indianer. Solche Gürtel bestehen aus vier oder mehr nebeneinanderliegenden Schnüren, auf denen in der Mitte durchlochte, ovale Scheibchen aufgereiht sind, die man aus bunten Muscheln herausgesägt hat. Diese Muscheln nannten die Irokesen Wampum. Da man nun der Farbe der Muscheln eine besondere Bedeutung zuschrieb (Schwarz oder Violett kündete Gefahr oder Feindschaft, Rot Krieg, Weiß Glück und Frieden), wurde es möglich, daß ein Stamm dem anderen regelrechte Botschaften in

Abb. 3 »Penn«-Wampumgürtel der Leni-Lenape

Form solcher Gürtel übersenden konnte. Unsere Abbildung 3 stellt das klassisch gewordene Exemplar dieser Gattung dar, den berühmten Penn-Wampum (jetzt im Besitz der Historischen Gesellschaft von Pennsylvania). Dieser wurde im Jahre 1682 von dem Indianerstamm der Leni-Lenape dem bekannten Gründer Pennsylvaniens, William Penn, übergeben. Der Gürtel ist weiß; in der Mittel zeigt er zwei schwarze Gestalten. Die linke ist ein Indianer, der eben dem Europäer (gekennzeichnet durch den Hut) die Hand reicht. Die historische Rolle dieses Gürtels bestand darin, daß er gleichsam das Siegel auf das Freundschaftsbündnis darstellte, das 1682 zwischen Penn und den Delawaren geschlossen wurde.

Eine letzte Gruppe der Gegenstandsschriften bilden die sogenannten *Gegenstandsbriefe*, für die in neuerer Zeit verschiedene westafrikanische Negerstämme die bekanntesten Beispiele geliefert haben. So zeigt Abbildung 4 einen solchen Brief, *»aroko«*, der Jebu-Neger, wie ihn H. Jensen im Anschluß an K. Weule mitteilt und erklärt. »Es ist ein ›Brief‹, den ein schwer Erkrankter an seine Freunde und Verwandten schickte, und der folgendermaßen zu ›lesen‹ ist: ›Die Krankheit verläuft ungünstig, sie wird immer schlimmer. Unsere einzige Hoffnung steht bei Gott‹«.[5] Nach welchen Grundsät-

zen und mit welchen Mitteln die »Lesung« vorzunehmen ist, verrät leider keiner der beiden genannten Forscher.
Ein solcher Gegenstandsbrief kann, wie aus Abbildung 4 und

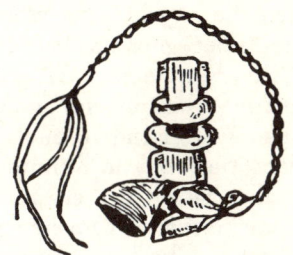

Abb. 4
»Aroko« der Jebu
(nördlich von Lagos, Nigeria)

der angeführten »Lesung« klar ersichtlich ist, natürlich auf verschiedene Weise ausgelegt werden und ist als Mitteilung doch recht unzulänglich. Der beste Beweis dafür scheint zu sein, daß dies offenbar auch von den »Schreiber«-Völkern solcher Briefe selbst erkannt und empfunden wurde, so daß sie einen überaus interessanten Schritt darüber hinaus taten, dessen Wesen und Bedeutung im Zusammenhang mit den eigentlichen Schriften noch ausführlicher erläutert werden wird. Sie verliehen nämlich gewissen solchen »Briefen« den Charakter eines Laut-Rebus, wofür H. Jensen wieder, diesmal im Anschluß an Gollmer, recht aufschlußreiche Beispiele bringt. »So hat bei den Joruba« (gleichfalls in Nigeria) »eine Menge von sechs Kaurimuscheln zunächst die Bedeutung ›sechs‹ = *efa*. Da aber *efa* auch ›angezogen‹ bedeutet (von *fa* ›ziehen‹), so hat eine Schnur mit sechs Kaurimuscheln, von einem jungen Mann an ein Mädchen gesandt, den Sinn: ich fühle mich zu dir hingezogen, ich liebe dich. Acht Kaurimuscheln bedeuten ›acht‹ = *ejo*. Das gleiche Wort heißt auch ›übereinstimmend‹ (von *jo* ›übereinstimmen, gleichen‹); demgemäß bedeutet eine Sendung von acht Kaurimuscheln seitens des Mädchens an den Freier: ich fühle wie du, bin einverstanden«.[6]

»Schriftliches« zur Einführung

Um nun aber nicht den Eindruck zu erwecken, solche Gegenstandsbriefe seien auf Afrika und die jüngere und jüngste Gegenwart beschränkt, soll abermals Herodot mit einer Episode aus dem Feldzug des persischen Großkönigs Dareios I. gegen die Skythen zu Wort kommen. Herodot wie auch Dareios begegnen uns bereits zum zweitenmal – und es ist in der Tat erstaunlich, wie eng beider Namen mit der Schriftgeschichte verknüpft sind und wie viel wir beiden, dem griechischen Weltreisenden und dem persischen Eroberer und Reichserneuerer, an Kenntnissen darüber verdanken. Herodot also hat an der erwähnten Stelle (IV,131–133) die berühmte Nachricht vom ersten Gegenstandsbrief in der abendländischen Überlieferung aufbewahrt:

»Endlich war ... die Not im Heere des Dareios groß, und die Könige der Skythen, die das wußten, schickten einen Herold mit Geschenken an Dareios: mit einem Vogel, einer Maus, einem Frosch und fünf Pfeilen. Die Perser fragten den Boten, was diese Geschenke bedeuteten. Er aber sagte, er habe keinen weiteren Auftrag, als die Geschenke zu übergeben und schleunigst zurückzukehren. Die Perser sollten nur, wenn sie klug genug seien, den Sinn der Geschenke selber erraten. Da hielten denn die Perser Rat.

Die Meinung des Dareios war, die Skythen ergäben sich und brächten sinnbildlich Erde und Wasser, denn die Maus wohne in der Erde und nähre sich vom Getreide wie der Mensch, der Frosch lebe im Wasser, der Vogel gleiche dem Roß, und mit den Pfeilen übergäben sie ihre Kriegsmacht.

Diese Erklärung gab Dareios. Gobryas aber ... war anderer Meinung und erklärte die Geschenke folgendermaßen: ›Wenn ihr euch nicht als Vögel zum Himmel erhebt, ihr Perser, oder wenn ihr euch nicht als Mäuse in die Erde verkriecht, oder wenn ihr nicht als Frösche in die Sümpfe springt, so treffen euch diese Pfeile, und ihr seht die Heimat nicht wieder.‹« (Übers. A. Horneffer.)

Der wesentliche Schritt über die hier vorgeführten Entwicklungsstufen hinaus wird dann getan, wenn zwei der drei

»Schriftliches« zur Einführung 21

Merkmale, von denen oben die Rede war, gegeben sind, das heißt also, wenn zeichnerische Tätigkeit (im weitesten Sinne) zum Zwecke der Mitteilung oder Erinnerung ausgeübt wurde. Die Anfänge jedes solchen Zeichnens, Malens, Ritzens, Kerbens usw. sind in der Geschichte der Kunst zu

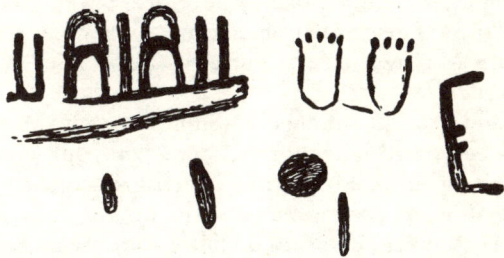

Abb. 5 Felszeichnung aus der Pasiega-Höhle

suchen. Gewisse Felszeichnungen reichen nämlich in graueste Vorzeit hinab, und unter ihnen finden sich manche, denen mit größter Wahrscheinlichkeit Schriftcharakter zugesprochen werden muß, z.B. die Zeichnung (Abb. 5), die man 1911 in der Pasiega-Höhle in Nordspanien fand. Der Schrifthistoriker Hans Jensen deutet sie folgendermaßen: »Links oben scheinen Höhlenräume dargestellt zu sein, rechts daneben mag das Fußpaar den Begriff des Gehens nach der Höhle versinnbildlichen, und das unbekannte Zeichen ganz rechts mag entweder ein Verbot oder eine Aufforderung, zur Höhle zu gehen, bezeichnen.«[7]

»Schriften« dieser Art faßte man früher unter dem allgemeinen Namen *Bilderschrift* zusammen. Da dieser Ausdruck jedoch zu umfassend und daher irreführend ist, unterscheidet man heute zwischen *Bilderschrift im engeren Sinne (Piktographie)* und der *Ideenschrift (Ideographie)* als einer höheren Entwicklungsstufe der Bilderschrift. Piktographie liegt vor, wenn ein Bild nichts anderes als den Gegenstand versinnbildlichen soll, den es darstellt; wenn man also etwa einen Kreis mit Strahlenkranz für den Begriff und das Wort »Sonne« schreibt und so den Kreis mit Strahlenkranz als reines *Bildzeichen (Piktogramm)* verwendet. Ein solches Bildzeichen wird aber zum *Ideenzeichen (Ideogramm)*, wenn es auf Grund allgemeiner Übereinkunft nicht mehr den dargestellten konkreten Gegenstand selbst bezeichnet, sondern eine damit zusammenhängende »Idee«; wenn also z. B. der genannte Kreis mit Strahlenkranz nicht mehr »Sonne«, sondern etwa »Hitze« oder »Wärme«, »heiß« oder »warm« bedeuten soll.

Bilderschrift im engeren Sinne ist uralt. Man darf beispielsweise das Bild eines ruhenden, den Kopf wendenden Bisons, ein farbiges, ungefähr in Lebensgröße gehaltenes Deckengemälde aus der Höhle von Altamira in Nordspanien (jüngere Altsteinzeit, etwa 20 000 Jahre vor unserer Zeitrechnung) mit Jan Tschichold »als Ausdruck der Erregung beim Erlegen des Tieres, als Denkmal einer erfolgreichen Jagd« deuten und darin »eine frühe Form von ›Schrift‹ im weiteren Sinne« erblikken.[8] Das gilt von allen diesen ursprünglichsten »Schrift«-versuchen. Ein Bild oder eine Skizze steht in der Piktographie, wie gesagt, für das dargestellte, konkrete Ding; ein Kreis mit Strahlen bezeichnet die Sonne, eine Wellenlinie das Wasser, eine Figur mit Kopf, Armen und Beinen einen Menschen. Die Ideographie hingegen stellt etwa den Begriff »Alter« durch das Bild eines Greises dar, der sich auf einen Stock stützt; den Verbalbegriff »gehen« durch ein Beinpaar; die Eigenschaft »kühl« durch ein Gefäß, aus dem Wasser rieselt. Das *gemeinsame Merkmal aller Bilderschrift*, sei sie nun pikto- oder ideographisch, liegt darin, daß hier *zwischen dem Schriftbild und dem Klangbild, den Lauten der gesprochenen Sprache, keinerlei Zusammenhang besteht*. Eine Abfolge solcher Bilder kann mit ziemlich großer Sicherheit von jedem Beschauer unabhängig von seiner Sprache »gelesen« werden, und zwischen den figürlichen Symbolen einerseits und den Lauten einer Sprache andrerseits herrscht keine Beziehung, diese »Schrift« stellt keine Sprachlaute dar. Versinnbildlicht

wird vielmehr ein ganzer Gedankenkreis, eine »Idee«; die Zeichen sind an keine bestimmte sprachliche Ausdrucksform gebunden.
Ein weit jüngeres Beispiel dieser Gattung ist die im 19. Jahrhundert auf einem Bisonfell niedergelegte Bilderchronik der Crow-Indianer, die zwar historisch der (europäischen) Neuzeit, entwicklungsgeschichtlich aber der Steinzeit angehört (Bern, Histor. Museum).

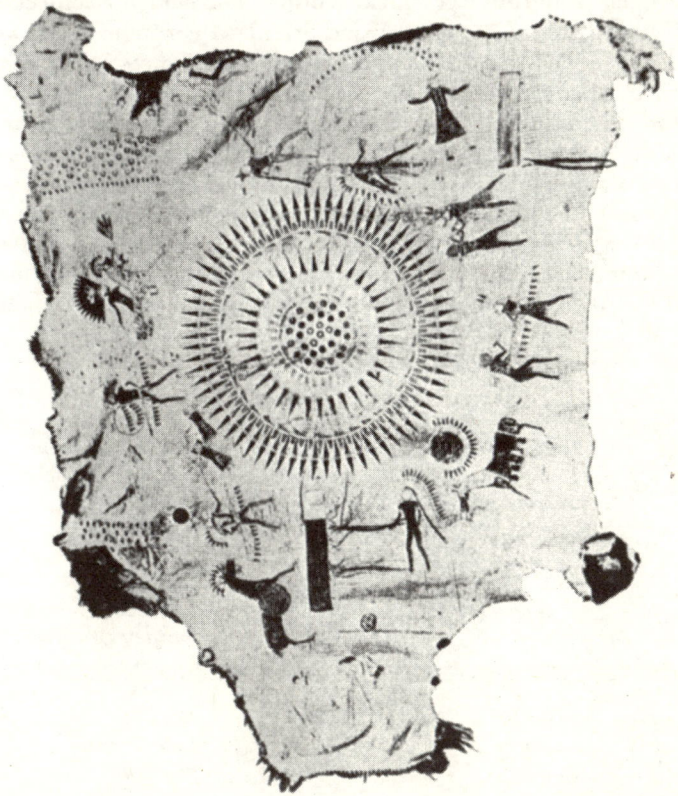

Abb. 6 Bilderchronik der Crow-Indianer aus dem 19. Jahrhundert

Die kreisförmige Mittelfigur zeigt einen ringsum mit Adlerfedern geschmückten Schild, auf dem eine Ansiedlung von kranzförmig angeordneten Zelten abgebildet ist. Rundherum sind Szenen aus Kämpfen zwischen Indianern untereinander und mit Weißen dargestellt. In der rechten oberen Ecke wurden die Köpfe der getöteten Feinde säuberlich registriert, links daneben lassen die Huf- und Fußspuren Schlüsse auf die Anzahl der berittenen und unberittenen Feinde zu, die in die ewigen Jagdgründe geschickt wurden. Die beiden Rechtecke (Mitte links, rechts unten) sind Streifen aus rotem Tuch, an denen noch einzelne Skalpe hängen. Das Ganze ist in den Farben Schwarzbraun, Rot und Grün gehalten.

Ein sehr schönes Beispiel dieser Gattung ist die auf einem Büffelfell niedergelegte »Winter-Zählung« des Yanktonais-Dakota Lonedog, des »Einsamen Hundes«. Diese Jahreschronik (die Dakota zählten die Jahre nach Wintern, wie man bei uns heute noch in poetischer Rede nach »Lenzen« oder »Sommern« zählt) reicht vom Winter 1800/01 bis zum Winter 1870/71, ist spiralenförmig von innen nach außen abgefaßt und kennzeichnet jedes Jahr durch ein für die Stammesgeschichte denkwürdiges Ereignis.

1800/01:
Dreißig Dakota
von den Krähen-
indianern getötet

1824/25:
Einem Häuptling
wurden sämtliche
Pferde getötet

1801/02:
Pockenepidemie

1853/54:
Spanische Decken
wurden eingeführt

1813/14:
Keuchhusten-
epidemie

1869/70:
Eine Sonnen-
finsternis

Abb. 7 Aus der Winter-Zählung des »Einsamen Hundes«

»Schriftliches« zur Einführung 25

Es wäre freilich verfehlt, zu glauben, die Indianer, die diese Bilderschrift besonders kultivierten, hätten sich ihrer nur für ihren eigenen Gebrauch bedient. Wie man oben sah, ist es ja gerade das Merkmal der Bilderschrift, daß sie von der Sprache

Abb. 8 Petition von sieben nordamerikanischen Indianerstämmen an den US-Kongreß um Fischereirechte in mehreren Seen

des Lesenden vollkommen unabhängig ist. Sie eignete sich darum auch bestens für den »internationalen« Verkehr. Hatten die Leni-Lenape ihren Vertrag mit William Penn noch mit einem Wampumgürtel besiegelt, so taten sieben andere nordamerikanische Stämme, als ihnen mit den übrigen Segnungen der Zivilisation auch die Bürokratie beschert wurde und sie beim US-Kongreß um Fischereirechte in mehreren Seen ansuchen mußten, beherzt den Schritt ins Gewirr der Gesetzesparagraphen, allerdings auf ihre Weise. Sie schlossen sich zusammen und übersandten dem Kongreß die hier abgebildete Petition, ein überaus reizvolles Dokument.
Die sieben Tiere versinnbildlichen die sieben Stämme; ihnen voran schreitet der Kranich (rechts), das Wappentier der Oshcabawis. Die Linien, welche die Augen und Herzen der Tiere miteinander verbinden, besagen, daß die sieben Stämme untereinander eines Sinnes sind und ein gemeinsames Anliegen haben, das der führende Stamm vertritt. Die Linie, wel-

che, ausgehend von dem einen Auge des Kranichs, über die Tiere hinwegläuft und zu den vier Seen (unten links) führt, deutet den gemeinsamen Wunsch der Stämme nach den Fischereirechten in diesen Seen an, die sie »im Auge haben«; vom anderen Auge des Kranichs läuft eine zweite Linie nach rechts vorne; d. h. er richtet den Blick vertrauensvoll auf den Kongreß, von dem er die Gewährung der Bitte erhofft.

Der Gebrauch der Ideenschrift in dieser Form ist natürlich keineswegs auf die Indianer beschränkt. Sie findet sich u. a. bei den Eskimos, aber auch in Afrika und Ozeanien, und die ebenfalls hiehergehörigen, mit dem Messer in Rindenstücke eingeritzten Liebesbriefe der Jukagirenmädchen aus Nordostsibirien sind kleine Meisterstücke ihrer Art. Abbildung 9 zeigt ein besonders schönes Exemplar, das seit seiner ersten Veröffentlichung durch Krahmer im Jahre 1896 mehrmals abgebildet worden ist. Da das Volk der Jukagiren (Eigenbezeichnung Odul) schon 1926 nur mehr etwa 2000 Häupter zählte und davon nur mehr gegen 400 ihre altüberkommene Sprache redeten, ist wohl anzunehmen, daß es mittlerweile gänzlich in seiner Umgebung aufgegangen ist; ein Grund mehr, dieses auch völkerkundlich interessante Dokument hier zu zeigen. Die Schreiberinnen solcher Briefe waren ausschließlich junge Mädchen, denen die herrschende Sitte verbot, ihre Liebe in Worten zu gestehen; dies Recht stand nur den jungen Männern zu. Die seltenen Tanzfeste gaben den Mädchen Gelegenheit, solche kleinen Meisterwerke anzufertigen und »an den Mann« zu bringen.

Der Brief besagt: »Du gehst fort. Du liebst eine Russin, die Dir den Weg zu mir versperrt. Es werden Kinder kommen, und Du wirst Freude an ihnen haben. Ich aber werde ewig trauern und nur an Dich denken, wenn es auch einen anderen Mann gibt, der mich liebt.«

Der Rahmen A/B ist ein Haus; darin wohnt C, das trauernde Mädchen, gekennzeichnet durch die der jukagirischen Tracht entsprechende schmale, fächerförmige Rocklinie und den Zopf (punktierte Linie). Im Hause kreuzen sich zwei Bündel von Linien; das bedeutet Kummer. Links von ihrem Haus steht ein zweites (der Rahmen, der nicht bis unten ausgezogen ist); das bedeutet, daß dessen Bewohner F und G abwesend sind. F ist eine Russin, wie der weiter abgesetzte Rock H

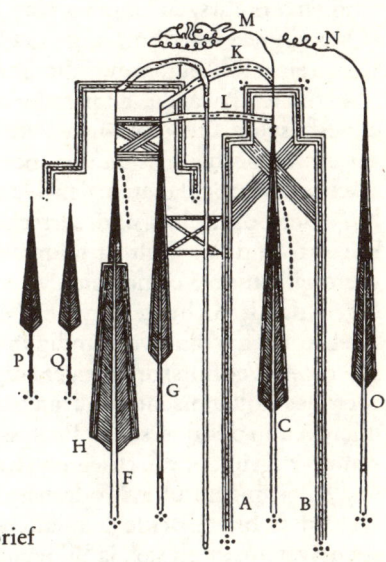

Abb. 9 Jukagirischer Liebesbrief

zeigt. Sie ist ihrem Gatten in Liebe eng verbunden (gekreuzte Linien zwischen F und G). Außerdem geht von der Russin F die Linie J aus, welche die Linien K und L durchschneidet. K und L stellen die unerwiderte Liebe der Jukagirin zu dem verheirateten Russen G dar. Das Liniengewirr M zeigt an, daß das Mädchen trotz der Trennlinie J mit seinen Gedanken bei dem Geliebten ist. O ist ein Jukagire, dessen Neigung N dem Mädchen gehört. P und Q schließlich sind die Kinder des Paares F und G.
Aus Raumgründen muß davon abgesehen werden, weitere Beispiele für diese Art von Schriften zu bringen, deren viele von eigentümlichem Reiz sind.

Es sei aber noch auf den kulturgeschichtlich interessanten Umstand hingewiesen, daß man sich im Alltag, besonders der Großstadt, heute noch auf Schritt und Tritt der Bilderschrift bedient. Zu den häufigsten Beispielen gehören gewisse Straßenverkehrszeichen. So sind z. B. die Gefahrenzeichen »Querrinne«, »Krümmung«, »Querstraße«, »Bahnschranken« reine Piktogramme; die Verbotszeichen, die den Verkehr für Kraftwagen, Krafträder oder Fahrräder untersagen, unverfälschte Ideogramme. Weitere Beispiele findet man an der ersten besten Litfaßsäule, besonders unter geschickt gemachten Werbeplakaten der Gebrauchsartikelindustrie. Im Zuge der politischen und wirtschaftlichen Vereinheitlichung Europas und der Welt ist bilderschriftliche Kommunikation allenthalben im Vormarsch.

Doch damit nicht genug. Das Anliegen unserer Zeit, das Streben nach Völkerverständigung, das schon so viele Versuche einer Welthilfssprache gezeitigt hat, lag auch den Versuchen des holländischen Journalisten K. Janson (Bilderschrift ›Picto‹) und des deutschen Professors A. Eckardt (Sinnschrift ›Safo‹) zugrunde, durch einen Rückgriff auf das Allerälteste das Allerjüngste und Modernste zu schaffen, nämlich eine Welthilfsschrift. Beide bedienten sich eines bilderschriftlichen Systems, weil sich ja Bilderschrift auf den ersten Blick in besonderem Maße zum internationalen Verständigungsmittel eignet; sie ist, wie erwähnt, vom Klangbild aller Sprachen vollkommen unabhängig.

Aber auch diese Systeme leiden an Unklarheiten, an Zwei- und Mehrdeutigkeiten und zeigen damit die Grenzen einer jeden Bilder- und Ideenschrift auf: als Organ etwa einer internationalen Wissenschaft wäre sie vollkommen unbrauchbar, ja schon als Werkzeug gehobenen, abstrakten Gedankenaustausches unzulänglich, als Gefäß etwa gar für die Dichtung, die im Wort beruht und vom Wort lebt, undenkbar. Und daraus erkennt man, warum bei allen schriftbesitzenden Völkern die reine Bilder- und Ideenschrift als unvollkommenes Ausdrucksmittel bald überwunden und aufgege-

»Schriftliches« zur Einführung 29

ben wurde, erkennt man die innere Notwendigkeit der Weiterentwicklung.
Bilderschriftlich ausgedrückt, kann etwa das Zeichen ⌂ Haus, *house, maison, casa* usw. *bedeuten*; es ist ein Wortbildzeichen, ein Ideogramm. »Haus« hingegen, d. h. die Buchstabenfolge H-a-u-s, *heißt* nur »Haus«, entspricht einzig und allein dem Klang des deutschen Wortes »Haus«. Zwischen diesen beiden nun, dem Zeichen ⌂ oder jedem ähnlichen, gleichbedeutenden einerseits und der Zeichengruppe H-a-u-s andrerseits, liegt die gesamte Geschichte der äußeren und inneren Entwicklung der Schrift (genauer gesagt, des *einen*, anfangs skizzierten, »orientalischen« Weges, der vom Bilde zum Buchstaben führte); der äußeren Entwicklung, das heißt des Formwandels vom Bild zum stilisierten, vereinfachten und einheitlich verwendeten Zeichen; und der inneren Entwicklung, nämlich des Bedeutungswandels der Schriftzeichen.
Geht man zunächst der äußeren Entwicklung der Schrift, dem Formwandel der Schriftzeichen nach, so sieht man, daß sich in dem Maße, in dem sich die Schrift verbreitete und immer mehr den Bedürfnissen des täglichen Lebens angepaßt wurde, das *Bedürfnis* nach einer *festen* und *geregelten Form* immer stärker fühlbar machte. Solange es, um bei dem früheren Beispiel zu bleiben, dem einzelnen freisteht, für »Haus« ⌂, ⌂, ⌂ oder ⌂ zu zeichnen oder auch nur das gleiche Zeichen einmal groß, einmal klein zu machen, ist der Zweideutigkeit und den verschiedensten Mutmaßungen Tür und Tor geöffnet; vom Palast bis zur Hütte, vom Turm bis zur Scheune sind alle erdenklichen Deutungen möglich. Der erste Schritt zu einer normierten Schrift war also, was die Form anlangt, die *Vereinfachung* und *Fixierung* der Bildzeichen, ein Vorgang, der sich an dem Wege, den die altsumerischen Zeichen »vom Bild zum Keil« zurücklegten, besonders gut verfolgen und ablesen läßt.
Dieses Beispiel wurde auch aus einem anderen Grunde gewählt; es läßt nämlich auch den Einfluß des Beschreibstoffes

30 *»Schriftliches« zur Einführung*

auf die Schriftform, einen für die Entwicklung des äußeren Schriftbildes ungemein wichtigen Faktor, überaus anschaulich erkennen. Der Beschreibstoff ist hier die Tontafel, in

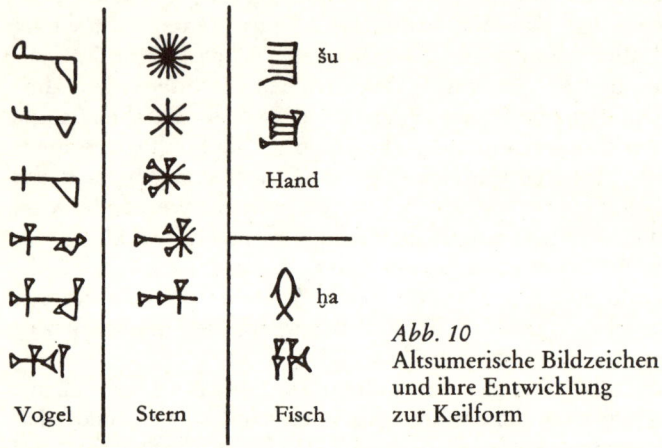

Abb. 10
Altsumerische Bildzeichen und ihre Entwicklung zur Keilform

deren weichen Ton man die Zeichen mit dem Holzgriffel oder einem zugespitzten Rohr eindrückte; daher die »keil«-förmigen Striche. Die Erfindung der so entstandenen Keilschrift setzt man nach neueren Erkenntnissen über die C-14-Datierung in die Mitte des 4. Jahrtausends v. Chr.
Wird also in der äußeren Schriftform der Weg der Stilisierung und Vereinfachung beschritten, so wirkt sich dasselbe Streben nach Normierung natürlich auch auf den Bedeutungsgehalt der Zeichen aus, und man kann sich einen (theoretischen) Zeitpunkt in der Entwicklung denken, an dem und von dem an gerechnet ⌂ nicht mehr »Haus«, »Palast« und »Scheune« *bedeuten*, sondern nur mehr eins von diesen, eben »Haus«, *heißen* kann. Auf dieser Entwicklungsstufe entspricht also einem möglichst klar und eng umrissenen Bedeutungsinhalt schon ein ganz festes, konventionelles Zeichen,

ein Wortlautzeichen, ein Logogramm. Eine solche Schrift kann natürlich, wie schon die primitivsten Bilderschriften, nicht allein konkrete Gegenstände und Vorgänge, sondern mit Hilfe symbolischer Zeichen auch abstrakte Begriffe wiedergeben, hat aber der reinen Piktographie wie der reinen Ideographie den Vorzug der Eindeutigkeit voraus. Sie wäre eine reine *Wortbildschrift*. »Wäre«, weil sie nirgendwo rein ausgeprägt vorkommt, wenn man nicht mit Jensen die südnigerische, 1905 bei den Negerstämmen der Ibo und Efik entdeckte Nsibidi-Schrift hieherzählen will. Aus ihrem Zeichenbestand sei als Illustration einer Wortbildschrift das anschauliche und beredte Zeichen für »Ehezwist« gewählt; es sieht so aus: ⋈ (ein Kissen trennt die beiden Gatten, die einander den Rücken zukehren).

Diese beiden starken Tendenzen, die eine zur Fixierung und klaren Definition des Bedeutungsgehaltes und die andere zur Vereinfachung und Normierung der äußeren Form der Bildzeichen, wirken nun über diese Stufe der reinen Wortbildschrift hinaus weiter. Unaufhaltsam wachsen im Kulturprozeß die Kenntnis und der Gebrauch der Schrift über die Kreise ihrer ursprünglichen Hüter und Bewahrer hinaus; unaufhaltsam dringt die Schrift ins Volk; unaufhaltsam wächst auch das Bedürfnis nach immer größerer Vereinfachung der Zeichenform; man will immer müheloser und rascher schreiben können, und der oft spröde Beschreibstoff trägt das Seine zur Vereinfachung der Zeichen bei. Man betrachte dazu aus dem Bereiche der ägyptischen Schrift die von Johannes Friedrich vorgenommene Gegenüberstellung eines Textes aus dem Papyrus Ebers in der späteren hieratischen (»Priester«-)Schrift mit demselben Text in Hieroglyphen. (Abb. 11).

Waren die Hieroglyphen (die »Heiligen Zeichen«) vor allem die Schrift der Monumente, so zeigt die hieratische *Buchschrift* augenfällig, wie stark das Schreiben auf Papyrus die ausgeprägten Bildzeichen abschliff und verflüchtigte, so daß sie in ihrer neuen Gestalt in den Augen des ungeschulten

Betrachters mit ihrer ursprünglichen Form nicht das geringste mehr zu tun haben.
Dies zeitigte nun eine ganz entscheidende Folge. Das Schriftzeichen entfernte sich auf diesem Wege, wie Abbildung 11 zeigt, so weit von dem Gegenstand, den es einst, noch als Bildzeichen, klar erkenntlich dargestellt hatte, daß schließlich die Verbindung zwischen der Form des weiterentwickelten Schriftzeichens und dem ursprünglichen Bild des Gegenstandes ganz abriß und nur mehr das *Wort*, also die *lautliche* Entsprechung des früheren *Bildes*, mit dem Schriftzeichen verbunden blieb. *Damit wurde das Schriftzeichen zum Ausdruck eines bestimmten Lautes oder einer Gruppe von Lauten.* Diesen Vorgang nennt der Forscher die *Phonetisierung (»Verlautlichung«) der Schrift.*
Das war ein überaus folgenschwerer Schritt. Nun konnte nämlich eintreten, was auch in der Tat häufig geschah: daß nämlich ein und dasselbe Zeichen für mehrere bedeutungsverschiedene, aber zufällig gleichlautende Wörter verwendet wurde, während es früher nur für das *eine* von diesen mehreren stehen konnte, aus dessen Bild es hervorgegangen war. Man behalf sich nun in vielen Fällen auf dieselbe Weise, als wenn man im Deutschen etwa ein Wortzeichen für »das Reis« (einen Zweig) plötzlich auch für »den Reis« (Körnerfrucht) verwenden wollte!
Damit war auch die Bahn frei für einen nur mehr kleinen, freilich nicht minder bedeutenden Schritt zur zweiten, wichtigeren und ungleich häufigeren Art der Wortschrift, der sogenannten *Wortlautschrift*. Es bestand ja nun auch die Möglichkeit, viele Abstraktbegriffe mit den ursprünglich Konkretes bezeichnenden Schriftzeichen zu schreiben, wenn nur beides, konkreter Gegenstand und Abstraktbegriff, gleich *lautete*; man konnte nun, wieder aufs Deutsche übertragen, etwa die Wörter (das) »Tor«, und (der) »Tor«, (das) »Koller« und (der) »Koller« schreiben oder beispielsweise ein Wortzeichen, das ursprünglich (die) »Ahnen« oder (die) »Vorfahren« bedeutet und sich etwa aus der Zeichnung

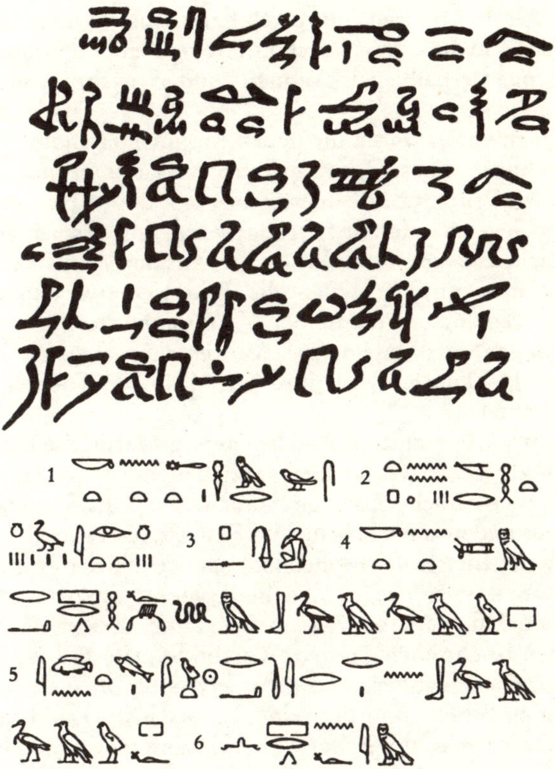

»Schriftliches« zur Einführung

(1) k.t n.t ḫ.t mr.s (2) tpnn mrḥ.t sꜣw jrt.t (3) ps swr (4) k.t n.t tm rdj pr ḥfꜣw m bꜣbꜣw (5) jnr.t šw.t rdj.tj r rꜣ n bꜣbꜣw.f (6) n pr.n.f jm

(1) *Ein anderes (Rezept) für den Bauch, wenn er krank ist;* (2) *Kümmel, Gänsefett, Milch.* (3) *Kochen, trinken.* (4) *Ein anderes, um nicht zuzulassen, daß eine Schlange aus dem Loch herauskommt:* (5) *Ein trockener Fisch, an die Öffnung ihres Loches gelegt,* (6) *(dann) kommt sie nicht heraus.*

Abb. 11 Hieratische Schrift des Papyrus Ebers mit Umsetzung in Hieroglyphen. (Der hieratische Text ist von rechts nach links zu lesen.)

zweier Greisenfiguren entwickelt hatte, nun auch zur Schreibung der von diesem wie auch untereinander bedeutungsverschiedenen Verbalbegriffe »ahnen« und »vorfahren« verwenden!
Aber auch damit waren die neuen Möglichkeiten noch nicht ausgeschöpft. Diese Wortlautschrift erlaubt es nun auch, nach dem Prinzip des Bilderrätsels, des Rebus (schon oben bei den Gegenstandsschriften angewandt) aus ursprünglichen Bildzeichen neue Abstraktbegriffe zusammenzusetzen; so könnte man im Deutschen die Bildzeichen ☉ und ✻ aneinanderreihen, um damit den – »Urlaub« zu bezeichnen, und manche wohlmeinende Mutter könnte nach einem O |⌒ (»Ei-Dam(m)«) für ihre heiratsfähigen Töchter Ausschau halten.
Es sei aber schon an dieser Stelle davor gewarnt, die Dinge so einfach zu sehen, wie sie hier darzustellen versucht wurden. Da alle menschliche Aussage, Sprache wie Schrift, etwas Lebendiges und ununterbrochen im Fluß ist, hat es auch nie eine reine Wortlautschrift gegeben (so mancher Entzifferungsversuch wäre da geglückt, so manche geglückte Entzifferung viel leichter gefallen!), sondern man findet überall dort, wo Wortschriften geschrieben werden, Wortbildschrift und Wortlautschrift nebeneinander, und dazu kommen obendrein Züge der reinen Bilder- und der reinen Lautschrift. Das Ergebnis ist ein herrlich »unlogisches«, aber faszinierendes und lebendiges Gewirr und doch ein sinnreich in sich geschlossenes Ganzes, und von dieser Art war so manches Labyrinth, in das die großen Entzifferer, allein, miteinander oder nacheinander, eindrangen, um es siegreich zu erschließen.
Die nächste Entwicklungsstufe ergibt sich zwanglos aus der Wortlautschrift. Besitzt nämlich die Sprache, die durch diese Schrift wiedergegeben wird, viele einsilbige Wörter oder weisen ihre mehrsilbigen Wörter eine einfache und regelmäßige Silbenstruktur auf, so entwickelt sich die Wortlautschrift zur *Silbenschrift*. Es liegt eine Anzahl von Wortschriften vor, die den Zustand des Übergangs von der Wortschrift zur Silben-

k'ai-shu	kata-kana	Laut-wert	k'ai-shu	kata-kana	Laut-wert	k'ai-shu	kata-kana	Laut-wert
阿	ア	a	千	チ	t_1 (ch$_1$)	牟	ム	mu
伊	イ	i	門津	ツ	tu (tsu)	女	メ	me
宇	ウ	u	天	テ	te	毛	モ	mo
江	エ	e	土	ト	to	也	ヤ	ya
扲	オ	o	奈	ナ	na	勇油	ユ	yu
加	カ	ka	仁二	ニ	n_1	與	ヨ	yo
幾	キ	k_1	奴	ヌ	nu	良	ラ	ra
久	ク	ku	子	子	ne	利	リ	r_1
个計	ケ	ke	乃	ノ	no	流	ル	ru
己	コ	ko	八	ハ	fa (ha)	礼	レ	re
草散左	サ	sa	比	ヒ	f_1 (h_1)	呂	ロ	ro
之	シ	s_1 (sh$_1$)	不	フ	fu	曰	ワ	wa
須	ス	su	皿邊	ヘ	fe (he)	慧	エ	we
世	セ	se	保	ホ	fo (ho)	伊	井	w_1
曾	ソ	so	末	マ	ma	乎	ヲ	wo
多	タ	ta	三美	ミ	m_1	—	—	—

Abb. 12 Die japanische Katakana-Silbenschrift und ihre Entwicklung aus der chinesischen Normalschrift

schrift deutlich erkennen lassen; reine Silbenschriften aber sind verhältnismäßig selten anzutreffen. Zu den bekanntesten gehört die japanische, aus den chinesischen Wortzeichen entwickelte Katakana-Silbenschrift, deren Ableitung aus der chinesischen Normalschrift (k'ai-shu) und deren Lautwerte unsere Abbildung 12 zeigt.

»*Schriftliches*« *zur Einführung*

Das Gefüge einer solchen Silbenschrift nimmt sich auf den ersten Blick ungemein einfach und zweckmäßig aus; ja man ist sogar versucht, zu schließen, eine Silbenschrift sei praktischer als unsere europäischen Buchstabenschriften, die ja viel mehr Laute niederschreiben müssen. Eine naheliegende Vermutung; sie hält aber einer genaueren Betrachtung nicht stand. Soll eine solche Silbenschrift praktisch sein, so darf es vor allem in einer Sprache nicht zu viele Silben geben, weil die Silbenzeichen sonst zu zahlreich und damit schwer übersehbar werden. Verhältnismäßig wenige Silben aber gibt es nur in Sprachen, die sich, wie erwähnt, durch einen einfachen Silbenbau auszeichnen, der möglichst wenige Lautkombinationen zuläßt. Und in dieser Hinsicht stellte das Japanische (wenigstens in der alten Aussprache) einen Idealfall dar; kannte es doch nur Silben vom Typ Konsonant + Vokal (Mitlaut + Selbstlaut) oder Vokal allein.

Ist jedoch, wie in fast allen uns geläufigeren Sprachen, das lautliche Gefüge einer Sprache komplizierter und treten häufig mehrere Konsonanten hintereinander auf, so wird die Unzulänglichkeit auch der Silbenschrift offenbar, und die Entwicklung drängt zur letzten und höchsten Stufe, der *Buchstabenschrift*, die, wenigstens im Prinzip, für jeden Laut ein Zeichen setzt.

Es wird daher gewiß überraschen zu hören, daß diese uns so vertraute und selbstverständliche, aber doch letzte und höchste Entwicklungsstufe nur an einigen wenigen Stellen der Erde je erreicht wurde!

Diejenigen Völker, welche sich dazu aufschwangen (und vom *Bilde* herkamen und deren Schriftentwicklung erschlossen vor uns liegt), schlugen zwei verschiedene Wege ein. Der eine läßt sich an der Geschichte der ägyptischen Schrift dartun. Diese wies in ihrem Zeichenbestand unter anderen eine Reihe sogenannter Einkonsonantenzeichen auf. Das waren Schriftzeichen, die ursprünglich Wörter oder Silben vom Typ Konsonant + Vokal (wie *ka, ro* u.a.) bezeichnet hatten. Aus diesen wurden infolge Vernachlässigung des Vokals (eines Vorgan-

ges, den wir uns kaum vorstellen können, der aber in der Eigenart der ägyptischen Sprache begründet liegt) reine Buchstaben für Konsonanten, also *k*, *r* usw.
Einen anderen Weg gingen die alten Semiten. Sie lösten den Anfangslaut eines Wortes gleichsam vom Wort ab und schrieben das ganze Wortzeichen nur noch als Lautzeichen für diesen Anfangslaut. So wurde aus dem alten Wortbildzeichen bēt ᕝ für »Haus« (das selber vielleicht auf die ägyptische Hieroglyphe ⊡, ⊏⊐ und vermutlich auf eine sinaitische Zwischenstufe ⊓ zurückgeht), der Buchstabe b, dessen alter Name uns noch aus der griechischen Bezeichnung Beta geläufig ist. Dieses Prinzip, den Anfangslaut des Wortzeichens als Alleinlaut mit dem früheren Wortzeichen zu schreiben und so das frühere Wortzeichen zum Lautzeichen zu machen, nennt man mit einem griechischen Wort *Akrophonie*. Die gibt es, wie in der Schrift, so auch in der Sprache. Wer hat nicht schon am Telephon seinen Namen buchstabieren müssen? »Schmidt ... nein, nicht wie der Schmied, *Schmidt* ... *S*iegfried, *C*aesar, *H*einrich, *M*artha, *I*da, *D*ora, *T*heodor!« Das ist aber nichts anderes als Alltags-Akrophonie.
Mancher wird nicht ohne eine gewisse Ehrfurcht die altsemitischen Schriftzeichen (vgl. Abb. 13), die Ahnherren auch unseres Alphabets, betrachten. Bei näherem Zusehen jedoch bleibt die Schwäche auch dieses altehrwürdigen Buchstabenalphabets nicht verborgen. Es hat nämlich keine Vokale! Für die alten Semiten (wie auch schon für die alten Ägypter) war das freilich kein empfindlicher Nachteil, denn der Bau ihrer Sprachen weist den Vokalen im Vergleich zu den Konsonanten eine viel geringere Rolle zu, als sie sie bei uns spielen. Darum blieb es den Indogermanen vorbehalten, der Buchstabenschrift die Krone vollkommener Reinheit und Eindeutigkeit aufzusetzen. Einen Versuch in dieser Richtung, eine schrifthistorische Pioniertat ersten Ranges, unternahmen die alten Perser, deren Keilschrift bereits eine unvollständige Vokalschreibung kennt (was ihre Entzifferung einst nicht unwesentlich erschwerte!). Der Ruhm der *vollkommenen* und *end-*

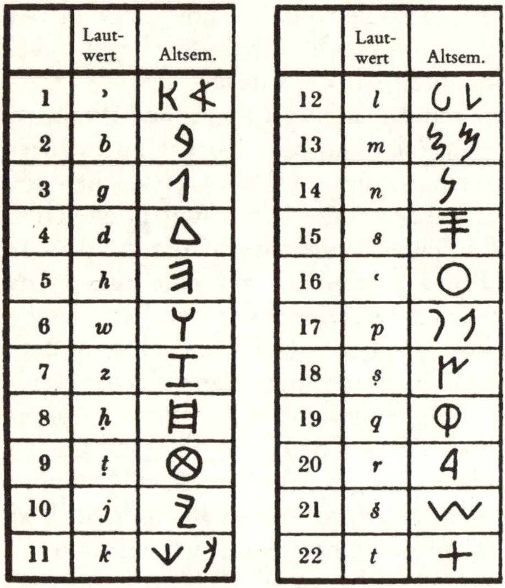

Abb. 13
Das altsemitische Alphabet

	Laut-wert	Altsem.
1	ʾ	K ⫯
2	b	⟨
3	g	⟨
4	d	△
5	h	⟨
6	w	Y
7	z	I
8	ḥ	日
9	ṭ	⊗
10	j	⟨
11	k	⟨
12	l	⟨L
13	m	⟨
14	n	⟨
15	s	⟨
16	ʿ	○
17	p	⟨⟨
18	ṣ	⟨
19	q	Φ
20	r	4
21	š	W
22	t	+

gültigen Vokalisierung des semitischen Alphabets aber gebührt den *Griechen*. Diese machten aus gewissen semitischen Konsonantenzeichen, die sie für das Griechische nicht benötigten, die für ihre Sprache unerläßlichen Vokalzeichen. Wie sie dabei verfuhren, geht aus der nebenstehenden Tabelle (Abb. 14) anschaulich hervor.
Und nun läge der Schluß nahe, daß mit der vollendeten Buchstabenschrift die Entwicklung der Schrift überhaupt abgeschlossen und ein weiterer Fortschritt kaum mehr denkbar sei. Allein auch das trifft nicht zu. Alle Buchstabenschriften der Neuzeit kranken an zwei Übeln. Das eine macht sich besonders im Schriftverkehr zwischen verschiedensprachigen Völkern bemerkbar. Unsere Buchstaben bezeichnen nämlich in den verschiedenen Sprachen, ja oft innerhalb ein und derselben Sprache, längst wieder verschiedene Laute. Das gilt nicht nur von den Fremdsprachen, besonders z. B. vom Englischen mit seiner komplizierten Rechtschreibung. Man

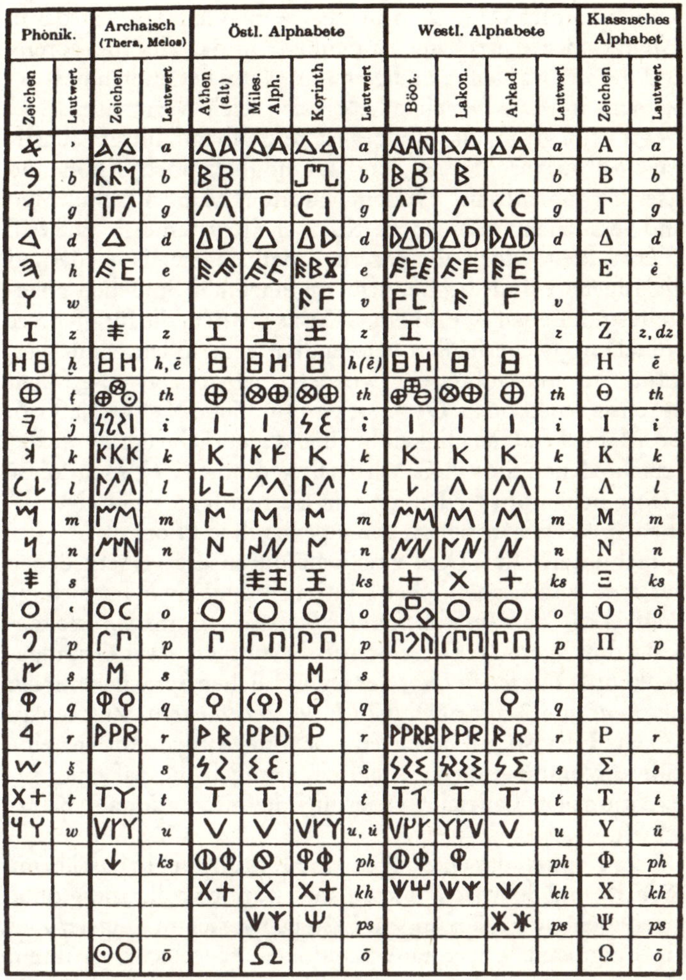

»Schriftliches« zur Einführung

Phönik.		Archaisch (Thera, Melos)		Östl. Alphabete				Westl. Alphabete				Klassisches Alphabet	
Zeichen	Lautwert	Zeichen	Lautwert	Athen (alt)	Miles. Alph.	Korinth	Lautwert	Böot.	Lakon.	Arkad.	Lautwert	Zeichen	Lautwert
✡	'	ΔΔ	a	ΔΑ	ΔΑ	ΔΑ	a	ΛΑΝ	ΔΑ	ΔΑ	a	A	a
9	b	ΚΚ?	b	BB		ЛL	b	BB	B		b	B	b
1	g	ТГΛ	g	ΛΛ	Γ	CI	g	ΛΓ	Λ	⟨C	g	Γ	g
Δ	d	Δ	d	ΔD	Δ	ΔD	d	DΔD	ΔD	DΔD	d	Δ	d
⋺	h	⋹Ε	e	⋹⋺	⋹⋹	⋹BX	e	FE⋹	⋹F	⋹E		E	e̊
Y	w					⋹F	v	FC	⋹	F	v		
I	z	‡	z	I	I	⹋	z	I			z	Z	z, dz
HB	ḥ	BH	h, ē	B	BH	B	h(ē)	BH	B	B		H	ē
⊕	ṭ	⊕⊗⊕	th	⊕	⊗⊕	⊗⊕	th	⊗⊕⊗	⊗⊕	⊕	th	Θ	th
ʒ	j	⸗⸗⸗⸗	i	I	I	⸗⋹	i	I	I	I	i	I	i
ʞ	k	KKK	k	K	KK	K	k	K	K	K	k	K	k
CL	l	ΓΛ	l	LL	ΛΛ	ΓΛ	l	Ⳑ	Λ	ΛΛ	l	Λ	l
ᛉ	m	ΓΥΜ	m	M	M	M	m	ΓΥΜ	M	M	m	M	m
Ч	n	ΓΥN	n	N	NN	Γ	n	NN	ΓN	N	n	N	n
‡	s			‡⹋	⹋		ks	+	X	+	ks	Ξ	ks
O	'	OC	o	O	O	O	o	⊙	O	O	o	O	ŏ
ͻ	p	ΓΓ	p	Γ	ΓΠ	ΓΓ	p	Γ⸥Π	ΓΠ	ΓΠ	p	Π	p
⸝	ṣ	M	s			M	s						
Ϙ	q	ΨΨ	q	Ϙ	(Ϙ)	Ϙ	q			Ϙ	q		
⤴	r	ΡΡR	r	PR	PPD	P	r	PPRR	PPR	RR	r	P	r
W	š		s	4?	⹋E		s	⹋?E	⹋?E	⹋Σ	s	Σ	s
X+	t	TY	t	T	T	T	t	TT	T	T	t	T	t
4Y	w	VYY	u	V	V	VYY	u, ü	VPY	YYV	V	u	Y	ū
		↓	ks	⊕Φ	⊗	ΨΦ	ph	⊕Φ	Ψ		ph	Φ	ph
				X+	X	X+	kh	ΨΨ	ΨY	Ψ	kh	X	kh
					ΨY	Ψ	ps			X⋇	ps	Ψ	ps
		⊙O	ō		Ω		ō					Ω	ō

Abb. 14 Die griechischen Alphabete und ihre Herkunft aus den phönizischen Zeichen

braucht nur im Deutschen an das »s« in »Geist« und an das in »Stein« oder »sprechen« zu denken, an das »h« in »hören« und das in »wählen«; an die »n« in »nennen« und an das »n« in »singen«! Die Beispiele ließen sich leicht vermehren.

Der zweite große Nachteil: es ist zeitraubend, unsere Schriften voll auszuschreiben, und womöglich noch schön und leserlich obendrein! Diesem zweiten Mangel versuchten und versuchen verschiedene Kurzschriftsysteme abzuhelfen. Diese leiden jedoch alle darunter, daß sie jeweils wieder auf die Eigenart und die Bedürfnisse einzelner Sprachen abgestellt sind. Behelfs-»Einheits«-Kurzschriften, die für mehrere Sprachen gleichermaßen verwendbar sein sollen, sind zwar erfunden und aufgestellt worden, haben sich aber nicht durchsetzen können. Der erste empfindliche Nachteil jedoch, der Mangel an Genauigkeit bei der Wiedergabe der Laute der verschiedenen Sprachen, wird seit geraumer Zeit nicht ohne Erfolg bekämpft, freilich erst im kleinen Kreise der eigentlichen Sprachwissenschaft, der angewandten Phonetik und des Sprachunterrichts. Dies geschieht durch die verschiedenen Systeme wissenschaftlicher Lautschriften. Davon hat sich die Lautschrift der *International Phonetic Association* weitgehend durchgesetzt. Diese Schrift beruht auf zwei Grundgedanken: 1. Für *jeden Laut* der menschlichen Sprachen nur *ein Zeichen*, und 2. für *denselben Laut stets dasselbe Zeichen* zu setzen. Hier stünde noch eine schöne Aufgabe offen: eine kühne Kombination zu schaffen, nämlich die auf einer internationalen Lautschrift beruhende internationale Kurzschrift.

Dieses Kapitel, das eine allgemeine Einführung in das Thema »Schrift und Schriften« bieten soll, wäre unvollständig ohne zwei wichtige Ergänzungen. Erstens hat sich in jüngster Zeit die Linguistik – in pikant-paradoxem Gegensatz zu ihrem Namen – dem Wesen und der Funktion der Schrift zugewandt, sich um den Nachweis der funktionalen und geschichtlichen Eigenständigkeit der geschriebenen Sprache bemüht und die Schriftsysteme auch als Lösungen sozialer Probleme betrachten wollen. Um eine Linguistik der Schrift zu begründen, hat sie ihren systemimmanenten, terminologischen Wildwuchs auch auf diesem Feld ins Kraut schießen lassen. So wurde (schon von I. J. Gelb) der Fachausdruck ›Ideographie‹ verpönt, weil ›Ideogramme‹ in vollentwickelten Schriftsystemen nicht unmittelbar Ideen oder Sinngehalte, sondern nur Wörter der Sprache ausdrückten. Gelb unterschied daher semasiographische (›zeichenschriftliche‹: die bisher pikto- und ideographisch genannten) Systeme von logographischen (›wortschriftlichen‹), Neuere wie G. Sampson die semasiographischen, denen er den wahren Schriftcharakter abspricht, von den glottographischen (›sprachschriftlichen‹); diese zerfallen ihm wieder in logographische und phonographische (›lautschriftliche‹), beide mit weiteren Unterteilungen. Andere unterscheiden im Gefolge von L. Hjelmslev pleremische (›sinn-volle‹, d. h. bildliche und symbolische) von cenemischen (›sinn-leeren‹) Schriften, deren Zeichen nicht selbst und für sich allein Sinnträger sind. In unserem einführenden Kapitel wurde H. Jensens ältere Terminologie der Evolution vom Bild über das Ideogramm, über Wortbildschrift, Wortlautschrift und Silbenschrift zum Alphabet beibehalten, weil sie besser bekannt, weiter verbreitet und unmittelbarer verständlich ist.

Eine andere notwendige Ergänzung ist der Hinweis auf die ungemein bedeutende Rolle, die das *Schreibmaterial* bei der Gestaltung der äußeren Schriftform spielt. Es ist für die Betrachtung und das Verständnis auch der Geschichte der Entzifferungen unerläßlich, sich immer wieder vor Augen zu halten, womit und worauf geschrieben wurde. Im Zuge der Darstellung der Entzifferungen wird sich oft Gelegenheit bieten, darauf zurückzukommen. Vorweggenommen sei schon hier, daß die mannigfaltigsten Stoffe zum Beschreiben und die verschiedensten Geräte zum Schreiben verwendet wurden und noch werden. Nicht nur der Stein der Denkmäler und das Papier, sondern auch textile Gewebe aller Art, Leder (Pergament!), Holz, Glas, Kunststoffe, Metalle, Wachs und

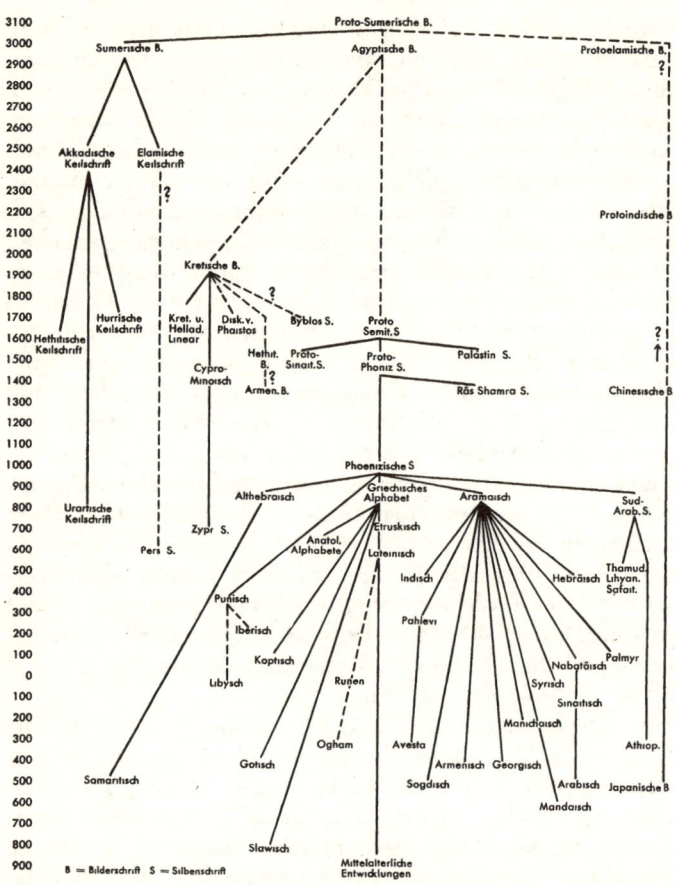

Abb. 15 Ursprung des Alphabets nach I. J. Gelb

vor allem der Ton dienten als Schreibunterlage und prägten die Form der Schriften mit. Es ist noch nicht allzulange her, daß die Schiefertafel und der Griffel aus den Schulen verbannt wurden. Baumrinde und Bast, Pflanzenblätter und Knochen wurden und werden zum Teil heute noch beschrieben. Und ehe man den Gänsekiel und die Rohrfeder führte, ehe man mit dem Pinsel malte, Stilus und Spatel, Ritzer, Schreibrispe und Grabstichel handhabte, diente schon, wie man heute weiß, der – menschliche Finger als Schreibwerkzeug, wie noch jetzt unseren Kindern, wenn sie im Sand spielen.

Die Kenntnis der Beschreibstoffe lehrt auch verstehen, warum gewisse Sprachen und Schriften oft spurlos verschollen und andere nur in spärlichen Resten erhalten sind, während wieder andere, geschützt vor den Unbilden der Witterung, begünstigt vom Klima und einem schwer zerstörbaren Material anvertraut, unversehrt blieben und uns in jüngster Zeit neu beschert werden konnten.

Eingangs wurde gesagt, daß es an die vierhundert Schriften gibt, und es wurde versucht, die allgemeine Entwicklung »der Schrift« zu schildern. Wie diese sich im einzelnen vollzog und wie Schriften miteinander verwandt und voneinander abhängig sind, mag die schematische Darstellung des Ursprungs des Alphabets nach I. J. Gelb (Abb. 15) veranschaulichen.

II

Das Rätsel der Sphinx

Die Entzifferung der ägyptischen Schrift

> Seit langem hat man die Hoffnung aufgegeben,
> jemals die Hieroglyphen zu entziffern.
>
> *David Åkerblad*, 1802
>
> Je tiens l'affaire! – Ich hab's!
>
> *Jean François Champollion*, 1822

»An der Pyramide« (des Cheops) »ist in ägyptischen Buchstaben verzeichnet, welche Mengen von Rettichen, Zwiebeln und Knoblauch die Arbeiter verzehrt haben. Wenn ich mich recht an die Summe erinnere, die mir der Dolmetscher nannte, der die Inschrift entzifferte, so waren es eintausendsechshundert Talente Silbers. Wenn das richtig ist, welche Unsummen müssen dann erst für die eisernen Werkzeuge, für das Brot und für die Kleidung der Arbeiter ausgegeben worden sein! Denn zwanzig Jahre lang dauerte doch der Bau, und die Zeit, in der sie die Steine brachen, herbeischleppten und die unterirdischen Gemächer gruben, war doch auch nicht kurz.«[9]

Der Weltreisende und Berichterstatter, der sich hier die Inschriften an der Cheopspyramide verdolmetschen läßt, ist abermals Herodot. Dieser scharfe Beobachter und gewandte Erzähler ist der erste, der dem Abendland von der Schrift der Ägypter berichtete. Er tat es leider, ganz im Gegensatz zu seinen übrigen eingehenden Schilderungen von Land und Leuten Ägyptens, nur in kurzen Andeutungen und Hinweisen. An einer Stelle spricht er ausdrücklich von den »heiligen Buchstaben der Ägypter«; insgesamt aber bleiben seine Nachrichten über die Schrift spärlich und vermitteln keines-

wegs auch nur eine ungefähre Vorstellung vom Äußeren dieser Schrift, geschweige denn von ihrem Bau und Wesen.
Allerdings hat Herodot andrerseits mit seinen kurzen Anspielungen auch keinen Schaden gestiftet, was sich von seinen Nachfolgern in der antiken Literatur leider nicht durchwegs behaupten läßt. Diodor und Plutarch, der Kirchenvater Clemens von Alexandrien (der den Ausdruck »Hieroglyphen«, d.h. die »heiligen, eingemeißelten Zeichen« prägte), Porphyrios und Eusebios haben alle diesen Stoff wenigstens kurz berührt, manche auch ausführlicher darüber gehandelt. Was ihnen jedoch an Material vorlag, war schon eine sehr späte Entartung der insgesamt viertausendjährigen ägyptischen Schrift, die sogenannte »änigmatische« oder Rätselschrift der Priester, eine rebusartige Schriftspielerei, und besonders die Erklärungen von Diodor, Plutarch und Eusebius trafen eben auf diese späte Entartung, nicht aber auf die eigentliche Blütezeit der ägyptischen Schrift zu. Geradezu zum Führer auf diesem Holzwege und zur Hauptquelle aller späteren Irrtümer wurde aber ein gewisser Horapollon aus Nilopolis.
Dieser Mann mit dem bezeichnenden ägyptisch-griechischen Namen (Horus-Apollon) verfaßte um 390 n. Chr. ein ursprünglich wohl koptisch geschriebenes, uns in griechischer Sprache erhaltenes Buch über die Hieroglyphen, ein wunderliches Werk, das im 15. Jahrhundert im Abendland entdeckt und von den Gelehrten der Renaissance mit der unkritischen Ehrfurcht aufgenommen wurde, die sie allen antiken Schriftstellern zollten. Horapollon befaßte sich am ausführlichsten mit jener »änigmatischen« Schrift und übertrug den Schriftcharakter dieses Verfallsproduktes, den er richtig erkannt hatte, unbedenklich auch auf die Hieroglyphen. Dabei leistete er sich allerdings »wahre Tollhausphantasien«, wie der deutsche Ägyptologe Erman sich einmal ausdrückte. So bedeutete nach ihm das Bildzeichen eines Geiers – »die Mutter«, weil es vom Geier nur Weibchen gebe (!), und das Zeichen der Gans hieß »der Sohn«, weil die Gans ihre Jungen mehr liebe als alle anderen Tiere die ihren! Oder er behauptete: »Um

Kraft zu schreiben, schreibt man die vorderen Glieder des Löwen, denn diese Glieder sind bei ihm am stärksten«; »Um einen schmutzigen Menschen zu schreiben, zeichnet man ein Schwein, denn die Schmutzigkeit ist die Natur des Schweines.« Solche Erklärungsversuche leuchten schon eher ein, sind aber nicht weniger falsch.
Horapollon erklärte die Hieroglyphen für eine reine Bilderschrift, in der jedes einzelne Zeichen einen selbständigen Begriff darstellen sollte. Seine Weisheit blieb, was uns heute sonderbar anmutet, bis ins beginnende 19. Jahrhundert hinein das letzte Wort auf diesem Gebiet, und es bedurfte eines einmaligen Zusammenwirkens von Intellekt und Intuition, um das verhängnisvolle Dunkel, das Horapollon über die Hieroglyphen gebreitet hatte, zu zerstreuen und den Schleier, den dieser Epigone vor das Antlitz der Sphinx gezogen hatte, zu lüften.
Aber noch war es lange nicht so weit. Ägypten, einst ein Kernland antiker Geschichte und mit dem Abendland durch tausend Bande verknüpft, löste sich schon verhältnismäßig früh aus der christlichen Ökumene und dem römischen Reichsverband. Schon unter dem oströmischen Kaiser Justinian (527–565 n. Chr.) fielen die koptisch sprechenden, christlichen Ägypter in Massen von der »malchitischen« abendländischen Kirche zum Monophysitismus ab, der Lehre vom Vorrang der göttlichen Natur in Christus, wobei seine menschliche nur als Scheinleib begriffen wird. Damit war das stärkste Band mit dem Westen zerschnitten. Kein Wunder, daß die muselmanischen Araber, als sie 638 n. Chr. unter Amru, dem Feldherrn des Kalifen Omar, in Ägypten einfielen und das Land für das arabische Weltreich und den Islam eroberten, das von Parteiwirren zerrissene, von den vorangegangenen Perserkriegen noch ausgeblutete und dem römischen Abendland längst entfremdete Ägypten mühelos bezwingen konnten. Es fiel ihnen, wie auch Syrien und Mesopotamien, wie eine reife Frucht in den Schoß; und als im alten Gelehrtensitz Alexandrien bei der Erstürmung der Stadt die

Reste der einst weltberühmten Bibliothek in Schutt und Asche sanken, da senkte es sich auch wie ein undurchdringliches Dunkel zwischen West und Ost herab. Alle spätere Forschungstätigkeit – sie war spärlich genug –, alles Reisen und Kopieren von Inschriften mußte an der Bedrohung durch den fanatischen Pöbel scheitern.

Wohl fielen die Inschriften auf den Denkmälern den Arabern auf; allein deren Deutungsversuche kamen über sinnlose Phantastereien nicht hinaus. Wohl durchzogen christliche Pilger den Orient. Die aber suchten dort nach Belegen für die biblische Geschichte. So fanden sie in den Pyramiden die Kornhäuser Josephs wieder, erkannten in Heliopolis die Sykomore, an der die Heilige Familie auf der Flucht nach Ägypten gerastet hatte, und hielten die Knochenreste, die am Strand des Roten Meeres umherlagen, für die Überreste des Pharao und seiner Genossen, die hier bei der Verfolgung Moses ertrunken waren. Die Inschriften, die wohl nichts von der biblischen Geschichte zu erzählen wußten, beachteten sie nicht.

Kein Dunkel freilich ist auf die Dauer so dicht und vollkommen, daß es nicht einmal durchdrungen werden könnte. Fast tausend Jahre mußten allerdings vergehen, ehe in Italien das Altertum seine Wiedergeburt, die »Renaissance«, erlebte, und dieser großartige Aufbruch und der frische Wind in seinem Gefolge verscheuchten nun auch die Finsternis, die noch immer Sphinxe und Pyramiden, Obelisken und Hieroglyphen umgab.

Rom hatte aus seiner Glanzzeit als Metropole des Imperiums unter den Zeugen seiner eigenen Vergangenheit auch so manche Trophäe bewahrt, und unter den Schätzen, denen sich nun die Humanisten und Altertumsforscher zuwandten, waren mehrere aus Ägypten herbeigebrachte und mit seltsamen Bildzeichen versehene Obelisken, welche die Ewige Stadt zierten. Ihnen galten nun die ersten tastenden Versuche, Schriften über die römischen Obelisken und die Hieroglyphen, die allerdings völlig ergebnislos blieben und daher

Abb. 16 Antiker, aus Ägypten importierter Obelisk, auf den Vier-Ströme-Brunnen aufgesetzt. Dahinter die Kirche S. Agnese in Agone. Piazza Navona, Rom

Die ägyptische Schrift   49

heute mit Recht vergessen sind. Ihre Verfasser dürfen für sich nur in Anspruch nehmen, auch Ägypten ins Blickfeld der neuen Forschung gerückt zu haben. Aber einem von ihnen gebührt ein bleibendes Verdienst: es ist der später zu Unrecht vielgeschmähte Jesuit Athanasius Kircher, der einen ersten Grundstein zur ägyptologischen Wissenschaft der Neuzeit legte.
Den Kenner der Geschichte des Jesuitenordens und seiner wissenschaftlichen Pionierleistungen wird es nicht überraschen, einen seiner Ordensmänner auch hier am Werke zu finden. Er ist ein echtes Kind seiner Zeit, des 17. Jahrhunderts, dieser Epoche schroffer Gegensätze, rastloser Versuche und kühner Übergänge, des Jahrhunderts, dessen Anfang Bacon, Kepler und Galilei, dessen Mitte Descartes und Pascal gesehen hatte und an dessen Ende die Namen Leibniz und Newton leuchten. Daß Athanasius Kircher neben ihnen genannt werden darf, hat ihm kein Geringerer als Leibniz selbst bestätigt.
Athanasius heißt in der Übersetzung »der Unsterbliche«. Athanasius hieß aber auch der große Patriarch von Alexandrien, der Heilige, durch dessen Wirken das christliche Ägypten verherrlicht wurde, und Ägypten war überdies ein Land, auf das sich gerade damals der Missionseifer der Gesellschaft Jesu in erhöhtem Maße richtete. Der junge Student hat das Vorbild seines Namenspatrons nie aus den Augen verloren, und so sollte es auch gerade das christliche Ägypten sein, das ihm den ersten Schlüssel lieferte und der zukünftigen Wissenschaft der Ägyptologie die ersten grundlegenden Erkenntnisse sicherte.
Kirchers erste und entscheidende Begegnung mit Ägypten fand in Speyer statt.
Es war im Jahre 1628. Athanasius war eben zum Priester geweiht und von seinen Oberen auf ein »Probejahr« geistlicher Einsamkeit nach Speyer geschickt worden. Eines Tages weist man ihn an, ein bestimmtes Buch zu suchen. Der junge Gelehrte stöbert in den Schätzen der Bibliothek, findet aber

das gesuchte Buch nicht. Dafür stößt er auf einen prächtigen, illustrierten Codex. Er stellt in zierlichen Bildern die ägyptischen Obelisken dar, die Papst Sixtus V. zu Rom mit großen Kosten hatte aufrichten lassen. Besonders fesseln ihn die seltsamen Figuren, mit denen die Flächen dieser gewaltigen Säulen übersät sind. Er hält die wunderlichen Zeichen zunächst für willkürliche Erfindungen der alten Steinmetzen, für bloße Ornamente. Allein der Text des Werkes, in den er sich sogleich vertieft, belehrt ihn bald eines besseren. Da steht schwarz auf weiß, in den rätselhaften hieroglyphischen Zeichen sei die Weisheit der alten Ägypter niedergelegt und zur Belehrung und Erbauung des Volkes in den Stein gehauen worden. Der Schlüssel zum Verständnis dieser geheimnisvollen Schrift sei jedoch längst verlorengegangen, und keinem Sterblichen sei es noch geglückt, dies Buch mit sieben Siegeln zu erschließen!
Da entbrannte in dem jungen, künftigen Forscher der Wunsch, die Hieroglyphen zu entziffern, die Texte zu lesen und zu übersetzen. Ohne die nach heutigen Begriffen unerläßlichen Voraussetzungen und auch ohne die Zurückhaltung, die heute ein eisernes Gebot aller wissenschaftlichen Arbeit ist, wagte er sich an die Texte und trat mit seinen Übersetzungen an die Öffentlichkeit.
Hier ist eine Probe aus seiner *Sphinx mystagogica*:

Abb. 17
dd-jn Wsjr »Osiris sagt«

Kircher deutete die Hieroglyphen so: »Das Leben der Dinge, nach Typhons Besiegung, die Feuchtigkeit der Natur, durch die Wachsamkeit des Anubis.« (Nach J. Friedrich.) Jeder Laie kann sich zumindest teilweise ein Bild machen, wie er zu seiner Übertragung kam: die »Feuchtigkeit der Natur« wollte Kircher aus der Wellenlinie herauslesen, die »Wasser« bedeutet, und die »Wachsamkeit des Anubis« symbolisierte ihm das

Bildzeichen für das Auge. Oder er »übersetzte« den in ägyptischen Buchstabenzeichen geschriebenen römisch-griechischen Kaisertitel »Autokrator« (»Selbstherrscher«) gleich durch einen ganzen Satz (Abb. 18), in dessen Auslegung man

Abb. 18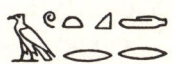
Der Kaisertitel »Autokrator« in Hieroglyphen

ihm beim besten Willen nicht mehr folgen kann: »Der Schöpfer der Fruchtbarkeit und der ganzen Vegetation ist Osiris, dessen zeugende Kraft aus dem Himmel gezogen wird aus seinem Reiche durch den Heiligen Mophta.«[10]
»Ungereimtheiten« hat man Kirchers Hieroglyphenübersetzungen mit Recht genannt und mit unnötiger Schärfe auch von »beispiellosen Dreistigkeiten« gesprochen. Dabei hat man freilich ganz übersehen, wie enge sich Kircher, dem Gelehrtenideal seiner Zeit gemäß, an Horapollons »Tollhausphantasien« geradezu anlehnen mußte und wie vollkommen dessen Phantastereien nicht nur der mystischen Einstellung des versinkenden Altertums, sondern auch der geradezu krankhaften Vorliebe des 16. und 17. Jahrhunderts für künstliche Sinnbilder und Allegorien entsprachen![11]
Athanasius Kircher aber hat dennoch auch auf diesem Gebiete wirklich Bleibendes geleistet.
Er hat (in einem 1643 zu Rom erschienenen Werk) als einer der ersten das *Koptische*, die damals schon im Erlöschen begriffene Sprache der christlichen Ägypter, mit Bestimmtheit als die altägyptische Volkssprache bezeichnet, eine Erkenntnis, die damals keineswegs selbstverständlich war und noch später von namhaften Gelehrten geleugnet, ja verspottet werden sollte. Die Grundlagen und das Material zu seinen koptischen Studien verdankte er seinen engen Beziehungen zum römischen Collegium de Propaganda Fide, der obersten päpstlichen Missionsbehörde, bei der die Fäden der ausgedehnten Weltmission zusammenliefen. Kircher gab

selbst koptische Wörterbücher und sogar eine koptische Grammatik heraus und regte dadurch sehr zum Studium dieser alten Volkssprache an. Seine Werke bildeten mehr als 200 Jahre lang den Ausgangspunkt aller koptischen Sprachstudien.

Und darin liegt Kirchers unbestrittenes Verdienst; denn Champollion, der später zum Entzifferer der Hieroglyphen und zur klassischen Gestalt des Entzifferers schlechthin wurde, ging – noch ein halbes Kind – von dieser Erkenntnis aus und drang so tief in das Koptische ein, daß es ihm gleichsam zur zweiten Muttersprache und damit zum ersten und wichtigsten Schlüssel seiner Entzifferungsarbeit wurde.

»Koptische Vorläufer« hatte Athanasius Kircher allerdings gehabt. Darunter war der italienische Reisende Pietro della Valle, dessen koptische Grammatik samt Lexikon Kircher von einem alten Freunde erhalten hatte. Wir werden dem vielseitigen Italiener im nächsten Kapitel wieder begegnen.

Für die Entzifferung und Lesung der Hieroglyphen also war mit Kirchers Arbeiten fürs erste nichts gewonnen. Auch er stand im Banne Horapollons, der noch lange fortwirken sollte.

Abermals drohte es, dunkel zu werden. Allerdings fielen nun durch den allgemeinen Aufschwung der Orientalistik im 18. Jahrhundert wieder vereinzelte Lichtstrahlen in die Finsternis und wuchsen gesunde Schößlinge inmitten des wild wuchernden Unkrauts unhaltbarer Hypothesen auf.

Ein erster fruchtbarer Hinweis wird, auch in Fachwerken, oft übersehen: der geniale Arabienforscher Carsten Niebuhr, der das Fundament zur Keilschriftforschung legte, sah sich von 1761 bis 1762 unversehens zu einer mehrmonatigen Wartezeit in Kairo gezwungen. Zum Warten ließ er sich wohl oder übel zwingen, nicht aber zur Untätigkeit. Er machte aus der Not eine Tugend und begann, alle ihm erreichbaren hieroglyphischen Inschriften abzuzeichnen. Das bereitete ihm anfangs, wie er erzählt, zwar »Ekel und Langeweile«. Bald aber, fährt er fort, »wurden mir die Hieroglyphen so bekannt, daß ich sie

Die ägyptische Schrift

wie eine Buchstabenschrift nachzeichnen und mir diese Arbeit zum Vergnügen machen konnte«.

Und Niebuhr betrachtet die Denkmäler mit offenen Augen. Er bemerkt einen Unterschied zwischen »größeren« und »kleineren Charakteren« (Schriftzeichen). »Nur die großen sind wahre Sinnbilder«, meint er; die kleineren sollten nur Erklärung und Bedeutung der großen angeben und trügen oft »deutliche Spuren alphabetischer Buchstaben«. Stimme das, so würde sich mit Hilfe des Koptischen die Entzifferung anpacken lassen.

Carsten Niebuhr macht eine zweite treffende Bemerkung, die zunächst unbeachtet bleibt. Er sieht, daß die Zahl der Hieroglyphen verhältnismäßig gering ist. Darum kann es unmöglich für jedes Wort ein besonderes Zeichen gegeben haben!

Allein auf Grund dieser zwei genialen »Randbemerkungen« muß man Carsten Niebuhr unter die Vorläufer der Entzifferung auch der ägyptischen Schrift zählen, wenngleich sein Ruhm sich an eine andere Entzifferungsgeschichte knüpft.

Auf der einen Seite Albernheit und eitle Anmaßung, auf der anderen scharfsinnige, jedoch unbewiesene Vermutungen – das war der Stand der noch kaum geborenen jungen Ägyptologie, als ihr der Schlüssel zur Entzifferung plötzlich von einer Seite in die Hand gegeben wurde, von der man ihn am wenigsten erwartet hätte. Das alte Wort, daß im Kriege die Musen schweigen, hat gerade in der Geschichte der Entzifferungen keine Geltung.

Aber auch der Stein von Rosette fiel nicht vom Himmel – sozusagen. Die Hintergründe seiner Entdeckung sind zugleich ein Stück europäischer Kulturgeschichte. An dessen Anfang steht nicht Napoleon, wie man meist annimmt, sondern Leibniz!

Leibniz war nicht nur ein großer Philosoph, sondern auch ein hervorragender Staatsmann, und staatsmännische Weitsicht bestimmte ihn, während seines Pariser Aufenthaltes 1672 für Ludwig XIV., dessen Ehrgeiz er von Deutschland ablenken wollte, sein *Consilium Aegyptiacum* zu verfassen, eine

Schrift, in der er darauf hinwies, daß eine Eroberung Ägyptens dem französischen König die Vormachtstellung in Europa eintragen werde.
Napoleon Bonaparte hat sie, nach dem Zeugnis führender französischer Historiker, gekannt, als er 1798 im Sitzungssaal

Abb. 19 Der Stein von Rosette

Die ägyptische Schrift 55

des Instituts einer erlesenen Versammlung von Gelehrten von den wissenschaftlichen Hoffnungen sprach, die er an seine geplante Expedition nach Ägypten knüpfte. Und hatte er die leitenden Gedanken von Leibniz' Werk dabei im Kopf und vor Augen, so hatte er ein anderes Buch gleich mitgebracht. Es war die zweibändige französische Version von Niebuhrs Beschreibung seiner Reise in Arabien!
Das Scheitern von Napoleons Feldzug in Ägypten ist bekannt. Die Machtträume des Korsen wurden vereitelt. Die wissenschaftliche Ausbeute seines Zuges jedoch war über alles Erwarten reich.
Das Kronjuwel dieses Schatzes wurde am 2. Fructidor des Jahres 7 der Französischen Revolution (2. August 1799) gefunden.
Es ist kurz vor Napoleons »Flucht aus Ägypten«. Unaufhaltsam wächst der Druck der englischen Seemacht. Die französischen Truppen sind nach ihren anfänglichen glänzenden Waffenerfolgen längst in die Defensive gedrängt. Noch aber halten sie die ägyptische Küste, verteidigen sie verbissen und erfolgreich gegen die zur See operierenden Engländer und gegen die Türken, die von Süden herauf vorstoßen.
Am alten Fort von Raschid, dem späteren Fort Julien, etwa 7 km von Rosette im Nildelta, läßt der Brigadechef André Joseph Boussard seine Leute schanzen. Plötzlich stößt die Spitzhacke eines Soldaten auf etwas Hartes, prallt klirrend ab. Eine abgetragene Mauer gibt einen seltsamen Fund frei: einen Stein aus schwarzem Basalt, der über und über mit Schriftzeichen bedeckt ist.
Mag sein, daß der unbekannte arabische Soldat bestürzt auf den unerwarteten Fund starrte, die herbeigerufenen Kameraden ihn voll abergläubischer Scheu betrachteten. Einer lief jedenfalls und meldete den Vorfall.
Und die Offiziere des französischen Heeres haben mehr gelernt, als nur Schanzarbeiten zu überwachen. Dank Napoleons Voraussicht fehlt es in seiner Armee nicht an Männern, die wenigstens den einen, griechisch geschriebenen Teil der

Inschrift lesen können. Es handelt sich um ein Dekret aus dem Jahre 196 v. Chr., in dem die Priesterschaft von Memphis zum Dank für die Wohltaten, die sie von König Ptolemaios V. Epiphanes empfangen hat, durch feierlichen Beschluß vom 4. Xandikos = 18. Mechir des Jahres 9 (27. März 196 v. Chr.) »die dem Könige und seinen Vorfahren in den ägyptischen Heiligtümern zustehenden Ehrenrechte vermehrt«.

Man erkannte auf den ersten Blick, daß die oberste der drei Inschriften aus Hieroglyphen, die unterste aus griechischen Buchstaben bestand. Mit der mittleren wußte man zunächst nichts Rechtes anzufangen und hielt sie irrtümlich für syrisch. Dennoch war man sich über die geradezu epochemachende Bedeutung dieses einzigartigen Fundes von Anfang an im klaren, und das um so mehr, als die Inschrift in den Schlußworten eine Bestimmung über die Veröffentlichung dieses Dekretes enthielt, aus der hervorging, daß die drei Teile gleichen Inhalts waren.

Der Bericht über diesen prachtvollen Fund erschien im *Courier de l'Égypte* No. 37 vom 29. Fructidor des Jahres 7; ein Dokument, das ungeheuren Widerhall auslöste und selbst schon klassisch geworden ist.

Wie bei solchen Ehrendekreten aus der Ptolemäerzeit allgemein üblich, wird auch hier bestimmt, daß das Dekret auf einem Denkstein in den drei Sprachen des Landes aufgezeichnet werden soll. Einmal in der alten, längst erstorbenen, auf den Denkmälern aber traditionell beibehaltenen Sprache der alten Literatur, dem Altägyptischen, geschrieben mit den »Heiligen Zeichen«, den Hieroglyphen; dann in der lebenden neuägyptischen Sprache, geschrieben in der »Volks«- oder demotischen Schrift, einer aus den Hieroglyphen hervorgegangenen Kursive, und schließlich in griechischer Sprache, geschrieben mit griechischen Buchstaben.

Anscheinend ein komplizierter Vorgang. Er nimmt sich jedoch, in neuere Zeiten versetzt, recht natürlich und vertraut aus. Der bekannte deutsche Ägyptologe Georg Ebers zieht dazu einen anschaulichen und einleuchtenden Vergleich:

Die ägyptische Schrift 57

»Denken wir uns statt des Ägypten der damaligen Zeit eine italienische Provinz der österreichischen Monarchie und nehmen wir an, daß die Geistlichkeit daselbst einen Beschluß zu Ehren des Kaiserhauses verfaßt habe, so würde er vielleicht in der alten Kirchensprache, dem Latein, auf Italienisch und in der deutschen Sprache des Herrscherhauses und seiner Beamten veröffentlicht worden sein. Geradeso wurde das Dekret von Rosette abgefaßt ...« Denken wir uns nun noch den lateinischen Text in Kapitale (Großbuchstaben), den italienischen etwa in Antiqua und den deutschen in Fraktur eingemeißelt, so ist die Entsprechung vollkommen!
Der Stein wurde zunächst nach Kairo gebracht. Dort sollten ihn die Gelehrten des von Napoleon begründeten Ägyptischen Instituts studieren. Man nahm Abdrücke der Inschriften, fertigte Kopien an und sandte sie nach Frankreich – als hätte man den Verlust des Steins vorausgeahnt. Das Denkmal wurde später nach Alexandrien geschafft und dort im Hause des französischen Oberkommandierenden Menou aufgestellt.
Aber 1801 landeten die Engländer ein Heer, und Menou mußte kapitulieren. In die Kapitulation nun waren ausdrücklich auch alle von den Franzosen während der letzten drei Jahre im Niltal gesammelten Altertümer eingeschlossen. Den Stein von Rosette allerdings, an den die Finder ihr Herz gehängt hatten und dessen Bedeutung beide Seiten sehr wohl kannten, versuchten die unterlegenen Franzosen für sich zu retten, indem sie ihn zum Privateigentum des Generals Menou erklärten, das nicht unter die Kapitulationsbestimmungen falle. Allein der englische Befehlshaber Lord Hutchinson bestand »mit gewohntem Eifer für die Wissenschaft«, wie man sich ausdrückte, auf der Auslieferung des Steins. Im Kreuzfeuer bitterer Sarkasmen der umstehenden französischen Offiziere ließ Hutchinsons Beauftragter Turner das unschätzbare Monument abtransportieren. Im Jahre 1802 wurde es in Portsmouth an Land gebracht; später kam es ins Britische Museum, »wo es hoffentlich lange bleiben

wird ... eine stolze Trophäe der britischen Waffen ... nicht einer wehrlosen Bevölkerung geraubt, sondern durch das Kriegsglück ehrenvoll erworben«. So schließt Turners Bericht.
Eine stolze Trophäe der britischen Waffen ... Die geistige Eroberung des Inschriftsteines jedoch war den britischen Waffen nicht möglich. Die behielt das Schicksal – zweifellos ein gerechtes Schicksal in den Augen der Franzosen – trotz der verheißungsvollen Pionierleistungen des englischen Forschers Thomas Young dem Franzosen Jean François Champollion vor.
Ehe aber Young und Champollion auf den Plan traten, war eine Kopie der Inschriften in den Besitz des Ministers Chaptal gekommen. Dieser vertraute sie dem schon damals berühmten und gefeierten Pariser Orientalisten Sylvestre de Sacy an, einem Gelehrten von internationalem Ruf, der durch seine akademische Lehrtätigkeit nicht nur für Frankreich, sondern auch für die Nachbarländer zum Begründer der modernen Orientalistik wurde. Auch als Entzifferer hat sich de Sacy hervorgetan und das Pehlevi, die mittelpersische Sprache und Schrift, erfolgreich gedeutet und erschlossen. Vor den Kopien der Rosette-Inschriften versagte er jedoch. Er konnte lediglich jene Zeichengruppen im demotischen Text bestimmen, die den im griechischen Text mehrmals vorkommenden Namen Ptolemaios, Alexander, Alexandrien, Arsinoe und Epiphanes entsprachen. Seine vermeintlichen Gleichsetzungen von demotischen mit griechischen Buchstaben jedoch schlugen fehl.
Sylvestre de Sacy gestand in einem Brief an Chaptal sein Unvermögen, die Texte zu entschlüsseln, unumwunden ein und sandte die erhaltene Kopie an den schwedischen Archäologen David Åkerblad weiter, einen Privatgelehrten von Rang, der als Diplomat im Orient gewirkt hatte und damals gerade in Paris seinen Studien lebte. Åkerblad beschäftigte sich besonders mit dem Koptischen. Er machte sich mit Eifer an die ihm übersandte Kopie; außerdem stand ihm ein Schwe-

Die ägyptische Schrift 59

felabguß der Inschriften zur Verfügung. Er hielt gleich Sacy irrtümlich das Demotische für alphabetisch und deshalb für geeigneter zur Entzifferung als die Hieroglyphen, deren Text außerdem am ärgsten verstümmelt ist. Åkerblad ist ein tüchtiger klassischer und orientalischer Philologe, und Åkerblad hat Glück! Es gelingt ihm, sämtliche Eigennamen des griechischen Textes durch Vergleichung im Demotischen wiederzuerkennen und zu lesen.

Er zerlegt nun die in demotischen Zeichen niedergeschriebenen griechischen Eigennamen in Einzelbuchstaben und gewinnt so ein Alphabet von 16 darin enthaltenen Buchstaben (von denen er die Mehrzahl auch richtig trifft). Obendrein bemerkt er, daß dieselben Zeichen auch außerhalb der Eigennamen vorkommen, und freudig überrascht kann er ganze Wörter herausbuchstabieren, die ihm aus dem Koptischen vertraut sind. Da liest er »erphêui«, »die Tempel«, dort steht »ueinin«, »die Griechen«, und am Ende mehrerer Wörter entdeckt er gar das Zeichen für die grammatische Endung der 3. Person, das -f, das im Koptischen »er« und »sein« ausdrückt, im Demotischen wieder. (Die koptische Schrift, eine Abart der griechischen, hat einige demotische Zeichen entlehnt, wie wir heute wissen.)

Gelegentlich beugt sich der Schwede wohl auch forschend über den hieroglyphischen Text der Rosette-Inschrift, und auch hier bleibt sein Blick eines Tages an bestimmten Stellen haften: wo griechisch von »ersten«, »zweiten« und »dritten« Tempeln die Rede ist, da gewahrt er im hieroglyphischen Teil einen einfachen, einen Doppel- und einen dreifachen Strich mit noch einem Zeichen darüber. Åkerblad hatte die hieroglyphischen Ordnungszahlen von 1 bis 3 erkannt und bestimmt!

Diesen so überaus verheißungsvollen Anfang hatte der schwedische Forscher binnen kürzester Zeit gemacht. Mit seinem »Alphabet« hatte er den Zugang zum Demotischen zumindest eröffnet und damit den Grund zu dessen Entzifferung gelegt. Den weiteren Fortschritt auf diesem richtigen

Weg versperrten ihm zwei Gelehrte. Sie hießen de Sacy und – Åkerblad.
Ja, er selbst war es zunächst, der sich jedes Vorwärtskommen dadurch verbaute, daß er an dem alphabetischen Charakter des Demotischen festhielt. Er ließ dabei (wie de Sacy) die Vokalunterdrückung außer acht (wie schon gesagt, schreibt das Ägyptische, wie das Semitische, keine Vokale) und konnte noch weniger die zahlreichen (stummen!) Deutzeichen oder Determinative erkennen. So taugte sein Alphabet immer nur zur Lesung jener Eigennamen, aus denen er es gewonnen hatte.
De Sacy wieder schnitt durch sein zweifelndes und zurückhaltendes Urteil den von Åkerblad kaum erst angesponnenen Faden durch, und es wurde, abgesehen vom schrillen Mißgetön der Dilettanten, wieder still um den Dreisprachenstein. Er sank in einen langen Dornröschenschlaf – von 1802 bis 1814.
In diesem Jahre ging der bekannte englische Naturforscher Thomas Young, wie alljährlich, aufs Land, um dort Ferien zu machen und seine verschiedenen »hobbies« zu pflegen. Young war als Naturwissenschaftler und Mediziner ein Gelehrter ersten Ranges. Er hat die Hauptphänomene des Sehens entdeckt, das Gesetz von der Interferenz des Lichtes aufgestellt und damit die moderne Optik begründet. Aber Young war vielseitig – als Gelehrter wie als Mensch.
1796 – er ist noch Student in Göttingen – stellt er, damals schon Physiker und Mediziner in einer Person, eine These auf: nur ein Alphabet von 47 Buchstaben kann die Fähigkeit des menschlichen Stimmorgans voll ausschöpfen! An diese Studien anknüpfend, nimmt er auch später noch gerne Alphabete fremder Sprachen vor, erwirbt er sich einen Ruf als gräzistische Autorität und treibt nebenher kalligraphische Übungen. Seine vielerlei Steckenpferde bleiben im Bekannten- und Freundeskreis nicht verborgen, und man händigt ihm oft beschädigte alte Handschriften zum Ausbessern ein. Dies alles, was außerhalb der Naturwis-

senschaften liegt, ist ihm Ausspannung, Erholung, Zeitvertreib.
Thomas Young tut auch darin nichts halb. Was er sich in den Kopf setzt, führt er aus. So kommt er einmal auf den Einfall, als Ferienvergnügen das Seiltanzen zu erlernen. Er übt fleißig, und dann ist es soweit: er produziert sich auf dem schwankenden Seil – zum nicht geringen Ärgernis der Quäkergemeinde, der er angehört!
Jetzt, im Frühjahr 1814, will er wieder auf dem Lande Ferien machen. Ein Freund, Sir Rouse Broughton, gibt ihm eine alte Handschrift mit, mit der er »spielen« kann. Diesmal ist es aber kein griechisches Manuskript, sondern ein demotischer Papyrus.
Und als Young sich darein vertiefen will, entsinnt er sich der Ausführungen eines gewissen Severin Vater, die er erst vor kurzem im 3. Band von Adelungs *Mithridates* sah, den er als einstiger Göttinger Student regelmäßig liest.
Johann Severin Vater (1771–1826) war nacheinander Professor der Theologie und der orientalischen Sprachen in Jena, Halle, Königsberg und wieder Halle. Seine akademische Lehrtätigkeit hatte ihn auf die ägyptischen Schriften geführt. Dabei war er, im Gegensatz zu vielen Zeitgenossen, von der »hieratischen« Schrift ausgegangen, »von den Schriftarten der Mumienbinden«. Vaters Ausführungen gipfelten in der (allerdings noch unbewiesenen) Behauptung, die Hieroglyphen seien phonetisch, als Lautzeichen, zu lesen und enthielten ein Alphabet von etwas über dreißig Zeichen!
Daran muß Young denken, als er, durch den erwähnten Papyrus abermals angeregt, im Mai 1814 an Hand einer Abbildung des Rosette-Steins zunächst den demotischen Teil der Rosette-Inschrift vornimmt. Auch über Åkerblads Arbeit ist der Engländer orientiert, hatte ihm doch der Schwede einst aus Rom eine Analyse der ersten fünf Zeilen des demotischen Rosette-Textes samt einer koptischen Umschrift übersandt. Als aber Young nun Åkerblads Alphabet anwenden will, erkennt er bald, daß es nicht stimmen kann.

Er sieht jedoch auch, was schon Åkerblad gesehen hat, daß sich im griechischen Text gewisse Wörter wiederholen; er versucht, wie sein Vorgänger, dieselben Wörter aus dem demotischen Text auszusondern.
Nun aber tut Young den Schritt über Åkerblad hinaus: er teilt nicht nur den gesamten demotischen, sondern auch den hieroglyphischen Text so ab, wie er glaubt, daß die einzelnen Wörter den griechischen entsprechen, und veröffentlicht die beiden so behandelten Texte in der Zeitschrift »Archaeologia« – allerdings, um seinen Ruf nicht zu gefährden, noch anonym.
Dennoch war es ein Wagnis; aber es gelang besser, als man denken sollte. Noch im selben Jahre läßt Young eine »Mutmaßliche Übersetzung des demotischen Textes der Rosettana« folgen, die er im Oktober 1814 an de Sacy nach Paris schickt. Ebenso schnell, so meint er, werde er auch mit der hieroglyphischen Inschrift fertig werden, die noch »unangetastet wie die heilige Bundeslade« dasteht.
Ein kühner Vorsatz; aber wie stand es eigentlich um das Rüstzeug, das der englische Naturforscher für die Arbeit auf diesem ihm doch im wesentlichen fremden Gebiet mitbrachte?
Er hatte weder die nötige philologische Schulung noch die erforderlichen Kenntnisse der orientalischen Sprachen aufzuweisen. Er konnte nur rein materielle Textvergleichung betreiben; was ihn bei seinen Überlegungen leitete, war sein mathematischer Instinkt, und seine Ergebnisse errechnete er durch mathematisches Zusammenstellen und Aneinanderpassen.
Um so erstaunlicher sind die Resultate, die er mit so unzulänglichen Mitteln gewann.
Erstens: Die Zeichengruppen, die sich durch die Abteilung des demotischen Textes ergaben, glichen auffallend den hieroglyphischen Zeichengruppen. Sie sind anscheinend bloße Abkürzungen und daher Abkömmlinge der Hieroglyphen!
Zweitens: Young konnte schon die Bedeutung einer Anzahl

Die ägyptische Schrift 63

hieroglyphischer Zeichengruppen angeben; ihren Lautwert allerdings noch nicht.

Drittens: Von den griechischen Eigennamen, die der demotische Text enthielt, mußte wenigstens der eine in dem erhaltenen Stück des hieroglyphischen Textes vorkommen, und zwar offensichtlich in dem ovalen Ring, der in der Inschrift mehrmals wiederkehrte. (Daß solche Ringe oder »Kartuschen« Königsnamen enthielten, hatten schon de Guignes und Zoega vermutet.)

Viertens: Young wagt sich, ausgerüstet mit den so gewonnenen Erkenntnissen, nun auch an andere hieroglyphische Texte und errät mit Glück die Bedeutung einiger anderer Wörter. Das ermutigt ihn, im Sommer 1818 ein hieroglyphisches Wörterverzeichnis zu geben, von dessen 204 Wörtern immerhin schon ein Viertel richtig gedeutet ist und das außerdem eine Liste von 14 hieroglyphischen Lautzeichen enthält; und auch von diesen sind fünf ganz und weitere drei halb richtig. Das sei wenig, könnte man einwenden. Aber das schmälert nicht den unleugbaren Fortschritt, der hier erzielt ist, und das Verdienst Youngs, der im Gegensatz zur damals herrschenden Meinung als erster erkannt hat, daß es in den Hieroglyphen neben Wortzeichen auch Lautzeichen gibt!

Damit glaubt sich Young hinreichend fortgeschritten, um dem Dreisprachenstein abermals zu Leibe zu rücken. Nun packt er die Kartusche an, die den Namen »Ptolemaios« enthalten soll.

Abb. 20 Namensring des Ptolemaios

Er zerlegt die darin befindlichen Hieroglyphen so:

□ = p; ⌒ = t; ⚡ bedeutet nichts (!); 🐁 = ole;

⌐ = ma; ⫼⫼ = i und ⋂ = os!

64 *Die ägyptische Schrift*

Diese Zergliederung zeigt einerseits, wie nahe Young der richtigen Lesung »Ptolmis« schon gekommen ist und wie sehr ihn andrerseits seine mangelnde Sprachenkenntnis hemmt; er sucht in den Hieroglyphen auch die Vokale, die im Ägyptischen jedoch, wie wir wissen, unterdrückt wurden.

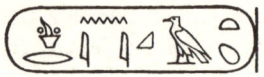

Abb. 21 Namensring der Berenike

Nach demselben Verfahren las er nun den in einer anderen Inschrift von ihm vermuteten und auch wirklich darin enthaltenen Namen der Königin Berenike eben als »Berenike« (in Wirklichkeit »Brnikat«, wobei -at Femininendung ist) und gewann dadurch etliche weitere Buchstaben.
Young hatte damit in der Tat die Entzifferung der Hieroglyphen begonnen!
Nun aber stehen wir vor einem eigenartigen Phänomen: Von ein paar glücklichen Vermutungen abgesehen, bescheidet sich derselbe Mann, der den lautlichen Charakter der Hieroglyphen entdeckt hat, mit dem Erreichten und tut nie den Schritt über die Schwelle, deren Tür er selbst aufgestoßen hat! An der Schwelle zur eigentlichen Philologie macht er halt – wohl nicht ganz freiwillig. Als er zum Beispiel auf den mit lautlichen Hieroglyphen klar ausgeschriebenen Namen des Totengottes Anubis stößt, erkennt er ihn nicht und tauft ihn statt dessen auf den Namen des griechischen Höllenhundes Cerberus! Noch erstaunlicher ist vielleicht, daß ihm auch ein andrer Göttername entgeht, nämlich der des Ptah, obwohl dieser, wie der griechische Text zeigte, in der Rosette-Inschrift wiederholt vorkam und Young obendrein ja selbst die Lautwerte der beiden Anfangsbuchstaben, das p und das t, aus der Ptolemaios-Kartusche erschlossen hatte!
Acht Jahre, bevor General Bonaparte vor den versammelten Gelehrten im Institut zu Paris seine hochfliegenden Pläne für die Ägyptenexpedition entwickelt, ringt in der Kantons-

hauptstadt Figeac im südfranzösischen Departement Lot die junge Frau des Buchhändlers Jacques Champollion um ihr Leben. Sie ist schwer erkrankt und erwartet ein Kind, und der Gatte entsinnt sich in seiner Verzweiflung seines wunderlichen Nachbarn Jacquou, der drüben im uralten, aufgelassenen Kloster Lundieu haust und dessen kleines Gärtchen an den ausgedehnten Grundbesitz der Familie Champollion stößt. Jacquou steht im Ruf eines Zauberers. Er verspricht baldige, vollkommene Genesung. Er verheißt die Geburt eines Sohnes. Und er wäre kein Zauberer, wenn er nicht eine Prophezeiung hinzufügte: »*De votre maladie il naitra un garçon qui sera une lumière des siècles à venir.*«[12] Ein Sohn also soll geboren werden, dessen Ruhm kommende Jahrhunderte überstrahlen wird!

Jean François wächst als Kind eines Buchhändlers zwischen Büchern auf, und der Geist in dem kleinen Körper ist längst wach und rege, ehe noch ein Erwachsener daran denkt oder Zeit findet, dem Kinde regelmäßigen Unterricht zu erteilen. Die Mutter sagt dem unentwegt Fragenden lange Abschnitte aus ihrem Meßbuch vor, um ihn zu zerstreuen und zu beschäftigen. Das Kind lernt das Gehörte auswendig. Es stöbert ein zweites Exemplar des Meßbuches auf. Es läßt sich darin zeigen, wo die gelernten Abschnitte stehen. Immer wieder vergleicht es das Gehörte mit dem Gedruckten. Die Buchstaben werden zur Unterscheidung mit Phantasienamen belegt. Und dann lädt das fünfjährige Bürschchen die Eltern zu einer ersten, regelrechten Vorlesung aus dem genannten Meßbuch ein und überreicht ihnen obendrein seine ersten, selbst hergestellten Schriftproben, die sich noch etwas wunderlich ausnehmen, weil er sie den gedruckten Buchstaben nachgezeichnet hat!

Angemessenen Unterricht erhält der Knabe erst zwei Jahre später von seinem Bruder Jacques Joseph, der sich die Zeit dafür von seinen kargen Mußestunden abspart. Jacques Joseph aber wird mehr als der erste Lehrer, mehr noch als der liebe- und verständnisvolle Bruder für den aufstrebenden

Jüngeren: er wird, ohne die Bedeutung des Ereignisses noch recht zu ahnen, zum ersten Mittler zwischen Jean François Champollion und dessen Gelobtem Land – Ägypten.

Im Jahre 1797 eröffnete sich nämlich für den begabten Älteren plötzlich dank der guten Verbindungen eines Vetters die Aussicht, im Gefolge von Bonapartes Armee nach Ägypten zu gehen. Jacques Joseph ist Feuer und Flamme für den Plan und malt dem atemlos lauschenden jüngeren Bruder in glühenden Farben das Bild des uralten, rätselhaften Landes. So steigt zum erstenmal vor dem geistigen Auge des Siebenjährigen das alte Wunderland Ägypten herauf. Noch allerdings ist es ein Trugbild, eine Fata Morgana. Der Plan zerschlägt sich nämlich wieder, und Jacques Joseph kommt statt nach Ägypten nach Grenoble, als junger Kaufmann ins Geschäft seiner Vettern. Zurück bleibt der enttäuschte Jean François, zurück bleibt der gütige Dom Calmet, der den Knaben behutsam führt und ihn die Natur lieben lehrt. Das Kind sammelt Steine, Pflanzen und Insekten. Aber bald entwächst es der häuslichen Lehre. In der öffentlichen Schule taugt der Junge nicht recht; besonders unangenehm fällt er als jämmerlicher Rechner auf (der er zeitlebens bleiben wird). Dafür aber lernt er im Fluge Latein und Griechisch; seitenweise zitiert er, aus reiner Freude am Wohllaut der Verse, seinen Vergil, seinen Homer auswendig. Und einmal wird er durch einen zweiten Gruß, einen schicksalhaften Ruf aus dem fernen Ägypten belohnt: die Nummer 37 des *Courier de l'Êgypte* mit der Nachricht vom Funde des Steins von Rosette trifft für Jacques Joseph im Vaterhause ein.

Der aber ist seit 1798 in Grenoble, und diese schöne Stadt ist auch der Sitz der Gelehrsamkeit der Dauphiné und hat ihre eigene Akademie und vortreffliche Schulen. 1801 geht dem elfjährigen Jean François ein Herzenswunsch in Erfüllung: er darf nach Grenoble, zum Bruder, an dem er so sehr hängt, er darf die angesehene Privatschule von Abbé Dussert besuchen und dort zu seiner großen Freude Hebräisch lernen. Schon 1802, ein Jahr nach dem Beginn dieses Studiums, überrascht er, noch nicht zwölf Jahre alt, seine Schulinspektoren mit der scharfsinnigen Auslegung einer Bibelstelle aus dem hebräischen Text!

Noch im selben Jahre fällt ein dritter »ägyptischer Lichtstrahl« in sein Leben, als der neuernannte Präfekt des Departements Isère in Grenoble ankommt. Dieser ist nämlich kein durchschnittlicher Beamter oder Politiker. Es ist der berühmte Physiker und Mathematiker Jean Baptiste Fourier, die Seele der französischen wissenschaftlichen Kommission, die unter Napoleon in Ägypten wirkte, und der Verfasser der großen historischen Einleitung zu dem Prachtwerk dieser Kommission, der *Description de l'Égypte*, der Beschreibung von Ägypten. Mit Fourier wird gleichsam Ägypten mit einem Schlage nach Grenoble versetzt, ein Ereignis, das für Jean François von schicksalhafter Bedeutung werden sollte.

Mehrere günstige Umstände treffen zusammen, um die Begegnung des hochbegabten Kindes mit dem großen Gelehrten zu fördern. Der Bruder tritt als Sekretär der Grenobler Akademie in engere Beziehung zu Fourier. Der neuernannte Präfekt läßt es sich nicht nehmen, die Schulen zu inspizieren. Dabei fällt ihm der verheißungsvolle Junge auf. Fourier verspricht dem Schüler, der seine Altersgenossen weit übertrifft, ihm seine ägyptischen Altertümer zu zeigen.

Und im Herbst 1802 steht das Kind in der Präfektur zu Grenoble staunend und mit glühenden Wangen vor der kleinen, aber erlesenen Sammlung Fouriers. Seine Begeisterung, seine klugen Fragen, das unverkennbare Feuer des geborenen Forschers, das in dem schüchternen Knaben brennt, bestimmen den Älteren, ihm den Zutritt zu den intimen Soiréen und wissenschaftlichen Versammlungen zu gewähren.

Aber es hätte dessen gar nicht mehr bedurft. Für Jean François Champollion ist dieser Besuch bei Fourier zum Schicksal geworden. Hier ist in ihm, wie er später oft erzählt hat, der brennende Wunsch erwacht, dereinst die altägyptischen Schriften zu entziffern, hier auch die feste Überzeugung, daß er dieses Ziel erreichen werde.

»Die Begeisterung allein ist das wahre Leben«, sagte er später einmal. Er hat dieses Wort in seinem eigenen Leben wahr gemacht. Mit aller Gewalt aber überfiel die Begeisterung den noch nicht Zwölfjährigen zum erstenmal hier, angesichts der geheimnisumwitterten ägyptischen Schätze Fouriers. Hier packte sie ihn wie ein Rausch, um ihn nie wieder loszulassen.

Er bemalt jede erreichbare freie Fläche mit wunderlichen Schriftzeichen, die er Hieroglyphen nennt; er ist unersättlich nach neuem Lernmaterial und überschüttet den stets hilfsbereiten Bruder mit Fragen, und da er noch nicht »ägyptologisch« arbeiten kann, betätigt er seinen Tatendrang anderweitig. Da entsteht anhand von Plutarchs Biographien eine ganze Galerie antiker Heroen aus Pappmedaillons; er verfaßt eine »Geschichte berühmter Hunde«, an deren Spitze Argos, der Hund des Odysseus, steht. Er sammelt Material für eine »Chronologie von Adam bis auf Champollion den Jüngeren«, weil man mit der Unzuverlässigkeit und Dürftigkeit der vorhandenen Geschichtstabellen endlich einmal aufräumen müsse! Und einmal überrascht ihn gar der Bruder, wie er in dessen Zimmer auf dem Boden hockt, einen Wust von herausgerissenen Blättern aus Jacques Josephs Büchern rings um sich ausgebreitet. Es sind alle jene Seiten aus Herodot und Strabo, aus Diodor, Plinius und Plutarch, die vom alten Ägypten handeln! Der Bruder verwindet schnell den Schmerz über diese barbarische Schändung seiner geliebten Bücher und lobt den Kleinen für seinen systematischen Forscherdrang.

Inzwischen hat Napoleon in Grenoble ein halb militärisches Lyzeum samt Internat eröffnet, das nun auch Jean François Champollion besuchen muß. Das trifft ihn hart. Trotz mancher Anregung und Vergünstigung, die ihm dort zuteil wird, drückt ihn die militärische Zucht und Einförmigkeit des Schulbetriebes, und er lehnt sich gegen einzelne Lehrer auf. Eben hat er auch bei Fourier Dom Raphael kennengelernt, einen ehemaligen koptischen Mönch, der in Ägypten Napo-

Die ägyptische Schrift 69

leon und der französischen Armee wichtige Dienste geleistet hat und dafür zum Lehrer des Arabischen an der Schule für orientalische Sprachen in Paris ernannt worden ist. Diese Begegnung bedeutet gerade jetzt viel für Champollion, denn er hat aus seinen Privatstudien (er verdirbt sich dabei Augenlicht und Gesundheit, da er in den Nächten heimlich liest) soeben eine wichtige Erkenntnis gewonnen. Die Schriften der Akademiker de Guignes und Barthélemy haben ihn auf die Verwandtschaft der koptischen mit der altägyptischen Sprache hingewiesen, und eine Abhandlung des Paters Bonjour über die koptischen Manuskripte des Vatikans hat ihn in der Überzeugung bestärkt, daß nur das Studium der halbverschollenen koptischen Sprache zur Erschließung der altägyptischen und zur Entzifferung der altägyptischen Schrift führen könne!
Fourier rettet schließlich dieses »feurige Füllen, dem dreifaches Futter gebührt«, aus dem zu engen Stall des Lyzeums. Durch Fourier lernt Champollion auch Leibniz' *Consilium Aegyptiacum* kennen. »Überall glaube ich in Ägypten zu sein«, äußert sich Jean François immer wieder, und mit aller Unbefangenheit seiner Jugend geht er daran, sein erstes wissenschaftliches Werk, *Ägypten unter den Pharaonen*, vorzubereiten.
Den Entwurf für das Gesamtwerk und eine geographische Karte dazu überreicht er der Grenobler Akademie, vor der er auch 1807 die Einleitung dazu lesen darf. Mißtrauen, Ablehnung und Neugier liest der Sechzehnjährige aus den Mienen seiner gelehrten Zuhörer, als er vor sie hintritt, um sein Frühwerk vorzulegen. Als er aber geendet hat, springt ihr Präsident Renauldon auf und heißt ihn in begeisterter Rede in dem erlauchten Kreis willkommen.
Mit sechzehn Jahren geht Champollion nach Paris. Diese Stadt bietet ihm für seine orientalischen Studien die vorzüglichsten Lehrer, die das Abendland aufzuweisen hat. Jacques Joseph stellt ihn Sylvestre de Sacy vor, der schon auf dem Höhepunkt seiner Laufbahn steht. Ungewöhnlich scheu tritt

Die ägyptische Schrift

der Jüngling dem damals neunundvierzigjährigen, unansehnlichen Manne mit dem ehrfurchtgebietenden, durchgeistigten Antlitz gegenüber. Sacy ist selber von der Begegnung tief beeindruckt. Das Werk des Sechzehnjährigen allerdings, *Ägypten unter den Pharaonen*, hält er für verfrüht.

Abb. 22 Jean François Champollion (1790–1832)

Der Student hört in Paris Vorlesungen über hebräische, »chaldäische« und syrische Sprache, er studiert Persisch, Sanskrit, Arabisch und Griechisch. Schon 1808 darf er fallweise einen seiner Lehrer im Kolleg vertreten.
Die schönste Sprache aber, die ihm Paris, ja die Welt zu bieten hat, ist ihm die Koptische. In der Kirche St. Roch hört er den koptisch-unierten Priester Jeacha Scheftidschy auf koptisch die Messe lesen.[13] »Ich will es« (das Koptische) »wie mein Französisch können... mit einem Wort, ich bin so koptisch, daß ich zu meinem Vergnügen alles übersetze, was mir durch

Die ägyptische Schrift 71

den Kopf geht. Ich spreche koptisch zu mir selber, weil andere mich nicht verstehen würden ...«
Dafür aber gab es Gesprächspartner für andere Sprachen des Orients, und der häufige Umgang mit gebildeten Söhnen dieser Länder war das andere große Geschenk, mit dem Paris den Studenten beglückte. »Er ist wie zu Hause bei allen diesen Orientalen«, sagt sein Bruder von ihm, und er selber meint: »Das Arabische hat mir gänzlich die Stimme verändert; es hat sie mir gedämpft und in Kehllaute umgewandelt. Ich spreche beinahe, ohne die Lippen zu bewegen, und das muß wohl mein von Natur schon so orientalisches Aussehen noch erhöhen, denn Ibn Saoua ... hielt mich gestern für einen Araber und begann, mir sein Salamat zu machen, das ich entsprechend beantwortete, worauf er mich mit endlosen Höflichkeiten überschütten wollte ...«, bis Dom Raphael dazwischentrat.
Im Jahre 1808 kommt es, auch hier in Paris, zu einer denkwürdigen Begegnung – der zwischen Champollion und dem Stein von Rosette, mit dem sein Name für immer verknüpft bleiben wird. Allerdings nicht mit dem Stein in natura – den hatten sich die Briten gesichert. Aber eine Kopie erhielt nun auch Champollion.
Noch wagt er sich nicht an den hieroglyphischen Text heran. Er begnügt sich mit einem eingehenden Vergleich der Schriftzeichen des demotischen Teiles mit denen eines vermeintlich auch demotisch, in Wirklichkeit jedoch hieratisch (vgl. unten) geschriebenen Papyrus. Er gewinnt so eine Anzahl von demotischen Buchstaben; sie decken sich zum Teil mit denen Åkerblads.
»Ich unterbreite Dir meinen ersten Schritt!« schreibt er an den Bruder. Aber dieser Schritt führt nicht weit über Åkerblad hinaus. Und das Arbeitsklima, in dem er getan wird, ist nicht gerade günstig: auf der einen Seite drängt der Bruder (der sich nun zur Unterscheidung Champollion-Figeac nennt) fortgesetzt zu großen Taten, auf der anderen warnt der besonnene Lehrer Sacy davor, soviel Zeit mit dieser Entziffe-

rung zu vergeuden, die ja doch nur, wenn überhaupt, einmal durch einen Zufall gelingen könne. Kein Wunder, daß Champollion zuweilen mutlos wird: »Sieben Tage ohne Unterbrechung habe ich auf die ägyptische Inschrift verwandt, und ich bin überzeugt, daß man nie dahin kommen wird, sie völlig zu übersetzen.«

Schon im Jahre 1809 muß Champollion seine Pariser Studien abbrechen, um als Achtzehnjähriger eine Professur der Geschichte an der neugeschaffenen Fakultät zu Grenoble zu übernehmen, wohin man ihn berufen hat. Er verwaltet sein neues Amt mit allem Eifer – sitzen doch seine früheren Mitschüler als Hörer vor ihm, und so mancher seiner früheren Lehrer mißgönnt dem einstigen »erbärmlichen Schüler« den akademischen Triumph. Dennoch findet er Zeit, seine Privatstudien weiterzutreiben, und am 7. August legt er der Grenobler Akademie eine Theorie der ägyptischen Schrift vor, die radikal mit allem bricht, was man bis dahin darüber zu wissen glaubte.

Er erkennt, daß es nicht zwei, sondern drei ägyptische Schriftarten gibt. Zwischen dem Demotischen und den Hieroglyphen steht das »Hieratische«, wie er es nennt, eine Weiterbildung, die dadurch entstand, daß man die Hieroglyphen, statt wie einst nur auf Denkmälern, später auch als Buchschrift auf Papyrus schrieb – ein grundverschiedenes Material, das eine auf den ersten Blick ganz verschiedene, »neue« Schrift entstehen hatte lassen.

Noch irrt Champollion in der Reihenfolge, noch hält er das Demotische für die ältere, das Hieratische für die jüngere Schrift. Aber bald darauf erkennt er diesen Irrtum und gesteht ihn ein. Er erklärt: Alle drei ägyptischen Schriften sind von gleicher Art. Die beiden Kursivschriften sind Abkömmlinge der Hieroglyphen, und die Entzifferung der Hieroglyphen muß vom Demotischen ausgehen. Damit hatte er endgültig den Weg zum späteren durchschlagenden Erfolg beschritten – vier Jahre, ehe drüben jenseits des Kanals Thomas Young sich mit den Hieroglyphen überhaupt zu befassen begann!

Die ägyptische Schrift 73

Im Jahre 1813 macht er seine erste hieroglyphische Entdekkung, die seinem Scharfsinn ein glänzendes Zeugnis ausstellt. Die Überlegung, die er dabei anstellte, mutet heute ganz einfach an – ein Merkmal so vieler großer Entdeckungen. Im Koptischen, in dem er ja lebt und an dem er unermüdlich arbeitet, gibt es sechs Endungen für die sechs persönlichen Fürwörter. Diese müßten, denkt Champollion, doch auch im Altägyptischen zu finden sein. Und wirklich steht dort, wo der griechische Text »er« und »ihn« aufweist, im hieroglyphischen Teil der Rosettana das Bildzeichen ⌇, eine gehörnte Schlange, im demotischen Text aber ein Zeichen, von dem er durch seine schriftvergleichenden Studien längst weiß, daß es aus diesem Schlangenzeichen entstanden und mit dem koptischen ϥ, dem »f« der dritten Person, identisch ist. Damit hat Champollion mit zwingenden Gründen die erste Hieroglyphe nach ihrem Lautwert bestimmt.
Nun aber schritt er nicht weiter, sondern kehrte um – er verfiel abermals in den Irrtum, die Hieroglyphen für Symbolzeichen ohne bestimmten phonetischen Charakter zu halten! Es war, als hätte der Hieroglyphenteufel, der früher die Köpfe so erfolgreich verwirrt hatte, das Ende seiner Herrschaft nahen gefühlt und dem Entzifferer noch ein letztes Schnippchen schlagen wollen.
Inzwischen war nämlich durch Young die hieroglyphische Form des Namens Ptolemaios bekanntgeworden, und diese hatte Champollion immer wieder vor sich. Dort aber thront mitten im Namensring der majestätische Löwe. Und da schließt Champollion, der kriegerische Löwe könne doch gar nichts anderes bedeuten als den »Krieg«, der auf griechisch »p(t)ólemos«, heißt, das Wort also, das ja auch im Namen des Königs steckt!
War dieser »Krieg« ein Trugbild, so pochte der echte Krieg bald darauf an die Tür zur Studierstube des Entzifferers. Dieser war über seiner unermüdlichen Arbeit ja keineswegs zum Stubengelehrten geworden; er war ein glühender Patriot geblieben. Die Rückkehr Napoleons aus Elba ließ sein Herz

höher schlagen. Die Hundert Tage reichten hin, den politischen Heißsporn der Polizei gründlich verdächtig zu machen, und als er sich gar noch dem Didierschen Aufstand in Grenoble anschloß und sich mit der Waffe in der Hand gegen die bourbonische Herrschaft auflehnte (wobei er allerdings nicht vergaß, unter Lebensgefahr seine ägyptischen Schätze zu hüten), war das Maß voll. Er mußte fliehen und trieb sich eine Weile obdachlos und gehetzt in den Alpen der Dauphiné umher. Sein und des Bruders Lehrstuhl wurden aufgehoben, ihnen beiden erst nach längerer Zeit Figeac und später Grenoble als Zwangsaufenthalt zugewiesen. Dort bringt sich Champollion mehr schlecht als recht durch.
Inzwischen hatte sich, unbemerkt von Champollion, der Schauplatz der Entzifferungsgeschichte vorübergehend verlagert, und in dem nun folgenden Zwischenakt des Dramas treten auf: ein englischer Diplomat, ein englischer Reisender und Sammler, ein Jahrmarktherkules und ein Obelisk. Diesem letzteren war die Hauptrolle zugedacht. Doch auch das übrige Ensemble verdient Erwähnung.
Der Diplomat war der englische Generalkonsul in Ägypten, Henry Salt, der viel und verdienstvoll auf eigene Faust forschte und sammelte, jedoch schon 1817 Dacier, den langjährigen Sekretär der französischen Inschriften-Akademie, brieflich um Verbindung mit französischen Gelehrten ersuchte – ein Brief, der wie ein Lichtstrahl in Champollions Grenobler Schulmeisterjahre fiel. Er war im Totental zu Theben geschrieben worden, wo man eben auf Salts Rechnung fünf Königsgräber geöffnet hatte. Das war ein Kraftstück gewesen – vollbracht von dem eben erwähnten Herkules.
Er hieß Giovanni Battista Belzoni und kam als Sohn eines Barbiers 1778 in Padua zur Welt. Der Junge wuchs zum Staunen der Nachbarschaft bald seiner Umgebung buchstäblich über den Kopf; mit sechzehn Jahren glich er einem jungen Goliath. Im väterlichen Laden wurde es ihm zu eng. Er gelangte auf abenteuerlichen Wegen über London, wo er im Varieté als »Starker Mann« auftrat, nach Ägypten; dort nahm

er als Wasserbauingenieur und Transportfachmann Dienste bei dem ägyptischen Pascha Mehemet Ali. Er packte alles an – mit eigenen Fäusten, wenn es sein mußte. Ihm als einzigem war es auch zuzutrauen, einen 26 Fuß langen, gestürzten Obelisken mit landesüblichen Mitteln auf dem Nil abzutransportieren. Das tat er denn auch, und zwar im Auftrag des englischen Sammlers William John Bankes, eines Freundes von Byron, und zur Empörung des französischen Generalkonsuls Drovetti, dem er damit nur knapp entwischte. Wieder war ein Denkmal in englischer Hand – und wieder sollte sich der Ruhm der französischen Forschung daran heften.
Bankes hatte der Nilinsel Philae einen Besuch abgestattet und dort entdeckt, was anderen entgangen war: daß nämlich der mit Hieroglyphen bedeckte Obelisk, der dort lag, ursprünglich auf einem Sockel gestanden hatte, der eine griechische Inschrift trug; daß also Sockel und Obelisk zusammengehörten. Die griechische Sockelinschrift aber enthielt den Namen Kleopatra!
Der Finder Bankes hat schon 1815 die Hieroglyphen des Obelisken kopiert. Der Stein selbst ist Young in England jahrelang zugänglich. Aber Young weiß nichts damit anzufangen. –
Mittlerweile aber hat Champollion wie besessen weitergearbeitet. Er hat, trotz politischer Ächtung und geschwächter Gesundheit, die Toten zum Sprechen gebracht; genauer gesagt, die Totenbücher, die, in Hieroglyphen und in hieratischer Schrift geschrieben, in den Grabmälern gefunden und nun in den Prachtbänden der französischen *Beschreibung Ägyptens* veröffentlicht worden waren. Immer wieder vergleicht er die einzelnen Zeichen der beiden Schriftarten, stellt sie gegenüber. Mühsamste Kleinarbeit ist das; aber im Mai 1821 hat er es geschafft; jetzt kann er, was keiner vor ihm vermochte: demotische Texte Zeichen für Zeichen in hieratische und diese wieder ebenso in Hieroglyphen übertragen! Wie groß und schwierig zu überwinden dabei gerade die

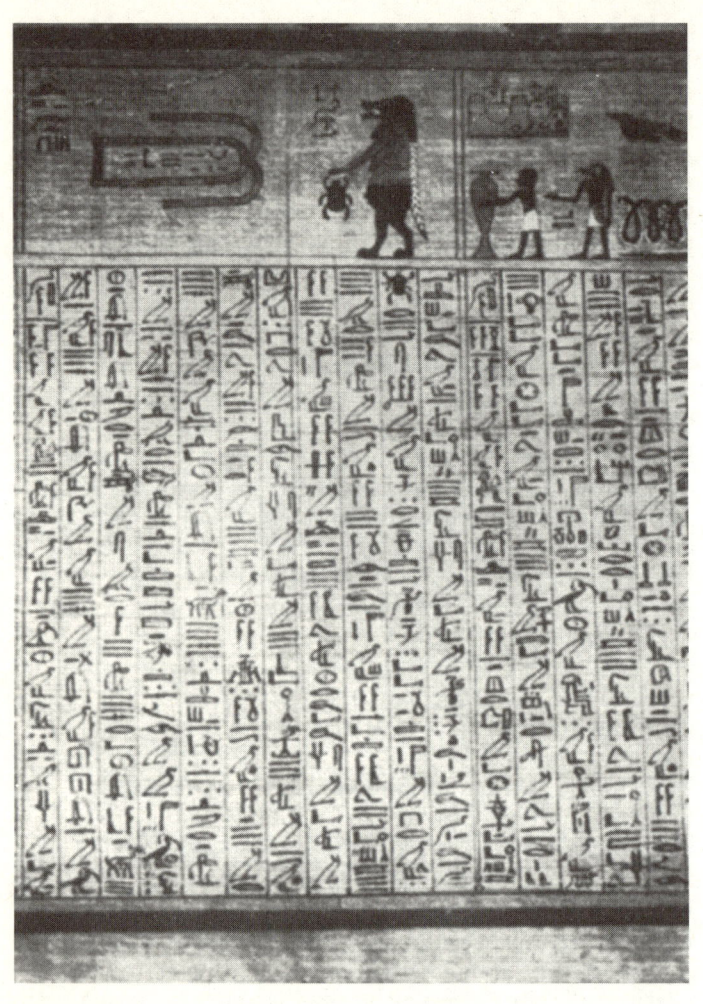

Abb. 23 Ausschnitt aus einem ägyptischen Totenbuch

Die ägyptische Schrift 77

Kluft zwischen dem Demotischen und den anderen beiden Schriftarten ist, zeigt anschaulich Abb. 24.
Bei diesem Hinüber- und Herübersetzen nun überkam ihn eine letzte Erkenntnis, die schlagartig mit allen früheren Irr-

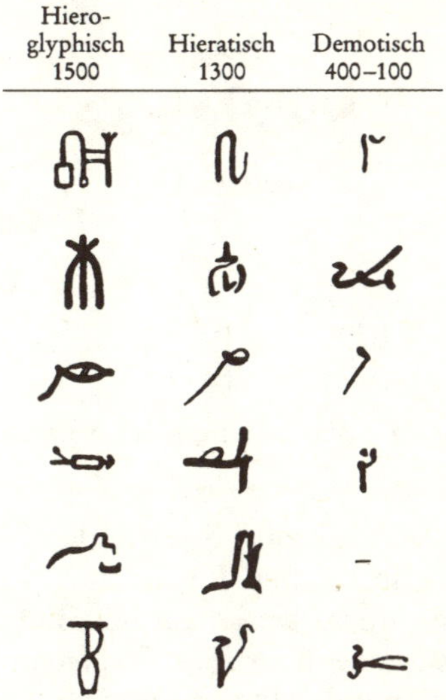

	Hiero-glyphisch 1500	Hieratisch 1300	Demotisch 400–100

Abb. 24
Die Entwicklung der ägyptischen Schrift

tümern aufräumte und dem Hieroglyphenteufel den Todesstoß versetzte. Und auch darüber kann man hinterher nur staunen; wie einfach, wie selbstverständlich, wie klar!
Ausgerechnet an seinem Geburtstag, dem 23. Dezember 1821, verfiel Champollion auf die glückliche Idee, alle Zeichen des hieroglyphischen Textes und die des entsprechenden griechischen Textteils des Steins von Rosette abzuzählen. Und fand, daß den 486 griechischen Wörtern 1419 Hieroglyphen entsprachen! Ein zwingender, ein unwiderlegbarer Beweis: die Hieroglyphen konnten keine Wortzeichen, keine Ideogramme, keine Symbole sein – dazu war ihre Zahl ja viel zu hoch!

Die ägyptische Schrift

Damit ist die Entzifferung in greifbare Nähe gerückt. Die Entzifferung, das Lebensziel, das der Forscher in den Stürmen der bewegten Zeit, in Krankheit, Verfolgungen und Entbehrungen nie aus den Augen verlor – nun sieht er sie wie eine reife Frucht vor sich.

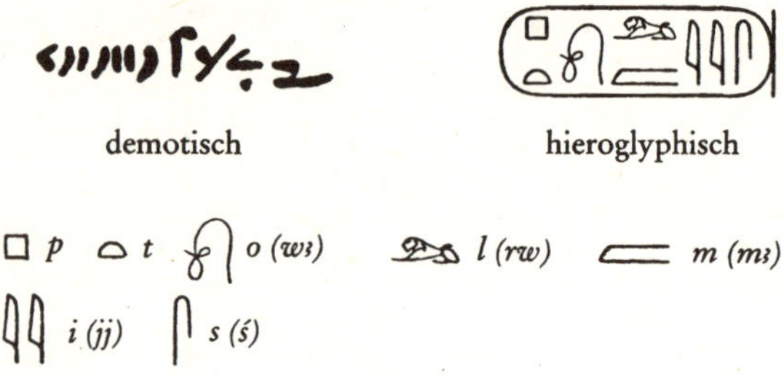

demotisch   hieroglyphisch

□ *p*   ⌒ *t*   *o (wȝ)*   *l (rw)*   *m (mȝ)*
i (jj)   *s (ś)*

Abb. 25   Zergliederung des Namens Ptolemaios nach Champollion

Er läßt nun alle demotischen Zeichen, deren Lautwert er aus griechischen Eigennamen kennt, den Weg zurück nehmen, indem er sie erst ins Hieratische und dann ins Hieroglyphische überträgt. Prüfstein ist ihm abermals der Namensring des Ptolemaios. Und er erkennt, daß dieser Name auch im hieroglyphischen Text *lautlich* geschrieben ist, erkennt, worin Young geirrt hat, liest nicht mehr »Ptolemaios«, sondern, den Gesetzen der ägyptischen Sprache gemäß, p-t-o-l-m-j-s, »Ptolmis«!

Diese reiche Ernte, die er zum großen Teil schon in Grenoble eingeheimst und als schwerkranker Mann im Juli 1821 nach Paris mitgebracht hat, bedarf nur noch der Probe aufs Exempel, des zwingenden Beweises, der die Zweifler verstummen lassen soll.

Champollion weiß aus einem demotischen Papyrus, wie man den Namen Kleopatra auf demotisch schrieb. Unzählige Male hat er ihn schon »durchexerziert«, ins Hieratische und Hieroglyphische übertragen. So und nicht anders muß der

Name im Königsschild einer hieroglyphischen Inschrift stehen. Aber man hat keine solche Inschrift.
Da erscheint im Januar 1822 endlich die lithographierte Ausgabe der hieroglyphischen Inschrift des Obelisken von

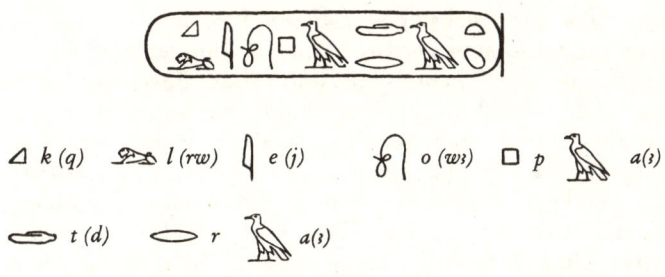

Abb. 26 Namensring der Kleopatra mit Zergliederung

Philae, den einst Belzoni kühlen Blutes und umsichtig durch die Nilkatarakte zu steuern wußte. Bankes hat das Werk an das Pariser Institut gesandt. Dort hat Champollion viele Neider. Die Kopie erhält nicht er, sondern der angesehene Hellenist Letronne.
Aber der ist ein Studienfreund Champollions. Er übergibt ihm die von Bankes übersandte Lithographie. Champollions Biographin H. Hartleben berichtet von diesem Augenblick:
»Der Entzifferer fühlte sich förmlich elektrisiert bei ihrem Anblick, denn hier stand im zweiten Königsschilde ›Kleopatra‹ Zeichen für Zeichen ebenso geschrieben, wie er sich diesen Namen durch Rückbildung des Demotischen in die Urform schon so manches Mal mit heißer Ungeduld nach endlicher Bestätigung niedergeschrieben hatte! Wer hätte das vor ihm zu tun vermocht?«
Die beiden Königsschilder »Ptolemaios« und »Kleopatra« liefern Champollion zwölf verschiedene hieroglyphische

Buchstaben und stellen mit einem Schlag die Entzifferung auf ein unerschütterliches Fundament.

Doch die Freude darüber bleibt nicht ungetrübt. Bankes hatte auf der übersandten Kopie mit Bleistift das Wort »Kleopatra« vermerkt – eine naheliegende Vermutung, da er ja den griechischen Text längst gelesen hatte. Als aber Champollion Buchstabe für Buchstabe bewiesen hat, was die anderen (Bankes, Young und Letronne) nur vermuteten, da fallen sie einträchtig über Champollion und erbost übereinander her und wollen dem Entzifferer die Palme streitig machen.

Der aber ist nicht mehr aufzuhalten. Er sammelt, sammelt alle hieroglyphisch geschriebenen Königsringe, die er auftreiben kann, und geht ihnen mit dem ganzen Arsenal an ägyptologischen Waffen, das er sich in zäher Arbeit geschmiedet hat, zu Leibe. Und da erwacht die ägyptische Spätzeit zu neuem Leben, die Steine beginnen wahrhaftig zu reden: Alexandros, Autokrator (Kaisertitel), Tiberius, Domitianus, Germanicus und Traianus sehen ihn aus ihren ovalen Ringen vertraut an.

Abb. 27 Die Namen Alexandros (a), Autokrator (b), Tiberius (c), Domitianus (d), Germanicus (e) und Traianus (f) in Hieroglyphen

Vertraut – und doch fremd; denn es ist kein einziger einheimischer, ägyptischer Name darunter, und daraus schließt er irrtümlich, daß eben nur fremde Namen der ägyptischen Spätzeit so mit Lautzeichen geschrieben werden.

Im August 1822 kam Champollion noch einen bedeutenden Schritt weiter. Es fiel ihm auf, daß hinter gewissen hieroglyphisch geschriebenen Namen (von Sternen) ein Sternchen stand. Ein Sternchen hinter dem Sternennamen? Plötzlich kommt ihm die Erleuchtung: er erkennt das Wesen der (von

Männer	Frauen	Säugetiere	Bäume	Pflanzen	bewässertes Land
Länder	Städte	Wasser	Häuser	Fleisch, Glieder	
Licht, Zeit	Steine	Wüsten, Fremdländer	gehen	Auge, sehen	
Gefäße, Flüssigkeiten	schneiden	binden	Tätigkeiten	Schiffe	
brechen, teilen	Staub, Mineralien	Feuer	Abstrakta		

Abb. 28 Ägyptische Determinative

ihm so genannten) Determinative oder Deutzeichen, stummer Zusatzzeichen am Wortende zur genauen Unterscheidung verschieden lautender Wörter mit gleicher Schreibung, die einen grundlegenden Bestandteil des gesamten ägyptischen Schriftsystems bilden (vgl. Abb. 28).

Noch hält Champollion mit seinen hieroglyphischen Entdeckungen zurück; er hat, als Wissenschaftler wie als Mensch, gelernt zu schweigen. Aber eine Abhandlung über das Demotische, die Frucht jahrzehntelanger Studien, verliest er am 22. August 1822 vor der Akademie. Und erlebt endlich den durchschlagenden Erfolg, erfährt damit eine Aufnahme, von der er nicht zu träumen gewagt hätte: Sacy, der große Sacy, sein einstiger Lehrer, der sich früh von dem allzu zuversichtlichen Schüler abgewandt hatte, springt auf und reicht dem Jüngeren stumm beide Hände. Dann stellt er den Antrag, Champollions Werk möge auf Staatskosten veröffentlicht werden.

82 *Die ägyptische Schrift*

Champollion ist jetzt förmlich unersättlich im Sammeln von Königskartuschen. Diese Arbeit hatte sich ja als so fruchtbar erwiesen. Zu Dutzenden hatten ihm Tempelinschriften die ersehnten Namen geliefert – allerdings stets von griechischen Königen und römischen Kaisern, aus der Spätzeit der altägyptischen Geschichte. Einen von ihnen hoffte er zunächst wohl auch an jenem Morgen des schicksalhaften 14. September 1822 zu entdecken, als er sich gespannt über eine Sendung beugte, die ihm der französische Architekt Huyot, der Ägypten und Nubien bereiste, hatte zukommen lassen. Es waren genaue Zeichnungen von Reliefs und Inschriften ägyptischer Tempel.
Der Entzifferer nahm das erste Blatt zur Hand und stutzte. Schon hier trat ihm etwas entgegen – ein Königsname zwar, kein Zweifel – aber einer, der weder zu den Ptolemäerkönigen noch zu den römischen Kaisern passen wollte. Gebannt betrachtete der junge Forscher die Zeichengruppe.

○☥ⱪⱪ *Abb. 29* Der Name »Ramses« in Hieroglyphen

Und dann beginnt sein Gehirn fieberhaft zu arbeiten; seine Erregung wächst; die Hand, die das Blatt hält, zittert. Der Name beginnt mit einer Sonne (Kreis oben links). Die Sonne aber heißt auf koptisch (»Ich spreche Koptisch zu mir selber!«) – Re. Es folgt ein ihm noch unbekanntes Zeichen und darauf zweimal das gefaltete Tuch ⱪ, s. Das hieß, ja – das konnte doch nicht – R(e) - x? - s - s –, war das etwa gar R-m-s-s, *Ramses*, der berühmteste aller Pharaonen? Mit fliegenden Händen blättert Champollion weiter, die Gedanken überstürzen sich, die bebenden Finger halten ein neues Blatt – wieder bleibt sein Blick an einem Namen haften. Der sieht so aus:

🜨☥ⱪ *Abb. 30* Der Name »Thutmosis« in Hieroglyphen

Die ägyptische Schrift 83

Also endet er abermals auf -s, und am Anfang steht der Ibis, der heilige Vogel des Gottes Thot. Dazwischen aber taucht wieder das 🜋 auf, das, wenn R-m-s-s, wenn »Ramses« richtig ist, nur ein m sein kann ... Thot-m-s, ... das kann kein anderer sein als Thotmes oder Thutmosis, der zweite glänzende Name unter den alten Pharaonen!
Es gibt keinen Zweifel mehr. Champollion fällt es wie Schuppen von den Augen. Was er bis heute für späte Entartung gehalten hat, die Verwendung der Hieroglyphen für lautliche Schreibung, ist vielmehr ein Wesenszug auch der *alten* Schrift, und damit ist nicht nur ihr letztes, großes Rätsel gelöst, sondern der Forscher hält auch in der Hand, was er nur in seinen kühnsten Träumen je zu erhoffen wagte – den eineinhalb Jahrtausende lang verlorenen Schlüssel zur altägyptischen Geschichte. Nun hat er zum erstenmal gesehen, daß die Inschriften nicht alle der Spätzeit angehören, sondern viele ins hohe Altertum zurückgehen.
Der erschöpfte Mann am Arbeitstisch hält nur mehr mit Mühe an sich. Er zwingt sich zur Ruhe, zur Konzentration. Alles muß noch einmal durchgedacht, verglichen, überprüft werden. Er könnte es hinausschreien in alle Winde, er möchte fortstürzen, laut aufjubeln, sich Luft machen. Aber die Wissenschaft ist eine strenge Herrin, und Champollion ist in ihrem Dienste gereift. Obendrein haben ihn die vielen Anfeindungen und Eifersüchteleien aus Fach- und Laienkreisen vorsichtig, ja beinahe ängstlich gemacht. Mit schier übermenschlicher Gewalt beherrscht er sich, geht er an eine kühle und sachliche Überprüfung. Noch den ganzen Vormittag sitzt er über Huyots Zeichnungen.
Zu Mittag aber ist ihm alles unumstößliche Gewißheit geworden. Er springt auf, rafft die Blätter mit den Zeichnungen zusammen, packt alle seine Papiere und stürzt ins Institut, wo der Bruder arbeitet. Er reißt die Tür zur Bibliothek auf, wirft dem Überraschten den Packen Papier auf den Arbeitstisch. Mit vor Erregung heiserer Stimme stößt er hervor: »*Je tiens*

l'affaire!« – »*Ich hab's.*« Es klingt wie ein Triumphschrei. Und dann überwältigt die ungeheure Erregung den vollkommen Erschöpften. Er bricht ohnmächtig zusammen, stürzt wie leblos zu Boden.
Fünf Tage liegt er vollkommen apathisch, kraftlos, zu Tode erschöpft. Dann hat er sich erholt. Binnen wenigen Tagen verfaßt er seine epochemachende Denkschrift, die *Lettre à M. Dacier, relative à l'alphabet des hiéroglyphes phonetiques*, die der Adressat und treue Freund am 27. September der Akademie vorlegt.
Diese Abhandlung schildert schlicht und überzeugend seine Lesung der griechischen und römischen Namen und gipfelt in der Feststellung, daß auch die *alten* Inschriften neben den Ideogrammen als einen alten und wesentlichen Teil des Schriftsystems alphabetische Zeichen enthalten.
Champollions Entdeckung schlägt wie eine Bombe ein. Die Entzifferung der Hieroglyphen ist für seine französischen Landsleute längst eine nationale Herzensangelegenheit, eine Tagesfrage geworden. Ganz Frankreich freut sich mit ihm und teilt den Jubel über die unvergleichliche Tat, und Neider stellen hämisch fest, daß man in Paris schon anfange, Liebesbriefe mit Champollions hieroglyphischem Alphabet zu schreiben!
Als Krönung läßt Champollion im folgenden Jahre 1823 seinen *Précis du Système hiéroglyphique* folgen. Darin weist er aus den Inschriften schon die alten Pharaonen bis tief hinein ins zweite vorchristliche Jahrtausend nach, liest viele andere Namen und übersetzt schon zusammenhängende Textstücke. Wohl ist das Werk noch nicht frei von Irrtümern. Die waren für die Praxis belanglos und hemmten seine Arbeit nicht; seinen Gegnern jedoch boten sie willkommene Angriffspunkte.
Die besten Köpfe seiner Zeit wußten Champollions einzigartige Leistung voll zu würdigen. Zu ihnen zählten in Preußen Wilhelm von Humboldt, in Österreich Hammer-Purgstall. In England trat Henry Salt in Wort und Schrift für ihn ein,

wozu sich der berufenste Engländer, Thomas Young, leider nicht aufschwingen konnte.

Doch erhob sich bald um die Entdeckung ein »vielstimmiges Geheul« (Erman). In England wollten die Patrioten Young die Palme reichen. In Frankreich gab es ältere und, in ihren eigenen Augen, verdientere »Entzifferer«. In allen Ländern nörgelten die Zweifler, am schlimmsten jedoch trieben es die Besserwisser.

Politische und wissenschaftliche Anfeindungen, aber auch große Ehren und die schönste Erfüllung seines Lebenswerkes kennzeichnen Champollions weiteren Weg. In der reichen Sammlung ägyptischer Altertümer des sardinischen Königs zu Turin erwirbt sich der Entzifferer die Meisterschaft in seiner Kunst. Später ist es ihm vergönnt, Ägypten selbst zu bereisen und zu durchforschen. Er kommt in dies Land wie in sein Erbe, er durchzieht es wie sein eigenstes Reich. Hier schlagen ihm die hohen Stunden seines Lebens. Und hier holt er sich in den Totenkammern den eigenen Todeskeim.

Er wird Ritter der Ehrenlegion, und beinahe hätte man ihm zu Rom den Kardinalshut aufgesetzt. Er darf sein wissenschaftliches Erbe an seinen begabtesten Schüler, den Pisaner Ippolito Rosellini, weitergeben.

Das offizielle Frankreich, Regierung und Hof, stehen ihm allerdings gleichgültig gegenüber. Hier haben seine Gegner ganze Arbeit getan. Erst nach Überwindung mannigfacher Schwierigkeiten wird er Professor der Ägyptologie am Collège de France.

Seine Lebensarbeit, seine politischen Abenteuer, seine Forschertätigkeit in Ägypten haben seine Gesundheit untergraben. Zur allgemeinen Erschöpfung gesellen sich Tuberkulose und Diabetes. Champollion weiß sich vom Tode gezeichnet. »Mein Gott«, ruft er einmal aus, »nur noch zwei Jahre – warum denn nicht?« Und ein andermal: »Zu früh« – er führt die Hand an die Stirn – »es ist hier noch so viel!«

Am 4. März 1832 erliegt er einem Schlaganfall. Als sein Leichnam auf den Friedhof Père-Lachaise überführt wird, tragen die Spitzen der gelehrten Welt die Zipfel des Bahrtuches. Champollions greiser Lehrer de Sacy und Alexander von Humboldt sind unter ihnen.

»Die Altertumswissenschaft ist ein schönes Mädchen – aber ohne Mitgift«, hatte Champollion einst erklärt. Er konnte nicht ahnen, wie reich sie ihn einst belohnen würde. Denn »die Begeisterung allein ist das wahre Leben«, und sie hatte Jean François Champollion keinen Tag verlassen, hatte ihm im Herzen gebrannt und ihm stets aufs neue trotz aller Widerwärtigkeiten die kurzen Jahre verklärt, die ihm zugemessen waren.

Es hatte zunächst den Anschein, als sei mit Champollion die junge, von ihm eben erst begründete Wissenschaft der Ägyptologie ins Grab gesunken. Das Mißtrauen gegen seine Entzifferung, die ja von Irrtümern und Mängeln noch nicht frei war, griff mächtig um sich. Daß sein Werk seinen Tod überdauerte und zur Vollendung geführt werden konnte, ist der Vermittlung des deutschen Gelehrten und Diplomaten Karl Josias von Bunsen und der Lebensarbeit des deutschen Philologen Richard Lepsius zu verdanken.

Bunsen hatte 1826 in Rom Champollion kennengelernt und von dieser Begegnung einen tiefen und nachhaltigen Eindruck empfangen. Er regte seinerseits den vielversprechenden, jungen Richard Lepsius an, sich ganz der Ägyptologie zu widmen.

Und dieser brachte, wenngleich anfangs ohne ägyptologisches Rüstzeug, alle Voraussetzungen mit, die ihn in den Stand setzten, den genialen Durchbruch des Franzosen mit deutscher Gründlichkeit auszuweiten und Champollions Lebenswerk von allen Mängeln und Irrtümern zu befreien.

Lepsius war 1810 zu Naumburg an der Saale geboren und hatte in Göttingen und Berlin bei den berühmtesten Lehrern der Zeit vor allem klassische Philologie, Archäologie und Sanskrit studiert. Das konnten allerdings manche seiner Zeitgenossen von sich behaupten. Lepsius aber hatte ihnen eines voraus: er hatte sich mit zweiundzwanzig Jahren schon die

Sporen als selbständiger Entzifferer und Deuter der bis dahin rätselhaften »Iguvinischen Tafeln« verdient, beschriebener Bronzetäfelchen aus Gubbio, die in einer altitalischen, nämlich der umbrischen Sprache und Schrift abgefaßt waren.
Der junge Mann, der so glänzend begonnen hatte, kam 1833 in die damalige Orientalistenhochburg Paris, um seine Studien abzuschließen. Er fing an, mit unbeirrbarem Fleiß, unvoreingenommen und scharfsinnig Champollions Schriften durchzuarbeiten. Er bestätigte dessen Werk als Gesamtleistung; die kleinen Widersprüche aber deckte er auf, füllte Lücken aus, wies Zweifelhaftes nach, tilgte Irrtümer. Er vollendete zunächst, was der Entzifferer wohl selbst noch geleistet hätte, wären seine Tage nicht gezählt gewesen.
Widersprüche, Lücken, Zweifel, Irrtümer?
Allerdings. Champollion hatte, wie sich an den früheren Illustrationen ablesen läßt, alle lautlichen Schreibungen so aufgefaßt, daß sie aus einzelnen Buchstaben beständen. In Wirklichkeit aber enthalten sie meist ein mehrkonsonantiges Wortzeichen, dem man am Ende oft noch gerne einen oder mehrere seiner (schon im Wortzeichen enthaltenen) Konsonanten in Buchstabenform hinzufügt. Das Wortzeichen ⌐ etwa, die Hacke, bedeutet »mr«. Will man nun das Wort »lieben« schreiben, das gleichfalls »mr« heißt, so setzen die alten Ägypter gerne zur Hacke »mr« ⌐ noch ein »r« ⌒ hinzu; statt »mr« steht nun eigentlich »mr-r« da. Ähnlich verfuhr man mit den Zeichen für den Wedel, ⫴ »ms«, und für das Brettspiel, ⌑ »mn«. Für Champollion aber waren alle drei, ⌐, ⫴ und ⌑, nur Zeichen für ein einfaches »m«, deren jedes allerdings nur bei dem betreffenden einen Wortstamm üblich sein sollte! Stieß er jedoch, was ihm oft unterlief, auf Fälle, wo ⌐, ⫴ und ⌑ *allein* für »ms«, »mr« und »mn« standen (ohne Zusatzbuchstaben), so er-

klärte er sich das unbekümmert als Abkürzungen der gewohnten Schreibungen! Dadurch vermied er – wohl nur dank der Intuition des Genies – praktisch jeden Irrtum; denn wo der Ägypter, um es nun ganz einfach zu sagen, »mr-r« geschrieben, aber nur »mr« gemeint hatte (wie oben für »lieben«, ⸺), da sah Champollion von Anfang an nur »mr«; stand hingegen nur ⸺ »mr« zu lesen, so ergänzte sich Champollion, der diese Schreibung für eine Abkürzung hielt, eben selber das vermißte »r«. Darum konnte man von ihm mit Recht sagen, daß er der erste war, der die Hieroglyphen las und auch verstand!

Lepsius, dem seine Frau »viel klare Nüchternheit« als Familientugend nachrühmte, erkannte diese Schwächen, die dem »Ägypter« aus der Dauphiné entgangen waren. Welcher Kontrast in Einstellung und Methode zwischen diesem und dem besonnenen Deutschen mit dem »Medaillengesicht« (so nannte ein Kollege einmal Lepsius' klare, wie gemeißelte Züge), wenn wir dessen Bekenntnis hören: »Was macht einen größeren Eindruck als die Macht des Geistes, die sich in einer ruhigen Haltung und einem beherrschten Ausdruck den zügellosen Leidenschaften desselben menschlichen Geistes gegenüber ausspricht!«

Diese »ruhige Haltung«, das Ziel von Lepsius' Arbeit an sich als Menschen, fand ihren klassischen wissenschaftlichen Niederschlag in seiner 1837 zu Rom erschienenen, an den Champollion-Schüler gerichteten *Lettre à M. le professeur H. Rosellini sur l'alphabet hiéroglyphique*, der zusammenfassenden Grundlage der neuen Wissenschaft, die mit allen Zweifeln an Champollions Werk, der richtigen und zuverlässigen Entzifferung der Hieroglyphen, ein für allemal aufräumte und der jungen Ägyptologie ihren Platz als ebenbürtiger Schwester der übrigen orientalischen Disziplinen zuwies.

Zu Anfang des Jahres 1866 trat Lepsius seine zweite Reise nach Ägypten an und entdeckte gemeinsam mit dem Wiener Ägyptologen Dr. Reinisch zu San, dem biblischen Zo'an, das

bei den Griechen Tanis hieß, einen neuen Dreisprachenstein – das später so genannte Dekret von Kanopus.
Unter den Trümmern der genannten Ruinenstätte kam eine Stele aus festem Kalkstein zum Vorschein, deren Vorderseite eine hieroglyphische Inschrift von siebenunddreißig Zeilen sowie deren griechische Übersetzung in sechsundsiebzig eng beschriebenen Linien enthielt. Auf dem Rande der Tafel stand, von Lepsius zunächst unbeachtet, derselbe Text noch einmal in demotischer Schrift.
Und es geschah, was Champollions Freunde und Anhänger längst wußten, seine Gegner jedoch noch immer nicht wahrhaben wollten: sein Werk wurde abermals glänzend gerechtfertigt. Die Übersetzung des ägyptischen Teiles, die Lepsius nach Champollions Methode und mit den danach hergestellten Hilfsmitteln vornahm, stimmte mit dem griechischen Text vollkommen überein! Der glückliche Finder konnte beide Texte schon auf Anhieb beinahe mühelos lesen. –
Damit war die Entzifferung der ägyptischen Schrift so gut wie vollendet. Kleinere abschließende Beiträge zur Schriftentzifferung lieferten noch der Engländer S. Birch, der Ire E. Hincks und der Deutsche H. Brugsch; jene zu den Hieroglyphen, besonders den Determinativen, dieser (schon als Primaner) zum Demotischen. Die schriftgeschichtliche Forschung unseres Jahrhunderts hat sich vorwiegend mit der Entstehung der ägyptischen Schrift und ihrer Entwicklung befaßt. Die Entstehung der Hieroglyphen setzt man heute um 3000 v. Chr. an; in Gebrauch standen die Hieroglyphen bis in das 5. Jahrhundert n. Chr. Aus ihnen entwickelten sich die oben genannten Kursivschriften, die hieratische und die demotische; manche Forscher unterscheiden daneben Kursiv- oder Totenbuch-Hieroglyphen und eine ›abnormale‹ hieratische Schrift.
Übereinstimmung besteht auch über den Schriftcharakter: es handelt sich um ein aus Bild- und Wortzeichen (neuerdings ›Semogrammen‹ und ›Phonogrammen‹) gemischtes System, das sich zusätzlicher Deutzeichen, der Determinative, be-

dient. Eine lebhafte Diskussion hat sich über die Anfänge der altägyptischen Hieroglyphen entsponnen. Der älteren Auffassung eines K. Sethe, der ihre Entwicklung auf piktographische Anfänge zurückführte und ihren Weg »vom Bilde zum Buchstaben« verlaufen sah, steht heute die Absage an den Entwicklungsglauben und die These gegenüber, die Hieroglyphen seien das Werk eines Schrifterfinders, der um 3000 v. Chr. tätig gewesen sei (S. Schott, H. Brunner, S. Morenz). Die Wahrheit sucht W. Westendorf in der Mitte zwischen beiden Richtungen.

Ähnlich lebhaft wie die schriftgeschichtliche Forschung verlief in jüngerer Zeit das Bemühen um die ägyptische Sprache. Die ägyptische Philologie steckte zur Zeit der Entzifferung noch in den Kinderschuhen. Um sie haben sich bis zum heutigen Tag Gelehrte vieler Völker als Erschließer und Deuter, als Sammler, Ordner und Erklärer bedeutende Verdienste erworben. Die Erkenntnis der Grundstruktur und der Regeln der ägyptischen Sprache ist heute gesichert. Sie gehört zur afro-asiatischen Gruppe, ist neben dem Semitischen deren wichtigster Zweig und hat fünf noch erkennbare Entwicklungsstufen durchlaufen: Altägyptisch (2650–2135), Mittelägyptisch (2135–1785), Spätägyptisch (1550–700), Demotisch (700 v. Chr. – 5. Jh. n. Chr.), Koptisch (ab 3. Jh. n. Chr.). Unentbehrlich ist nach wie vor die mehrmals aufgelegte *Egyptian Grammar* von Alan H. (später Sir Alan) Gardiner; eine neueste Schule hat eine ›Standardtheorie‹ der klassischägyptischen Syntax aufgestellt.

Abschließend noch einmal eine Umschau, mehr als hundertfünfzig Jahre nach Champollions Wirken.

Es wurde gezeigt, daß die drei Formen der ägyptischen Schrift, die Hieroglyphen, das Hieratische und das Demotische, in Wirklichkeit nur eine sind. Um ihren Bau und ihr Wesen noch einmal knapp darzulegen, kann man sich darum mit den Hieroglyphen begnügen, die vom Geheimnis der Jahrtausende am stärksten umwittert und verklärt sind.

Die ägyptische Schrift enthält, wie bekannt, drei Arten von

Die ägyptische Schrift 91

Zeichen: Wortzeichen, Lautzeichen (»Einzelbuchstaben«) und stumme Deutzeichen.
Die *Wortzeichen* oder Ideogramme geben den Begriff des dargestellten sichtbaren Gegenstandes (ohne Rücksicht auf

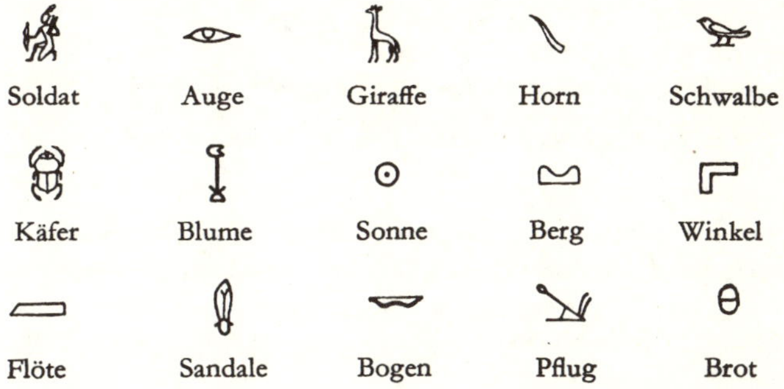

Soldat	Auge	Giraffe	Horn	Schwalbe
Käfer	Blume	Sonne	Berg	Winkel
Flöte	Sandale	Bogen	Pflug	Brot

Abb. 31 Ägyptische Wortzeichen für sichtbare Gegenstände

dessen Aussprache) wieder. Sie sind in der ägyptischen Schrift zahlreich, aber keineswegs ausschließlich vertreten.
Es fällt auf, wie glücklich diese Zeichen naturtreue Darstellung mit schlichter, stilisierter Umrißform verbinden; sie haben »eine glänzende malerische Durchbildung wie die keines anderen Volkes« (H. Schneider).

Abb. 32
Ägyptische Wortzeichen für sinnlich wahrnehmbare Handlungen

| schlagen | fliegen | essen | gehen |
| kämpfen | rudern | schreiten | weinen |

Dasselbe gilt von den Wortzeichen für sinnlich wahrnehmbare Handlungen. Diese stellte man dar, indem man ihr charakteristisches Moment im Bilde festhielt: so bedeutete der

92 *Die ägyptische Schrift*

Mann mit dem erhobenen Stock (oben links) »schlagen«, der Vogel mit ausgebreiteten Flügeln »fliegen« usw.
Schwieriger war es schon, abstrakte Begriffe darzustellen. Auch hier half man sich mit Bildern, die in einem Sinnzusam-

| herrschen | leiten | Süden | finden | Alter | kühl |

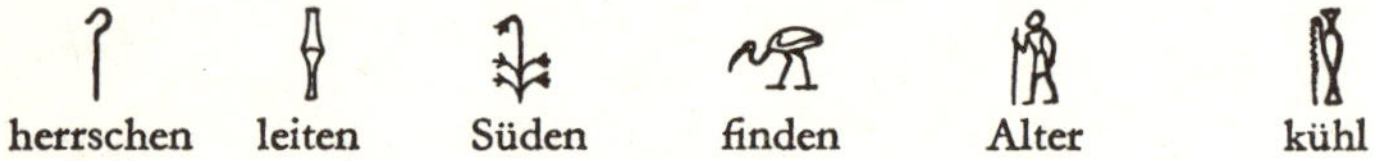

Abb. 33 Ägyptische Wortzeichen für Abstraktbegriffe

menhang mit dem darzustellenden Begriffe standen. Das Krummstabszepter der Pharaonen stand für »herrschen«, die Lilie, die Wappenpflanze Oberägyptens, für »Süden«, der Greis mit Stock für »Alter«, das Gefäß, aus dem Wasser rieselt, für »kühl«.
Mit allen diesen Zeichen befindet man sich noch immer im Bereiche der Wortbildschrift: sie alle drücken nur einen Begriff, nicht aber den Wort-Laut aus. Daß die ägyptische Schrift in grauester Vorzeit einmal damit auskam, zeigt folgende Abbildung.

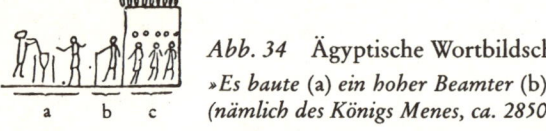

Abb. 34 Ägyptische Wortbildschrift
»*Es baute* (a) *ein hoher Beamter* (b) *die Halle* (c)« (*nämlich des Königs Menes, ca. 2850 v. Chr.*)[14]

Nun hing aber doch oft sehr viel vom genauen Wortlaut des Geschriebenen ab. Hier half man sich schon sehr früh mit dem sogenannten Laut-Rebus, von dem im ersten Kapitel die Rede war. Das fiel im Ägyptischen um so leichter, als die Vokale bekanntlich nicht geschrieben werden und man daher zahlreiche *Homonyme*, das heißt, gleichkonsonantige Wörter besaß. Da die Wörter nur als Konsonantengerippe geschrieben werden (der Klang der Vokale und damit der altägypti-

Die ägyptische Schrift 93

schen Sprache ist ja für uns verstummt und kann nur annähernd durch Sprachvergleichung mit dem Koptischen rekonstruiert werden), konnte man z. B. mit dem Zeichen für »Laute«, ☥ (n-f-r) nun auch das Wort »gut« schreiben, das gleichfalls das Konsonantengerippe n-f-r aufwies, oder das Bild der Schwalbe, ⤳ (w-r) für »groß« (auch w-r). (Im Deutschen entspräche sinngemäß etwa »k-l« den Wörtern Keil, Kiel, Kohl, kahl, Kehle, kühl.) Da außerdem j und w als Auslaute anscheinend schon früh verstummt sind, kann man mit dem Bildzeichen für »Haus«, ⌂ , das p-r heißt, auch das Zeitwort p-r-j, »herauskommen«, schreiben usw.
Nun entfernt man sich aber im Zuge der Entwicklung so weit vom Bilde, daß man die Schwalbe (w-r) bald nicht mehr nur für w-r »groß« liest, sondern das Zeichen, ohne noch an seine ursprüngliche Bedeutung zu denken, überhaupt nur mehr lautlich auffaßt (Phonetisierung) und es zur Schreibung irgendwelcher anderer Wörter benützt, in denen die Konsonantengruppe w-r vorkommt; etwa für w-r-d »müde sein«. Damit ist aber w-r zum bloßen *Silbenzeichen* oder, wie man im Ägyptischen, wo die Vokale bekanntlich »nicht mitzählen« und es daher keine Silben in unserem Sinne gibt, lieber sagt, zum reinen »zweikonsonantigen Lautzeichen«, geworden. Von diesen sei hier eine Auswahl gegeben.

Abb. 35 Zweikonsonantige Lautzeichen

Auf diese Weise entstanden auch die »einkonsonantigen« Lautzeichen, mit denen die letzte Entwicklungsstufe, die der *Buchstabenschrift*, erreicht wurde: auch sie gingen aus Wort-

Die ägyptische Schrift

zeichen hervor, die jedoch nur *einen* Konsonanten (und einen uns unbekannten Vokal) aufwiesen. So enthielt etwa das Wort »Riegel« nur den einen Konsonanten s (und einen Vokal, den wir nicht mehr kennen; auf koptisch heißt es heute

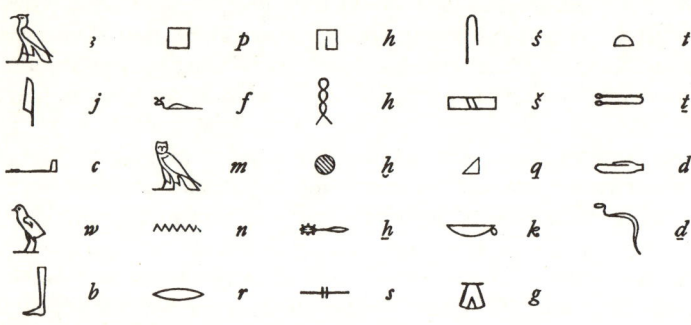

Abb. 36 Das ägyptische »Alphabet«

šēi). Das ursprüngliche Wortzeichen wurde bald für beliebige Silben vom Typ s + Vokal, dann aber auch, da ja der Vokal nicht mitzählte, einfach als *Buchstabenzeichen* für den Laut s verwendet. Auf diesem Wege entwickelte das Ägyptische sein »Alphabet« von 24 Buchstaben (lauter Konsonanten!), das hier gezeigt ist.
Nun hätte ja einfach alphabetisch geschrieben werden können, doch die konservativen Ägypter hielten an der Überlieferung, an den liebgewordenen Zeichen, Schreibsitten und – Schreibunsitten fest.
Die ersteren zu übernehmen, die letzteren aber abzuschütteln und bewußt den letzten Schritt zur Buchstabenschrift zu tun, blieb dem Äthiopischen Reich im Süden von Ägypten vorbehalten. Stark unter dem kulturellen Einfluß aus dem Norden stehend, verwandte dieses Reich, in dem man eine dem Ägyptischen völlig fremde Sprache redete, doch lange Zeit ägyptische Sprache und Schrift im offiziellen Gebrauch. Als jedoch

Die ägyptische Schrift 95

(mehrere Jahrhunderte vor Christus) Meroe (das heutige Begrawija im Sudan) zur neuen Landeshauptstadt wurde, das Reich sich immer mehr vom ägyptischen Einfluß löste und zu politischem Eigenleben erwachte, wurde auch das Bedürfnis nach einer der einheimischen Sprache angepaßten Schrift immer lebendiger. Hier schuf man nun, im 2. Jahrhundert v. Chr., vermutlich neben dem ägyptischen wohl das griechische Vorbild vor Augen, eine sehr glückliche Kombination dieser beiden Systeme – die meroitische Buchstabenschrift.
Sie hat, wie die ägyptische, eine hieroglyphische und eine demotische Form. Sie hat, wie die griechische, nur etwas über zwanzig Zeichen, und zwar regelrechte Buchstaben, darunter Vokalzeichen. Daß ihren Konsonantenzeichen auch der Vokal a inhärieren kann, rückt diese ›Alphabetschrift‹ für manche Forscher in die Nähe eines Syllabars. Die meroitischen Zeichen selbst sind dem Ägyptischen entlehnt; ihre Bedeutung und ihr Wert aber deckt sich mit den ägyptischen Bedeutungen derselben Zeichen fast gar nicht.
Die Schrift galt, obwohl seit 1820 durch Kopien des französischen Zeichners Cailliaud bekannt, jahrzehntelang als unentzifferbar. Verzerrte historische Vorstellungen von einem uralten, glänzenden Märchenreich von Meroe taten das ihre dazu, die Erschließung zu erschweren – Illusionen, mit denen erst Richard Lepsius aufräumte. Heute darf man wenigstens die Lesung der Schrift als ziemlich gesichert ansehen. Sie ist das Verdienst des englischen Forschers Griffith, dem es in rund zwanzig Jahren (1911–1929) gelang, ausgehend von der Inschrift auf dem von Lepsius gefundenen Sockel von Benaga, die Inschriften zu lesen und bis zu einem gewissen Grade auch zu deuten. Die genannte Inschrift ist in ägyptischer Sprache und Schrift verfaßt, bietet jedoch die Namen der zwei Stifter, des Königs und der Königin, außerdem auch in meroitischen Hieroglyphen. Allein daraus konnte Griffith die Lautwerte von 8 Zeichen bestimmen, rund ein Drittel des gesamten Bestandes; der Rest erschloß sich ihm durch den Vergleich mit Orts- und Götternamen in anderen meroiti-

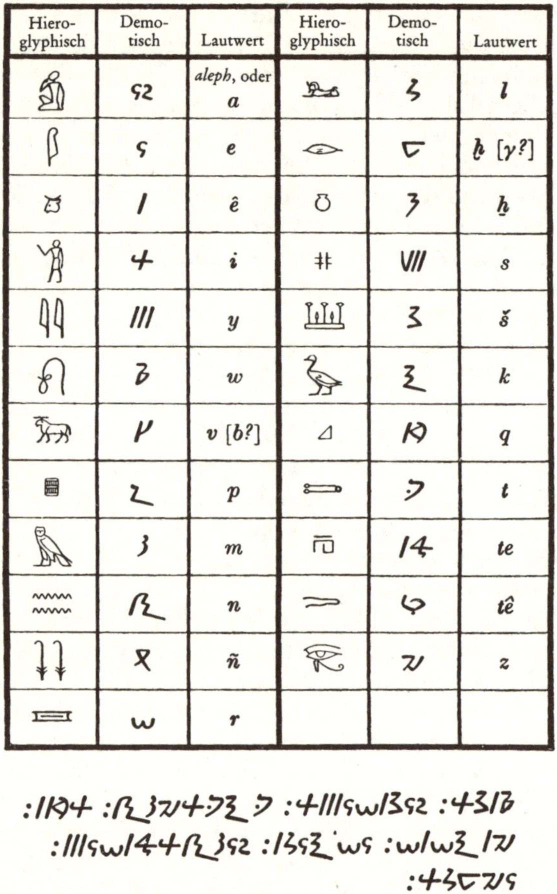

Die ägyptische Schrift

Hiero-glyphisch	Demotisch	Lautwert	Hiero-glyphisch	Demotisch	Lautwert
𓀢	ς2	*aleph*, oder *a*	𓃀	ʒ	*l*
𓃀	ς	*e*	𓂀	⊂	*ḫ* [γ?]
🐂	/	*ê*	O	ʒ	*ḥ*
𓀀	4	*i*	‡	V///	*s*
𓏭𓏭	///	*y*	𓍑	ʒ	*š*
𓅱	ʒ	*w*	𓅬	ʒ	*k*
🐑	ν	*v* [b?]	△	ß	*q*
▥	ζ	*p*	⊂⊃	ʒ	*t*
𓅃	ʒ	*m*	▱	14	*te*
〰〰	ß	*n*	⌒	ς	*tê*
↓↓	χ	*ñ*	𓂀	ν	*z*
▭	ω	*r*			

: wêši : ašêreyi : tktiz-mn : iqê : zêkrêr : erkelê : amnitêrey : ezhli

»Isis (und) Osiris, (den) Taktiz-Amon schützet, (den) (von) Zekarer Gezeugten, (von) Amon-tares Geborenen.«

Abb. 37 Meroitische Alphabete (hieroglyphisch und demotisch) sowie eine meroitische Inschrift (von rechts nach links zu lesen)

Die ägyptische Schrift 97

schen Texten. Verfeinerungen der Resultate von Griffith erzielte der deutsche Gelehrte F. Hintze. Diesem Entzifferungserfolg steht jedoch kein gleichwertiger in der Deutung der Sprache zur Seite; der Sinn der überwältigenden Mehrheit der Inschriften ist noch dunkel. Da das Meroitische offenbar nicht der afro-asiatischen Sprachfamilie angehört, bleibt auch hier nur die Hoffnung auf den Fund einer Bilingue. Angesichts dieses unbefriedigenden Zustandes begnügen wir uns damit, die Tafel der meroitischen Alphabete sowie eine Schriftprobe hierherzusetzen.

In Ägypten jedoch war man, wie erwähnt, von solcher Buchstabenschrift weit entfernt. Dort schrieb ein jeder, wie es ihm gerade paßte ... So konnte es einem Schreiber (aber durchaus nicht allen) einfallen, das Wort »gut«, n-f-r, mit dem Zeichen 𓄤 wiederzugeben (das ist die Laute und heißt allein schon n-f-r), während sein Kollege es für gut befand, n-f-r (Laute) + f (Hornschlange) + r (Mund) aneinanderzureihen; er schrieb also 𓄤 𓆑𓂋, was zweifellos malerischer wirkte!

Männer	Frauen	Säugetiere	Bäume	Pflanzen	bewässertes Land
Länder	Städte	Wasser	Häuser	Fleisch, Glieder	
Licht, Zeit	Steine	Wüsten, Fremdländer	gehen	Auge, sehen	
Gefäße, Flüssigkeiten	schneiden	binden	Tätigkeiten	Schiffe	
brechen, teilen	Staub, Mineralien	Feuer	Abstrakta		

Abb. 38   Die gebräuchlichsten Determinative

Und wie bekämpfte man schließlich die Homonyme? Die Gruppe m-n-h zum Beispiel konnte »Wachs«, jedoch auch »Papyruspflanze« und im Neuägyptischen sogar »Jüngling« bedeuten. Schrieb man die Konsonanten nieder, ▬ 𓎛, so war das Problem noch nicht aus der Welt geschafft. Diesem Übel konnten nur die Determinative abhelfen. Sollte m-n-h wirklich die Papyruspflanze bedeuten, so fügte man der lautlichen Schreibung eben das »Pflanzen«-Determinativ hinzu: ▬ 𓎛 𓆰. Eine Auswahl der gebräuchlichsten Determinative bietet nochmals Abb. 38.

Zum Schluß noch ein Text in ägyptischen Hieroglyphen.

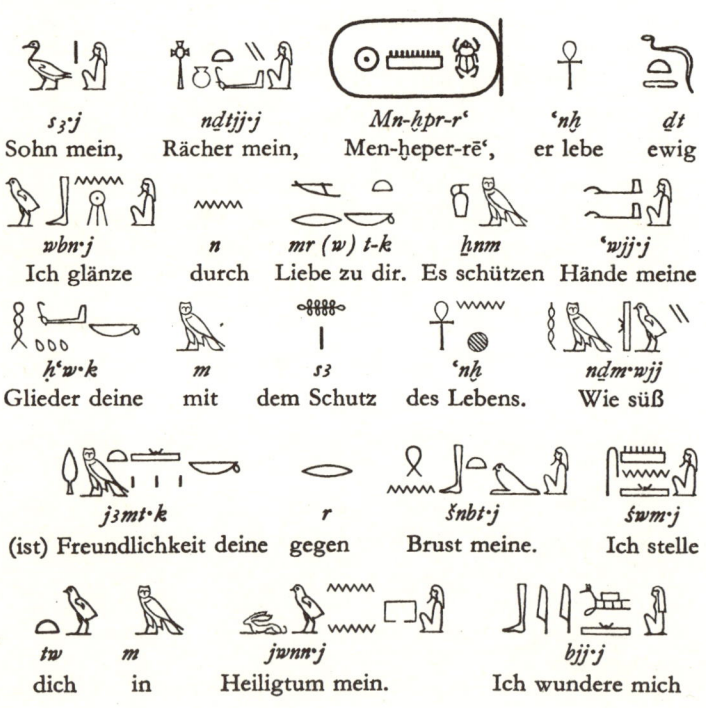

Die ägyptische Schrift 99

Abb. 39 Text in ägyptischen Hieroglyphen: Der Gott Amon-Re spricht zum Pharao Thutmosis III., 1504–1450 v. Chr.

Die Entzifferung der Schrift des alten Volkes am Nil hat nicht nur ein neues Geschichtsbild enthüllt, sondern auch das Bild des ägyptischen Menschen, wie es aus dem Hymnus des Pharaos Amenophis IV., des »Ketzerkönigs« Echnaton, an seinen neuen Gott, die Sonne, spricht:

»Du leuchtest auf in den Bergen des Ostens
Und erfüllst alle Lande mit Deiner Schönheit.
Du bist schön und groß, glänzend und erhaben über allen
                                                              Landen,
Deine Strahlen umfassen die Länder, bis zum Ende dessen, was Du geschaffen.

Du unterwirfst sie Deinem geliebten Sohn.
Du bist fern, aber Deine Strahlen sind auf der Erde,
Du leuchtest den Menschen, aber niemand sieht Deinen Weg.

Herr, wie sind Deine Werke so groß und viel,
Verborgen vor den Gesichtern der Menschen.«[15]

Abb. 40 Echnaton (Amenophis IV., 1370–1352 v. Chr.) und seine Gemahlin Nofretete

III

Auramazdā lieh mir Beistand
Die Entzifferung der altpersischen Keilschrift

> Es kündet König Dārajawausch:
> Auramazdā lieh mir Beistand!
> **Felsinschrift von Behistun**

Die Möglichkeit, daß die Keilschrift im 19. Jahrhundert überhaupt entziffert werden konnte, ist Dareios I. zu verdanken. Sie war noch gründlicher in Vergessenheit geraten als die ägyptischen Hieroglyphen.
Die antiken Schriftsteller wußten wohl von der Existenz einer solchen Schrift. Von »assyrischen Buchstaben« reden Herodot und Strabo, von »syrischen« Diodor, von »chaldäischen« Athenaios und Eusebios. Wie man heute, wo man ihre Angaben nachprüfen kann, weiß, meinten sie damit die Keilschrift. Aber sie sprachen alle von »Buchstaben« und von »Schrift«; nirgends findet sich bei den Alten auch nur der leiseste Hinweis, daß Griechen, Römer und jüdische Schriftgelehrte (auch der Talmud erwähnt die »assyrische« Schrift) aus eigener Anschauung redeten oder gar den Keil als Grundelement dieser Schrift erkannt hätten. Auch spätere Schriftsteller, christliche Syrer, die es eigentlich hätten besser wissen müssen, sprechen nur von »Buchstaben der Assyrer«. Die Eingeborenen von Mesopotamien, der Urheimat der Keilschrift, haben offenbar schärfer hingesehen, und ihr Blick erfaßte, was der Gelehrsamkeit von Griechen und Römern, von Juden und mittelalterlichen arabischen Geographen entgangen war: sie nennen die geheimnisvollen Zeichen »mismari« – die »Nagelschrift«. Daß aber der Nagel genau besehen kein Nagel, sondern ein Keil ist – das aufzuzeigen, mußte erst ein Westfale kommen.

Die altpersische Keilschrift

Das war aber später. Am Anfang der Entzifferungsgeschichte steht, wie gesagt, Dareios I., der Große (522–468 v. Chr., persisch Dārajawausch), aus dem Hause der Achämeniden (nach dem Ahnherrn Hachāmanisch), der sich den Thron erst durch die Niederwerfung zahlreicher Aufstände erkämpfen muß, dann aber mit starker Hand das Reich der Achämeniden, die größte Reichsbildung der Alten Welt vor dem Alexanderreich, im alten Umfang wiederherstellt, ja es noch vermehrt, so daß es neben den alten Großreichen der Meder und Lyder, Chaldäer und Ägypter einen Großteil des iranischen Ostens bis an den Indus und dazu einen breiten südosteuropäischen Küstenstreifen umfaßt. Ein für damalige Begriffe riesiges, dazu blühendes, straff organisiertes und glänzend verwaltetes Reich, das nicht in den Staub sank, ohne der europäischen Kultur etliche Geschenke von hohem Wert zu vermachen.

So viel Größe konnte nicht spurlos versinken. Erhalten blieb, obwohl vom Wandel der Jahrtausende gezeichnet und von Menschenhand grausam verstümmelt, unter anderem eine Ruinenstätte, die von Kennern als die großartigste der Alten Welt geschildert wird: die Sommerresidenz der Achämenidenkönige, die »Perserburg«, das Persepolis der Griechen, in dessen Schloß Alexander der Große 331 v. Chr. zur Rache für die Zerstörung Athens durch die Perser, vielleicht im Trunk und aufgehetzt von der Hetäre Thais, die Brandfackel schleuderte.

Auf einer riesigen Terrasse erheben sich dort, etwa 60 km nordöstlich von Schiras, am Hang des Hügels Kuh-i-Rahmat unweit vom Zusammenfluß von Kur und Pulwar, Reste von Palästen aus hartem, feinkörnigem, grauem Marmor, Ruinen, die heute noch verraten, daß mancher Bau unvollendet blieb. Der Volksmund war um ihre Deutung nie verlegen: Tacht-i-Dschamschid nannte er sie, »Thron des Dschamschid«, eines sagenumwitterten Königs aus persischer Frühzeit. Aber auch Kyros der Große, Dareios selber, ja selbst König Salomon werden dem Fremden vom einheimischen Führer als Erbauer

Die altpersische Keilschrift 103

genannt. Unweit davon ragen die Tschihil minar empor, die »Vierzig Minarette« oder Säulen – alles zusammen, wie man heute weiß, eine von Dareios I. und Xerxes erbaute Vorstadt dieser ihrer Lieblingsresidenz.
Etwa 5 km östlich von diesen Palästen, die Alexander niederbrannte, stand die große, reiche Stadt Persepolis, die er brandschatzte und plünderte. Aber noch lebte die Stadt fort, und im 2. Jahrhundert v. Chr. schicken ihre Bewohner das Heer des syrischen Königs Antiochos IV. Epiphanes mit blutigen Köpfen heim, wie die Bibel (2. Makkab. 9,1–2) zu berichten weiß. In den ersten nachchristlichen Jahrhunderten findet man an ihrer Stelle die aus ihrem Material erbaute Stadt Istachr, noch 632 Sassanidenresidenz, bald darauf aber vom Kalifen Omar zerstört. Das Aufblühen des nahen Schiras verhindert dann eine neue Blüte von Istachr, und im Mittelalter wird die Umgebung der Stadt berühmt durch ihre ertragreichen Obst- und Gemüsegärten – es ist die Zeit, da das Kapitol zu Rom als »Ziegenberg« und das Forum daselbst als »Kuhweide« der Viehzucht dienen.
Den Ruinen der Paläste des Dareios und Xerxes gegenüber, etwa 5 km entfernt, ragt am anderen Ufer des Pulwar, nördlich vom Fluß, die steile Felswand Naksch-i-Rustam auf. Der Name bedeutet »Bild des Rustam«, des persischen Nationalhelden; dafür hielten nämlich die Einheimischen die dort eingehauenen Reliefs der Sassanidenkönige. Hoch oben sind die vier Gräber der Achämenidenkönige Dareios I., Xerxes, Artaxerxes I. und Dareios II. in den Felsen geschnitten.
Nicht sehr viel weiter, etwa 50 km nordöstlich von Persepolis, war ein drittes, unvergängliches Monument aus Altpersiens größter Zeit stehengeblieben – das Grab Kyros' des Großen (Kurusch II., 559–529 v. Chr.); es lag – ursprünglich in einem Park – inmitten der von ihm ausgebauten, alten Stadt Pasargadae, dem heutigen Murghab.
So kündeten, auf verhältnismäßig engem Raum vereint, allein in dieser Gegend eine Anzahl stummer und doch so beredter

Zeugen immer noch von Glanz und Größe des versunkenen Perserreiches.

Sie waren es auch, die als erste den Blick und die Aufmerksamkeit europäischer Reisender auf sich zogen. Diese wußten allerdings mit den steinernen Zeugen verschwundener Perserherrlichkeit zunächst nicht viel mehr anzufangen als ihre Vorgänger, die arabischen Geographen; und die Deutungen und Mutmaßungen, mit denen man sich die Denkmäler zu erklären suchte, erinnern an die mannigfachen Irrtümer christlicher Pilger angesichts der ägyptischen Monumente.

Eine rühmliche Ausnahme unter den frühen Reisenden ist Don Garcia de Silva Figueroa. Don Garcia hat Diodor gelesen und liefert eine ausgezeichnete Beschreibung der Ruinen von Tacht-i-Dschamschid. Er ist es, der in ihnen die Überreste des Palastes von Persepolis erkennt, deren Baustil ihm zu schaffen macht, weil er ihn nicht in die bekannten griechischen Schemata einzureihen weiß. Und gewissenhaft notiert er: »Alle Schriftzeichen sind dreieckig, aber länglich, von der Form einer Pyramide, oder wie der kleine Obelisk, den ich an den Rand gezeichnet habe, so daß sie sich nur durch ihre Stellung und Lage voneinander unterscheiden.« Don Garcia hat auch einen Zeichner mitgebracht und läßt diesen eine ganze Zeile Keilschrift kopieren. Die Zeichnungen werden jedoch nie veröffentlicht.

Der Mann, dem die erste Publikation dieser Art zu verdanken ist, nimmt im Jahre 1614 zu Neapel das Pilgerkleid und geht noch im selben Jahre in Venedig an Bord. Er kennt die christliche Seefahrt aus eigenem Erleben, hat sich schon drei Jahre zuvor in der spanischen Flotte im Seekrieg gegen die Barbareskenstaaten hervorgetan. Die Orientwallfahrt Pietro della Valles führt den Pilger durch die Türkei und Ägypten nach Jerusalem und weiter über Syrien und Persien bis nach Indien. Als er 1626 mit einem stattlichen und bunten orientalischen Gefolge in Rom einzieht, bringt er die Schaulustigen in Mengen auf die Beine; bald ist er Ehrenkämmerer Papst Urbans VIII.

Die altpersische Keilschrift

Unterwegs hat er in den langen Wanderjahren eine stattliche Anzahl längerer Briefe an seine Freunde verfaßt und darin seine Erlebnisse und Eindrücke geschildert. Die Frische der Darstellung macht das Buch, zu dem die Briefe später gesammelt werden, seine *Reiß-Beschreibung*, noch heute lesenswert, besonders im schlichten Gewande der Genfer Übersetzung. Pietro hat Zeit gefunden, viele Ruinenstätten, besonders die des alten Babylon, sorgfältig zu untersuchen, und in seinem Gepäck hat er gebrannte und ungebrannte Ziegel von den Trümmerstätten mitgebracht. In Persepolis, wo er die Palastruinen allerdings für Tempelreste hielt, fesselten ihn vor allem die Inschriften, und unter ihnen wieder die große, die dort unweit von einem Löwen, der unterhalb der Säulenhalle eingemeißelt ist, eine Wand von oben bis unten bedeckt. Sie beschreibt er im fünfzehnten Brief.

Sprache und Schrift sind ihm vollkommen unbekannt. Er stellt die Größe der Schriftzeichen fest, meint, sie ständen, wie die hebräischen, für sich allein, und seien nicht zu Wörtern verbunden. An mehreren Stellen kehrt eine Gruppe von fünf Zeichen wieder, die er kopiert. Es ist die erste Keilschrift, die Europa bald darauf zu sehen bekommt.

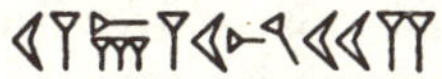

Abb. 41 Von Pietro della Valle veröffentlichte Keilschriftzeichen

Er vermutet, daß die Schrift von links nach rechts geschrieben wurde, also »rechtsläufig« ist. Und es spricht für seine Kombinationsgabe, daß er immer wieder versucht, aus der Häufigkeit gewisser Zeichen Schlüsse zu ziehen.

Einen echten Fortschritt bringt erst die Reisetätigkeit des Franzosen Jean Chardin (1643–1713) zwischen 1666 und 1681. Er war allerdings weder Diplomat noch Archäologe noch auch Missionar, sondern der Sohn eines Juweliers, der den Zweiundzwanzigjährigen nach Ostindien schickte, um Diamanten fürs Geschäft einzukaufen! Der Vater hatte jedoch den Sohn, den er da ans Ende der Welt sandte, offenbar richtig eingeschätzt; der ließ sich den Wind um die Nase wehen, stand seinen Mann und brachte es nach einem sechsjährigen Aufenthalt in Isfahan so weit, daß er vom Schah zum Hoflieferanten, wie man heute sagen würde, ernannt wurde. Von 1671 bis 1681 bereist er abermals Persien und Indien und läßt sich dann in London nieder, wo Karl II. ihn zum Ritter schlägt. Und schließlich geht er als bevollmächtigter englischer Gesandter und Agent der Ostindischen Kompanie nach Holland – der Ostindischen Kompanie, deren Wirken und deren Vertreter aus der Entzifferungsgeschichte der Keilschrift gar nicht wegzudenken sind. Ihr Agent S. Flower hatte schon 1693/94 in London eine Textkopie von zwei Zeilen veröffentlicht.

Chardins *Reisen*, erschienen 1711, bringen die von dem Illustrator Grelot stammenden ersten, genauen Zeichnungen von Beschaffenheit, Anordnung und Ausdehnung der achämenidischen Ruinenpaläste. Sie bieten ferner eine zuverlässige Beschreibung der Inschriften von Naksch-i-Rustam sowie des Verfassers Erkenntnis, daß die Keile keine Ornamente, sondern eben Inschriften sind.

Ein Jahr später kommen zu Lemgo in Westfalen die *Amoenitates Exoticae* heraus, die »Reize fremder Länder«. Das Buch stammt vom »Erfinder« der Keilschrift – genauer gesagt, von dem Manne, der diesen Ausdruck (»*litterae cuneatae*«) überhaupt erst prägte: Engelbert Kämpfer.[16]

Der Lebensweg dieses erstaunlichen Mannes ist ungewöhnlich und bunt. Er ist ein würdiger Sohn Lemgos, der früheren Hansestadt, die ihre Leinwand, die »Lemsche Wand«, bis nach Schweden, Livland und Rußland exportierte. Gymnasialstudien, Reisen und Hochschulstudien führen ihn von der Lateinschule seiner Vaterstadt nacheinander nach Holland, Lüneburg und Lübeck, sodann nach Danzig und Thorn, Krakau und Warschau; schließlich obliegt er in Königsberg vier Jahre naturwissenschaftlichen und medizinischen Studien.

Die altpersische Keilschrift

In Schweden ist damals der junge König Karl XI. sehr bestrebt, Wohlfahrt und Macht seines Landes zu heben. Dazu gehört eine weitschauende, merkantilistische Handelspolitik und die Anknüpfung von Außenhandelsbeziehungen. Auch Karl XI. rüstet eine Gesandtschaft aus; sie soll auf dem Landwege über Rußland nach Persien gehen und dort orientalische Handelsverbindungen anknüpfen. Am 20. März 1683 bricht die schwedische Gesandtschaft auf; mit ihr, als Arzt und Sekretär, Engelbert Kämpfer.
Es geht über Finnland nach Rußland hinein. Am Zarenhof werden die Schweden empfangen. Ende März 1684 trifft die Gesandtschaft in Isfahan ein. Noch verstreichen Monate, bis der Hofastrologe die günstige Stunde für gekommen hält, da der Schah sie empfangen darf.
Für Kämpfer trägt der Aufenthalt seine Früchte. Er schließt Freundschaft mit dem greisen Kapuzinerpater Raphael du Mans, der die dortige armenische Christengemeinde betreut, als Dolmetscher bei Hof hochangesehen ist und den fremden Arzt nun in der Landessprache unterrichtet.
So ausgerüstet, trennt sich Engelbert Kämpfer in Isfahan von der schwedischen Gesandtschaft und tritt in den Dienst der Holländisch-Ostindischen Kompanie. In ihrem Auftrag reist er von Isfahan nach Schiras. Und dieser Weg führt über Persepolis.
»Am anderen Morgen bei Tagesanbruch gelangten wir in einer halben Stunde zu der zweiten Sehenswürdigkeit, den Ruinen des Dariuspalastes, der Istachr genannt wurde oder auch Tschehil menaar, das heißt Vierzig Säulen.«[17] Engelbert Kämpfer schaut, mißt, zeichnet. Am stärksten ziehen ihn die Tafeln mit den Keilinschriften an, die Niebuhr später genau kopieren wird. Auch Kämpfer kopiert schon, allerdings nur *eine* Inschrifttafel. Sie ist hoch oben angebracht, die Sonnenstrahlen brennen schon und blenden, die Zeit drängt, und es gibt noch so viel anderes zu sehen. »Wenn jemand von allen diesen Baulichkeiten die Skulpturen, Inschriften, Maße, Schmuckformen und das sonst Bemerkenswerte mit sorgfäl-

Die altpersische Keilschrift

tigem Stifte kopieren wollte, würden ihm dazu kaum zwei Monate hinreichen. Ich werde, soviel ich im knappen Zeitraum von drei Tagen erreichen konnte, in denen ich mir keine Zeit zum Essen gelassen habe, getreulich mitteilen.«[18]
Er ist diesem Versprechen in seinen *Amoenitates Exoticae* nachgekommen. Was er darin sonst noch zu berichten weiß, übertrifft an Fülle der Abenteuer die vieler moderner Globetrotter; Arabien und Indien, Siam und Japan waren die weiteren Stationen seines Lebensweges, ehe er nach jahrzehntelanger Fahrt, früh müde und siech geworden, in Amsterdam landet.
Aber er hat eine ganze Keilinschrift kopiert. Daß sie babylonisch ist, weiß er noch nicht. Daß er meint, die Zeichen seien durchwegs Ideogramme, ist ein verzeihlicher Irrtum. Aber er hat als erster eine lange Inschrift veröffentlicht. Und er hat den Namen geprägt, unter dem die merkwürdigen Zeichen nun bald Gemeinbesitz der europäischen Forschung werden sollen.
Im Jahre 1714 bringt der Holländer Cornelius de Bruin, der 1704 die Ruinen besucht hat, zu Amsterdam seine *Reizen* heraus. Er hat schon Zeit und Muße gefunden, statt einer Inschrift mehrere zu kopieren. Und er weist an Hand einer Fenster-Inschrift überzeugend nach, daß die Inschriften waagrecht und nicht, wie man bis dahin oft vermutet hat, senkrecht zu lesen sind.
Leute wie Kämpfer und de Bruin haben also die Grundlagen für die Entzifferung geliefert. Genauer gesagt: die Grundlagen für die Grundlage. Denn ihre verhältnismäßig kurz aufeinanderfolgenden Werke haben die Zeitgenossen aufmerksam gemacht, das Interesse erweckt und verbreitet: allenthalben luden nun die Kopien von Kämpfer und de Bruin zum Studium ein.
Trotz anhaltender Kriegswirren wurden damals an vielen Orten, besonders aber auch in Dänemark unter der langen, friedlichen Regierungszeit König Friedrichs V., der in Deutschland als der Gönner Klopstocks bekannt wurde,

Kunst und Wissenschaft gefördert. Daneben begünstigte der aufgeklärte Monarch besonders Industrie und Handel, und eine neugegründete allgemeine Handelsgesellschaft entsandte Schiffe ins Mittelmeer, nach Westafrika, ja nach Ost- und Westindien. Gewiß sind auch vorwiegend Handelsinteressen mit im Spiel, als die Regierung 1761 eine Expedition zur Erforschung Arabiens, Persiens und der Nachbarländer ausrüstet. Ihr später berühmtestes Mitglied ist der Pfarrerssohn Carsten Niebuhr (1733–1815), der Vater des großen deutschen Historikers Barthold Georg Niebuhr.

Der vielversprechende junge Mann aus Lüdingworth studierte in Göttingen Mathematik und brachte es auf Grund dieser Vorbildung 1760 zum dänischen Ingenieurleutnant. In Göttingen war er auch auf die Werke de Bruins und Kämpfers aufmerksam geworden, und die Welt, die sich da vor ihm auftat, fesselte ihn so sehr, daß er Arabisch zu studieren begann. So war er in zweifacher Hinsicht gut vorgebildet, als er 1761 mit der genannten dänischen Expedition aufbrach.

Das ehrgeizige Unternehmen stand jedoch unter keinem guten Stern. Die Reise führte zunächst nach Ägypten, wo die Expedition in Kairo monatelang zurückgehalten wurde. Im Kapitel über die ägyptische Schrift wurde berichtet, wie fruchtbringend der holsteinische Forscher die erzwungene Wartezeit zu nutzen wußte, wie eingehend er sich mit den Hieroglyphen beschäftigte und welche genialen Beobachtungen er zum Wesen dieser Schrift gleichsam am Rande beisteuerte.

Endlich wird ihnen die Weiterreise freigegeben. Sie führt durch Syrien, Palästina und Arabien bis hinab in den fremdenfeindlichen, verbotenen Süden, bis Sana. Sie wird zu einem Todesmarsch. Strapazen, unerhörte Entbehrungen und die Feindseligkeit der Eingeborenen dezimieren die Expedition. Carsten Niebuhr entrinnt mit knapper Not dem Tode, indem er die Lebensgewohnheiten des Landes annimmt, sich in einen Orientalen verwandelt, sich kleidet wie die Einheimischen, ißt wie sie. Nur der Wundarzt der Expedi-

tion und Niebuhr selbst entkommen lebend der südarabischen Hölle. Und als sie endlich heil an Bord und nach Bombay unterwegs sind, erliegt auch der Arzt den unsäglichen Strapazen. Allein geht Niebuhr in Bombay an Land, als einziger Überlebender der Gesellschaft, die mit so hochgespannten Erwartungen auszog.
Carsten Niebuhr bleibt ungebrochen. Schon ein Jahr darauf ist er wieder unterwegs. Mesopotamien durchzieht er und Persien. Und in den ersten Märztagen des Jahres 1765 steht er vor dem »Thron des Dschamschid«, schaut er die Ruinen von Persepolis mit eigenen Augen.
Drei Wochen hält ihn die Trümmerstätte in ihrem Bann. Unermüdlich zeichnet er; er entwirft Grundrißpläne, kopiert Inschriften und übertrifft dabei alles, was seine Vorgänger an Ort und Stelle geleistet haben.
Spätere haben seine Arbeiten oft wegen geringfügiger Mängel und Ungenauigkeiten kritisiert; sie klären jedoch vieles, was Kämpfer und de Bruin im Zweifel gelassen haben, und gar seine Inschriftenkopien bestechen durch die kühnen und klaren Züge seiner festen Hand. Und als 1774–78 seine *Reisebeschreibung von Arabien und anderen umliegenden Ländern* erscheint (es ist das Buch, das Napoleon in Händen hatte, als er die Gelehrten seiner Ägyptenkommission instruierte, und das ihn ins Nilland begleitete), da hat Niebuhr der Fachwelt als erster richtige und vollständige Kopien mehrerer wichtiger Inschriften des Dareios und des Xerxes vorgelegt, Kopien, die anerkanntermaßen viel zu den Erfolgen der frühen Entzifferer beitrugen, ebenso wie die wohlüberlegten und scharfsinnigen Feststellungen, die er dazu traf.
Er erkannte als erster mit genialem Blick, daß es sich bei den erhaltenen Inschriften nicht um eine, sondern um drei verschiedene Schriftarten handelte (daß sie in drei Sprachen ein und denselben Gegenstand behandelten, blieb ihm noch verborgen) und daß – diese Beobachtung wird später geradezu zum Angelpunkt der Entzifferung – die verhältnismäßig we-

nigen und einfachen Zeichen, die das eine der drei Schriftsysteme im Gegensatz zu den beiden anderen aufweist, alphabetische Zeichen sind! Er beweist aus fein beobachteten Merkmalen der Schrift, daß sie von links nach rechts zu lesen ist, und stellt sogar ein Alphabet von 42 Zeichen auf!
Von den 42 Zeichen, die Niebuhr zu erkennen glaubte, sind heute nicht weniger als 32 als richtig erkannt; von den übrigen waren 9 falsch bestimmt, das zehnte der sogenannte »Worttrenner«.
Das ist, vor allem angesichts des Unsterns, der über der Expedition stand, und in Anbetracht ihres eigentlichen Zweckes (sie galt ja nicht den Inschriften) eine reiche Ernte.
Mut und Zähigkeit zeichnen wie Niebuhr auch den jungen Pariser Abraham Hyacinthe Anquetil-Duperron (1731 bis 1805) in hohem Maße aus. Er kommt von der Theologie her, und so ist es wohl kein Zufall, daß er später das Studium der altpersischen Religion in Europa begründen wird. In Paris, Auxerre und Amersfoort treibt er seine theologischen Studien. Diese führen ihn – wie so viele Forscher vor und nach ihm – auf die orientalischen Sprachen, und das Zentrum dieser Wissenschaft ist im damaligen Europa Paris. Dorthin kehrt er nun zurück, um sich ausschließlich dem Studium dieser Sprachen zu widmen, bleibt jedoch unbefriedigt. Eins vor allem möchte er, gewiß noch beeinflußt von den allgemeinen, romantischen Anschauungen seiner Zeit, kennenlernen und ergründen: die heiligen Schriften der Parsen, der letzten, in Indien lebenden Jünger des Zarathustra, deren zwei Engelbert Kämpfer im Erdölgebiet von Baku antraf, versunken in Gebet und Andacht vor dem heiligen Feuer.
Indien ist für einen unternehmungslustigen, jungen Franzosen nicht aus der Welt; sein Land macht dort seit geraumer Zeit gewaltige koloniale Anstrengungen. Eine Vergnügungsreise läßt sich dahin allerdings kaum unternehmen. So nimmt Anquetil-Duperron auf einem französischen Indienfahrer Dienste als Soldat; sein Eifer und seine Entschlossenheit bestimmen die Regierung, ihm eine Subvention zu gewähren. In

Pondichéry, dem alten französischen Bollwerk an der Südostküste Vorderindiens, lernt er zunächst Neupersisch. Von dort geht er (das Reisen ist gefährlich, denn inzwischen ist auch in Indien der englisch-französische Seekrieg ausgebrochen) vorerst nach Norden, nach Bengalen, und dann weiter, quer durch das Land, an die Westküste nach dem einst französischen Surat. Er ist allerdings nicht gekommen, um hier der französischen Kolonialtradition nachzutrauern. Wohl ist es eine Kolonie, die ihn mit unwiderstehlicher Macht anzieht, jedoch eine Kolonie ganz eigener Art: hier in Nordwestindien hausen die letzten versprengten Anhänger der alten persischen Lichtreligion, die »Feueranbeter«, die Parsen.

Mit Geduld und gewinnendem Wesen weiß der junge Franzose mit ihren Priestern, den Desturs, Bekanntschaft zu schließen. Sein Eifer gewinnt ihm die Herzen der Zarathustra-Jünger, die ihre heiligen Bücher selber nur mehr auf neupersisch lesen können. Das Avesta, die Heilige Schrift der Parsen, eine Sammlung alles dessen, was von den uralten Religionsbüchern der alten Iraner die griechische und parthische Fremdherrschaft und den Islam überdauert hat und nach Indien hinübergerettet wurde, ist sein eigentliches Ziel. Und als 1761 Pondichéry wieder an die Engländer fällt und Anquetil-Duperron nach Europa zurückkehrt, bringt er nach siebenjährigem Indienaufenthalt nicht nur das Avesta im Original (das weder er noch seine parsischen Gönner verstehen), sondern auch eine neupersische Übersetzung mit, die ihm der Destur Darab buchstäblich in die Feder diktiert hat!

Natürlich nicht in Keilschrift. In der ist schon das Original nicht mehr abgefaßt. Aber Anquetil-Duperrons Pionierarbeit, die Übersetzung des Avesta, liefert den Keilschriftentzifferern einen unerhört wichtigen Baustein: die mittelpersischen Formen von historischen Eigennamen, die der gelehrten Welt bis dahin nur in griechischer (meist arg entstellter) Fassung bekannt sind.

Damit sind von zwei Seiten, der »schriftlichen« wie der »sprachlichen«, grundlegende Voraussetzungen geschaffen.

Dabei hatte, was das Sprachliche betrifft, schon 1762 (in dem Jahre, da Anquetil-Duperron mit der überreichen Ausbeute von 180 Manuskripten in Paris eintrifft) der Graf Caylus einen Schlüssel geliefert, der den Zugang zur Keilschrift vielleicht mit einem Schlage eröffnet hätte, wenn die Zeit dafür schon reif gewesen wäre. Er hatte nämlich eine Inschrift von einer Alabastervase des Königs Xerxes veröffentlicht, und die war keine Bi-, auch keine Trilingue, sondern in vier Sprachen gehalten! In Altpersisch, Elamisch, Babylonisch (von den beiden letzteren mehr im nächsten Kapitel) und Ägyptisch! Und damit war der Schlüssel trotz der vier Sprachen unbrauchbar, denn auch das Ägyptische konnte ja noch niemand lesen, und bis zu Champollions bahnbrechendem *Brief an Dacier* sollten noch sechzig Jahre vergehen!
Immer wieder zog es nun europäische Reisende zu den Achämenidendenkmälern. Sir William Ouseley wäre da zu nennen, der englische Orientalist, dessen Sekretär James Justin Mourier als erster das »Grab der Mutter Salomons« als das Grab Kyros' des Großen erkennt; Sir Robert Ker Porter, der zwei dicke Quartbände mit guten Zeichnungen von den Ruinen veröffentlicht; vor allem aber das »orientalische« Wunderkind, der Engländer Claudius James Rich, in jungen Jahren schon englischer Resident und Generalkonsul in Bagdad, der 1821, »zu früh«, wie zwanzig Jahre später Champollion, starb; er erlag in Schiras der Cholera. Rich ist aus der Geschichte der Archäologie des Alten Orients nicht wegzudenken. Er glaubte fest an den deutschen Entzifferer Grotefend und sandte diesem regelmäßig Kopien der von ihm aufgefundenen Inschriften, und seine Wirkung reichte weit über das Grab hinaus: Seine erst 1836 zu London erschienenen zwei Bände über seine Erlebnisse in »Kurdistan« machten nämlich so tiefen Eindruck auf die Orientalisten, daß die französische Regierung unter dem Eindruck dieses Werkes und der 1839 veröffentlichten Tagebücher und Kopien des Verstorbenen ein Vizekonsulat in Mossul errichtete und Paul Émile Botta, den Mann, der Ninive fand, dahin entsandte. Und gleichfalls

Die altpersische Keilschrift

unter dem Eindruck von Richs Reisewerk faßte ein junger Engländer den Entschluß, an den englischen Gesandten bei der Pforte heranzutreten, um neue Forschungen zu ermöglichen. Es war Austen Henry Layard, der Ausgräber von Nimrud. Doch von beiden später mehr.
Vorläufig können die archäologischen Großtaten dieser Forscher nur am Rande erwähnt werden. Als sie vollbracht wurden, war eine andere schon vollzogene Tatsache, von der man freilich zunächst keine Notiz nahm und manchenorts gar nicht nehmen wollte!
Auch sie hat ihre fesselnde Vorgeschichte.
Die Kopien von Carsten Niebuhr, dem Norddeutschen, der in dänischen Diensten gereist war und auch in Dänemark publiziert hatte, wurden zunächst in Dänemark und in Deutschland bearbeitet und ausgewertet.
Da war der aus Tondern gebürtige Oluf Gerhard Tychsen (1734–1815), einst Student in Halle und Lehrer am dortigen Waisenhaus der Francke'schen Stiftungen, später Professor der orientalischen Sprachen zu Bützow und schließlich Oberbibliothekar in Rostock. Er trat 1798, gestützt auf Niebuhrs Erkenntnisse, mit einer Abhandlung über die persepolitanischen Keilschriften hervor. Dabei wurde ihm gerade sein reiches philologisches Wissen und seine Neigung zur Sprachvergleichung, die damals noch recht wild wucherte und sich in kühnen Hypothesen erging, zum Verhängnis; er legte den Keilschriftzeichen im Gegensatz zu Niebuhr willkürliche Lautwerte bei und versuchte dann, in einzelne Zeichengruppen einen Sinn hineinzulesen, indem er den Klang der »Wörter«, die sich so ergaben, mit Wörtern aus anderen Sprachen, semitischen und indogermanischen, verglich.
Viele Irrtümer und obendrein ein verhängnisvoller historischer Fehler: Tychsen hält die Inschriften für Tatenberichte des Arsakes, des Begründers der Dynastie der Arsakiden und des Partherreiches (247 v. Chr.), also für fast 300 Jahre jünger, als sie wirklich sind.
Aber unter all der Spreu, die der gelehrte Tychsen in seiner

Die altpersische Keilschrift 115

lateinisch geschriebenen Abhandlung ausschüttet, finden sich zwei Weizenkörner.

Er sieht, was Niebuhr noch nicht wußte: in drei Schriftarten müssen drei verschiedene Sprachen vorliegen.

Und er sieht schärfer als Niebuhr angesichts des schrägen, einzelnen Keiles, der in der ersten Schriftart immer wiederkehrt (er ist schon unter Pietro della Valles fünf Zeichen zu finden, Abb. 41, S. 105): das Zeichen steht da, um Ende und Anfang der Wörter zu markieren, um die ohne Abstand aneinandergereihten Wörter voneinander zu sondern. Tychsen ist der Entdecker des heute so genannten »Worttrenners«.

Zur selben Feststellung kommt unabhängig von Tychsen der dänische Akademiker Friedrich Christian Karl Heinrich Münter (1761–1830), geboren zu Gotha, Student in Kopenhagen und Göttingen und schließlich Bischof von Seeland. Von ihm erscheinen 1800 *Untersuchungen über die persepolitanischen Inschriften*. Darin räumt er einleitend, gestützt auf historische Argumente, mit Tychsens Irrtum auf und behauptet dagegen, die Inschriften stammten höchstwahrscheinlich nicht von den parthischen Arsakiden, sondern von den altpersischen Großkönigen aus dem Hause der Achämeniden, die rund 300 Jahre früher regierten.

Man mag sich fragen, was die 300 Jahre angesichts der rund 2500, die die Inschriften alt sind, schon ausmachen können!

Die Antwort lautet: Alles.

Durch Münters neue, richtige Datierung sind nämlich zwei neue Gesichtspunkte gewonnen, ohne die die spätere Entzifferung gar nicht denkbar ist.

Einmal liegt nun die Annahme nahe, daß die Sprache der Inschriften das Altpersische ist und der des Avesta nahesteht. Über diese aber haben schon Anquetil-Duperrons und anschließend Sylvestre de Sacys Bemühungen einiges Licht verbreitet.

Zweitens ist ein weiterer, geradezu unschätzbarer Anhaltspunkt gegeben: man weiß nun, nach *welchen* Eigennamen man in den Inschriften, wird suchen dürfen! Nun sind die Fachleute auf der richtigen Fährte; sie werden nicht mehr, was nach Tychsen nahegelegen hätte, einen »Arsakes« in den Inschriften suchen, sondern Namen wie – aber wir wollen nicht vorgreifen.

Wie Tychsen, so erkannte auch Münter den Worttrenner; wie sein Vorgänger, so nahm auch er Dreisprachigkeit der Inschriften an. Wo allerdings Tychsen Parthisch, Medisch und Baktrisch gesucht hatte, vermutete Münter, wenig konsequent, Avestisch (Altpersisch), Pehlevi (Mittelpersisch) und Parsi (Frühneupersisch). Mit der ersten Annahme ist er auf richtigem Wege. Richtig ist auch eine andere Hypothese, die er mit Tychsen teilt: daß die erste Version auf Grund der Anzahl der Zeichen eine alphabetische (schon Niebuhr hatte das gesehen), die zweite eine Silben- und die dritte eine Wortschrift enthalten müsse. Richtig ist ferner sein Schluß, daß alle drei Fassungen vermutlich gleichen Inhalts sind, weil solche mehrsprachigen Inschriften aus der Antike zur Genüge bekannt sind und weil außerdem immer dann, wenn ein Wort in den Inschriften der ersten Version wiederkehrt, es sich auch in den beiden anderen Schriftklassen wiederholt.

Nun aber biegt Münter in eine Sackgasse ein, obwohl er von einem richtigen Grundgedanken ausgeht. Er beginnt zu zählen, wie oft gewisse Zeichen bei Niebuhr in den Inschriften vorkommen, schließt, daß die häufigsten die Vokale sein müßten, und »bestimmt« so die Zeichen für a, ā, i, o und u, wovon er durch Zufall nur eines, das a, richtig errät, ebenso wie den Konsonanten b.

Eine andere Fährte führt jedoch den Kopenhagener Theologieprofessor gerade auf das Ziel zu. Sowohl Tychsen als auch ihm ist eine Gruppe von sieben Zeichen aufgefallen, die sich in den Inschriften oft wiederholt. Beide hatten sie dahinter zunächst Eigennamen vermutet. Später aber verfällt Münter, mit den mittelpersischen Titulaturen vertraut, auf den Gedanken, es könne sich um einen Titel handeln, und er tippt korrekt auf die Titel »König« und »König der Könige«; das

Wort vor dem Titel müsse dann, so meint er, der Königsname sein. Die Gruppe von 7 Zeichen, hinter der er den »König« vermutet, sieht so aus:

Abb. 42 Das Wort »König« in altpersischer Keilschrift

Rechts außen steht der Worttrenner. Das Wort lautet in der heute üblichen Umschrift »xsāyaϑiya« (sprich: chschājaϑija; ϑ entspricht englischem th) und heißt wirklich »König«. Münter steht unmittelbar vor dem Ziel – und kommt mit den Zeichen, die dem Worte »König« folgen (und hinter denen er, gleichfalls richtig, eine Flexionsendung sucht), nicht zu Rande; die Lautwerte, die er den einzelnen Zeichen beilegt, sind alle falsch. So gerät er vom richtigen Pfad, den er kaum betreten hat, ab und muß aufgeben ...

»Und da kommt Grotefend. Kein Fachmann, keine Ahnung von Orientalistik. Aber ein toller Bursche. Schließt eines Tages eine Wette ab, geht hin und entziffert die Keilschrift.«

So wurde das nicht selten erzählt. Aber es stimmt nicht, oder doch nur sehr bedingt.

»Von unten auf!« Dieses Motto ließe sich über Grotefends Leben und über seine wissenschaftliche Laufbahn setzen. Daß sein Name einst Weltruf erlangen würde, ließ sich der kleine Georg Friedrich, der am 9. Juni 1775 zu Hannoversch Münden als Sohn eines Schusters geboren wurde, nicht träumen. Aber der Kleine scheint früh erkannt zu haben, welcher Weg allein »von unten auf« führen konnte: eiserner Fleiß. Den bewährt er schon auf der Schule seiner Vaterstadt. Dann bezieht er das Pädagogium zu Ilfeld. Ab 1795 studiert er Theologie und Philosophie an der Göttinger Universität. Und unter den Theologen von Göttingen findet sich eine nicht geringe Anzahl von Altertumsforschern, Historikern, Sprachvergleichern. Grotefends unbeirrbarer Fleiß und die

Die altpersische Keilschrift

Gewissenhaftigkeit, mit der er seine Ziele verfolgt, gewinnen ihm einflußreiche Gönner und fördernde Freunde, darunter Christian Gottlob Heyne, der darauf bedacht ist, das Altertum in seiner Gesamtheit zu erfassen, in seinen Geist einzudringen und vor allem auch dunkle Punkte der Archäologie aufzuhellen – eine Einstellung, die ihren Einfluß auf Grotefend nicht verfehlte und sich mit dessen eigenen Anlagen aufs glücklichste ergänzte. Zu seinen Gönnern gehörte ein Namensvetter des Rostocker Orientalisten, der Göttinger Professor Thomas Chr. Tychsen, der als erster auf wissenschaftlichem Gebiet für ihn eintreten sollte, sowie der berühmte Historiker Arnold Hermann Ludwig Heeren, der in seinen *Ideen über Politik, den Verkehr und den Handel der vornehmsten Völker der Alten Welt* Grotefend später das angesehene Sprachrohr für seine zu wenig beachteten Arbeiten lieh.

Der junge Mann hatte seine klassische Philologie gründlich betrieben, und das sollte sich bald lohnen. Aber schon in frühen Jahren tritt eine eigentümliche Begabung an ihm zutage, die er eifrig an den verschiedensten Gegenständen betätigt. »Denksport« würde man es heute nennen, was der junge Gymnasiallehrer in seinen Mußestunden am liebsten treibt: er löst Rätsel. An Bilderrätseln, Rebussen, Akrosticha versucht er sich immer wieder. Und das führt ihn allmählich, aber unverkennbar in eine bestimmte Richtung.

Im Jahre 1799 kommt zu Göttingen als Beitrag zu einer Festschrift für Heyne seine Schrift *De pasigraphia sive scriptura universali* heraus – ein Werk, das für seine ganze Einstellung und seine wissenschaftliche Richtung überaus bezeichnend ist, enthält es doch schon den ganzen Entzifferer im Keime! Der Titel verheißt nämlich nichts anderes als eine »Allschrift« oder »Weltschrift« und stellt Grotefend in die Reihe derer, die sich um eine »Universalschrift« bemühten. So ganz von ungefähr, wie man das heute gerne darstellt, ist also Grotefend keineswegs zur Entzifferung der Keilschrift gekommen.

Die altpersische Keilschrift

Abb. 43
Georg Friedrich
Grotefend (1775–1853)

Man weiß nicht, wann er Niebuhrs Texte zu studieren begann: auch nicht, wann ihm Sylvestre de Sacys *Memoires sur diverses Antiquités* (Paris 1793) zur Hand kamen. Darin hatte der Pariser Meister einige kurze, in Naksch-i-Rustam gefundene Pehlevi-Inschriften veröffentlicht. Von diesen nun waren mehrere über den Gestalten von Königen angebracht, ganz so, wie die Epigramme in Niebuhrs Kopien über der Gestalt des Dareios, und sie enthielten, wie de Sacy ausführte, die Namen der Könige und ihrer Väter sowie den Titel »König der Könige«.
Es ist richtig, daß der letzte Anstoß, der Grotefend bewog, sich an die Entzifferung der Keilschrift zu wagen, eine Wette mit einem Freund war. Daraus aber zu schließen, daß keinerlei wissenschaftlicher Drang, sondern nur jugendliche Unbekümmertheit im Spiel gewesen sei, hieße Grotefend verken-

Die altpersische Keilschrift

nen und seine durchaus ernsten Vorarbeiten, seine persönlichen Anlagen und Neigungen und nicht zuletzt den Einfluß seiner Lehrer ignorieren – kurz, alles das, was ihn geistig geformt und zu dem gemacht hat, was er war.
Aus de Sacys Abhandlung schloß Grotefend richtig, daß diese Art von Inschriften persische Tradition sei. Tradition aber ist konservativ. Konnten demnach nicht auch die Inschriften von Persepolis nach demselben Muster gebaut sein, Königsnamen und den Titel »König der Könige« enthalten? Das deckte sich auch mit der Vermutung Münters, dessen Arbeit Grotefend kannte. Was war das doch gleich für eine Gruppe von sieben Zeichen gewesen, die Münter für das Wort »König« hielt? Sie wurde vorhin (Abb. 42) gezeigt.
Sieben Zeichen. »König«. Man mußte sie im Zusammenhang studieren. Im Zusammenhang und womöglich an kurzen Texten. Wieder greift der junge Schulmann nach seinem Niebuhr. Da bieten sich besonders zwei kurze Inschriften an, schon deshalb, weil sie offenbar viel gemeinsam haben (Abb. 44).
Grotefend stellte zunächst fest, daß Münters »Siebenzeichengruppe« (auf der oberen Inschrift unter den Nummern 2, 4 und 6, auf der unteren unter 2, 4 und 7) noch einmal wiederkehrte, nämlich (auf beiden Inschriften) unter Nummer 5, hier aber um etliche Zeichen verlängert. Dieser Zusatz mußte die vermutete und gesuchte Genitivendung des Wortes »der Könige« sein.
Sieht man nun genau zu, so findet man das Wort Nummer 1 aus der oberen Inschrift in der unteren unter Nr. 6 wieder; dort allerdings um das Zeichen ⟨⟩ (an sechster Stelle im Wort) vermehrt. Da nun dieses Wort in der ersten Inschrift an erster Stelle vor dem Titel stand und also wohl den Königsnamen darstellte, in der zweiten Inschrift jedoch auf den Titel »König der Könige« folgte und eine um ein Zeichen vermehrte Endung aufwies, so schloß Grotefend, diese verlängerte Form müsse (nach dem Vorbild der sassanidischen Pehlevi-Inschriften) der Genitiv sein, dem das Wort »Sohn«

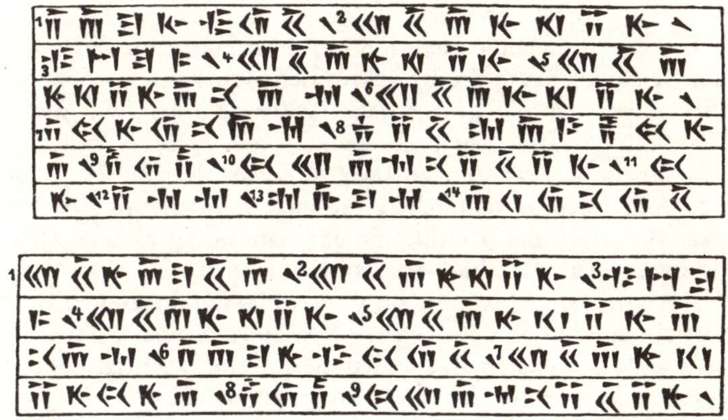

Die altpersische Keilschrift 121

Abb. 44
Altpersische Inschrift des Dareios I. (oben) und des Xerxes (unten)

folge, und deutete demnach zunächst die zweite, kürzere Inschrift so (die Worte der Übersetzung sind mit den Nummern versehen, welche die ihnen entsprechenden Zeichengruppen im Keilschrifttext tragen):
»1 Y, 2 der König, 3 der große (?), 4 der König 5 der Könige, 6 des X, 7 des Königs, 8 Sohn (?), 9 der Achämenide (?).«
Das war viel und wenig zugleich; was mit einem Fragezeichen versehen ist, ist ja bloße Vermutung, und übrig blieb nichts als der selbst noch unbewiesene Titel »König der Könige«. Die Lösung des Rätsels konnten erst die Namen X und Y bringen.
Und um die war Grotefend nicht verlegen. Wozu war er Humanist? Er griff zu Herodot.
Und dieser wußte Rat.
Er schildert im siebenten Buch seines Geschichtswerkes, wie der Oheim des Xerxes, Artabanos, dem Neffen von dem geplanten Krieg gegen Griechenland abrät.
»Zornig erwiderte Xerxes: ›Artabanos! Meines Vaters Bruder bist du; das rettet dich vor der verdienten Strafe für deine

törichten Worte. Aber weil du mutlos und ein Feigling bist, sollst du zur Schande nicht mit mir nach Hellas ziehen, sondern mit den Weibern zurückbleiben. Ich kann auch ohne dich alles, was ich gesagt habe, vollenden. Ich will nicht Abkomme meiner Ahnen heißen, also des Dareios, Hystaspes, Arsames, Ariaramnes, Teispes, Kyros, Kambyses, Teispes, Achaimenes, wenn ich die Athener nicht züchtige!«"[19]
Was für eine höchst willkommene Sammlung altpersischer Königsnamen! Was ließ sich damit anfangen!
Grotefend versuchte nun, aus diesen Namen diejenigen auszuwählen, die sich den Keilschriftwörtern X und Y am ehesten anpassen ließen. Dabei leitete ihn eine wichtige Überlegung, die sich aus den beiden Inschriften selbst ergab:
Y nannte sich in der zweiten Inschrift »des X, des Königs, Sohn«. Der Verfasser der ersten Inschrift, eben X, war also der Vater von Y und selbst König. Nun stand aber in der ersten Inschrift die Zeichengruppe, die vermutlich »Sohn« bedeutete (Nr. 9), *nicht* hinter dem Worte »König«! Das hieß doch wohl, daß X zwar selbst König, nicht aber ein Königssohn (wie sein eigener Sohn Y) war! Und die beiden Namen waren zwar ungefähr gleich lang, fingen jedoch, wie die Inschriften erkennen ließen, nicht mit dem gleichen Anfangsbuchstaben an.
Damit war die Beweiskette geschlossen: alle angeführten Umstände wiesen für Y auf Xerxes, für X aber auf Dareios I. hin, dessen *Vater Hystaspes nicht selbst König gewesen war!*
Nun galt es nur noch, in die Zeichengruppen X und Y die Namen der beiden Herrscher in der richtigen Form einzusetzen; also nicht die griechischen Versionen, »Dareios« und »Xerxes« (man denkt dabei an Young, der mit der griechi-

---

Abb. 45
Die Inschriften des Dareios I. (oben) und des Xerxes (unten),
wie man sie heute liest und übersetzt

Die altpersische Keilschrift 123

(buchstabiert) (1) D(a)-a-r(a)-y(a)-v(a)-u-š(a) (2) x(a)-š(a)-a-y(a)-ϑ(a)-i-y(a) (3) v(a)-z(a)-r(a)-k(a) (4) x(a)-š(a)-a-y(a)-ϑ(a)-i-y(a) (5) x(a)-š(a)-a-y(a)-ϑ(a)-i-y(a)-a-n(a)-a-m(a) (6) x(a)-š(a)-a-y(a)-ϑ(a)-i-y(a) (7) d(a)-h(a)-y(a)-u-n(a)-a-m(a) (8) Vi-i-š(a)-t(a)-a-s(a)-p(a)-h(a)-y(a)-a (9) p(a)-u-ç(a) (10) H(a)-x(a)-a-m(a)-n(a)-i-š(a)-i-y(a) (11) h(a)-y(a) (12) i-m(a)-m(a) (13) t(a)-č(a)-r(a)-m(a) (14) a-ku-u-n(a)-u-š(a)

(zu sprechen) *Dārayavauš xšāyaϑiya vazrka xšāyaϑiya xšāyaϑiyānām xšāyaϑiya dahyunām Vištāspahya puça Haxāmanišiya hya imam tačaram akunauš*

Es entspricht: *x* deutschem *ch* in *ach*, *š* deutschem *sch*, *y* deutschem *j*, *ϑ* englischem *th*, *č* deutschem *tsch*, *ç* französischem *ç*.

»*Dareios, der große König, der König der Könige, der König der Länder, des Hystaspes Sohn, der Achämenide, (ists), der diesen Palast gebaut hat.*«

(buchstabiert) (1) X(a)-š(a)-y(a)-a-r(a)-š(a)-a (2) x(a)-š(a)-a-y(a)-ϑ(a)-i-y(a) (3) v(a)-z(a)-r(a)-k(a) (4) x(a)-š(a)-a-y(a)-ϑ(a)-i-y(a) (5) x(a)-š(a)-a-y(a)-ϑ(a)-i-y(a)-a-n(a)-a-m(a) (6) D(a)-a-r(a)-y(a)-v(a)-h(a)-u-š(a) (7) x(a)-š(a)-a-y(a)-ϑ(a)-i-y(a)-h(a)-y(a)-a (8) p(a)-u-ç(a) (9) H(a)-x(a)-a-m(a)-n(a)-i-š(a)-i-y(a)

(zu sprechen) *Xšayāršā xšāyaϑiya vazrka xšāyaϑiya xšāyaϑiyānām Dārayavahauš xšāyaϑiyahya puça Haxāmanišiya*

»*Xerxes, der große König, der König der Könige, des Dareios, des Königs, Sohn, der Achämenide.*«

schen Form »Ptolemaios« fehlgegangen war), sondern in ihrer altpersischen Lautung. Grotefend setzte die sieben ersten Zeichen der ersten Inschrift mit dem Namen »Dārheūsch« (d-ā-r-h-e-ū-sh) gleich (so lautete er nach Grotefends Ansicht im Avestischen) und verfuhr auf dieselbe Weise mit dem Namen des Xerxes (»Khschhērsche«) und dem des Hystaspes (»Gōschtāsp«), des Vaters des Dareios, der in der Zeichengruppe Nr. 8 der ersten Inschrift stecken mußte. So gewann er die Lautwerte von dreizehn Keilschrift-Buchstaben, von denen, wie sich später zeigte, nur vier etwas zu modifizieren waren (weil Grotefend statt altpersischer mittelpersische Formen verwendet hatte). Abbildung 45 bringt die beiden Inschriften, die so zum Markstein der Entzifferung geworden waren, noch einmal untereinander, nun aber mit der Umschrift und der Übersetzung versehen, die dem heutigen Stand der Wissenschaft entsprechen.

Damit hatte Grotefend in erstaunlich kurzer Zeit das Verständnis der altpersichen Keilschrift erschlossen, und man sollte glauben, daß seine Entdeckung binnen kurzem Gemeingut geworden wäre, von Gelehrten in aller Welt freudig begrüßt, von breiten Volksschichten (wie Champollions Hieroglyphenentzifferung) bejubelt und bald von Mitforschern fortgeführt und vollendet.

Unglücklicherweise aber war das, was wirklich folgte, nicht eben ein Ruhmesblatt in der Geschichte der sonst so ruhmreichen Göttinger Universität. Grotefends erste Berichte, vier Abhandlungen über seine Entzifferung, wurden 1802 und 1803 der Göttinger »Königlichen Societät der Wissenschaften« von Thomas Tychsen vorgetragen, der darüber auch in den *Göttingischen Gelehrten Anzeigen* 1802 und 1803 referierte. Eine ausführliche Darlegung seiner Ergebnisse ermöglichte dem Entzifferer erst Heeren 1805[20] in seinen oben erwähnten *Ideen*. Seinen bahnbrechenden Aufsatz »Praevia de cuneatis quas vocant inscriptionibus Persepolitanis legendis et explicandis relatio« hat Grotefend selbst nie im Druck gesehen; eine von einem Sekretär angefertigte Abschrift da-

Die altpersische Keilschrift 125

von wurde erst 90 Jahre später (!) von dem Latinisten Wilhelm Meyer in Göttingen wieder aufgefunden und pietätvoll in den *Nachrichten von der Königlichen Gesellschaft der Wissenschaften und der Georg-Augusts-Universität zu Göttingen*, Nr. 14 vom 23. September 1893, S. 571–616 »zum Abdruck gebracht«; ein Nachdruck davon erschien 1972 in Darmstadt. Grotefends eigenhändige, lateinische Urschrift, diese »Geburtsurkunde der Keilschriftforschung«, wurde erst 1974 von dem Göttinger Professor R. Borger in Grotefends Nachlaß entdeckt und zum 200. Geburtstag ihres Verfassers im Faksimile mit deutscher Übersetzung und Kommentar veröffentlicht.
Grotefend ist später in allen Ehren seine Beamtenlaufbahn zu Ende gegangen, als Prorektor und Konrektor am Frankfurter Gymnasium von 1803 bis 1821 und als Direktor des Lyceums in Hannover von 1821 bis 1849. Der weitere wissenschaftliche Weg des Mitbegründers der Orientalistik war indessen von einer gewissen Tragik überschattet; sie liegt darin, daß er sich im Lauf der Jahre noch mehrmals an der weiteren Entzifferung der Keilschrift (auch schon der babylonischen) beteiligte, jedoch, von etlichen wertvollen Beiträgen abgesehen, ohne den großen, durchschlagenden Erfolg, und daß er an manchen Irrtümern seiner eigenen Entzifferung bis an sein Lebensende festhielt. Andere seiner Arbeiten können ebenfalls nur als Denkmäler seiner universalen und offenen Geisteshaltung, nicht als wissenschaftliche Leistungen bestehen. Wir Heutigen ehren aber in ihnen den unverdrossenen Fleiß und Willen, Dunkles zu erhellen.
Somit war dem verdienstvollen deutschen Forscher der Widerhall im deutschen Sprachraum vorläufig versagt. Als das Verständnis der altpersischen Keilschrift, allerdings erst Jahrzehnte später, neuerdings gefördert wird, geschieht es abermals von skandinavischer Seite.
Der dänische Professor Rasmus Christian Rask (1787–1832) – man darf ihn neben Franz Bopp und Jakob Grimm zu den Mitbegründern der Vergleichenden Sprachwissenschaft zäh-

len, die sich damals reich zu entfalten begann – trug gleichsam eine nationale Ehrenschuld ab, als er 1827 in dem Titel »König der Könige« die Endung »-a-n-a-m« des pluralischen Genitivs bestimmte, an der mehr als zwanzig Jahre zuvor sein Landsmann Münter, obwohl er sie richtig vermutet hatte, gescheitert war und die noch Grotefend fälschlich als »-a-tsch-a-o« gelesen hatte.

Rask war von dem ausgegangen, was ihm zunächst lag: dem Studium der germanischen Sprachen. Reisen durch Schweden, Norwegen und auf Island ließen sein erstes großes Werk reifen, die *Untersuchungen über den Ursprung der altnordischen oder isländischen Sprache* (Kopenhagen 1818), worin er als erster den Beweis der nahen Verwandtschaft des Altnordischen mit den südgermanischen (heute »westgermanischen«) Sprachen und ihrer entfernteren Verwandtschaft mit den slawischen und baltischen Sprachen sowie dem Lateinischen und Griechischen erbrachte. Der brennende Wunsch, auch die entfernteren »Verwandten« kennenzulernen, führte ihn auf eine Reise nach Indien, die er 1816 mit königlicher und privater Unterstützung antrat. Er ging über Schweden und Finnland zunächst nach Petersburg und von dort 1819 über Moskau, Astrachan und Tiflis durch Persien nach Indien, wo er 1820 eintraf. Von 1820 bis 1822 durchreiste er das Land.

Und hier finden wir den wißbegierigen jungen Dänen auf den Spuren eines anderen Europäers – Anquetil-Duperrons. Wie sein französischer Vorgänger, so erforscht auch Rask eingehend Sprache und Sitten der Feueranbeter, vor allem in und um Bombay. Auch bei den Buddhisten auf Ceylon studiert er Sprache, Sitten und Bräuche. Fruchtbar für die Keilschriftforschung aber wird seine Beschäftigung mit der Sprache der heiligen Bücher der Parsen.

In Europa, namentlich in England, waren nämlich Zweifel an der Echtheit des von Anquetil-Duperron einst so hingebungsvoll gesammelten Materials nie ganz verstummt. Rask erst war es vorbehalten, sie ein für allemal zu zerstreuen. In einer glänzenden Abhandlung über die Echtheit des Avestischen (der »Zendsprache«) wies er die Zuverlässigkeit der von Anquetil-Duperron veröffentlichten Überreste überzeugend nach und zeigte die nahe Verwandtschaft dieser Sprache mit der der alten Inder auf. Er hatte Grotefends Alphabet und seine Umschriften studiert, hatte daraus geschlossen, daß die Sprache der Inschriften dem Avestischen ähnelte, bewies, daß dieses so alt, wenn nicht sogar älter als die Achämenideninschriften sei, und wurde mit diesen Resultaten (viel mehr als durch seine Deutung der Genitivendung) zum Wegbereiter zweier anderer »Vollender« der altpersischen Keilschriftforschung, des Franzosen Eugène Burnouf und des Deutsch-Norwegers Christian Lassen.

Seit Anquetil-Duperron die Früchte seiner Arbeit nach Europa gebracht hatte, war das Studium des Avestischen für die Franzosen gleichsam zur nationalen Ehrensache geworden. Eugène Burnouf stand daher mit seiner Avestaforschung schon in einer gewissen Tradition. Beide, Burnouf und Lassen, konnten, im wesentlichen unabhängig voneinander, jedoch in freundschaftlichem Meinungsaustausch, an Hand einer Liste von Völkernamen fast sämtliche Zeichenwerte der altpersischen Keilschrift bestimmen und den Bau, dessen Grund Grotefend gelegt hatte, fortführen und abschließen.

Diese Leistung aber vollbrachten sie nicht mehr ausschließlich an Niebuhrs Kopien. Das Material, mit dem sie arbeiteten, war inzwischen vermehrt worden, und zwar vor allem durch das Finderglück, die Umsicht und die gelehrte Lebensarbeit eines Mannes, dem seine Landsleute später den Ehrentitel »Vater der Assyriologie« verliehen.

Daran dachte freilich der halbwüchsige Henry Creswicke Rawlinson (1810–1895) wohl kaum, als er zu Ealing die Schulbank drückte. Bezeichnend war wohl, daß er sich damals schon mit Eifer auf das Studium der griechischen und lateinischen Geschichtsschreiber warf. Doch war er durchaus kein Musterknabe oder Duckmäuser. Der kräftig gebaute Junge tat sich als guter Sportler und Athlet in der Schule

hervor. Kein Wunder also, daß der junge Henry bereits im Alter von sechzehn Jahren für den Dienst in der Ostindischen Kompanie nominiert wird; ein Jahr später landet er, siebzehnjährig, in Indien.
An Bord hatte der aufgeweckte Junge den Gouverneur von Bombay kennengelernt, der an ihm einen nimmermüden Zuhörer fand. Und der hohe Verwaltungsbeamte, selbst Orientalist aus Passion, weckt in dem Jüngling die Liebe, die wie ein Leitstern über seinem Leben leuchten wird: die Liebe zu allem, was persisch ist – zu persischer Sprache und Literatur.
So jung Rawlinson ist – er weiß, was er will. Kaum angekommen, versenkt er sich in das Studium der Sprachen. Persisch lernt er, Arabisch und Hindustani, und zwar mit so glänzendem Erfolg, daß er bereits ein Jahr darauf Dolmetsch und Zahlmeister bei dem in Bombay stehenden Ersten Grenadierregiment wird. Aber es war kein Zweckstudium, dem er oblag. Dem Persischen (das schon Rask hier in Bombay bei den Parsen erforschte) ist er verfallen. Bald wird er darin zum anerkannten Fachmann. Lange Abschnitte aus den Werken der großen persischen Dichter lernt er auswendig, was ihm in Zukunft am persischen Hof und beim Schah sehr zustatten kommen wird.
Vorläufig aber dient Rawlinson bei den Grenadieren in Bombay. Dolmetscher ist er, Zahlmeister und Sprachenkenner. Daneben ist Rawlinson ein ausgezeichneter Reiter, kommt viel herum und ist bei allen Schichten der (sozial noch starr voneinander getrennten) eingeborenen Bevölkerung ungemein beliebt. Diese Vorzüge wieder tragen ihm eine ehrenvolle Beförderung ein. 1833 wird er mit Sonderaufgaben im Nachrichtendienst betraut. Er entledigt sich ihrer mit so viel Geschick und Erfolg, daß man ihn bereits zwei Jahre darauf für den Dienst in Persien auswählt und ihn als Militärberater dem Bruder des Schahs zuteilt, der als Provinzgouverneur in Kermanschah residiert; 1840 wird Rawlinson zum politischen Agenten der britischen Regierung im eroberten Kan-

Die altpersische Keilschrift

Abb. 46
Henry Creswicke
Rawlinson
(1810–1895)

dahar ernannt. Es gärt im Lande; die Afghanen hassen die Fremdherrschaft. Das wissen die Briten, das weiß auch Henry Rawlinson. Mit einer persischen Reitertruppe, die er selbst ausgebildet hat, nimmt er im Mai 1842 an der Schlacht vor Kandahar teil, siegt glänzend, greift auch siegreich in die Eroberung von Ghazni ein. Und kehrt nach Beendigung des Feldzuges 1842 nach Indien zurück.
Hier erwarten den erprobten, so hervorragend bewährten Soldaten überaus günstige Angebote. Eine glänzende militärische Laufbahn steht ihm offen. Er schlägt sie aus.
Nicht so die politische. Als Englands politischer Agent im damals türkischen Arabien, Oberst Taylor, 1843 in den Ruhestand tritt, wird Rawlinson sein Nachfolger und übernimmt noch im selben Jahre dessen Agenden in Bagdad.
Beide Entschlüsse, die Aufgabe der soldatischen Karriere und die Übernahme des politischen Postens in Bagdad, waren aus demselben Grunde gefaßt worden. Henry Creswicke Rawlinson hatte ein Erlebnis nicht mehr vergessen können, das

ihm acht Jahre zuvor in Persien beschieden gewesen war. Es war seine erste Begegnung mit der Keilschrift.
Er war, wie erwähnt, 1835 zum Militärberater des Bruders des Schahs ernannt worden. Auf der Reise nach dessen Residenz Kermanschah hatte Rawlinson erfahren, daß die Felshänge des Berges Elwend (oder Alwend, des »Aurant« des Avesta und »Orontes« der klassischen Schriftsteller) Keilinschriften trugen. Dieser 3200 m hohe Gebirgsstock unmittelbar südlich der Stadt Hamadan (der einstigen Mederhauptstadt Ekbatana) spielte im Volksglauben und in der Überlieferung der Einheimischen von altersher eine Rolle; den Kräutern, die dort wuchsen, den Steinen, die man dort auflas, schrieb man wundertätige Kraft zu. Und die Inschriften hießen schlechtweg »Gandsch-i-Namah«, das »Schatzbuch« – denn wer sie lesen könnte, so meinte man, würde durch sie zu einem märchenhaft reichen Schatz geführt. Für Rawlinson wurden sie ein wahrer Schatz, eine Fundgrube.
Zwei dreisprachige Inschriften kopiert Rawlinson an Ort und Stelle. (Methodischer Arbeiter, der er ist, vergleicht und verbessert er ein Jahr darauf seine Kopien, wieder vor den Inschriften selbst.) Allein bei seiner Ankunft in Kermanschah erwartet ihn eine neue Überraschung, die sein Herz höher schlagen läßt, ein Schatz, der das »Schatzbuch« weit in den Schatten stellt; große Inschriften und gewaltige Reliefs sollen den Felsen von Behistun (heute Bisutun) schmücken, der in einiger Entfernung von der Stadt aufragt!
Es sind immerhin 22 englische Meilen bis dahin, rund 35 km, etwa ein Tagesmarsch. Was aber sind 22 Meilen, was ein Tagesmarsch für den alten Kavalleristen Rawlinson? Immer wieder schwingt er sich in diesem Sommer und Herbst zu Kermanschah in den Sattel, reitet hinüber zum Felsen von Behistun und kopiert die Inschriften.
Das war kein so einfaches Unternehmen, wie es heute gerne erzählt wird, wo man Rawlinson, gemächlich zeichnend, auf dem Liftsessel eines Flaschenzuges sitzend an der Felswand

Die altpersische Keilschrift 131

baumeln läßt. Darüber soll lieber der Forscher selbst zu Wort kommen; zuvor aber sei berichtet, wo Rawlinson sich befand, was er vor Augen hatte und was vorangegangen war.
Bagastāna heißt »Gottesstätte« oder heilige Gegend. Heilig war sie einst der Ninni, der Ischtar der Berge. Und ein hoher, zweigipfeliger Berg ist es auch, der heute noch den alten iranischen Namen trägt (der mittlerweile zu »Behistun«, »Bisutun«, »Bistun« wurde). Seine außerordentlich glatte Südwand fällt jäh zur Straße ab, »der alten Völkerstraße, die von Bagdad über Khanikin und Qasr-i-Schirin in den Zagrosbergen nach Kermanschah und Hamadan führt, ... dieser ältesten Handels- und Verkehrsstraße der asiatischen Menschheit, wo seit fünftausend Jahren die Karawanen ihres Weges ziehen, wo seit Jahrhunderten die nomadischen Kurden ihre Herden im Frühjahr vom Tiefland auf die Bergwiesen hinauftreiben, um im Herbst wieder in die Ebenen des Germsir oder ›Warmen Landes‹ zurückzukehren, wo seit der Ausbreitung des Islam alljährlich die Pilger aus dem Osten ihre Wallfahrt nach den Heiligen Plätzen machen, hinab nach Nédschef, Kasimein, Kerbelá und nach Mekka und hinauf nach Schah Abdul-Asim bei Teheran, nach Kum und Meschhed«.[21] Die Straße ist immer wieder heiß umkämpft worden. Noch im Ersten Weltkrieg wurde sie auch von deutschen Truppen begangen. Sie hat schon die Entscheidungsschlachten des Großen Dareios gegen die Fürsten gesehen, die wider ihn aufstanden, und seine Siege über die Rebellen. Hier in der »Götterlandschaft« kündeten seit uralten Zeiten Siegesdenkmäler von den Waffentaten der Herrscher, hier ließ auch Dareios I. seine Siege in den abschüssigen Felsen hauen, kommenden Geschlechtern zum Gedenken.
Der historische Hintergrund seines berühmten Monumentes ist mit wenigen Worten erzählt.
Seit etwa 700 herrscht über die Perser die nach ihrem Ahnherrn Hachāmanisch (griech. Achaimenes) genannte Dynastie der Achämeniden. Des Hachāmanisch Sohn Tschischpisch (Teispes) teilt das Reich; den Osten erhält Arijāramna

Die altpersische Keilschrift

(Ariaramnes), den Westen Kurusch (Kyros) I., der jedoch später, wie auch sein Sohn Kambudschija (Kambyses) I., die Oberhoheit der Meder anerkennen muß. Erst Kambudschijas Sohn Kurusch (Kyros) II., der Große, stürzt den Mederkönig, erobert Medien, Lydien und Babylonien.

Kyros' des Großen Sohn und Nachfolger Kambyses II. beseitigt seinen jüngeren Bruder Bardija-Smerdis und erobert Ägypten. Seine lange Abwesenheit im Nillande macht sich der Magier (Angehöriger der Priesterkaste) Gaumata, Steuereintreiber seines Zeichens, zunutze, gibt sich für den angeblich noch lebenden Bardija aus und wirft sich in Iran und Babylonien zum König auf. Kambyses eilt herbei, um ihn zu züchtigen, stirbt aber 522 v. Chr. auf dem Rückmarsch in Syrien.

Nun erheben sich gegen den Usurpator Gaumata sieben Stammesfürsten der Perser. An der Spitze der Bewegung steht der Urenkel des Ariaramnes, der Sohn des Wischtāspa (griech. Hystaspes), Dārajawausch (Dareios) I., der Große (521–485 v. Chr.), der Gaumata in dessen Palast eigenhändig erschlägt und Großkönig wird. Nun ist der Bürgerkrieg unabwendbar. Gefährliche Aufstände flackern überall im Reiche auf, geschürt und geführt von den enttäuschten Mitbewerbern um den Thron. Binnen kurzem hat Dareios sie alle niedergeworfen. Sein Sieg über die Rebellen, die »Lügenkönige«, und die Verleihung der Weltherrschaft an ihn durch Auramazdā sind der Inhalt dieser anderen »Königin der Inschriften«, der Skulpturen und der Keilschriften am Felsen von Behistun, die in den drei Reichssprachen Altpersisch, Elamisch und Babylonisch abgefaßt sind.

Das Relief zeigt links zwei Hofwürdenträger, davor Dareios selbst, die rechte Hand ehrfürchtig gegen Auramazdā (in geflügelter Sonnenscheibe) erhoben, die linke auf den Bogen gestützt; den linken Fuß hat er auf Gaumata gesetzt, der vor ihm liegt und die Hände bittend erhebt; vor Dareios stehen, mit einem Strick um den Hals aneinandergefesselt und die Hände auf dem Rücken gebunden, die »Lügenkönige«. Die

Abb. 47 Relief und Inschrift Dareios' I.

Die altpersische Keilschrift

Felder rings um das Relief zeigen die Anordnung der dreisprachigen Inschriften.
Wie konnte ein so gewaltiges Monument so völlig in Vergessenheit geraten, daß Rawlinson es 1836 erst »wiederentdekken« mußte? Was die Schrift anlangt, so weiß man, daß die aramäische Buchstabenschrift die Keilschrift aus dem Reich verdrängte. Das Denkmal als Ganzes jedoch war zu gewaltig, um übersehen zu werden, und seine Lage an der alten Karawanenstraße tat ein übriges. Man hatte darum nicht wenige Nachrichten über den Felsen von Behistun.
Aber sie beruhen alle entweder auf dem Hörensagen oder auf einem sehr unvollkommenen Augenschein aus erheblicher Entfernung vom Boden aus. Vor Rawlinson hatte niemand daran gedacht, zu kopieren. Er erzählt darüber:
»Erreicht man den Rand der Nische, die den persischen Text des Berichtes enthält« (die Inschriften sind nach altpersischem Brauch Nischeninschriften, das heißt, auf in den Felsen hineingehauenen und geglätteten Wänden angebracht), »so sind Leitern unerläßlich, um den oberen Teil der Tafel zu studieren; aber selbst mit Leitern ist die Sache ziemlich gefährlich, weil der Vorsprung, auf dem man stehen kann, so schmal ist; ist die Leiter so lang, daß sie bis zu den Skulpturen hinaufreicht, so kann man sie nicht so schräg stellen, daß ein Mensch sie ersteigen könnte; macht man sie kürzer, damit man sie schräger stellen kann, so lassen sich die oberen Textteile nur kopieren, wenn man auf der obersten Sprosse der Leiter steht, ohne jede andere Unterstützung; man kann sich nur an die Felswand drücken, während man mit der linken Hand das Notizbuch hält und mit der rechten den Stift führt. In dieser Stellung kopierte ich alle höhergelegenen Inschriften, und das Interesse an dieser Beschäftigung ließ mich alle Gefahr ganz und gar vergessen ... Die Nische mit dem skythischen [elamischen!] Teil des Dareiosberichtes zu erreichen, ist weit schwieriger. Ein Vorsprung, auf dem man Fuß fassen kann, ist überhaupt nur auf der linken Seite der Nische; auf der rechten, wo die Nische, die etliche Fußbreit zurück-

flieht, an die persische Tafel stößt, fällt die Felswand jäh ab; man muß daher diesen Zwischenraum zwischen dem linken Rand der persischen Tafel und dem Vorsprung an der linken Seite der [elamischen] Nische überbrücken. Mit Leitern von entsprechender Länge läßt sich eine solche Brücke mit Mühe konstruieren; allein mein erster Versuch, den Abgrund zu überqueren, verlief unglücklich und hätte tödlich enden können. Ich hatte nämlich schon vorher meine einzige Leiter kürzer machen lassen, um sie für das Kopieren der oberen Teile der persischen Inschriften hinreichend schräg stellen zu können; als ich sie nun quer zum Nischenrand hinüberlegte, um an die skythische Version heranzukommen, entdeckte ich, daß sie nicht lang genug war, um auf dem Vorsprung drüben flach aufzuliegen. Nur einer der beiden Längsbalken der Leiter erreichte den nächstliegenden Punkt des Vorsprungs. Hätte man versucht, die Leiter in dieser Lage zu betreten, so wäre sie natürlich umgekippt. Darum drehte ich sie aus der waagrechten in die senkrechte Richtung, so daß nun der obere Balken fest auf beiden Seiten des Felsens auflag und der untere über dem Abgrund schwebte. Nun begann ich die Überquerung, indem ich auf den unteren Balken trat und mich mit den Händen an dem oberen festhielt. Wäre die Leiter solide gezimmert gewesen, so hätte sich diese zwar keineswegs bequeme Art des Überquerens wenigstens ausführen lassen. Aber die Perser passen die Sprossen ihrer Leitern nur in die Löcher ein, denken aber nicht daran, sie an der Außenseite zu vernieten, und ich hatte den Übergang kaum angetreten, als der senkrechte Druck die Sprossen nachgeben und aus den Löchern weichen ließ, die untere, frei schwebende Seite der Leiter sich von der oberen trennte und krachend die steile Wand hinabpolterte. Ich klammerte mich an den oberen Balken, der noch unverrückt festlag, und erreichte, unterstützt von meinen Freunden, die das Wagestück ängstlich verfolgt hatten, wieder die persische Nische. Einen zweiten Übergang aber versuchte ich erst, nachdem ich eine verhältnismäßig stabile Brücke hatte anfertigen lassen.«[22]

Es sei hier um einige Jahre vorgegriffen und berichtet, wie Rawlinson 1847 sich auch die babylonischen Kopien sicherte.

»Die babylonische Version zu Behistun ist noch schwerer zu erreichen als die skythischen und die persischen Tafeln. Die Schrift läßt sich mit Hilfe eines guten Fernrohrs von unten kopieren; aber ich hielt es lange für aussichtslos, einen Abdruck von der Inschrift zu erhalten; ich mußte einsehen, daß es vollkommen über meine Kräfte ging, zu der Stelle hinaufzuklettern, wo sie eingehauen war, und die geübten einheimischen Kletterer, die gewöhnt waren, in den Wänden des Gebirgsstocks ihren Bergziegen nachzusteigen, erklärten den einen Felsblock, der die babylonische Fassung trägt, für unersteigbar. Endlich aber erbot sich ein wilder Kurdenjunge, der aus der weiteren Umgebung herbeigekommen war, es zu versuchen, und ich versprach ihm für den Fall des Gelingens eine beträchtlich hohe Belohnung. Der Fels, der zu bezwingen war, fällt steil ab und springt mehrere Fußbreit über die skythischen Nischen vor, so daß er mit der üblichen Klettertechnik nicht zu bewältigen ist. Der Junge zwängte sich zunächst in einer Felsspalte in geringer Entfernung links vom vorspringenden Felsen nach oben. Als er etwas oberhalb davon angelangt war, schlug er einen Holzpflock in den Spalt, bis er festsaß, befestigte ein Seil daran und versuchte dann, sich daran zu einer zweiten Felsspalte in einiger Entfernung an der anderen Seite hinüberzuschwingen; das mißlang aber; der Felsen sprang zu weit vor. Nun blieb ihm nur übrig, zur zweiten Spalte hinüberzuklettern, indem er sich mit Fingern und Zehen an die kleinen Unebenheiten der kahlen Wand klammerte. Und er schaffte es; ein zwanzig Fuß breites Stück beinahe glatter, senkrecht abfallender Felswand legte er so zurück, während wir Zuschauer unseren Augen nicht trauen wollten. Als er die zweite Spalte erreicht hatte, war die Hauptschwierigkeit überwunden. Das Seil, das am ersten Pflock befestigt war, hatte er mitgebracht. Nun schlug er einen zweiten Holzpflock ein und konnte sich jetzt quer über den vorspringenden Felsen hinüberschwingen. Hier baute er mit Hilfe einer Leiter einen Schaukelsitz, ähnlich der Schaukel eines Malers; darauf hockte er nun und nahm unter meiner Anleitung den Papierabklatsch der babylonischen Fassung des Berichtes des Dareios ...«[23]

Mit diesen Schilderungen Rawlinsons von seiner Forscherarbeit wurde jedoch dem Gang der Entzifferung vorgegriffen; wir wollen uns daher wieder den Inschriften vom Elwend zuwenden.

Eugène Burnouf (1801–1852) ließ im Jahre 1836 ein *Memoire über zwei Keilinschriften* erscheinen; die eine davon stammte vom Elwend und aus dem Nachlaß von F. E. Schulz. Burnouf entwarf ein Keilschriftalphabet von 33 Zeichen, von denen jedoch nur wenige stimmten. Dennoch ist sein Beitrag zur Entzifferung wichtig, weil er dank seiner profunden Kenntnis des Avestischen und des Sanskrit die Bedeutung mehrerer Wörter in den Inschriften (die er nur teilweise lesen konnte) korrekt bestimmte. Obendrein zeigte er, daß das Wort »adam«, das Grotefend für einen Titel gehalten hatte, in Wirklichkeit »ich bin« hieß. An unbestrittenen, neugewonnenen Zeichenwerten gehen wohl nur k und z auf Burnouf zurück. Man muß jedoch bedenken, daß Burnouf in erster Linie Indologe und Sanskritist war und seine Beiträge zur Keilschrift eine Nebenfrucht seines Lebenswerkes sind.

Dasselbe gilt von seinem Freund, dem Deutsch-Norweger Christian Lassen (1800–1876). Auch er war Indologe und Sanskritist, ein Studium, zu dem A. W. v. Schlegel ihn hingeführt hatte, und auch in seinem Gesamtschaffen stand das Altpersische nicht an erster Stelle. Im selben Jahre wie sein Freund Burnouf ließ auch er eine Abhandlung erscheinen, der ein bleibender Platz in der Entzifferungsgeschichte gesichert ist: *Die altpersischen Keilinschriften zu Persepolis*, Bonn 1836.

Auf der Suche nach neuen Namen, diesem Ausgangspunkt aller Entzifferung, entsann sich auch Lassen, wie vor ihm

Grotefend, zur gleichen Zeit mit ihm Rawlinson und später noch manche andere Forscher, eines Führers, der sich als nützlich erwiesen hatte. »Herodot, mein täglicher Begleiter, unendlich verehrt und kostbar«, wie später der große deutsche Afrikaforscher Heinrich Barth in sein Handexemplar schrieb, führte auch Lassen auf die richtige Spur. Da hieß es im vierten Buch, wo der Beginn des Skythenfeldzugs des Dareios geschildert wird, im 87. Kapitel:
»Als er (Dareios) nun auch den Bosporus betrachtet hatte, ließ er am westlichen Ufer zwei Säulen aus Marmor errichten und ließ Namen und Zahl aller Volksstämme, aus denen sein Heer bestand, einmeißeln, auf der einen Säule in assyrischer Schrift, auf der anderen in hellenischer Schrift.«[24]
Eine solche Inschrift, so folgerte Lassen, müßte sich auch unter den Inschriften von Persepolis finden. Er sah noch einmal Niebuhrs Kopien daraufhin an und fand auch tatsächlich eine, die allem Anschein nach nicht weniger als vierundzwanzig Eigennamen aufwies. Nun stellte er ein Alphabet auf, das sowohl über Grotefend wie über Burnouf hinausging: es enthielt schon 23 lautlich vollkommen korrekt bestimmte Buchstaben, von denen Lassen acht (und zwei fast korrekte) neu entdeckt hatte. Von den vierundzwanzig Eigennamen der Inschrift identifizierte er nicht weniger als neunzehn – »ein großer Triumph«, wie ihm der englische Assyriologe Budge fast hundert Jahre später bestätigte.
Doch war es vielleicht ein noch größerer Triumph, daß Christian Lassen nun endlich (wohl auf Grund seiner indologischen Studien) einen Stein aus dem Wege räumte, der den frühen Entzifferern große Schwierigkeiten bereitet hatte: Lassen sah, daß in der altpersischen Keilschrift der Vokal a (kurzes a) nicht besonders bezeichnet wird, sondern wie in den indischen Alphabeten den Konsonanten »inhäriert«, innewohnt oder »anhaftet«, so daß also das Zeichen etwa für m sowohl den Konsonanten m als auch die Silbe ma bedeuten kann. Das erklärte nun mit einem Schlage die Schreibungen (man vergleiche die Umschriften unter Abb. 45, S. 123)

Die altpersische Keilschrift 139

xšayϑiy vzrk für xšāyaϑiya vazrka (wo a doch geschrieben wird, bedeutet es langes a [ā], also eigentlich Doppel-a, von dem das eine dem Konsonanten, der vorausgeht, inhäriert, während das zweite als eigenes Vokalzeichen dazugesetzt wird) und ähnliche.

Als noch E. E. F. Beer und E. V. St. Jacquet etliche fehlende Zeichen unabhängig voneinander bestimmt hatten, war die Entzifferung der altpersischen Keilschrift im wesentlichen abgeschlossen und ihre Geschichte beendet.

Nun aber begann sie noch einmal von vorne!

Wir können uns jetzt allerdings viel kürzer fassen. Henry Creswicke Rawlinson war nämlich nicht nur ein ausgezeichneter Soldat, ein schneidiger Kavallerist und ein gewandter Diplomat – er war auch ein Gelehrter ersten Ranges.

Als er noch 1835 auf der Reise nach Kermanschah die zwei dreisprachigen Inschriften vom Berge Elwend kopierte, hatte er bestenfalls gehört, daß Grotefend die Namen Hystaspes, Dareios und Xerxes entziffert hatte. Es ist bei Rawlinsons reichem klassischem Wissen aber durchaus denkbar, daß er auch von selbst auf die beiden Achämenidenkönige Dareios und Xerxes verfiel, als er erkannte, daß die beiden Inschriften vom Elwend bis auf drei Zeichengruppen identisch waren. Er wandte jedenfalls die Keilschriftzeichen, wie vor ihm Grotefend, auf die drei Namen Hystaspes, Dareios und Xerxes an und erhielt dadurch 13 Buchstaben. Auch er dachte an Herodot VII, 11, wo Xerxes seinen eigenen Stammbaum herzählt.

Allein Rawlinson ist nun in unvergleichlich glücklicherer Lage als einst der Göttinger Schulmann. Ihm steht die gewaltige Inschrift von Behistun zur Verfügung. Und ihm liefert darum die Genealogie des Xerxes bei Herodot viel mehr brauchbare Namen; schon aus den Anfangszeilen der Behistuninschrift löst er fünf Zeichengruppen heraus, darunter die Namen Pārsa (Persien), Arsames (Arschāma), Ariaramnes (Arijāramna), Teispes (Tschischpisch), Achaimenes (Hachāmanisch)!

Die altpersische Keilschrift

Als hätte der Großkönig die Schwierigkeiten der Entzifferer vorausgesehen, so bietet er dem Forscher gleich zu Beginn seiner unsterblichen Inschrift die gewünschten Namen dar:

Es kündet König Dārajawausch:
> Ich (bin) Dārajawausch,
> der mächtige König,
> König der Könige,
> König in Pārsa,
> König der Länder,
> Sohn des Wischtāspa,
> Enkel Arschāmas,
> der Achämenide.

Es kündet König Dārajawausch:
> Mein Vater – Wischtāspa,
> Wischtāspas Vater – Arschāma,
> Arschāmas Vater – Arijāramna,
> Arijāramnas Vater – Tschischpisch,
> Tschischpischs Vater – Hachāmanisch.

Es kündet König Dārajawausch:
> Darum heißen wir Hachāmanischijā.
> Von der Väter Zeiten sind wir edelgeboren,
> Von der Väter Zeiten waren Könige unser Geschlecht.[25]

Als Rawlinson Ende 1836, nach Bagdad zurückgekehrt, dort von Oberst Taylor die Keilschriftalphabete von Grotefend und (das erborgte von) Saint-Martin erhält, hat er selbst bereits mehr Lautwerte bestimmt als die beiden genannten Forscher, die sich obendrein widersprechen, zusammengenommen. Rawlinson arbeitet das ganze Jahr 1837 an der Inschrift von Behistun. 1838 schickt er an die Königliche Asiatische Gesellschaft zu London Text, Umschrift und Übersetzung der ersten zwei Abschnitte samt Anmerkungen. Der Mann, in dessen Hand die Arbeit kommt (damals der einzige Kenner in der britischen Hauptstadt), ist Edwin Nor-

Die altpersische Keilschrift 141

ris. Er gibt sie abschriftlich nach Paris weiter. Und Rawlinson tritt mit der zeitgenössischen Forschung in engen Kontakt. Er nimmt einen Briefwechsel mit Lassen auf, er lernt aus Burnoufs Arbeit über den Jasna, den dritten Teil des eigentlichen Avesta. Er studiert eifrig Avestisch und Sanskrit. Anfang 1839 hat er fast alle 200 damals in Behistun kopierten Zeilen übersetzt.
Inzwischen ist die europäische Forschung nicht müßig. Als Rawlinson 1844 als Generalkonsul nach Bagdad zurückkehrt und seine Studien wieder aufnehmen kann, liegen ihm eine Reihe neuer Arbeiten mit wichtigen Erkenntnissen vor; ein Alphabet ist aufgestellt, Lautwerte sind korrigiert, Übersetzungen verbessert worden. Aus London teilt ihm Norris laufend die Ergebnisse der Untersuchungen des irischen Geistlichen Edward Hincks mit (beide, Norris wie Hincks, sind geborene Entzifferer und werden uns noch beschäftigen), und als Rawlinson sich hinsetzt, um seine Arbeit am Felsen von Behistun mit seinem *Memoir* über die persische Version der Behistun-Inschriften zu krönen (1844/45), erkennt er wohl, daß ihm die europäische Forschung schon vieles vorweggenommen hat. Das mindert natürlich keineswegs das bleibende Verdienst von Rawlinsons Veröffentlichung der persischen Fassung der Behistun-Inschrift, die 1846–49 erscheint. Sie stellt ein für allemal einen Markstein in der Keilschriftforschung dar.

Aus solcher Zusammenarbeit erwuchs allmählich das klare Bild der altpersischen Keilschrift, einer konsonantischen Buchstabenschrift, die jedoch gewisse Elemente einer Silbenschrift bewahrt und schöpferisch umgeformt hatte: es gab nämlich die Möglichkeit, Vokale auszudrücken. Das a »inhärierte« den Konsonanten, und i und u wurden dadurch bezeichnet, daß vor diesen beiden Vokalen der vorausgehende Konsonant jeweils eine andere Form annahm. Abbildung 48 zeigt das altpersische Keilschriftalphabet im Lichte der heutigen Forschung.

Die altpersische Keilschrift

Zeichen	Laut	Zeichen	Laut	Zeichen	Laut	Zeichen	Laut
	a, ā		ǵ, ǵa		b, ba		w vor i, wī
	i, ī		ǵ vor i, ǵi		f, fa		r, ra
	u, ū		t, ta		n, na		r vor u, rŭ
	k, ka		t vor u, tŭ		n vor u, nŭ		l, la
	k vor u, kŭ		d, da		m, ma		s, sa
	g, ga		d vor i, dī		m vor i, mi		z, za
	g vor u, gŭ		d vor u, dŭ		m vor u, mŭ		š, ša
	ḫ, ḫa		ϑ, ϑa		y, ya		ϑr, ϑra
	č, ča		p, pa		w, wa		h, ha

Abb. 48 Das altpersische Keilschriftalphabet

Es liegt in der Natur der Sache, daß in den anderthalb Jahrhunderten nach Grotefend und Rawlinson für die eigentliche Entzifferung nur mehr wenig zu tun blieb; immerhin konnte der Lautwert ganz weniger Zeichen noch genauer bestimmt werden. Dabei, wie bei der weiteren Erforschung der altpersischen Sprache, konnte man sich auf eine Anzahl von Neufunden stützen, die von R. N. Sharp und M. Mayrhofer den Mitforschern zugänglich gemacht wurden. Einen Schwerpunkt bildet in jüngerer Zeit die Frage nach der Entstehung der altpersischen Keilschrift, in der drei Ursprungshypothesen vertreten werden. Die älteste, lange unbestrittene, sieht in

der altpersischen eine Tochter der mesopotamischen Keilschrift, die sich im Laufe einer langen Entwicklung so sehr verändert habe, daß jede Ähnlichkeit, ausgenommen die Elemente Keil und Winkelhaken, verschwand. Eine jüngere Schule hält die altpersische Keilschrift für eine Erfindung, die schon von den Medern gemacht worden war (I. M. Diakonoff). Jüngst mehren sich die Stimmen für eine dritte Ursprungstheorie, die in dieser Schrift eine dem Lautbild der altpersischen Sprache konforme Auftragsschöpfung erblickt, vollzogen von einer Schreibergruppe auf Befehl des Großkönigs Dareios I. und bestimmt nur für die Niederschrift altpersischer Prestigetexte wie die altpersische Version der Behistun-Inschrift, die erst nachträglich zu einem ursprünglich in elamischer Schrift konzipierten Text hinzugefügt worden sei (M. Mayrhofer, K. Hoffmann).
Ob nun aber altpersisch, elamisch oder babylonisch – dank dem hier geschilderten Zusammenwirken internationaler Forschung ist nach zweieinhalb Jahrtausenden in Erfüllung gegangen, was der große Dareios in majestätischer Sprache einst der Nachwelt befohlen hatte:

Es kündet König Dārajawausch:
> Du, der du in Zukunftstagen
> diese Inschrift sehen wirst,
> die in den Fels ich hämmern ließ,
> diese Menschenbilder hier –
> tilge und zerstöre nichts!
> Sorg, solang du Samen hast,
> unversehrt sie zu erhalten!«[26]

IV

In Keilschrift auf sechs Ziegelstein'
*Die Entzifferung
der mesopotamischen Keilschriften*

> Ich will freimütig bekennen, daß ... ich mehr als einmal versucht gewesen bin ... das Studium (der assyrischen Inschriften) ein für allemal aufzugeben, weil ich an der Erreichung auch nur irgendeines zufriedenstellenden Resultates völlig verzweifelte.
> *Henry Creswicke Rawlinson*, 1850[27]

> Ich bin der erste Mensch, der das liest, nachdem es zweitausend Jahre lang verschollen war.
> *George Smith*, nach 1861

Die Entzifferung der Keilschrift der alten Perser war praktisch beendet.
Sie war jedoch selbst nur ein Anfang, ein erster Schritt. Sie ermöglichte erst das Eindringen in die eigentliche Keilschrift.
Die altpersische Schrift ist nämlich sozusagen nur eine »späte Entartung«, ein praktisches Kurzsystem der eigentlichen Keilschrift, mit der sie fast nichts als den Keil gemeinsam hat.
Fast nichts. Denn sie verleugnet ihren Ursprung nicht ganz. Die behelfsmäßige Art der Vokalschreibung verrät ihre Herkunft von einer Silbenschrift.
Wir entsinnen uns, wie schon die frühen Kopisten drei verschiedene Schriftarten erkannt und drei verschiedene Sprachen vermutet haben; wie man von den Schriftarten die einfachste von Anfang an für alphabetisch, die zweite und dritte

Die mesopotamischen Keilschriften 145

auf Grund ihrer jeweiligen Zeichenzahl für silbisch und für ideographisch hielt.

Mit der Entzifferung des altpersischen Teils der Inschriften war der Schlüssel auch zur Lesung der beiden übrigen gegeben.

Warum hatten die persischen Großkönige in drei Sprachen zur Welt gesprochen, und welche Sprachen redeten diese Steine? Die geschichtliche Lage, aus der die Inschriften erwachsen sind, hat mit der Ursprungssituation des Rosette-Steins nur entfernte Ähnlichkeit.

Die Urheimat der Keilschrift ist, wie wir heute wissen, Mesopotamien, das Zweistromland an Euphrat und Tigris, das jetzt Irak heißt. Seine uralten Kulturen, erst die sumerische, später die babylonisch-assyrische (Sammelname: akkadische), strahlten nach Westen und Osten aus. Von ihren west-

Abb. 49
Grundstein des Palastes Dareios' I. in Susa mit elamischer Inschrift

lichen Einflußsphären wird noch gesprochen werden. Im Osten aber unterhielt die Landschaft Elam im südwestlichen Iran mit ihrer späteren Hauptstadt Susa (man sagte lange »susisch« für »elamisch«) Verbindung mit der sumerischen und später der babylonischen Kultur. Schon früh übernahm Elam von dort die Keilschrift und mit ihr zugleich auch die akkadische, d. h. babylonisch-assyrische Sprache, ging aber in der Folgezeit dazu über, mit dieser landfremden, babylonischen Keilschrift auch seine eigene elamische Sprache (ein heute schon weitgehend erforschtes, weder indogermanisches noch semitisches Idiom) zu schreiben. Als dann im ersten Jahrtausend v. Chr. die Perser über Armenien in Iran einwandern, ist Elam das erste Kulturzentrum, auf das sie stoßen und in dessen Bann sie geraten. Die Perser behalten mit der elamischen Verwaltung, die sie ausgebildet vorfinden, zunächst auch die elamische Sprache und Schrift bei. Die schöpferische Tat der Erfindung des eigenen Schriftsystems wird ja erst unter der Regierung Dareios' des Großen vollbracht. In dieser elamischen (genauer »neuelamischen«) Sprache, der späteren Reichssprache auch des Perserreiches, und in ihrer Schrift ist die zweite Version der Behistuntexte abgefaßt.
Und die dritte, die babylonische? Das spätbabylonische Chaldäerreich gehörte seit seiner Eroberung durch Kyros den Großen 539 v. Chr. zum persischen Weltreich; seine Sprache war damit zur dritten Reichssprache geworden. Was dem ganzen Reich verkündet werden sollte, mußte also in diesen drei Sprachen verfaßt sein.
Die Entzifferung der elamischen Fassung bot zwar ihre Schwierigkeiten, schien aber doch viel eher Erfolg zu verheißen als die der auf den ersten Blick vollkommen verwirrenden babylonischen. Eine erste Zählung ergab 111 elamische Zeichen – ein untrüglicher Hinweis, daß die Schrift wohl nicht mehr alphabetisch, aber ebenso wenig eine Wortschrift sein konnte; es mußte sich um eine Silbenschrift handeln.
Ein erster Versuch Grotefends brachte wenigstens eine Klar-

stellung in diese Zeichenhäufung, die nicht einmal einen Worttrenner aufwies. Was Grotefend hier herausschälte, verrät noch in dieser späten Arbeit seinen großen Scharfsinn: er erkannte das Determinativ für männliche Personennamen, ein vor (nicht wie im Ägyptischen hinter) die Namen gesetztes, stummes Deutzeichen in Form eines senkrechten Keiles.

Der Däne Niels Ludwig Westergaard, der 1843 zum Kopieren nach Persien entsandt worden war, arbeitete mit selbsterworbenem Material, nämlich einer Liste von Ländernamen vom Felsengrab des Dareios zu Naksch-i-Rustam. Ihm gelang es als erstem, einen Teil einer elamischen Inschrift zu umschreiben. In seinen Augen ist die Schrift allerdings noch teils alphabetisch, teils syllabisch, und in seine Liste von etwa 85 Zeichen geraten ihm versehentlich auch mehrere Determinativa hinein, die er nicht als solche erkennt. Die Sprache hält er für Medisch.

Da auch hier die Entzifferungsversuche naturgemäß von den Eigennamen ausgingen, wurde die Basis für die Erschließungsarbeit mit einem Schlage ganz wesentlich gefestigt und verbreitert, als der schon genannte Professor Edwin Norris 1853 die elamische Version der Behistun-Inschrift veröffentlichte. Bis dahin waren etwa vierzig Eigennamen bekannt gewesen – nun hatte man plötzlich insgesamt neunzig vor sich! Die Ausgabe lag allerdings bei Norris auch in den besten Händen. Mit welcher beinahe traumwandlerischen Sicherheit dieser Mann arbeitete, geht am besten daraus hervor, daß er es schon bei der Drucklegung von Rawlinsons altpersischem Text, für den er die neu herzustellenden Lettern entwarf, fertiggebracht hatte, Fehler in Rawlinsons Kopien (deren Originale er nie gesehen hatte!) zu erspähen, mangelhafte Stellen zu erkennen, selbständig korrekte Verbesserungen vorzunehmen! Und als Rawlinson an einer Stelle versehentlich eine Zeile ausgelassen hat, gewahrt Norris' scharfer Blick im fernen London sogleich die Lücke; er macht den Forscher brieflich darauf aufmerksam, und als

Rawlinson Norris' Korrekturen später vor dem Original vergleicht, stimmen sie alle!
Der Londoner Professor Norris – er war 1795 zu Taunton geboren und noch nicht zwanzig Jahre alt, als er bereits Armenisch und etliche verwandte Sprachen sowie mehrere europäische gelernt hatte. Ihm winkte – ähnlich wie Rawlinson und so manchem anderen ihres Schlages – die große Organisation, die handfeste Männer und Draufgänger, aber auch kluge Köpfe brauchte und großzog: die Ostindische Kompanie. Norris tritt im Alter von dreiundzwanzig Jahren in ihren Dienst und studiert indische, afrikanische und polynesische Sprachen. 1838 wird er auf Grund seiner ungewöhnlichen Kenntnisse Assistant Secretary der Königlichen Asiatischen Gesellschaft zu London. In dieser Eigenschaft empfängt er im Namen der Gesellschaft Rawlinsons erste, an diese gesandte Abhandlung. Norris ist fasziniert; er vertieft sich in das Studium des Altpersischen und verwandter Sprachen. Und als seine mustergültige Ausgabe und Übersetzung der elamischen Fassung der Behistun-Inschrift erscheint, ist das bereits der zweite Markstein seiner wissenschaftlichen Laufbahn. Den ersten hatte er schon acht Jahre früher gesetzt, als er 1845 in Indien ganz allein die Felsinschrift des Kaisers Aschoka zu Kapur di Giri entzifferte. Daß dieser außerordentliche Mann Rawlinson jahrelang alle Werke über die Keilschrift samt eigenen klugen Kommentaren dazu übersandte und so dessen Arbeit stetig und ungemein förderte, sei am Rande erwähnt, um das Bild dieser Persönlichkeit abzurunden.
Doch zurück zum Elamischen. Norris hatte sich bei der Bearbeitung auf den reichen Schatz an Eigennamen gestützt, der es ermöglichte, einen Großteil der elamischen Silbenzeichen zu bestimmen; man kennt heute deren rund 140. Außerdem hatte man, um die Bedeutung der Wörter und ihre grammatische Form zu ergründen, nun ja auch die altpersische Version zur Hand.
Das Elamische, früher ein Stiefkind der Assyriologie, ist in

jüngerer Zeit erfolgreich erforscht worden; man besitzt heute Gesamtdarstellungen der Sprache, in denen Entwicklungsstufen (Proto-, Alt-, Mittel- und Neuelamisch sowie das Elamische der achämenidischen Königsinschriften) unterschieden werden, eine erste Grammatik, ein elamisches Wörterbuch. Ungeklärt ist noch die Frage der Verwandtschaft des vermutlich agglutinierenden, weder indogermanischen noch semitischen Elamischen; man hat an dravidische Sprachen gedacht. Viel bleibt noch zur Auswertung der protoelamischen Schriftdenkmäler zu tun, die P. Meriggi in entsagungsvoller Arbeit (u. a. der Reduktion der früher angenommenen 5528 auf knapp 400 Zeichen) vorgelegt hat, einiger hundert Tontafeln in einer bisher unentzifferten, von der sumerischen angeregten Bilderschrift aus der ersten Hälfte des dritten vorchristlichen Jahrtausends. Da man diese als Mittel einer gehobenen Kommunikation für unzureichend empfand, faßte man um etwa 2300 v. Chr. elamische Urkunden auch in akkadischer Keilschrift ab, bis man dieser die bewußt nationale Neuschöpfung einer elamischen, nur auf wenigen Dokumenten erhaltenen Strichschrift entgegensetzte. Es scheint schon über der Erhaltung des Elamischen ein Unstern gewaltet zu haben, denn wir besitzen aus nachachämenidischer Zeit keine elamischen Schriftdenkmäler mehr, obwohl man annehmen darf, daß die Sprache noch bis gegen Ende des ersten christlichen Jahrtausends lebte! –

Hier eine Probe dieser zweiten Schriftklasse vom Felsen von Behistun. Es ist eine der Beischriften, die den einzelnen Gestalten des Reliefs beigegeben sind, und zwar die der Figur des gestürzten Gaumata (vgl. Abb. 50).

Noch aber galt es die härteste Nuß zu knacken, welche die Achämenideninschriften boten. Die babylonische Keilschrift schien zunächst allen Entzifferungsversuchen zu trotzen; sie glich einer uneinnehmbaren Festung. In dem Maße aber, indem die Belagerer ihr näher rückten, legte sie diesen Charakter zusehends ab und verwandelte sich in ein trügerisches Labyrinth.

150 Die mesopotamischen Keilschriften

Man hatte natürlich längst bemerkt, daß die Schrift der dritten Version identisch war mit der auf babylonischen Denkmälern, die nun immer zahlreicher nach Europa kamen. Der Abbé Beauchamps, Generalvikar von Babylonien, das er 1781–85 bereiste, war der erste Europäer, der die Zeichen auf

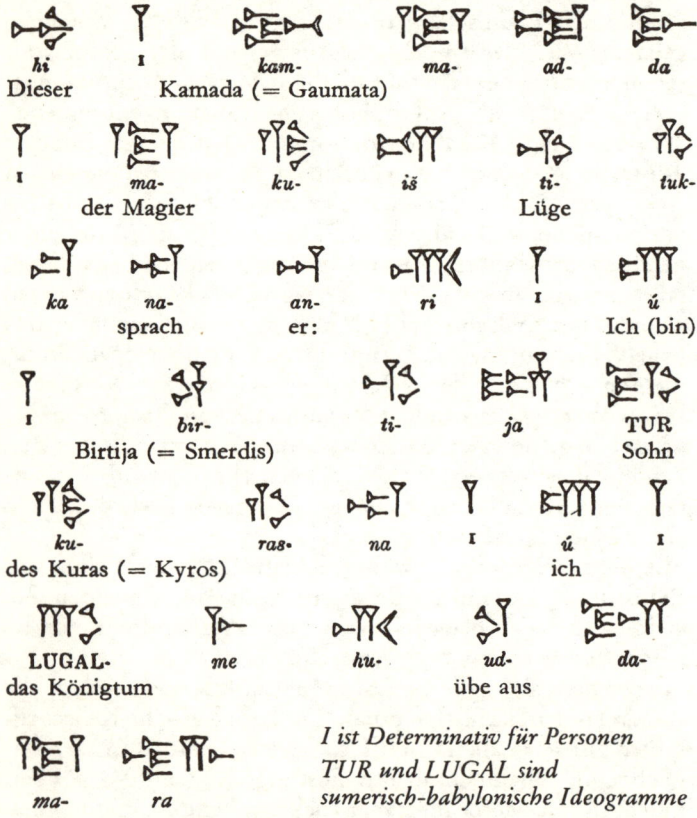

Abb. 50 Neuelamische Keilschrift vom Dareios-Denkmal zu Behistun mit Umschrift und Übersetzung

den dort gefundenen Tonzylindern, Ziegeln und schwarzen Steinen als Schrift erkannte und Ziegel an seinen Freund, den Abbé Barthélemy, nach Paris schickte. Mächtiger Auftrieb jedoch kam der babylonischen Forschung aus anderer Richtung – über einen seltsamen Umweg, der oben schon angedeutet wurde. Jahre nach dem frühen Hinscheiden des jungen Claudius Rich hatte seine Witwe 1839 seine Tagebücher und Kopien veröffentlicht. Über diesen saß ein Jahr später der berühmte deutsch-französische Orientalist Julius Mohl. Der las und betrachtete mit steigendem Interesse den wissenschaftlichen Nachlaß des jungen Engländers. Immer tiefer gerät er in ihren Bann, und allmählich reift in ihm die Überzeugung, die ihm zur Gewißheit wird: Rich hat Ninive gefunden – und wer dort gräbt, dem winkt eine archäologische Ausbeute, die die kühnsten Erwartungen übertreffen muß!
Julius Mohl ist in seinem Fach hochangesehen und nicht ohne Einfluß in Regierungskreisen. Auf sein Betreiben ernennt die französische Regierung einen Vizekonsul in Mossul und entsendet ihn dahin mit der ausdrücklichen Weisung, Handschriften und Antiquitäten zu sammeln. Es ist der Turiner Arzt Paul Émile (Paolo Emilio) Botta, der 1843 binnen wenigen Wochen zu Khorsabad den herrlichen Palast des assyrischen Königs Sargon II. ausgräbt.
Richs Beschreibung des großen Hügels zu Nimrud hatte ein Landsmann von ihm vor Augen, als er zwischen 1840 und 1842 die Stätte zweimal besuchte. Kurz entschlossen wandte er sich – ein junger Mann ohne Namen und Mittel – an den britischen Gesandten bei der Hohen Pforte, Sir Stratford Canning, der ihm nicht nur einen Ferman des Sultans für Ausgrabungen erwirkte, sondern ihn auch finanziell in bescheidenem Maße unterstützte. Sein Vertrauen wurde reich belohnt – der junge Mann war Henry Austen Layard, dessen Bedeutung als Ausgräber Nimruds bald die Bottas noch übertreffen sollte. Zeitbedingte Unvollkommenheiten seiner Arbeit wurden durch eine zweite Ausgrabung von Nimrud, welche die British School of Archaeology im Irak unter Pro-

fessor M. E. L. Mallowan vornahm, großenteils behoben. Unter anderem fanden sich nun zahlreiche Schrifttäfelchen; sie haben uns »eine neue Sicht über Herrscher und Beherrschte vermittelt, über ihren Reichtum und ihre Armut, ihre Weisheit wie ihre Torheit«.[28]
Als nun in den vierziger Jahren des neunzehnten Jahrhunderts Botta in Khorsabad und Layard in Nimrud gewaltige assyrische Paläste zutage fördern und darin lange Inschriften entdecken, als die Kopien davon in Europa eintreffen und verbreitet werden, da steigt das Interesse an dieser »letzten unentzifferten Keilschrift«, wofür man sie irrtümlich hält, ungemein.
Die aber hütete ihr Geheimnis hartnäckig. Noch 1850 bekannte Rawlinson, ratlos vor den Kopien sitzend, die ihm einst sein kühner, junger kurdischer Helfer geliefert hatte, wie eingangs zitiert: daß er mehr als einmal nahe daran war, »das Studium ein für allemal aufzugeben, weil ich an der Erreichung auch nur irgendeines zufriedenstellenden Resultates völlig verzweifelte«.
Begreiflich angesichts der langen Inschrift von Behistun; begreiflich auch angesichts der Vielzahl von über fünfhundert Zeichen.
Allein wo die Fülle schreckte, verhieß vielleicht das Kleine und Bescheidene erste Erfolge?
So oder ähnlich muß wohl der Schwede Löwenstern gedacht haben, als er im Jahre 1846 die alte Inschrift des Xerxes vornahm, die schon Grotefend seinen großen Erfolg eingetragen hatte (Abb. 44, S. 121, Abb. 45, S. 123). Seine Aufmerksamkeit galt aber nun ihrer babylonischen Form, die er mit der altpersischen Fassung verglich. Jene war ja ihrem Inhalt nach vollkommen bekannt, enthielt nur Titel und Eigennamen (letztere übrigens auch schon von Grotefend bestimmt, wenn auch noch nicht gelesen), war kurz – alles in allem also ein verheißungsvoller Ansatzpunkt.
Ein einleuchtender, einfacher Gedanke. Allein vor Löwenstern war niemand darauf verfallen.

Die mesopotamischen Keilschriften

(buchstabiert) (1) $X(a)$-$š(a)$-$y(a)$-a-$r(a)$-$š(a)$-a (2) $x(a)$-$š(a)$-a-$y(a)$-$ϑ(a)$-i-$y(a)$ (3) $v(a)$-$z(a)$-$r(a)$-$k(a)$ (4) $x(a)$-$š(a)$-a-$y(a)$-$ϑ(a)$-i-$y(a)$ (5) $x(a)$-$š(a)$-a-$y(a)$-$ϑ(a)$-i-$y(a)$-a-$n(a)$-a-$m(a)$ (6) $D(a)$-a-$r(a)$-$y(a)$-$v(a)$-$h(a)$-u-$š(a)$ (7) $x(a)$-$š(a)$-a-$y(a)$-$ϑ(a)$-i-$y(a)$-$h(a)$-$y(a)$-a (8) $p(a)$-u-$ç(a)$ (9) $H(a)$-$x(a)$-a-$m(a)$-$n(a)$-i-$š(a)$-i-$y(a)$

(zu sprechen) Xšayāršā xšāyaϑiya vazrka xšayāϑiya xšāyaϑiyānām Dārayavahauš xšāyaϑiyahya puça Haxāmanišiya

»Xerxes, der große König, der König der Könige, des Dareios, des Königs, Sohn, der Achämenide.«

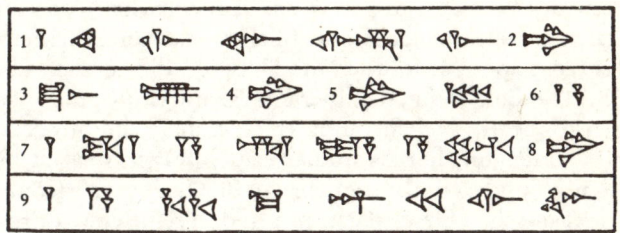

(1) ^{I}Hi-$ši$-$'$-ar-$ši$ (2) šarru (3) rabû^u (4) šar (5) šarrāni^{MEŠ} (6) mār (7) ^{I}Da-a-ri-ia-a-$muš$ (8) šarri (9) A-ha-ma-an-$niš$-$ši$-$'$

»Xerxes, der König, der König der Könige, der Sohn des Dareios, des Königs, der Achämenide.«

Abb. 51 Inschrift des Xerxes in altpersischer (oben) und in babylonischer Keilschrift (unten) mit Umschrift und Übersetzung

Und Löwenstern sah, was keiner vor ihm gesehen hatte; sah, was uns Heutigen so einfach dünkt: dem Worte für »König« (altpersisch, oben Nr. 2, 4, 5, 7) und für »Sohn« (ebenda, Nr. 8) entsprach im babylonischen Text *nur je ein Zeichen* (»König«, unten Nr. 2, 4, 5, 8, »Sohn« Nr. 6). Ein Zeichen für ein Wort – also war die babylonische Keilschrift eine Wortschrift?

Löwenstern hatte allein auf Grund der Entsprechung mit dem altpersischen Text diese beiden Zeichen für »König« und »Sohn« richtig bestimmt (wenngleich er sie noch nicht zu lesen vermochte) und damit den Beweis erbracht, daß babylonische Keilschriftzeichen unter Umständen ein ganzes Wort bedeuteten, die Schrift also ideographisch sein mußte. Mußte? Hier lag schon der erste Haken, setzte die Verwirrung ein: andrerseits nämlich wies der Name Xerxes, der im Altpersischen sieben Zeichen hatte (davon zweimal ā, es bleiben also fünf Konsonanten), im Babylonischen, abgesehen vom Determinativ vorne links, ebenfalls genau fünf Zeichen auf – was lag da näher, als auf eine Buchstabenschrift zu schließen, denn fünf Zeichen entsprechen den fünf Konsonanten des Namens, die auch das Altpersische neben zwei Vokalen aufzeichnete; ausschließlich Konsonanten schreiben – das taten aber bekanntlich die Hebräer, die Semiten überhaupt. Die Folgerung, daß hier eine semitische Sprache vorliegen könne, lag auch aus anderen Gründen nahe; aus derselben Überzeugung heraus studierte auch Rawlinson seit 1847 Hebräisch und Syrisch. Im Februar 1850 legt er der Königlichen Asiatischen Gesellschaft in London seine ersten Ergebnisse vor: achtzig Eigennamen glaubt er bestimmt zu haben, ungefähr einhundertfünfzig Lautwerte und an die fünfhundert babylonische Wörter. Aus den Arbeiten von Hincks jedoch muß er erkennen, was heute noch klar zu verfolgen ist: daß es dem genialen Iren vorbehalten war, den gordischen Knoten durchzuhauen und den Weg aus dem Dickicht widerstreitender Lesungen zu weisen.

Es hatte sich nämlich herausgestellt, daß hier nicht gelingen wollte, was bei den früheren Entzifferungen schön aufgegangen war: das Einsetzen der Lautwerte, die man aus den Eigennamen gewonnen hatte, in andere Wörter! Da zeigte sich (was man zunächst als entmutigenden Beweis nahm, daß die Entzifferungsversuche falsch sein müßten), daß jeder Konsonant durch eine ganze Reihe verschiedener Zeichen ausgedrückt werden konnte; meist waren es nicht weniger als sechs oder sieben! Mit »Homophonie« wollte man es erklären – die Konsonanten hätten eben alle diese verschiedenen Lautwerte besessen, sechs oder sieben verschiedene Lautungen! Es liegt ja auf der Hand, daß bei solcher Anschauung keine einheitliche, überzeugende, wissenschaftlich gesicherte Lesung mehr möglich ist, wo jedes einzelne Zeichen siebenerlei bedeuten kann, wo man, wie es Löwenstern tat, für ein einfaches r gleich sieben Zeichen zu erkennen glaubte!

Der Reverend Edward Hincks ist aus der Geschichte der Assyriologie nicht wegzudenken. Porträts von ihm lassen eher auf einen Stubengelehrten denn auf einen unternehmungslustigen Feld-Archäologen schließen. Das war er ja nun wirklich nicht; er war nie an Ort und Stelle gewesen. Aber was zwischen 1846 und etwa 1850 an seinem Schreibtisch ausgefochten wurde, war doch die Entscheidungsschlacht um die Erschließung der babylonischen Keilschrift – und der schmächtige, bebrillte Geistliche ging als glänzender Sieger daraus hervor.

1850, im selben Jahr, da Rawlinson schier verzweifeln will, wartet der Ire mit den wesentlichen Erkenntnissen auf, die die junge Wissenschaft erst richtig auf die Beine stellen. Er erklärt, daß die babylonische Schrift keine einfachen Konso-

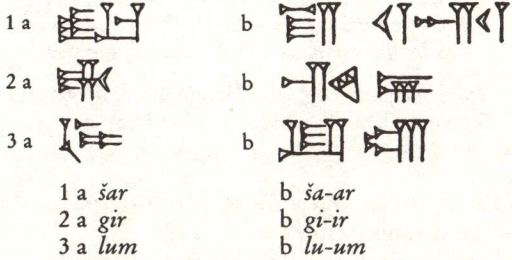

Abb. 52 Wechsel komplexer und gebrochener Silbenschreibung

Die mesopotamischen Keilschriften

nantenzeichen (also keine Einzelbuchstaben) kennt. Sie hat vielmehr Silbenzeichen, und zwar vom Typ Vokal plus Konsonant, ab, ir usw., oder Konsonant plus Vokal, da, ki, und ähnliche (Löwensterns sieben r waren nichts anderes als die Silbenzeichen ar, ir, er, ur, ra, ri, ru), und neben diesen »einfachen« auch »komplexe« Silbenzeichen vom Typ Konsonant plus Vokal plus Konsonant, wie kan, mur usw. Diese wieder können – eine bahnbrechende Erkenntnis – entweder in komplexer (»kan«, »mur«) oder aber in »gebrochener«, in zwei Teile aufgelöster Schreibung (»ka-an«, »mu-ur«) wiedergegeben werden!

Hincks entdeckte überdies mit nahezu beispiellosem Scharfsinn eine andere Eigentümlichkeit der babylonischen Keilschrift, die anfangs ganz und gar nicht dazu angetan war, das Vertrauen zur Entzifferung in Fach- wie in Laienkreisen zu heben: ein und dasselbe Zeichen kann als Wort-, als Silbenzeichen und als Determinativ verwendet werden; die babylonischen Keilschriftzeichen sind »mehrwertig«!

1 a *Wortzeichen (Ideogramm) işu »Holz«*
  b *Determinativ vor Bezeichnungen von Bäumen und Holzgegenständen,*
  c *Silbenzeichen iZ (is usw.)*
2 a *Wortzeichen mātu »Land« und šadû »Berg«*
  b *Determinativ vor Namen von Ländern und Bergen*
  c *Silbenzeichen kur, mat, šat, nat, gin usw.*

Abb. 53 Zwei Zeichen, die als Ideogramme, Determinative und Silbenzeichen verwendet werden können

Hincks hat auch die Determinative zum größten Teil schon richtig erkannt und bestimmt.
Zwei weitere Säulen zum Bau der Entzifferung steuern zwei Forscher bei; eine dritte bildet ein glücklicher Fund.

Die mesopotamischen Keilschriften

Der eine Forscher ist der Ausgräber Botta, dem man etwas zu schroff nachgesagt hat, er sei kein Archäologe gewesen. Dieser ungemein vielseitige Mann, Arzt und Diplomat von Beruf und Naturwissenschaftler aus Neigung, reiht sich mit einem verdienstvollen Beitrag auch unter die Entzifferer ein. Er hatte sich über die Inschriften des Sargonspalastes, die er kopieren ließ, sehr wohl seine Gedanken gemacht. Und es war ihm aufgefallen, daß in den vielen Inschriften, von denen eine Reihe offenbar gleichen Inhalt hatte, an verschiedenen Stellen der eine Text ein Ideogramm aufwies, wo der andere eine phonetische Zeichengruppe hatte. Diese Parallelen ermöglichten allmählich die Erschließung der Aussprache solcher Wortzeichen, und Botta konnte die wichtige Erkenntnis formulieren, daß ein und dasselbe Wort bald durch ein Ideogramm, bald durch eine Gruppe von Silbenzeichen wiedergegeben wurde.
Wie um die Verwirrung voll zu machen, steuerte nun noch Rawlinson, als er seine Arbeiten in Behistun 1851 mit der

1 kid, sah, lil   2 piš, gir   3 lul, lib, lub, pah, nar

Abb. 54   Polyphone Silbenzeichen

Herausgabe der babylonischen Version der dortigen Inschrift krönte, eine letzte Erkenntnis bei: daß ein und dasselbe Silbenzeichen mehrere Lautungen haben kann, daß es »polyphon« sein kann. Das war nun echte Polyphonie, an der nicht zu zweifeln war, nicht zu verwechseln mit den früheren, unzulänglichen Versuchen, »Homophonie« von Einzelzeichen anzunehmen, auch nicht zu verwechseln mit der oben durch Abbildung 53 illustrierten »Mehrwertigkeit« von Zeichen. Rawlinson erkannte durch stete Vergleichung einen Großteil der babylonisch-assyrischen Keilschrift als poly-

Die mesopotamischen Keilschriften

phon und unterstützte seine Theorie durch eine Liste von über zweihundert Zeichen, die im großen und ganzen auch heute noch anerkannt ist.
Komplexe oder gebrochene Schreibung, Mehrwertigkeit, Polyphonie – kein Wunder, daß Mißtrauen, ja auch Hohn jeden neuen Schritt der Entzifferer begleiteten. Das wurde natürlich auch nicht besser, als man z. B. in eine Zeichengruppe, von der schon Grotefend erklärt hatte, daß sie den Namen des biblischen Nebukadnezar enthielt, zuversichtlich die neugewonnenen Silbenwerte einsetzte und statt des erwarteten »Nabu-kudurri-usur« (»Gott Nabu, schütze meinen Grenzstein«) – »Anakschaduschisch« herausbrachte, oder für Salmanassar (»Schulmānu-ascharid«) gar »Dimanubar«!
Wie hatte Rawlinson noch jüngst erklärt: »Weil ich ... völlig verzweifelte!«
In dieser ausweglosen Lage schaltete sich das alte Ninive selbst ein und lieferte, wovon kein Forscher sich hätte träumen lassen, was es einst für seine eigenen Schüler und Studenten bereitgestellt hatte – richtige Vokabelhefte, allerdings in Form von Tontafeln! Sie stiegen aus einem Archiv zu Kujundschik (Ninive) empor, wo die einst von Botta begonnenen Grabungen fortgesetzt worden waren.
Und dort standen die alten, sumerischen Lautwerte der Ideogramme, die nur noch in der Kult- und in der Rechtssprache lebten, den semitischen, babylonisch-assyrischen gegenüber. Da stand auch an-ak = Na-bi-um (Gott), scha-du = kudurru »Grenzstein«, schisch = naṣaru »schützen«, wovon die Befehlsform »schütze« uṣur heißt! Also: an-ak-scha-du-schisch = nabu-kudurri-uṣur!
Die Geschichte aller Forschung kennt nur wenige Fälle, in denen die Mühen einer so schwierigen Disziplin so glänzend gelohnt und bestätigt wurden!
Dennoch war das Mißtrauen auch in philologischen Kreisen gegen die Ideographie, vor allem aber gegen die »berüchtigte« Polyphonie der Keilschrift noch längst nicht beschwichtigt, waren die Zweifel nicht verstummt. Dazu bedurfte es erst

eines geistigen Husarenstückes, zu dem sich die beteiligten Forscher selbst entschlossen.
Zu ihnen gehörten noch zwei Männer, die voneinander sehr verschieden waren.
Der eine war Engländer. William Henry Fox Talbot (1800 bis 1877) ist als hervorragender Mathematiker und als Erfinder der »Talbotype«-Photographie besser bekannt denn als Orientalist, der er auch war. Er ist nicht der erste englische Wissenschaftler, der sich nebenbei orientalistisch betätigt; und stand sein Landsmann Young, der Naturforscher und Mediziner, am Anfang der jungen Ägyptologie, so ist Fox Talbot der Mann, auf dessen Anregung der Entzifferung der akkadischen Keilschrift vor aller Öffentlichkeit das Siegel der Vollendung aufgedrückt wird.
Er ist nämlich eng mit S. Birch befreundet, dem Ägyptologen des Britischen Museums, von dem im ägyptischen Kapitel die Rede war, und am Britischen Museum arbeitet auch Edwin Norris, der verdienstvolle Hauptentzifferer der elamischen Schrift. An diesen tritt nun Fox Talbot mit seinem Vorschlag heran, und Norris ist Feuer und Flamme dafür: die Königliche Asiatische Gesellschaft, deren Sekretär er ist, soll die Probe aufs Exempel machen, soll mehreren Assyriologen zugleich und unabhängig voneinander ein und denselben Text zur Übersetzung zuschicken, und das Resultat ihrer Bemühungen soll über die Stichhaltigkeit der gesamten bisherigen Entzifferungsarbeit und damit über die Zukunft der jungen Assyriologie entscheiden!
Die Probe aufs Exempel – wer sollte sie nun vornehmen? Männer wie Rawlinson, Hincks und Fox Talbot, der Anreger, schienen dazu vor allem berufen. Allein die Assyriologie war, so sehr auch von Briten gefördert, doch schon damals keine innerbritische Angelegenheit mehr. Einer vor allem konnte nicht übergangen werden. Es war der brillante Deutschfranzose Oppert.
Julius (später Jules) Oppert (1825–1905) wurde zu Hamburg als Sohn einer jüdischen Familie geboren. Sein Bildungsgang

nimmt große Umwege. Bezeichnenderweise kommt auch er, wie so mancher andere Sprach- und Schriftforscher, von der Mathematik her, wechselt aber dann in Heidelberg zum Studium der Rechte über. Von Heidelberg geht er nach Bonn.
In Bonn aber lehrt Christian Lassen. Dem jungen Hamburger tut sich hier eine neue Welt auf, in der er heimisch wird wie nur wenige.
Er studiert hier Sanskrit und Arabisch. Nach zwei Berliner Jahren promoviert er in Kiel. Aber Bonn wirkt nach. 1847 erscheint seine Studie über *Das Lautsystem des Altpersischen* in Berlin. Darin kommt er schon zu ähnlichen Schlüssen über den Konsonantengebrauch, wie sie Rawlinson 1846 veröffentlicht hat – Rawlinson, mit dem Oppert später lebenslange Freundschaft verbindet.
Gewiß hat Frankreichs unvermindertes Ansehen als einer Hochburg der orientalischen Studien in Europa dazu beigetragen, daß Julius Oppert sich noch 1847 dahin wendet. Nicht nach Paris. Er ist ja unbekannt. Er muß sich erst bewähren. Er wird 1848 Professor der deutschen Sprache am Lyzeum zu Laval, 1850 an dem zu Reims. Gymnasiallehrer also – wie einst Grotefend.
In der neuen Heimat bleibt Oppert nicht müßig. Schon 1852 erregt er mit einer Pariser Arbeit über die Achämenideninschriften die Aufmerksamkeit der älteren französischen Gelehrtengeneration. Ihrem Einfluß hat er es zu verdanken, daß er noch im selben Jahre zum Mitglied der Archäologischen Mission ernannt wird, die Frankreich unter der Leitung des berühmten Fulgence Fresnel nach Mesopotamien schickt. Sein zweibändiges Werk über diese Expedition bringt ihm 1860 den Preis des Instituts ein, obwohl Graf Gobineau ihn und sein System scharf angreift, in welchem er Rawlinsons Entzifferung wohl im großen und ganzen akzeptiert, in Einzelheiten aber verbessert und vervollständigt. Als Oppert seine Sanskritprofessur aufgibt und am Collège de France Professor der Assyriologie wird, ist das nur mehr ein äußerer Schritt; innerlich hat er die Abkehr vom alten Indien und die

Hinwendung zur Archäologie und den Sprachen des Zweistromlandes längst vollzogen.
Oppert unterhält herzliche Beziehungen zu jüngeren Gelehrten, die in ihren Arbeiten Korrekturen seiner eigenen Erstveröffentlichungen bringen. »Starres Festhalten an meinen früheren Hypothesen, wenn sie sich als unhaltbar erweisen, darf man mir nie zutrauen«, sagt er einem seiner Schüler noch im hohen Alter bei seinem letzten Besuch in Heidelberg. Derselbe, Carl Bezold, schrieb auch in seinem Nachruf auf Oppert:
»Diejenigen ... unter uns, denen das Glück lebhaften persönlichen Verkehrs mit dem illustren Gelehrten und vortrefflichen Menschen zuteil ward, tragen das Gesamtbild der imposanten Persönlichkeit im Herzen. Gewiß, die leuchtenden Augen in dem schönen Kopf, die außergewöhnliche Fülle und Bereitschaft von Geist in dem beweglichen Körper mußte jeder bewundern. Und etwa ein gelehrtes Zwiegespräch zwischen ›Lehrer‹ und Schüler, dem ernsten, fast wortkargen englischen General und Museums-Trustee [Rawlinson] und dem schlagfertigen, zungengewandten, witzsprühenden Pariser Professor und Institutsmitglied zu belauschen war wohl für den Hörer ein assyriologisches Ereignis ...«[29]
Oppert war also für das geplante Unternehmen unbedingt heranzuziehen. Und nun fügte es sich, daß das Jahr 1857 Rawlinson, Hincks, Fox Talbot und Oppert durch Zufall in London zusammenführte. Und die Königliche Asiatische Gesellschaft mit ihrem tüchtigen Sekretär Norris ging ans Werk.
In versiegeltem Umschlag wurden allen vier Forschern Kopien einer Keil-Inschrift zugesandt, die sie nicht kennen konnten, weil die Ausgrabungen sie erst jüngst ans Licht gebracht hatten. Sie stand auf drei gebrannten Tonzylindern des assyrischen Königs Tiglatpilesar I. (1113–1074 v. Chr.). Die vier Gelehrten wurden aufgefordert, den Text unabhängig voneinander zu übersetzen und einzusenden.
Talbot, Hincks und Rawlinson arbeiteten nach dem gleichen

lithographierten Text. Der eigenwillige Oppert hatte sich selbst eine Kopie hergestellt. Die Übertragungen gingen versiegelt an die Gesellschaft zurück. Diese wählte eine Jury und berief eine feierliche Sitzung ein.
Da wurde vor aller Welt schlagend demonstriert, daß die junge Wissenschaft der Assyriologie auf festen Fundamenten ruhte:
Die Übersetzungen deckten sich in allen wesentlichen Punkten!
Gewiß, man mußte kleine Schönheitsfehler mit in Kauf nehmen. Am vollständigsten deckten sich die beiden Übertragungen von Rawlinson und Hincks. Fox Talbot waren kleine Mißverständnisse unterlaufen. Oppert hatte nach seiner eigenen Kopie ins Englische übersetzt; seine Version wies etliche zweifelhafte Stellen auf. Allein die Entzifferung war nach dem einhelligen Urteil der Jury vollendete Tatsache geworden.
Damit könnte man sich von den Entzifferern ab- und ihren Resultaten zuwenden. Aber aus der Frühzeit der Assyriologie hebt sich noch eine markante, liebenswerte Gestalt ab, die nicht vergessen werden soll. Es ist ein Mann, der wohl nicht zu den eigentlichen Entzifferern der Keilschrift (dafür jedoch einer anderen Schrift) gehört, dessen Name aber doch untrennbar mit der Keilschriftforschung verknüpft ist.
Als Rawlinson als politischer Agent in Kandahar einzog, wurde in dem Londoner Vorort Chelsea George Smith (1840 bis 1876) als Sohn armer Leute geboren. Es war für den aufgeweckten Jungen, dessen ausgeprägtes Zeichentalent früh auffiel, ein ausgemachter Glücksfall, als die Firma Bradbury & Evans in der Bouverie Street den Vierzehnjährigen als Lehrling einstellte. Kupferstecher und Banknotengraveur sollte er werden, und als solcher verdiente er auch sein Brot.
Neben seinem Beruf, in dem er sich bald auszeichnet, hat er nur ein Steckenpferd; eines, das im Lande der bibelfesten Briten obendrein gar nichts Ungewöhnliches ist: sein Lieb-

lingsbuch ist die Bibel, und in der Bibel sind es besonders die geschichtlichen Bücher des Alten Testamentes, die ihn fesseln. Er liest alle Werke der Orientliteratur, deren er habhaft werden kann; er bestaunt im Britischen Museum alle ihm zugänglichen Antiquitäten, die dort gerade in jenen Jahren in immer neuen Mengen einlangen. »Die Bibel hat doch recht« – dies Motto, das später breiteste Kreise aufhorchen ließ, war ursprünglich auch die treibende Kraft hinter Smiths Bestrebungen und Studien.

Aber die Kupferstecherei hatte auch ihr Gutes; sie wies dem jungen Mann den Weg zu europäischer Berühmtheit, der allerdings mit einem tragischen, frühen Tode endete. Dank seiner handwerklichen Tüchtigkeit durfte er beim Stechen der Tafeln mitarbeiten, die Rawlinsons großem Werk über die assyrische Keilschrift beigegeben wurden. Und da packte den wissensdurstigen Jungen die Begeisterung für diese seltsamen, fremden, geheimnisvollen Zeichen mit unwiderstehlicher Gewalt. Er bewunderte die eigentümliche Schönheit und Gesetzmäßigkeit der auf den ersten Blick so wirren Keile und Winkelhaken, diese Denkmäler einer uralten Vergangenheit schlugen ihn in ihren Bann.

Der unermüdliche Leser und Student, der begeisterte Arbeiter erregte die Aufmerksamkeit des schon mehrfach genannten Forschers Samuel Birch, der eben Keeper im Britischen Museum geworden war und sich für ihn einsetzte. So wurde George Smith im Alter von einundzwanzig Jahren »repairer«, Restaurator im Britischen Museum; dort hatte er die Tontafeln, die, meist bruchstückweise, von den Grabungen in Kujundschik, dem alten Ninive, einlangten, wieder zusammenzusetzen. George Smith geht in dieser neuen Beschäftigung auf, und seine Kupferstecherlehrzeit kommt ihm sehr zustatten. Binnen kurzem eignet er sich eine so erstaunliche Fähigkeit im Lesen der schwierigen akkadischen Keilschrift an, daß er darin bald die zünftigen Gelehrten übertrifft; er kann die Tafeln mit Leichtigkeit fließend lesen, er »fühlt« förmlich ihren Inhalt ab. 1866 wird er als Assistent unter Birch im

Museum angestellt. Er ist mit Eifer bei der Sache, ein unermüdlicher Arbeiter. Nur eins verwünscht er: den Londoner Nebel, der ihn am Lesen hindert; beim kümmerlichen Lampenschein kommt er mit den Tafeln nicht vorwärts, und so ist er auf das mehr oder weniger trübe Tageslicht angewiesen.
Der Höhepunkt von George Smiths Wirken fällt in die Jahre 1872/73.
Ein Vorspiel war 1871 vorausgegangen: Die Teilentzifferung der zyprischen Silbenschrift, die ihm gleichsam im Vorbeigehen gelang.
Aber 1872, als George Smith wieder über den Keilschrifttäfelchen sitzt (diesmal kommen sie von Layards Nachfolger, Hormuzd Rassam, aus Ninive), da muß er lesen, was ihn immer mehr fesselt, ja ihm den Atem stocken läßt: kein Inventar ist es, keine Bauinschrift, sondern eine Erzählung, umweht vom Zauber des Orients, umwittert vom Geheimnis von Jahrtausenden: ein Epos, groß in der Konzeption, das Lied von den Taten des Gilgamesch, der auszieht, um das ewige Leben zu erlangen. Sonderbar, verwirrend und dennoch seltsam vertraut, je weiter der geübte Keilschriftleser sich vortastet.
Da liest er, wie der Held Gilgamesch, zu zwei Dritteln Gott, zu einem Drittel Mensch, Mauer und Tempel der alten Hauptstadt Uruk bauen läßt. Die Städter ächzen unter der Fron. Sie rufen die Götter um Hilfe an. Die Göttin Aruru erbarmt sich und erschafft den behaarten Naturmenschen Engidu, der Gilgamesch ebenbürtig sein und ihn von der verhaßten Arbeit ablenken soll. Von einem Dirnchen mit sanfter Gewalt zivilisiert und dem Gilgamesch in einem hartnäckigen Ringkampf ehrenvoll unterlegen, wird Engidu dessen Freund. Gemeinsam bestehen sie eine Reihe von Abenteuern. Sie überwältigen den bösen Chumbaba, den Herrn des Zedernwaldes, und schlagen ihm den Kopf ab; gemeinsam machen sie dem Himmelsstier den Garaus, einem Ungeheuer, das die von Gilgamesch verschmähte, vielgeliebte Ischtar ihnen auf den Hals hetzt. Als aber Engidu einer

Die mesopotamischen Keilschriften 165

schweren Krankheit erliegt, macht sich Gilgamesch auf, um das ewige Leben zu suchen.
Er weiß, wo Rat zu holen ist: bei seinem Ahnherrn Utnapischtim, der als einziger – der allgemeinen, großen Flut entronnen ist ... als einziger – *der Sintflut entronnen* ...?
George Smith will seinen Augen nicht trauen: die Sintflut – hier auf assyrischen Tontafeln? Doch es kann kein Zweifel sein – fieberhaft liest Smith weiter – Utnapischtim wird Gilgamesch auf dessen Fragen gewiß davon erzählen.

Abb. 55 Assyrische Tontafel (XI)
  mit dem »Sintflut«-Bericht in babylonischer Keilschrift

Leider jedoch nicht auf den Tafeln und Bruchstücken, die der erregte Forscher immer wieder betrachtet, umwendet, abfühlt. Hier bricht sein Material ab, läßt ihn im Stich. Wo waren die Tafeln hergekommen? Aus König Assurbanipals Palastbibliothek zu Ninive.

Diese »chaldäische Genesis« – denn darum handelt es sich, das fühlt Smith, der, wie die meisten seiner Landsleute, mit der Bibel aufwuchs, immer deutlicher – sie muß ihre Fortsetzung haben, muß enthalten, worüber die Welt aufhorchen wird: den Bericht von der großen Flut.

Das Aufhorchen ist zunächst an den Mitgliedern der Gesellschaft für Biblische Archäologie, vor der Smith am 3. Dezember 1872 über seine Entdeckung berichtet. Ungeheuer ist das Aufsehen, das seine Ausführungen erregen; wie ein Lauffeuer verbreitet sich die Kunde von der babylonischen Sintflut. Und als er seine Überzeugung ausspricht, daß das fehlende Stück dort zu suchen sei, wo der Anfang herkam, nämlich im Ruinenhügel von Ninive, wo die Arbeiter Hormuzd Rassams tätig sind, da erlebt er einen Widerhall, der seine kühnsten Träume übertrifft: der Londoner *Daily Telegraph* setzt einen hohen Preis für den aus, der die fehlenden Tafeln und Bruchstücke bringt!

George Smith ist wohl zu dieser Zeit der einzige, dem ein solcher Fund zuzutrauen ist. Der Finder muß ja nicht nur die fehlenden Täfelchen und Fragmente unter einem Berg von Bruchstücken überhaupt entdecken, er muß sie auch sogleich als das erkennen, was sie sind. Und vielleicht liegen sie auch längst zutage, unerkannt und achtlos beiseitegeworfen, weil bis zur Unleserlichkeit entstellt und verstümmelt.

George Smith ist der einzige, der finden könnte, was England, was die ganze interessierte und gelehrte Welt und breite Laienkreise mit Spannung erwarten. Das weiß auch das Britische Museum – und es läßt seinen tüchtigsten Arbeiter ziehen.

Im Mai 1873 hielt George Smith in der Hand, was zu suchen er gekommen war: ein Fragment mit siebzehn Zeilen Keil-

schrift – den bisher fehlenden siebzehn Zeilen der ersten Kolumne des babylonischen Sintflutberichtes.
Da hielten die Götter unter der Leitung des bösen Enlil Rat. Das Menschengeschlecht wollten sie vernichten um seiner vielen Sünden willen. Der den Menschen stets gewogene Ea aber schickt seinem Schützling Utnapischtim einen Traum. Darin erschaut dieser, was der Welt droht, und empfängt die Weisung, ein Schiff zu bauen und darauf sich und die Seinen zu retten, den Steuermann und »Lebenssamen aller Art«. Und der fromme Utnapischtim gehorcht. Als sich die Schleusen des Himmels öffnen, wird alles, was Mensch ist, zu »Lehm«. Utnapischtim aber treibt in der rettenden Arche auf den empörten Wassern, sechs Tage und sieben Nächte, bis die Flut zurückgeht und sein Schifflein am Berge Nißir hängenbleibt. Ganz wie Noah schickt Utnapischtim nun »Kundschafter« aus: nach sieben Tagen eine Taube, nach abermals sieben eine Schwalbe. Beide kehren wieder, weil sie sich nirgends niederlassen können. Nach wiederum sieben Tagen entsendet er einen Raben. Der kommt nicht mehr zurück. Da verläßt Utnapischtim die Arche. Ein Dankopfer versöhnt den bösen Enlil, der Utnapischtim samt seinem Weibe und seinem Steuermann »an die Mündung der Ströme« entrückt, wo sie von nun an wohnen, den Göttern gleich.
Smith war es nicht gegeben, wie Rawlinson, Botta und Layard, mit den Söhnen fremder Länder, den »Eingeborenen«, wie man damals noch allgemein sagte und dachte, umgehen zu können, auf vertrautem Fuß mit ihnen zu stehen, in ihre Mentalität einzudringen, ihre Freundschaft zu gewinnen. Er verstand die Schrift, die Sprache, den Geist der alten Mesopotamier; Geist und Lebenshaltung ihrer Nachfahren verstand er nicht, und die Hände, die sich ihm entgegenstreckten und Bakschisch heischten, übersah er.
Seine dritte und letzte Expedition, für die ihm 1876 der nötige Ferman ausgestellt wurde, stand von Anfang an unter einem Unstern. In Aleppo wütete die Cholera; das Land war von

Stammesfehden zerrissen, und in Bagdad starb ihm der Gefährte und Freund, der Finne Enneberg.
Aber der stille, in sich gekehrte George Smith gehörte zu denen, die von ihrer Arbeit besessen sind und sich nicht abschrecken lassen.
Seine engsten Mitarbeiter wußten das. Da war es doch einmal vorgekommen, daß Smith während der Untersuchung der Sammlungen von Kujundschik ein großes Tontafelfragment bearbeitete, das einen wichtigen Textteil enthielt, dessen eine Seite aber mit einer dichten, weißen, kalkartigen Schicht überzogen war, die sich nicht entfernen ließ. Nur einer konnte da helfen – der Restaurator Ready, der sein »Geheimrezept« gegen solche Belage jedoch argwöhnisch hütete und zu Smiths Ärger eben verreist war. Es verstrichen einige Tage, bis Ready zurückkehrte, die Schicht sachgemäß entfernte und Smith die ersehnte Tafel wieder in die Hand bekam.
Ungeduldig langt er nach dem gereinigten Fragment, studiert es, findet darauf den gesuchten Text! Und da bricht es aus dem sonst so verschlossenen Mann hervor: »Ich bin der erste Mensch, der das liest, nachdem es zweitausend Jahre lang verschollen war!«
Auf seiner letzten Expedition in Syrien marschiert er verbissen drauflos, auch bei Tag unter der sengenden Sonne, trotz der Warnungen des französischen Konsuls, schlägt allen guten Rat in den Wind, lebt nur von einheimischer Kost, die er nicht verträgt und die ihn nicht kräftigt.
»Fühle mich nicht wohl. Wäre Arzt hier, würde ich wohl gesund. Ist aber nicht gekommen. Sehr zweifelhafter Fall; wenn tödlich, dann ade ihr ...
Meine Arbeit hat ganz der Wissenschaft gehört, die ich studiere. Die Freunde werden sich hoffentlich meiner Familie annehmen ... Meine Pflicht hab ich gründlich getan ... Fürchte den Wechsel nicht, möchte aber für meine Familie am Leben bleiben ... Vielleicht wird noch alles gut.« Es ist seine letzte Tagebucheintragung vom 12. August 1876.
George Smith starb am 19. August 1876 zu Aleppo im Hause

des britischen Konsuls, wohin man den todkranken und völlig erschöpften Mann gebracht hatte.
Mit George Smith endet das Hohe Lied der frühen Assyriologie. Er steht auch am Ende der Entzifferungsgeschichte der babylonisch-assyrischen Keilschrift.
Nun noch eine abschließende Umschau, einen Überblick über Wesen und Eigenart der akkadischen Keilschrift.
Über ihren Ursprung haben neuere Ausgrabungen gezeigt, was ältere Forscher wie Hincks und Oppert bereits vermuteten, daß nämlich die akkadische Keilschrift nicht von den Akkadern, den Babyloniern also und den Assyrern, sondern von einem noch älteren Kulturvolk rätselhafter Herkunft, den Sumerern, stammt und von ihnen an die Akkader weitergegeben wurde. Das Sumerische, dieses »Mönchslatein des alten Orients« (J. Friedrich) haben schon die babylonischen Priester selbst kaum mehr verstanden, weshalb sie Wörterlisten, Grammatiken und babylonische Übersetzungen längerer sumerischer Texte anfertigten. Mit deren Hilfe wurde es möglich, in diese uralte Sprache einzudringen; mit Hilfe der ältesten akkadischen Keilschriftformen waren aber auch die noch älteren sumerischen Formen zu erschließen. Und hier enthüllte die Forschung einen Entwicklungsgang, den man angesichts späterer Keilschriftformen nie vermuten würde – den Weg »vom Bild zum Buchstaben«. Und auch hier ist er ohne Kenntnis des Schreibmaterials nicht zu verstehen.
Das Zweistromland ist Schwemmland. Den Beschreibstoff bot die Natur in Hülle und Fülle; man brauchte ihn nur aufzulesen und zu glätten: es ist der weiche Ton des Landes. Darein wurden mit einem Holzgriffel oder einem zugespitzten Rohr Schriftzeichen gegraben oder eingedrückt, die Tontäfelchen sodann an der Sonne getrocknet oder gebrannt und so gehärtet. In dieser Gestalt haben sie Jahrtausende überdauert.
In den ältesten Zeiten freilich, wo man wenig »schrieb« und das Wenige vorwiegend in Stein meißelte, entstanden nur

Abb. 56
Ziegelstempel
des Königs Naram-Sin aus Nippur
(2270–2233 v. Chr.)

einfache, vertiefte Striche, und in Form von »Strichinschriften« treten uns auch die ältesten echten, datierbaren Inschriften der alten Sumerer und Akkader entgegen. Ein akkadisches Beispiel bietet die Stempelfläche eines Stempels für Bauziegel,

Abb. 57   Bildliche Urformen von Keilschriftzeichen

die Abbildung 56 zeigt. Hier trägt der Originalstempel allerdings die Zeichen in erhabenen Leisten.
Es liegt auf der Hand, daß es bei dieser »Schreibweise« leichter fällt, gerade Striche zu zeichnen als runde Konturen. Das Material (hier noch meist der Stein) hat, wie sich bereits aus dieser Frühform ablesen läßt, diesen ersten, vereinfachenden und stilisierenden Einfluß, der zur Abkehr vom Runden und zum geraden Strich hinführt, schon ausgeübt. Dennoch ist die bildliche Urform dieser Zeichen unverkennbar.

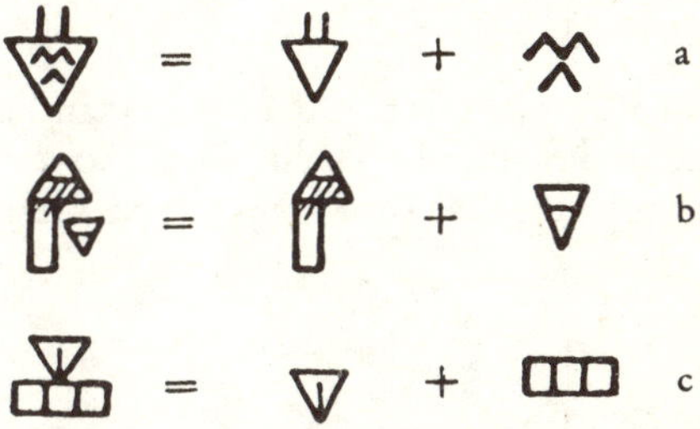

Abb. 58
Kombinierte
Bildzeichen

Diese so einfachen Bildzeichen wurden schon sehr früh kombiniert und gekoppelt, vor allem dort, wo es galt, sich vom konkreten Gegenstand zu entfernen und abstrakte Begriffe auszudrücken. So entstand etwa aus der Vereinigung der Zeichen für »Ochse« und »Gebirge« das Bildzeichen für »Wildochse« (Abb. 58 a), aus »Mund« und »Brot« wurde »essen« (Abb. 58 b), aus »Weib« und »Kleid« die »Herrin« (Abb. 58 c).
Die Entwicklung aber bleibt beim Strich nicht stehen. In dem Maße, in dem die Schrift um sich greift und sich anschickt, profanen Bedürfnissen breiterer Kreise zu dienen, fallen Stein und Meißel fort, treten Tontafel, Schreibrohr und Griffel ihren Siegeszug an.
Und auch hier können wir die Vereinfachung der Bildzeichen, die wir schon an der ägyptischen Schrift beobachteten, verfolgen: nicht nur die Abkehr vom Runden, sondern auch

Die mesopotamischen Keilschriften

den Wandel vom Strich zum Keil. Ihm ging ein Wandel der Schriftrichtung voraus. Die bildlichen Vorläufer der Keilschriftzeichen wurden ursprünglich, wie die chinesischen, an der rechten oberen Ecke eines Schriftfeldes beginnend, in Kolumnen von oben nach unten und von rechts nach links angeordnet, also nach diesem Schema:

7	4	1
8	5	2
9	6	3

Dabei verwischte aber der rechtshändige Schreiber notgedrungen das schon Geschriebene, so daß man sich bald gezwungen sah, die Anordnung der Kolumnen umzudrehen:

1	4	7
2	5	8
3	6	9

Vermutlich zu dem Zweck, die Schrifttafel mit der linken Hand bequemer halten zu können, tat man einen weiteren folgenschweren Schritt: alle Zeichen wurden um 90 Grad gegen den Uhrzeigersinn gedreht, und es entstand die bei uns heute noch übliche Anordnung untereinanderstehender, rechtsläufiger Zeilen:

1	2	3
4	5	6
7	8	9

(Ziffern um 90° gegen den Uhrzeigersinn gedreht dargestellt)

Die alten Bildzeichen verloren dabei allerdings ihre Anschaulichkeit und damit ihren Sinn: Menschen lagen auf dem Rücken, Bäume auf dem Boden, Tierbilder waren als solche nicht mehr kenntlich: das Bild wich dem Zeichen, und das um so

mehr, als man auch die alte Art des Einritzens bald aufgeben mußte. Das Schreiben in weichem, feuchtem Ton (dem vielleicht ein Schreiben auf Holz oder anderen Beschreibstoffen vorausgegangen war) hatte seine Tücken: beim Ziehen krummer Linien oder auch längerer gerader Striche staute sich der Ton vor der Griffelspitze auf, so daß die Schreiber bald dazu übergingen, den Griffel jedesmal mit einer einzigen, kurzen Bewegung in den Ton zu drücken. Verwendet wurde dazu ein Griffel aus Holz oder aus einem Stück Schilfrohr, ein Stift, der an seinem oberen Ende zylindrisch, am unteren dreieckig zugespitzt war und sich zum Zeichnen von Kreisen und Kurven gar nicht, sehr wohl aber zur Hervorbringung kurzer, gerader Striche, am besten für gerade Eindrücke eignete. Die flachen Eindrücke ergaben, je nach dem Winkel, unter dem die Spitze in den Ton gedrückt wurde, die typischen (waagrechten, senkrechten und schrägen) ›Keile‹; der ›Winkelhaken‹, das zweite Grundelement dieser Schrift, entstand als Abdruck der dreieckigen Basis des Griffelendes. Mit Keil und Winkelhaken hatte man sich von der ursprünglichen Bildgestalt der Zeichen noch weiter entfernt, und der Uneingeweihte könnte in den Endformen von Abbildung 10 (S. 30) wohl kaum mehr das jeweilige Urbild ausnehmen. Die einzelnen Stadien lassen auch schon erkennen, wie man später die Schreibtafel, auf der man ursprünglich von oben nach unten schrieb, zum flüssigeren Schreiben um 90 Grad drehte und auf die linke Seite legte.
Die eindrucksvollste und anschaulichste Illustration des Übergangsstadiums vom Bild zum Keil bietet vielleicht die altakkadische Inschrift des Königs Scharkalischarri (Abb. 59). Es ist eine Bauinschrift des Herrschers vom Enlil-Tempel in Nippur und enthält die übliche Fluchformel gegen den, der sich an der Urkunde vergreift.
Doch auch innerhalb der akkadischen Keilschrift treten regionale und zeitliche Unterschiede auf. Auf diese Feinheiten (sie sind mit dem Laienauge kaum zu unterscheiden) soll hier nicht weiter eingegangen werden; statt dessen sei abschlie-

174 *Die mesopotamischen Keilschriften*

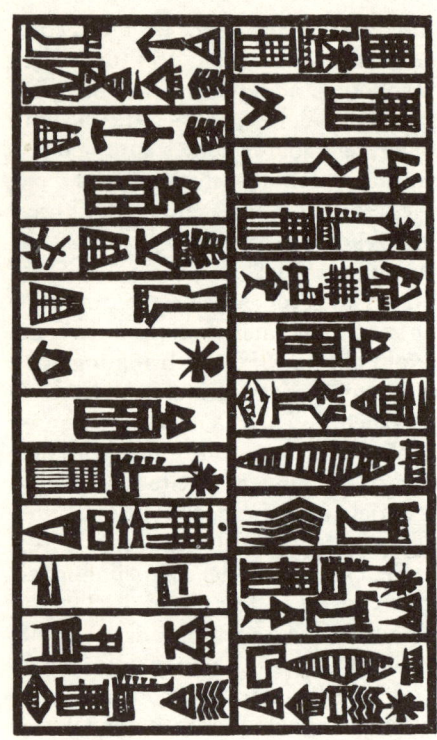

Abb. 59
Altakkadische
Bauinschrift

ßend der Versuch unternommen, den inneren Bau der akkadischen Keilschrift zu durchschauen.
Und hier muß man erkennen, was der äußere Anschein dem Auge des Beschauers nie verraten würde: die Keilschrift weist eine geradezu frappante Ähnlichkeit (eine innere Ähnlichkeit, in Bau und Wesen) mit der ägyptischen Schrift auf.
Auch sie unterscheidet drei Gruppen von Zeichen: Ideogramme, Silbenzeichen und Determinative. Und auch dieser Bestand hat seine Geschichte.
Schon die Sumerer hatten ihre Wortzeichen zugleich als Silbenzeichen verwendet – ein Vorgang, der aus der Geschichte

der ägyptischen Schrift vertraut ist. Wie dort »wr«, »Schwalbe« auch für »wr«, »groß« verwendet wurde, so kann auch im Sumerischen das Zeichen für »an«, »Himmel« (Abb. 60a) zugleich für den bloßen Lautwert der Silbe »an« ohne Rücksicht auf deren Bedeutung stehen, oder »mu«,

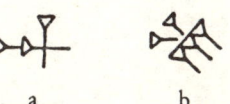

Abb. 60
Sumerische Zeichen, die zugleich
Ideogramme und Silbenzeichen sind   a   b

»Name« (Abb. 60b) auch für die bloße Silbe »mu«. Und bei diesem Schriftcharakter, der im Prinzip auf Ideogrammen beruhte und zur Aushilfe Silbenzeichen heranzog, ließen die Sumerer es bewenden. Er konnte ihnen genügen, da sie eine agglutinierende Sprache redeten; in solchen Sprachen bleibt die Wurzel der Wörter stets unverändert, nähere grammatische Bestimmungen treten vor oder hinter die Wortwurzel.

Als aber die semitischen Akkader von den nichtsemitischen Sumerern deren Keilschrift übernahmen, mußten sie sie ihrer eigenen flektierenden Sprache anpassen, in der auch die Wurzel der Wörter Veränderungen durch Vokalwechsel und Infixe erfährt. So trugen sie jene auf den ersten Blick heillose Verwirrung in das System hinein, die den deutschen Assyriologen Carl Bezold (dessen Nachruf auf Oppert oben zitiert wurde) das Wort von der »schrecklichen Keilschrift« prägen ließ. Dabei taten die Akkader das ohne jeden Vorbedacht, auf ganz natürliche Weise.

Die sumerischen Wortzeichen übernahmen sie in unveränderter Gestalt, legten ihnen jedoch, was durchaus verständlich ist, ihren eigenen, semitischen Wortlaut bei. So sprachen sie das sumerische Zeichen für »Vater« (Abb. 61a) nicht mehr sumerisch »ad«, sondern semitisch »abu« aus; das für »Name« (Abb. 60b) nicht mehr sumerisch »mu«, sondern semitisch »schumu« usw. Aber nun beginnt erst das eigentliche Chaos. Die Akkader verwarfen nämlich nicht etwa die alte sumerische Lautung der Zeichen völlig, sondern behielten auch diese bei – allerdings ausschließlich als Lautwerte. Es konnte nun also mit anderen Worten das genannte Zeichen (Abb. 60 b) im Akkadischen als Wortzeichen aufgefaßt,

Abb. 61
Sumerische Ideogramme:
a   b   »Vater« und »Erde«, »Berg«

»schumu« gelesen werden und »Name« bedeuten, zugleich aber auch als Silbenzeichen gelten und als solches nur »mu« lauten! Welche geradezu schillernde Vieldeutigkeit dabei herauskommen kann, läßt sich an dem Zeichen erkennen, das oben in Abb. 61 b dargestellt ist. Es bedeutet im Sumerischen 1. »Erde, Land« (»kur« oder »kin«), 2. »Berg« (»kur«) (von weiteren Bedeutungen dieses Zeichens sehen wir ab!). Nun setzten die Babylonier ihre gleichbedeutenden semitischen Wörter dafür ein, so daß bei ihnen dieses eine Zeichen zunächst einmal »mātu«, »Land«, »irṣitu«, »Erde, Land«, und »schadū«, »Berg«, bedeuten konnte. Damit nicht genug, behielt man es auch als Silbenzeichen für die beiden rein lautlich aufgefaßten Silben »kur« und »kin« bei und machte es obendrein zum Silbenzeichen für die aus den semitischen Wörtern »mātu« und »schadū« entstandenen Silben »mat« und »schad«!

Ein und dasselbe Zeichen kann also mehrere, voneinander unabhängige und grundverschiedene Silbenwerte haben. Das ist die von Rawlinson entdeckte, gefürchtete Polyphonie der Keilschrift, das »Tohuwabohu«, von dem oben die Rede war und das Abbildung 54 (S. 157) illustrierte, die Mehrlautigkeit eines einzigen Zeichens, der echte Homophonie, nämlich die Gleichlautigkeit mehrerer Zeichen, gegenübersteht. Was für ein Silbenwert jeweils gemeint und der richtige ist, muß der Leser erraten – und kann es auch, wenn er mit der Sprache

und dem betreffenden Texte genügend vertraut ist; allerdings in manchen Fällen nicht mit absoluter Sicherheit!
Und nun kommt die Überraschung: ausgerechnet diese Schrift, diese unklare, vieldeutige und unpraktische, gewann ungeheure Verbreitung, als die in ihr geschriebene babylonisch-assyrische Sprache sich im 2. Jahrtausend v. Chr. geradezu zur internationalen Diplomatensprache aufschwang, und in ihr ist z. B. der Briefwechsel zwischen ägyptischen Pharaonen und palästinensischen Kleinkönigen aus der Mitte jenes Jahrtausends abgefaßt, der durch die weltberühmten Funde von Tell el Amarna in Oberägypten bekannt wurde! Ganz zu schweigen davon, daß eine Reihe anderssprachiger Völker diese schwierige Schrift übernahm, allerdings oft in vereinfachter Form, wie wir es von den Persern gesehen haben.
Diese Vieldeutigkeit wurde allerdings selbst den alten Babyloniern und Assyrern bald zu bunt. Sie sannen auf Mittel, sich in diesem selbstgeschaffenen Chaos schneller und leichter zurechtzufinden. Und sie verfielen überraschenderweise auf dieselben Abhilfen wie die alten Ägypter: auf die »Gemischtschreibung« und auf die Determinative.
Wollte man z. B. das oben (Abb. 61 b) dargestellte Zeichen für »Land«, »mātu«, als solches gelesen wissen und jeden Zweifel, jede andere Möglichkeit ausschließen, so schrieb man es eben gemischt, das heißt, man setzte zu dem Ideogramm noch die lautliche Schreibung, also »mātu + ma + a + tu«.

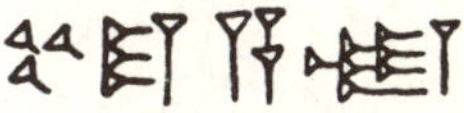

Abb. 62
»Land« in gemischter Schreibung   *mâtu + ma + a + tu*

Das Beispiel eignet sich auch dazu, einen Hauptunterschied zwischen der Silbenschreibung der Ägypter und der der Akkader zu illustrieren: die babylonisch-assyrischen Silbenzeichen enthalten einen klaren und unmißverständlichen Vokal,

^{d}A-nu ^{d}En-lil ^{d}É-a

Drei Gottesnamen mit Determinativ

1 ^{I}Ha-am-mu-ra-bi
2 ^{I}Šu-up-pi-lu-li-u-ma
3 ^{F}Pu-du-ḫé-pa

Zwei Männernamen und ein Frauenname mit Determinativen

1 māt Aš-šur
  Assyrien
3 ^{alu}Ni-nu-a
  Ninive

2 māt Mi-iṣ-ri
  Ägypten
4 ^{alu}Kar-ga-miš
  Karkemisch

Zwei Länder- und zwei Städtenamen mit Determinativen

^{isu}e-ri-nu
Zeder

^{isu}e-lip-pu
Schiff

Ein Baum und ein Holzgegenstand mit Determinativen

^{erû}pár-zil-lu
Eisen

^{erû}pa-a-šu
Axt

Ein Metall und ein Metallgegenstand mit Determinativen

was allein schon ihre Herkunft aus einer nichtsemitischen Sprache verrät; es gibt außerdem kein Zeichen, das, wie im Ägyptischen, für einen Konsonanten allein stünde.

Was die Determinative anlangt, die bei den Hieroglyphen am Wortende zu finden waren, so stehen sie in der Keilschrift meist am Wortanfang. Abbildung 63 bringt einige Proben.

Mit diesen Deutzeichen sowie mit den Ideogrammen erleichterten die alten Babylonier und Assyrer nicht nur sich selbst, sondern auch den Entzifferern des neunzehnten Jahrhunderts n. Chr. das Eindringen in ihre Schrift ganz wesentlich. Da diese sich, wie angedeutet, im ganzen Vorderen Orient ungemein ausbreitete und lange Zeit Hauptverkehrsmittel verschiedenster Völkerschaften war, die Ideogramme und die Determinative aber in allen den verschiedenen Sprachen dieselben blieben, so fallen sie auch in Texten, die in einer unbekannten Sprache geschrieben sind, sofort auf; es heben sich z. B. vor allem die Eigennamen, dieser unschätzbare Hebel, den die Entzifferer, wenn irgend möglich, zuerst ansetzen, auch in der unbekannten Sprache sogleich durch die Determinative heraus.

Aus mesopotamischen Texten kennt man auch politische und kulturelle Zentren, die dem eigentlichen Zweistromland benachbart waren. Eines davon ist das alte Ebla, heute Tell Mardich in Nordsyrien, etwa 70 km südlich von Aleppo, wo italienische Archäologen nach ersten Funden keilschriftlicher Texte in den Jahren 1973 und 1974 im Palast des Königs von Ebla 1975 zwei umfangreiche Tontafelarchive mit insgesamt etwa 15 000 Texten und Fragmenten freilegten, die man in die Zeit zwischen 2400 und 2250 v. Chr. datiert. Es handelt sich um literarische, juristische, Verwaltungs- und Wirtschaftstexte, aber auch um lexikalische, um Syllabare und Wörterbücher, alles in sehr alter Keilschrift, das meiste in sumerischer

---

Abb. 63 Wörter, die durch Determinative näher bestimmt werden

oder akkadischer Sprache, einiges aber auch in eblaitischer, einer westsemitischen Sprache mit deutlichen Anklängen an das Hebräische und Phönizische. Die Archive von Ebla haben Texte in insgesamt acht alten, vorderasiatischen Sprachen freigegeben. Zu ihrer Auswertung bedurfte es freilich keiner Entzifferer im strengen Sinn des Wortes, da die Keilschrift ja lesbar und die Sprache (2. Jahrtausend v. Chr.) mit Hilfe ihrer semitischen Verwandten erschließbar ist. Daran wurde lange und wird noch gearbeitet. So konnte in Zusammenarbeit von Archäologen (P. Matthiae) und Philologen (G. Pettinato) und ihren Mitarbeitern ein im wahrsten Sinn des Wortes versunkenes Reich der Vergessenheit entrissen werden, das etwa zwischen 2350 und 1700 v. Chr. bestand und einmal ganz Syrien-Palästina, Anatolien und Obermesopotamien umfaßte, ein ebenbürtiger Gegenspieler der Weltmacht Akkad, bis dessen König Sargon I. (2350–2294) Ebla eroberte und Naram-Sin (2270–2230) den dortigen Königspalast niederbrannte; als Handelszentrum hielt sich Ebla noch bis ungefähr 1700 v. Chr.

Der Entdeckung von Ebla, einer Glanzleistung der italienischen Forschung, war Jahrzehnte zuvor eine Großtat der französischen Archäologie vorausgegangen, die Ausgrabung der nordsyrischen Handelsstadt Ugarit (heute Ras Schamra, an der Mittelmeerküste) von 1929 bis 1932. In ihrer Tempelbibliothek entdeckte man Tontafeln, beschrieben mit einer rätselhaften Keilschrift von nur 30 Zeichen; dazu kamen zwei beschriftete Äxte. Deren Aufschriften sowie die Annahme, daß eine semitische Sprache zugrunde liege, führten die Entzifferer Hans Bauer, Charles Virolleaud und Edouard Dhorme zu der Erkenntnis, daß diese Keilschrift, mehr als die altpersische, eine reine Alphabetschrift war, welche die Keilform mit dem Einbuchstabenprinzip verband. Auch hier ergab sich eine Fülle neuer Erkenntnisse staats-, kunst-, wirtschafts-, schrift- und sprachgeschichtlicher Art; es entstand ein anschauliches Bild eines nordsyrischen Stadtkönigtums um etwa 1500 v. Chr., eines zwar unter ägyptischer Ober-

Die mesopotamischen Keilschriften 181

herrschaft stehenden, aber reichen und blühenden Gemeinwesens, das um 1200 v. Chr. von Nordwesten her eindringenden Seevölkern zum Opfer fiel. Von besonderer Bedeutung wurden die Funde für die Religionsgeschichte. Der darin erhaltene Mythos von Mut und Baal gewährt kraft seiner Wortgewalt und seines poetischen Zaubers Einblick in die religiöse Epik der alten Nordwestsemiten und damit in ein Stück ältesten Kulturerbes.

Endlich sei kurz der Entzifferung einer Schrift gedacht, die zwar als ›hieroglyphisch‹ oder ›pseudohieroglyphisch‹ bezeichnet wird, deren Erfinder jedoch unzweifelhaft die assyrisch-babylonische Keilschrift vor Augen hatte: der Schrift der alten Phönizierstadt Byblos (heute Dschebeil), des Gebal der Bibel, aus dem französische Grabungen unter Maurice Dunand neben anderen Schriftträgern zwei Stelen und zwei Bronzetafeln zutage förderten, bedeckt mit nie zuvor gesehenen Schriftzeichen, die manche Ähnlichkeit mit den ägyptischen Hieroglyphen aufwiesen. Ein Jahr, nachdem die Funde 1945 veröffentlicht worden waren, legte Edouard Dhorme, der schon an der Erschließung der ugaritischen Sprache mitgearbeitet hatte, eine Entzifferung auch dieser Silbenschrift mit ihren 70 Zeichen vor, deren Dokumente aus der Zeit von 1900 bis 1700 v. Chr. stammen. Wie ihm dabei zumute war? »Die schönsten Tage meiner Entziffererlaufbahn waren die, in denen ich das ›alphabetische‹ Phönizisch in den Texten von Ras Schamra und das ›silbische‹ Phönizisch in den pseudohieroglyphischen Inschriften von Byblos erkannte. Aber wie viele durchwachte Nächte gingen während der Arbeit an der Entzifferung dem Allelujah der Entdeckung voraus!«[30]

Die Resultate der Keilschriftforschung haben für uns das Angesicht der Alten Welt verändert. Noch vor hundert Jahren begann für uns die Geschichte mit Homer, heute mit Sumer und Akkad, mit Assyrien und Babylonien (und dem freilich nicht ›keilschriftlichen‹ Ägypten). Großreiche, blühende Kulturen, früher nur vom Hörensagen bekannt, erwachten zu neuem Leben. Die Fundamente der abendländischen Kultur wurden in nie geträumtem Ausmaß bloßgelegt, die vergleichende Religionswissenschaft, die Sprachforschung und die alte Chronologie auf neue Grundlagen gestellt, die Weltliteratur um unvergängliche Schätze bereichert. Die Keilschriftarchive ermöglichten nicht zuletzt, wie wir gesehen haben und noch sehen werden, ihrerseits die Entzifferung einer Reihe neuer Schriften, die Erschließung und Deutung neuer, verschollener Sprachen.

Für den Menschen des alten Zweistromlandes sollen hier keine Götterhymnen sprechen; nicht Weltschöpfungslied und Gilgameschepos, auch nicht Herrscherwort oder Gesetzestext. Nein; dem sogenannten babylonischen Kohelet sowie einem anderen Lehrgedicht entnehmen wir zwei Proben, die ihn unmittelbar und eindrucksvoll zu uns sprechen lassen. Mutlos und bitter die eine, tröstlich und erhebend die andere, klingen diese Stimmen, Widerhall des uralten Zwiespalts in der Menschenseele, aus grauer Vorzeit an unser Ohr, und dem herben »Alles ist eitel« des vom Leben hart Getroffenen steht die fromme Mahnung zu Rechtschaffenheit und Gottesfurcht gegenüber, in ihrem sittlichen Ernst und ihrer klaren Sprache an den Geist gemahnend, der aus den Sprüchen des Alten Testamentes weht.

So klagt der babylonische Dulder:

»... Was weine ich, o Gott? Die Menschen lernen ja doch nichts.
Gib also acht, mein Freund, lern meinen Rat,
Bewahr den auserlesenen Ausspruch meiner Rede!
Man hält hoch das Wort des Angesehenen, der morden gelernt hat,
man erniedrigt den Schwachen, der keine Sünde hat.
Man legt Zeugnis ab für den Bösen, dessen Frevel Gerechtigkeit ist;
man vertreibt den Rechtschaffenen, der den Rat Gottes sucht.

Man füllt mit Edelmetall an denjenigen, dessen Name
                              Räuber ist;
man leert aus den Ertrag desjenigen, dessen Nahrung dürftig
                              ist.
Man gibt Macht dem Siegreichen, dessen Versammlung
                              Frevel ist;
den Schwachen vernichtet man, den Nichtstarken schlägt
                              man.
Auch mich, den Geschwächten, verfolgt der Vornehme.«[31]

Dagegen mahnt Utnapischtim in einem Lehrgedicht:

»Verleumde nicht, sag Schönes!
Böses sprich nicht, Gutes rede!
Wer verleumdet, Böses sagt,
zur Vergeltung dafür wird der Sonnengott ihm nach dem
                              Haupte trachten.

Mach Deinen Mund nicht weit, hüte Deine Lippe!
Die Worte Deines Inneren sprich nicht gleich aus!
Wenn Du jetzt schnell redest, willst Du es später
                              zurücknehmen,
und schweigen zu lernen, sollst Du Deinen Sinn anstrengen.

Täglich huldige Deinem Gotte
mit Opfer, Gebet und richtigem Räucherwerk!
Zu Deinem Gotte mögest Du Herzensneigung haben;
das ist es, was Gott zukommt.

...
Gottesfurcht erzeugt Wohlergehen,
Opfer verlängert das Leben,
Und Gebet löst Sünde.
Wer die Götter fürchtet, den verachtet sein Gott nicht!«[32]

V

Keil und Bild im Lande Hatti

*Die Deutung des Keilschrifthethitischen und
die Entzifferung der hethitischen Hieroglyphen*

> Geheimnisvoll
> Im goldenen Rauche, blühte
> Schnellaufgewachsen,
> Mit Schritten der Sonne,
> Mit tausend Gipfeln duftend,
> Mir Asia auf...
>
> *Hölderlin*, Patmos

Wohl kein Geheimnis schien so undurchdringlich wie dieses.
Das Wissen um die alten Ägypter war Jahrtausende hindurch lebendig geblieben; den Persern hatte die griechische Literatur in Geschichtschreibung und Drama unvergängliche Denkmäler gesetzt. Die Hethiter aber mußten als Volk erst neu entdeckt werden!
Wohl war ihr Name nicht gänzlich versunken und verweht. Ein Schatzbuch besonderer Art, das Buch der Bücher, hatte ihn aufbewahrt: die Bibel nennt das Volk an mehreren Stellen, doch erwähnt sie die Chittiter oder Hethiter meist nur am Rande. *Eine* biblische Nachricht allerdings läßt aufhorchen. Es ist die Schilderung von Saras Tod und Begräbnis, Gen. 23;1 ff.:
»Die Lebensjahre Saras betrugen 127 Jahre; das sind die Lebensjahre Saras. Und Sara starb zu Kirjat Arba, das ist Hebron, im Lande Kanaan. Und Abraham kam, Sara zu beklagen und zu beweinen. Dann erhob sich Abraham von dem Leichnam und sprach zu den Söhnen Chets also: ›Als Gast und Beisaß bin ich bei euch. Gebt mir bei euch doch ein

Die hethitischen Hieroglyphen 185

Erbgrab, daß ich meine Tote aus dem Hause bringe und begrabe!‹«
Die Söhne Chets antworteten zustimmend. Und es heißt weiter: »Da erhob sich Abraham, neigte sich vor den Landeskindern, den Söhnen Chets, und redete also mit ihnen ...«
Von Ephron, dem »Chittiter«, erwirbt Abraham ein Feld und eine Höhle darauf, um vierhundert Silberringe, »im Beisein der Söhne Chets«, und das Erbgrab wird sein »unter Zustimmung der Söhne Chets«.
Zweifellos waren also die Söhne Chets, die Chittiter oder Hethiter, zur Zeit des Erzvaters Abraham die eingesessenen Landesherren in Kanaan.
Ein nicht zu übersehender Fingerzeig, würde man heute meinen. Dabei war er nicht der einzige. Deutlicher noch redet die Bibel im 2. Buch der Könige, Kap. 7, Vers 6, wo sie die Befreiung Samarias schildert:
»Der Herr hatte nämlich im Aramäerlager ein Getöse hören lassen, das Getöse von Wagen und Rossen, das Getöse eines großen Heeres; so daß sie zueinander sprachen: ›Der König von Israel hat gegen uns die Könige der Chittiter und Ägypter zu einem Überfall auf uns gedungen.‹«
Die Könige der Hethiter also im Bunde mit denen Ägyptens, den Pharaonen, den mächtigsten Herrschern ihrer Zeit – nicht, wie an anderen Stellen, als ein Volk unter vielen unbedeutenden Völkerschaften, sondern als gewaltige Heeresmacht!
Das hätte vielleicht schon viel früher zu denken gegeben, wenn irgendein Denkmal, ein Fund, eine andere alte Quelle von diesem verschollenen Volk gezeugt hätte; denn die Bibel war in den Augen der Wissenschaft des 19. Jahrhunderts ein etwas verdächtiger Zeuge.
Einst hatte Columbus Amerika entdeckt, ohne es zu wissen. Dreihundertzwanzig Jahre nach ihm erging es dem »Entdekker« des Hethiterreiches ähnlich. Er starb, ohne zu ahnen, daß er einen Fund gemacht hatte, der bestimmt war, eine neue »Alte« Welt zu erschließen.

Die hethitischen Hieroglyphen

Als er starb, hieß er »Scheich Ibrahim«, führte den im Orient hochangesehenen Titel eines »Hadschi« und wurde auf dem mohammedanischen Friedhof zu Kairo mit allen Ehren, die einem islamischen Großen zukamen, begraben. Geboren war er am 24. November 1784 zu Lausanne als Johann Ludwig Burckhardt, ein Sproß der bekannten Basler Patrizier- und Gelehrtenfamilie. Er hatte in Leipzig, Göttingen und London Naturwissenschaften und Arabisch studiert, um im Auftrag der (britischen) Königlichen Afrikanischen Gesellschaft nach Afrika zu gehen. Im Februar 1809 ging er an Bord; in Malta legte er orientalische Tracht an und reiste mit Depeschen der Ostindischen Kompanie zunächst nach Aleppo. Mehr als drei Jahre verbrachte er in Syrien; er wohnte eine Zeit, als Kaufmann getarnt, in Aleppo, dann in Damaskus; er versenkte sich in Geschichte, Geographie und Sprache der Araber, bereiste den Libanon, Hauran und das Ostjordanland.

Auf seinen Reisen hatte er auch den Bazar in der syrischen Stadt Hama, dem biblischen Hamath und späteren Epiphaneia am Orontes, besucht. Dort war ihm ein Stein aufgefallen, der mit kuriosen Linien bedeckt war. Kleine Figuren und Zeichen sind es, wie er beiläufig bemerkt, die ihn an Hieroglyphen erinnern, aber doch von den ägyptischen grundverschieden sind.

Es ist jedoch bei der Fülle des geographischen, kulturhistorischen, philologischen und archäologischen Materials, das Burckhardts Nachlaß bot, verständlich, daß diese Entdeckung unbeachtet blieb, nicht zuletzt auch deshalb, weil Burckhardt selbst ihre Bedeutung und Tragweite offenbar nicht ermessen und ihr darum nur wenige Zeilen gegönnt hatte.

Der Stein von Hamath mußte neu entdeckt werden, und das geschah erst rund sechzig Jahre später. Es war die Zeit, da die Amerikaner darangegangen waren, nun ihrerseits die Alte Welt zu entdecken. Der amerikanische Generalkonsul Augustus Johnson besuchte in Begleitung des ihm befreundeten Missionars Dr. Jessup den Bazar von Hama. Und die beiden erspähten, was vor Jahrzehnten Scheich Ibrahims Aufmerksamkeit erregt hatte: den beschriebenen Stein in der Ecke des Bazars. Interessiert betrachteten sie ihn, studierten ihn von allen Seiten, soweit das möglich war, und hörten von Einheimischen, daß er nicht der einzige seiner Art sei, sondern daß es unweit noch drei andere gebe! Als die beiden Ungläubigen sich allerdings ans Kopieren machen wollten, da verstummten die Erklärer, nahmen die Umstehenden drohende Haltung an, scharte sich ein Kreis feindseliger Einheimischer um die Fremden. Vor der Gewalt mußten Johnson und Jessup den Schauplatz fluchtartig räumen. Nicht viel besser erging es mehreren anderen Forschern. Sie alle hatten durch ihr auffälliges Interesse der Sache nur geschadet; die Einwohner von Hama, ohnedies als Fanatiker berüchtigt, drohten nun mit der Zerstörung der Inschriftsteine!

Vielleicht hätten sie ihre Drohung wahrgemacht, wenn nicht eine höhere Instanz diesen Anschlag ein für allemal vereitelt hätte. Das war Subhi Pascha, der neue Gouverneur von Syrien, der 1872 sein Amt antrat, ein aufgeschlossener und gebildeter Mann, der sich auf die Nachricht von den Inschriftsteinen selbst auf den Weg machte. Er lud den britischen Konsul in Damaskus, Mr. Kirby Green, und den in derselben Stadt wirkenden irischen Missionar William Wright ein, ihn zu begleiten. Sie fanden den Stein – und vier weitere dazu. Drei davon waren eingebaut: einer in einem Haus im Malerviertel, einer in einer Gartenmauer, einer in einem kleinen Laden gegenüber dem Haus des französischen Vizekonsuls; der vierte aber, auch im Malerviertel, lag frei und war den Städtern besonders teuer, weil sie ihm wundertätige Heilkraft zuschrieben; besonders die Rheumatiker schworen auf diese Medizin; sie pflegten sich auf den Stein hinzustrecken und wurden geheilt – ob sie nun Allah oder die christlichen Heiligen anriefen!

Subhi Pascha hatte in vorausschauender Weise Soldaten mitgebracht, und schwerbewaffnete Posten sicherten nun die Arbeiten: die Steine wurden mühsam ausgebaut, und als sie endlich unter Bedeckung abtransportiert werden konnten, kam es wieder zu turbulenten Szenen. Die Steine wurden in die Hauptstadt Konstantinopel gebracht; die Gipsabgüsse jedoch, die William Wright davon hatte machen lassen, gingen ans Britische Museum nach London.

Damit waren die Hamath-Steine der britischen Forschung zur Hand, der gesamteuropäischen zugänglich; Amerikas Gelehrten hatte schon Augustus Johnson darüber berichtet. Die brennende Frage nach den Urhebern der Inschriften beschäftigte die Gemüter diesseits und jenseits des Ozeans. Und die Antworten von diesseits und jenseits des Atlantik ließen nicht auf sich warten.

Der Amerikaner Dr. Hayes Ward machte auf ähnlich beschriebene Siegel aufmerksam, die Layard schon 1849 zu Ninive gefunden hatte. Der Reverend Wright, mit der Bibel von Berufs wegen vertrauter als andere, schlug die biblische Lösung vor: nach ihm konnte es sich nur um Sprache und Schrift der Hethiter handeln.

Man muß sich an dieser Stelle noch einmal vor Augen halten, in welche Zeit diese Funde fielen. Archäologie und Sprachforschung hatten einen steilen, ja überwältigenden Aufstieg hinter sich und blühten wie nie zuvor; die Hieroglyphenkunde, die Keilschriftforschung lieferten unaufhörlich neue Resultate; die ägyptische und akkadische Philologie waren im Bau, alle orientalistische Wissenschaft als geschlossene Disziplin samt ihren einzelnen Wissenszweigen in breiten Volksschichten populär. Noch lebte auch die ältere Generation, welche die Entzifferung der Hieroglyphen und der Keilschrift miterlebt hatte.

In diese Jahrzehnte, in denen sich die Entzifferung der hieroglyphen-hethitischen Schrift und die Erschließung der beiden »hethitischen« Sprachen vollzog, fällt das Wirken von Archibald Henry Sayce, der aus dem Lager der jungen, ruhmverklärten Assyriologie kam.

Sayce war nicht, wie heute außerhalb Großbritanniens gerne behauptet wird, Engländer, sondern Waliser, stammte bei-

Die hethitischen Hieroglyphen

derseits von altadeligen und begüterten walisischen Familien ab und hatte auch das Walisische zur Muttersprache. So findet sich auch in diesem ungewöhnlichen Forscher der keltische Hang zum Grübeln und Sinnieren, die keltische Lust zu fabulieren (die ihm in seinen Arbeiten manchen Streich spielte), aber auch die impulsive Wärme und das überschäumende Temperament, das man seinen Stammesgenossen gerne nachsagt. Tiefe Religiosität und Forscherdrang zeichneten ihn bis ans Lebensende aus.
Von »Hethitern« war noch keine Rede, als der gesundheitlich sehr anfällige, zarte Junge zu Bath die Schule besuchte. Er las mit zehn Jahren Vergil und Homer; mit achtzehn war er mit dem Hebräischen und Ägyptischen, dem Persischen und dem Sanskrit vertraut. Mit zwanzig errang er ein Stipendium und bezog die Universität Oxford. Als Dreißigjähriger wurde er dort Professor; er blieb es, fünfzehn Jahre lang für Vergleichende Sprachwissenschaft und sodann fast dreißig Jahre für Assyriologie; hochbetagt starb er am 4. Februar 1933. Im Queen's College, dem er 64 Jahre lang angehörte, hauste er alle die Jahre in derselben bescheidenen Wohnung.
Aber Sayce war auch viel unterwegs. In dem Streben, sein allgemein anerkanntes, nahezu unerschöpfliches Wissen zu bereichern, scheute er weder Zeit noch Geld, nahm er willig alle Härten auf sich. So konnte es geschehen, daß er in einem Jahr im alten Siloah-Tunnel bei Jerusalem bis an die Hüfte im Wasser stand, um dort die berühmte kanaanäische Kanalbauinschrift zu kopieren, ein Jahr darauf in den Felsen der wasserlosen südarabischen Wüste umherkletterte, um Graffiti (Ritzinschriften) abzuzeichnen. Den »verrückten Priester« nannten die Einheimischen den fremden Forscher, den sie liebten, den »Vater des flachen Turbans«, den »Vater der Brille« oder auch den »Herrn vom Schwalbenschwanz« nach den Frackschößen seiner geistlichen Tracht, die er auf seinen Fahrten und Streifzügen nicht ablegte. In späteren Jahren bereiste A. H. Sayce die pazifischen Inseln, wo er einmal schwer erkrankte; kaum genesen, nahm er seine Studien über

die polynesischen Kulturen wieder auf. Die Kulte von Java und der Dyaks auf Borneo fesselten ihn ebenso sehr wie die primitiven Religionen Guineas; der japanische Buddhismus, die Einführung des Christentums in China durch die Nestorianer, dies alles beschäftigte den unermüdlichen Gelehrten, und so war es ihm wie wenigen vor und nach ihm vergönnt, in seinen zahlreichen Büchern den Nahen und Fernen Osten zum Leben zu erwecken.

Sayce war trotz seiner Jugend berufen, in die neuaufgelebte Diskussion um die Hethiter einzugreifen. Denn daß es sich um diese handelte, daran zweifelte auch er nicht und betonte es nachdrücklich. Aber Sayce wußte Beobachtungen beizusteuern, die über alles hinausgingen, was man bis dahin von den Inschriften auch nur vermutete. Er sah richtig, daß die vorhandenen Zeichen für ein Alphabet viel zu zahlreich waren, und vermutete in den Inschriften eine Silbenschrift mit Ideogrammen und Determinativen, entsprechend der akkadischen Keilschrift. Und Sayce, damals auf der Höhe seines Schaffens, erkannte überdies in dem häufig auftretenden Zeichen ⌒⟩ ein grammatisches Suffix. Es ist die Nominativendung -s.

Allerdings war, wie dargelegt, das vorhandene Material karg; es wurde erst nach 1876 durch Grabungen des Britischen Museums vermehrt, die veranlaßt worden waren durch eine Beobachtung von George Smith, der damit auch in die Entzifferungsgeschichte einer dritten Sprache und Schrift, wenn auch nur mittelbar, einging. Smith hatte (wie auch der britische Konsul in Aleppo, Skeene) auf seiner letzten Reise 1876 in dem gewaltigen Erdhügel bei Dscherablus am Euphrat die Überreste einer alten Stadt erkannt, einer Niederlassung, die aus ägyptischen und keilschriftlichen Quellen als hethitisches Machtzentrum in Nordsyrien bekannt wurde: Karkemisch am Euphratbogen. Dort fanden sich nun auch Inschriften in denselben Zeichen, wie man sie aus Hamath kannte, und die Grabungen des Britischen Museums förderten bald weitere Inschriften sowie Skulpturen zutage.

Die Skulpturen jedoch öffneten, viel mehr als die Inschriften, Sayce die Augen. Plötzlich wußte er, wo er ähnliches gesehen hatte: derselbe Stil kennzeichnete eine ganze Anzahl bis dahin wenig beachteter Felsskulpturen, die frühere Reisende in Kleinasien entdeckt hatten: im Dorfe Boghazköy, rund hundertfünfzig Kilometer östlich von Ankara, und unweit davon in Yazilikaya; in Marasch in Nordsyrien und in Karabel an der kleinasiatischen Westküste. Das aber konnte nur bedeuten, so schloß er – etwas zu voreilig, wie wir heute wissen –, daß die Hethiter eben nicht, wie man noch vielfach glaubte, ein unbedeutender nordsyrischer Volksstamm neben vielen anderen gewesen waren, sondern daß ihr Reich viel größer gewesen sein mußte, sich von Smyrna im Westen bis nach Hamath am Orontes im Süden erstreckt hatte!

Das Felsheiligtum von Yazilikaya, dem »Beschriebenen Felsen« unweit vom Dorfe Boghazköy, war zugleich mit diesem letzteren schon durch das Werk des französischen Reisenden Charles Texier *(Description de l'Asie Mineure*, 1839–49) bekanntgeworden. Viel Aufsehen hatten die drei stattlichen und nach damaligen Begriffen hervorragend illustrierten Bände allerdings nicht erregt; sie hatten zumindest nicht das Echo geweckt, das sie verdient hätten; sie erschienen leider gerade zu der Zeit, da das allgemeine Interesse den ägyptischen Hieroglyphen und den Keilschriften galt. Unter den Skulpturen zu Yazilikaya befindet sich in einer »Seitenkammer« des Felsheiligtums eine ungemein imposante, streng komponierte Götterprozession; viele Figuren haben dort ihre kurze Beischrift (Beischriften, wie wir sie zuletzt in Behistun gesehen haben), deren jede mit dem Zeichen ⊕ beginnt. Darin nun erblickte der in der Keilschrift geschulte Sayce, der die kurzen Beischriften mit ihrem Gegenstand verglich, das Determinativ (zugleich das Ideogramm) für »Gott«.

Im November 1880 kam Sayce eine Erleuchtung, die ihn auf eine weitere, glänzende Entdeckung führte. Er entsann sich eines eigentümlichen Silberplättchens, von dem er gelesen hatte und das von seinem Finder in deutschen wissenschaftlichen Zeitschriften beschrieben worden war.

Der Finder, besser gesagt, der wissenschaftliche Entdecker war der aus Hamburg stammende Diplomat und Orientforscher Dr. A. D. Mordtmann, der sich mit der Entzifferung und Erklärung der Keilschrifttexte vom Van-See beschäftigte.

Abb. 64
Das Tarkumuwa-Siegel,
früher Tarkondemos-Siegel genannt,
der Ausgangspunkt der Entzifferung
der hethitischen Hieroglyphen

Das war ein Gebiet, auf dem Sayce mit viel Erfolg als Pionier arbeitete, und im Laufe dieser seiner Studien stieß er bei Mordtmann auf die Beschreibung des erwähnten Silberplättchens. Diese »Siegel mit Keilschrift«, welches Mordtmann als den »westlichsten Ausläufer des armenischen Systems und der Keilschrift überhaupt« betrachtete, bestand »aus einer nicht sehr dicken Silberplatte in Form eines Kugelsegments, 16⅓ engl. Linien« (= 3,3 cm) »im Durchmesser, 4⅓ Linien hoch« (= 0,7 cm), »so dass die ganze Kugel, von der es ein Segment ist, einen Durchmesser von ca. 19¾ Linien« (= 4 cm) »gehabt haben würde. Der Kaufmann und Numismatiker, Alexander Jovanoff in Smyrna, hatte es acquirirt und es befindet sich gegenwärtig wahrscheinlich im Britischen Museum.

Die innere Fläche ist glatt und hat nie etwas enthalten, nur sieht man noch einzelne Spuren, dass es ehemals an einem Griff angeschweisst war. Die erhobene Fläche ist durch einen concentrischen Kreis in zwei Theile getrennt; der innere Theil zeigt in der Mitte die stehende Figur eines Kriegers nach links

Die hethitischen Hieroglyphen 193

gewandt, mit einem gestickten Mantel bekleidet, auf dem Kopfe eine enganschließende Kappe, an den Füssen Schuhe mit aufwärts gekrümmtem Schnabel; in der Rechten hält er eine Lanze, die Linke fasst den Mantel auf der Brust; endlich sieht man noch den Griff des Messers oder Schwertes an der rechten Seite; letzterer Umstand beweist schon von vorn herein, dass wir es mit einem Siegel zu thun haben. Zu beiden Seiten sieht man verschiedene Symbole ...«[33]
Mordtmanns Lesung der Keilinschrift dieses Siegels war von so weittragender Bedeutung, daß sie hiehergesetzt werden soll; sie enthält nämlich zweierlei im Keime: die Unterlagen für einige der wichtigsten Erkenntnisse Sayces – und einen ganz verhängnisvollen Irrtum, der, von einem deutschen Gelehrten später aufgegriffen und mit geradezu obstinater Zähigkeit verteidigt, das Werk der Entzifferung der hethitischen Hieroglyphen jahrzehntelang auf das ärgste hemmen sollte.
Hier die wichtigsten Punkte aus Mordtmanns Abhandlung:
»Der äussere Kreis enthält eine Legende in Keilschrift; sie besteht aus neun Charakteren und beginnt an der Stelle, welche die Figur mit dem Zeigefinger andeutet; da es aber ein Siegel ist, so muss man zuvor einen Abdruck nehmen, worauf die Inschrift sich wie folgt darstellt:

Von diesen Charakteren sind die Gruppen 1, 6 und 7 Ideogramme, von denen 1 und 7 im babylonischen, assyrischen und armenischen System gleichbedeutend sind, Nummer 1 ist das Determinativ für Personennamen, Nummer 6 im babylonischen System das Ideogramm für ›König‹, und Nummer 7 das Determinativ für Ländernamen. Der Sinn der Inschrift ist also ›NN. König des Landes NN.‹. Es handelt sich bloss noch darum, die Namen selbst zu lesen. Der erste Name lautet:

    2   3   4   5
›Tar-   ku-   dim-   mi.‹«[34]

Und daran schließt Mordtmann einige Überlegungen, die von seiner Einsicht, Kombinationsgabe und Belesenheit zeugen. Hier die wichtigsten davon in stark gekürzter Form, und zwar deshalb, weil man sich, auch in der Fachliteratur, daran gewöhnt hat, das Verdienst an diesen Kombinationen ausschließlich Sayce zuzuschreiben, der sie aber, soviel ich sehe, erst acht Jahre später aufgriff.

Mordtmann also kommt auf Grund seiner Lesung der Keilschriftlegende auf »Tarsun« als Landesnamen, liest die ganze Inschrift als »Tarkudimmi, König von Tarsun« und begründet diese Erklärung, die er selbst »auf den ersten Blick mehr als gewagt« nennt, folgendermaßen:

»Die Monumente von Ninive, Babylon und Persepolis bieten wenig oder gar keine Analogie mit unserem Siegel dar ... Wenden wir uns dagegen nach Vorderasien, so häufen sich auf einmal die Analogien; so z. B. finden wir die aufwärts gekrümmte Fussbekleidung auf den Monumenten von Üjük, Bogazköi und Eregli in Kappadokien, so wie auf dem Denkmal von Karabel bei Smyrna; dieselbe Form des Schwertes finden wir in Bogazköi, die Lanze in Karabel, so wie auf letzterem auch die unbärtige Figur des Fürsten. Nur der gestickte Mantel und der Helm sind Verzierungen, die sich nicht auf den vorderasiatischen Monumenten finden.

Schon diese Analogien nöthigen uns, mehr an Vorderasien als an Mesopotamien oder Persien zu denken, und das Altertum des Siegels bis vor die Achämenidenzeit anzusetzen. Dazu kommen noch einige direkte Beweise für die Lokalisirung in Kilikien.«[35]

Dafür zieht Mordtmann Herodot heran, der im VII. Buch, Kap. 91, die kilikischen Söldner im Heere des Xerxes beschreibt:

Die hethitischen Hieroglyphen 195

»Die Kiliker ... hatten ... Helme eigener Form, Tartschen aus Rindshaut statt schwerer Schilde und wollene Röcke. Jeder hatte zwei Wurfspeere und ein Schwert von ähnlicher Form wie die ägyptischen Messer.«[36]
Diese Beschreibung, führt Mordtmann aus, »stimmt in jeder Beziehung mit dem Costüm des Tarkudimmi überein«.
Anschließend weist er auf die Häufigkeit dieses Namens in Kilikien hin und hebt u.a. die bei Plutarch erhaltene Namensform »Tarkondemos« hervor, die dem Siegel bis in die jüngste Vergangenheit erhalten bleiben sollte.
Dann aber verfällt Mordtmann in den Irrtum, von dem oben die Rede war. Er nimmt Einwände gegen eine schwache Stelle seiner eigenen Lesung des Namens Tarsun vorweg, gibt ihre Berechtigung zu und schlägt als Alternative »Zusun« vor, »jedenfalls die ursprüngliche Form des wohlbekannten Syennesis. Ein solcher Syennesis vereinigte sich im Jahre 600 v. Chr. mit Labynetus, König von Babylon ... und es ist sehr leicht möglich, dass der Tarkudimmi unseres Siegels eben dieser Syennesis war ...«[37]
Er war es nicht. Aber man glaubte es jahrzehntelang, und zwar bis 1932!
Doch zurück zum Siegel. Sayce, der sich 1880 dieser »Silberplatte« erinnerte, fragte sogleich im Britischen Museum an. Dort entsann man sich, daß sie wohl zum Verkauf angeboten, jedoch als vermutliche Fälschung (man hatte derartige Stücke nie vorher gesehen) zurückgewiesen worden war! Zum Glück hatte man nicht verabsäumt, vorsichtshalber eine Galvanoplastik davon anzufertigen. Diese wurde Sayce zum Studium überlassen.
An ihr machte Sayce jene glänzende Entdeckung, die allein seinen Namen in der Hethitologie für immer verankerte.
Auch er wies auf die Kopfbedeckung der Zentralfigur und auf die Schnabelschuhe hin; beides war inzwischen als »hethitisch« erkannt worden. Den Keilschrifttext las er etwas anders: »Tar-rik-tim-me sar mat Er-me-e«, »Tariktimme, Herr des Landes Erme«. Heute liest man den Namen meist als

Tarku-muwa KÖNIG *Me + ra – á* LAND
»Tarkumuwa«, und den ganzen Text so, wie Abbildung 65 zeigt.
An dieser Stelle soll zwischen den Verdiensten Mordtmanns und denen Sayces genau unterschieden werden. Der Hinweis auf Kleinasien, die genaue Lokalisierung in Kilikien, die

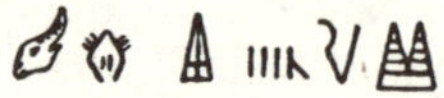

Tarku-muwa KÖNIG *Me + ra – á* LAND
»*Tarkumuwa, König des Landes Mera*«

Abb. 65   Wortlaut des Tarkumuwa-Siegels

wenigstens nach Bau und Wesen richtig gelesene Keilschriftlegende – das alles ist dem deutschen Forscher bereits gelungen. Am Allerwichtigsten aber war dieser völlig vorbeigegangen – und das ist Sayces bleibendes Verdienst.
Mit den frühen hethitischen Funden und ihren eigenartigen Schriftzeichen sowie mit der Keilschrift gleichermaßen vertraut, ahnte, sah und erkannte Sayce, daß die »Symbole«, von denen Mordtmann sprach, Schriftzeichen waren, hethitische Hieroglyphen, und daß ihr Text der Keilschriftlegende entsprechen mußte; denn die »Symbole« und kamen auch in Karkemisch und Hamath vor, und sie mußten, wenn der hieroglyphische Siegeltext eine Parallele zur Keilschriftlegende darstellen sollte, den Wörtern »Land« und »König« entsprechen; außer Zweifel stand ferner das Zeichen für »tar«. Ideogramme also und Silbenzeichen waren gewonnen – ein erster Lichtblick, der auch über den Charakter der neuen Schrift Wesentliches aussagte!
Allein inzwischen tauchten neue Denkmäler auf: ein Siegel aus Ninive und eine beschriebene Basaltschale; eine Inschrift aus einer Moschee in Aleppo; vor allem aber zwei besonders schöne Stücke: eine eingemeißelte Inschrift aus Bor in Anatolien und ein Text in erhabenen Buchstaben, der Rücken und

Die hethitischen Hieroglyphen 197

Abb. 66 Hieroglyphenhethitische Inschrift aus Hama

Flanke des einen von zwei Löwen über einem Tor der nordsyrischen Stadt Marasch bedeckte.
Das förderte die Entzifferung zunächst nicht sehr, bot aber in seiner Gesamtheit die Grundlage für Dr. William Wrights berühmtes Buch *The Empire of the Hittites* (1884), zu dem Sayce ein Kapitel über die Sprache beisteuerte. Darin verwirft

er ein für allemal die Annahme, daß die Sprache semitisch sei, und stellt fest, daß die Hethiter aus Anatolien nach Syrien gekommen sind, um dieses Land zu erobern, das sie nach ägyptischen und mesopotamischen Quellen im 14. und 13. Jahrhundert vor Christus beherrschen. Das ⌒⌐, nun klar als Nominativendung -s erkannt, die Akkusativendung ⌐ -n, das Determinativ für »Stadt« ▲ sind Sayces weitere Beiträge zur Entzifferung. Und er weist auch schon auf einen Namen hin, den Gottesnamen »Sandes« eines einst zu Tarsus in Kilikien verehrten Lokalgottes, der in der späteren Geschichte der Entzifferung als »Šantaš« seine Rolle spielen sollte.

Die sensationellen Funde dieser Jahre, die oben angedeutet wurden, und die enge Beziehung zwischen den assyrischen Altertümern und den neugefundenen Denkmälern, die sich immer klarer herausstellte, lösten nun eine wahre Flut von Reisen und Expeditionen nach Kleinasien aus, die ihrerseits wieder neue und wertvollste Funde erbrachten. Die Zeit, da man nur die Hamath-Steine kannte, lag erst dreißig Jahre zurück und schien doch schon so fern. Als der deutsche Gelehrte Leopold Messerschmidt 1900 sein *Corpus inscriptionum Hettiticarum* erscheinen ließ, hatte er darin siebenunddreißig große Texte aus Kleinasien und Nordsyrien (sie wurden durch spätere Ergänzungen auf zweiundvierzig gebracht) sowie eine Anzahl kürzerer und kürzester, insgesamt rund hundert Inschriften gesammelt, gesichtet und vorbildlich herausgegeben. Es war eine Sammlung, die die gesamte gelehrte Welt zu tieferem Eindringen in die Denkmäler, zur Entzifferung der Schrift, zur Deutung der Sprache geradezu herausforderte.

Einzelne Fortschritte waren schon vorher zu verzeichnen gewesen. So hatte der französische Forscher J. Menant um 1890 entdeckt, daß das Bildzeichen einer auf sich selbst zeigenden Person, mit dem viele Inschriften begannen, »ich« oder »ich bin« bedeutete, entsprechend dem ägyptischen Hieroglyphenzeichen »ich«. Sayce hatte noch geglaubt, die

Person zeige auf ihren Mund, und das Zeichen bedeute demnach »ich spreche, sage« oder auch in der dritten Person »er spricht, sagt«.

Abb. 67 Bildzeichen für »ich« im Ägyptischen und Hieroglyphenhethitischen

Der deutsche Assyriologe Peiser steuerte (in einem sonst verfehlten Buche) 1892 einen Worttrenner |C sowie das Zeichen | | bei, welches das Vorhandensein eines Ideogramms anzeigen kann.
Die große Herausforderung aber, in die gesamte Schrift einzudringen und ihr Geheimnis ein für allemal zu lüften, nahm, schon vor dem Erscheinen des Messerschmidtschen Corpus, in Deutschland ein Mann an, dessen Einfluß auf die Forschung in einem doppelten Sinne bedeutsam werden sollte. In seinen früheren Jahren nämlich verlieh er ihr ganz entscheidende Impulse; seine späteren Arbeiten jedoch wurden zum Hemmschuh, der die Entzifferung jahrzehntelang verzögerte; seine persönliche Stellungnahme zur Mitforschung und den Mitforschern führte zu einem Gelehrtenstreit noch im zwanzigsten Jahrhundert, der sich an Heftigkeit und Erbitterung wohl mit den Gelehrtenfehden des neunzehnten Jahrhunderts messen konnte.
Peter Jensen war der letzte aus der großen, älteren Generation der deutschen Assyriologen. Als Sohn einer friesischen Pastorenfamilie war er den Weg gegangen, der unter den älteren Orientalisten beinahe die Regel war: den Weg von der Theologie, die Jensen in Berlin zu studieren begann, zur Orientalistik. Er habilitierte sich 1880 zu Straßburg und wurde 1892 als Professor nach Marburg berufen, wo er über vierzig Jahre lang wirkte. Als einer der letzten Schüler des Altmeisters Eberhard Schrader entwickelte er sich bald selbst zum Altmeister jüngerer Generationen, und der Einfluß seiner Persönlichkeit und seiner Lehren läßt sich bis 1940 verfolgen.

Jensen war ein vollendeter Assyriologe und hat sich mit seinen Arbeiten über die Kosmologie der Babylonier und mit der Behandlung der Epen und Mythen in der »Keilschriftlichen Bibliothek« bleibende Verdienste erworben. Das große Werk, in dem er selbst einen Höhepunkt seiner Tätigkeit erblickte, waren zwei dicke Bände über *Das Gilgameschepos in der Weltliteratur,* worin er zu beweisen versuchte, daß fast alle israelitische Geschichtserzählung, wie sie in der Bibel niedergelegt ist, nur die lokale, israelitische Abwandlung des Gilgameschmythos sei, und daß auf eben diese israelitischen Gilgameschsagen zurückgingen die Berichte des Neuen Testaments über Johannes den Täufer, Jesus und Paulus, ferner ein Großteil der griechischen Sagen, die römische Königssage, die Überlieferung von Mohammed und Buddha ebenso wie die nordischen Sagen und die indischen Epen! Begreiflich, daß Jensen damit leidenschaftlichen Widerspruch auslöste, was ihn verschlossen, störrisch und unduldsam machte, ein krankhafter Zug an dem ansonsten durchaus freundlichen und umgänglichen Manne, der viele Mitforscher vor den Kopf stieß.

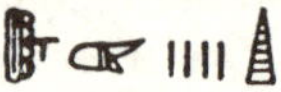

Kar-ka-me STADT

Abb. 68   Der Stadtname »Karkemisch«
in hethitischen Hieroglyphen

Dabei hatte seine Beschäftigung mit dem Hethitischen vielversprechend begonnen. Schon 1894 (sechs Jahre vor dem Erscheinen des Messerschmidtschen Corpus) legte er einen umfassenden Entzifferungsversuch vor, den er 1898 in seinem Buche *Hittiter und Armenier* noch einmal, übersichtlicher angeordnet, darbot. Schon der Titel weist auf seinen grundlegenden Irrtum hin: er nahm an, die hethitischen Hieroglyphen seien in spätem Armenisch geschrieben. Immerhin aber gelangte er, ausgehend von den wenigen gesicherten Ergebnissen seiner Vorgänger, besonders Sayces, zur richtigen Lesung des in den dortigen Inschriften häufig auftretenden Namens der Stadt Karkemisch; er erkannte ferner einzelne Titel in den Inschriften sowie das Demonstrativpronomen »dieser« und sah, daß die »Ädicula«, gebildet aus der Flügelsonne und den Hieroglyphenzeichen für »Großkönig«, die Namen der Herrscher umgibt, ähnlich wie die Kartusche die Pharaonennamen.

Methodisch gesehen schlug Jensen bei seinem Entzifferungsversuch einen Weg ein, der neu war und richtungweisend hätte werden können, und der einem späteren Forscher, der ihn konsequenter zu Ende ging, schönste Erfolge eintrug, Jensen selbst aber hoffnungslos in die Irre führte. Er verfolgte das Prinzip, daß man zunächst weniger nach Lautwerten zu suchen, sondern das Verständnis einer Inschrift nach äußeren Kriterien zu erarbeiten und ihren Inhalt, gestützt auf historische Gründe, zu vermuten, um nicht zu sagen, zu erraten habe, ehe man sich mit dem Wortlaut beschäftige!

Das klingt etwas verdächtig, und man wird in diesem Verdacht bestärkt, wenn man nun Jensen unter dieser seiner Hypothese an der Arbeit sieht. Wohl schon anfangs beeinflußt von der Tatsache, daß die wenigen bis dahin gesicherten Zeichen fast durchwegs Ideogramme waren, und ferner dem Irrtum verfallen, das schon von Sayce erkannte ⟨🝊⟩ (-s) könne *nur* ein Nominativ sein, dachte er überall da, wo dieses Zeichen fehlte, an einen abhängigen Genitiv. Von diesen beiden Voraussetzungen her gelangte er zu seiner irrigen Auffassung, alle Inschriften seien nach dem Muster »der X, der Y eines Z«[38] gebaut, und darum seien sie allesamt, auch die längsten, keine erzählenden oder beschreibenden Texte; sie enthielten kein einziges Verbum, ja nicht einen einzigen ganzen Satz; sie seien lediglich Aufzählungen, eintönige Aneinanderreihungen von Titeln, hingesetzt in ununterbrochen aufeinanderfolgenden Ideogrammen!

Jensen hat leider bis an sein Lebensende diese These mit unerhörtem Starrsinn und unangebrachter Schärfe verteidigt.

Seine zahlreichen Irrtümer brauchen hier nicht weiter zu interessieren, nur einer davon sei erklärt, der schon mehrfach erwähnte Sperriegel der ganzen Entzifferung. Es ist Jensens falsche Lesung dieser Gruppe ⚹☉◁▯•⌂ von Zeichen, die er für das Wort »Syennesis« hielt, den Titel der kilikischen Könige aus griechischer Zeit. Dieser Irrtum tauchte, wie gesagt, schon bei Mordtmann auf.

Es leuchtet ein, daß bei einer so fruchtlosen Hypothese des angesehensten Fachmannes die deutsche Forschung zur Stagnation verurteilt war; das Rätsel der hethitischen Hieroglyphen blieb fürs erste ungelöst. Neuer Auftrieb kam von einer ganz anderen Seite. Es war nahezu eine Offenbarung, mit der – vor allem in solcher Fülle und Klarheit – niemand gerechnet hätte.

Ein erster Fingerzeig war allerdings schon Jahrzehnte früher erfolgt. Der Fund eines umfangreichen Tontafelarchivs in Keilschrift und akkadischer Sprache, den man 1888 zu El Amarna in Oberägypten gemacht hatte, war ein großes Ereignis gewesen, Ägyptologen und Assyriologen gleich wertvoll: die Tafeln enthielten nämlich Überreste des Briefwechsels der Pharaonen Amenophis III. und Amenophis IV. (des »Ketzerkönigs« Echnaton, mit dessen Sonnengesang das ägyptische Kapitel beschlossen wurde; Tell el Amarna ist die Stätte der von ihm neubegründeten, kurzlebigen Residenz) mit zeitgenössischen vorderasiatischen Königen.

Dieser unschätzbare Fund nun enthielt unter vielen anderen Tontafelbriefen zwei von hethitischen Königen, »Königen von Hatti«, darunter eine Gratulationsadresse eines gewissen Suppiluliuma zur Thronbesteigung Echnatons; ferner zahlreiche Berichte über kriegerische Unternehmungen der Hethiter in Nordsyrien.

Damit waren wertvollste Aufschlüsse über die Geschichte der beiden Völker gewonnen; für die Hethitologie aber noch mehr, was man freilich nicht gleich erkannte. Unter den Tontafelbriefen waren nämlich zwei so wie alle anderen in lesbarer akkadischer Keilschrift, jedoch fast zur Gänze in einer unbekannten und vollkommen unverständlichen Sprache abgefaßt. Doch blieb diese nicht allzulange rätselhaft. Als die nordischen Gelehrten J. A. Knudtzon, S. Bugge und A. Torp diese beiden, nach dem Heimatland des Adressaten »Arzawa-Briefe« genannten Dokumente 1902 veröffentlichten, sprachen sie bereits die dezidierte Vermutung aus, daß es sich darin um die älteste bis dahin bekannte indogermanische Sprache handle!

Das war viel und wenig zugleich. Mit Sicherheit konnte man ja kaum ein Wort, geschweige denn einen ganzen Satz lesen. Außerdem: »Die Indogermanisten blieben skeptisch, weil ... ein paar wilde und unphilologische Klingklang-Etymologien ...« (d. h. nach dem bloßen Wortklang behauptete Wortverwandtschaften) »sie kopfscheu machten«[39], und Knudtzon sah sich später veranlaßt, seine ganze Theorie vor der scharfen, negativen Kritik der Fachwelt zurückzuziehen.

Und dann war es, in jenen Jahren zu Beginn des zwanzigsten Jahrhunderts, plötzlich so, als teilte sich alle hethitologische Forschung in zwei Zweige, als würde die Zusammenarbeit, die bis dahin vor allem zwischen englischer und deutscher Forschung bestanden und gemeinsam die ersten Ergebnisse gezeigt hatte, in zwei getrennte Ströme gelenkt. Das war keineswegs beabsichtigt; es ergab sich aus der politischen Situation der Zeit.

Von Liverpool aus war eine britische Expedition unter John Garstang nach Kleinasien unterwegs. Hinter ihr stand als treibende Kraft Sayce.

Dieser hatte seit Jahren einen Plan gehegt, der an sich nicht neu war: in dem Dorfe Boghazköy im Halysbogen, das man seit Texier als großartige Ruinenstätte kannte und in dem Chantre 1883 schon beschriebene Tontafeln gefunden hatte, zu graben. Sayce hatte diesen erfolgverheißenden Plan schon in den 1880er Jahren seinem deutschen Freund vorgeschlagen, der damals als der Ausgräber schlechthin galt (allerdings

nicht im eigenen Vaterland!) – Heinrich Schliemann, dem Entdecker Trojas. Der aber hatte ihn nicht aufgreifen können, und es vergingen Jahrzehnte, bis Sayce nach langwierigen Verhandlungen mit der türkischen Regierung von dieser 1905 die Ausgrabungserlaubnis für die Liverpooler Universität erhielt. Deren Expedition war bereits unterwegs, als sie die Nachricht überraschte, daß die türkische Regierung diese Erlaubnis zurückgezogen und den Engländern dafür Karkemisch als neues Betätigungsfeld zugewiesen, Boghazköy aber einer deutschen, von der Deutschen Orientgesellschaft unter den Auspizien Kaiser Wilhelms II. entsandten Expedition vorbehalten hatte. So statteten die Briten den bereits an Ort und Stelle eingetroffenen Deutschen in Boghazköy einen Freundschaftsbesuch ab und zogen nach Karkemisch weiter. Ihr Unternehmen blieb nicht ergebnislos: sie förderten dort neue und leichter entzifferbare hieroglyphenhethitische Texte zutage. Geradezu sensationell aber war, was das Schicksal für die deutsche Expedition in Bereitschaft hielt.
Diese stand unter der Leitung des Assyriologen Hugo Winckler, der ein bewährter Vertreter seiner Disziplin war; menschlich freilich voller Widersprüche und nicht eben zugänglich. Ein überaus streitbarer »Panbabylonier« (ein Vertreter jener Richtung in der frühen Assyriologie, die in der babylonisch-assyrischen Kultur die Wiege aller echten Kultur sah), konnte er bereits auf mehrere Werke und auf eigene Grabungserfahrungen hinweisen, als er als Ausgräber nach Boghazköy ging.
Nach einem mit orientalischer Herzlichkeit und Üppigkeit vom örtlichen Großen, Zia Bey, veranstalteten Empfang ging Hugo Winckler an die Arbeit. Die Expedition fand im großen Tempel von Boghazköy, der alten Hauptstadt Hattusas, insgesamt mehr als zehntausend Tontafelfragmente, das Staatsarchiv des hethitischen Reiches, darunter eine ganze Anzahl ausgezeichnet erhaltener Stücke. Da sich der Einflußbereich des Akkadischen als Diplomatensprache bis hieher erstreckt hatte und ein großer Teil der Tafeln darin abgefaßt war,

Die hethitischen Hieroglyphen 205

konnte Winckler an Ort und Stelle lesen, was er gefunden hatte, und fiel von hier aus neues und überraschendes Licht auf die gesamte Geschichte des Alten Orients.
»Eine ... Laubhütte mußte mir den Schatten für meine Tontafelstudien geben ... Eine Strecke davon, etwas tiefer war eine größere Laubhütte eingerichtet, welche fünf Wesen beschirmte, die wohl nie bessere Tage in ihrem Dasein gesehen haben – unsere Pferde! ... Ihre Nachbarschaft hatte natürlich einen gewaltigen Fliegenüberfluß zur Folge und für mich hatte das die Annehmlichkeit, daß ich mit bedecktem Kopf und Nacken und Handschuhen an den Händen meine Tontafeln abschreiben mußte, wenn ich nicht bei jedem Zeichen aufhören wollte, um dem übermäßigen Interesse zu wehren, welches die zutraulichen Tierchen an meiner Arbeit nahmen.« Und Winckler setzt sarkastisch hinzu: »Man ist ja in unserer Wissenschaft vielfach so ängstlich besorgt um die Wahrung geistiger Erstgeburtsrechte.«[40]
Doch auch dieser bittere Spötter – er vollbrachte damals als schwerkranker Mann eine fast übermenschliche Willensleistung – fand angesichts der überwältigenden Funde, die ihm hier beschieden waren, andere Töne.
Aus Bruchstücken in babylonischer Sprache erwächst ihm schon bald die Gewißheit, daß sie auf dem Boden der alten Hauptstadt der hethitischen Könige, der »Chattiherrscher«, stehen und deren Königsarchiv aus der Zeit ihrer Beziehungen zu den Ägyptern gefunden haben. »Die ersten Stücke enthielten die Namen der betreffenden Könige noch nicht ... Diesmal sollte aber das nicht zu hoffen Gewagte Tatsache werden. Am 20. August, nach etwa 20tägigem Arbeiten war die in das Geröll des Bergabhanges gelegte Bresche bis zu einer ersten Abteilungsmauer vorgerückt. Unter dieser wurde eine schön erhaltene Tafel gefunden, welche schon durch ihr Äußeres einen Gutes verheißenden Eindruck erweckte. Ein Blick darauf und – alle meine Lebenserfahrungen versanken in Nichts. Hier stand es, was man sonst vielleicht im Scherz als frommen Wunsch sich ersehnt hätte: Ramses

schrieb an Chattusil ... über den beiderseitigen Vertrag. Wohl waren in den letzten Tagen immer mehr kleine Bruchstücke gefunden worden, in denen von dem Vertrage zwischen den beiden Staaten die Rede war, allein hier war es nun besiegelt, daß wirklich der berühmte Vertrag, den man aus der hieroglyphischen Überlieferung auf der Tempelwand von Karnak kannte, auch von der anderen vertragschließenden Seite aus seine Beleuchtung erhalten sollte. Ramses mit seinen Titeln und seiner Abstammung, genau wie im Texte des Vertrags bezeichnet, schreibt an Chattusil, der ebenso angeführt wird, und der Inhalt des Schreibens deckt sich wörtlich mit Paragraphen des Vertrags ...
Es waren eigenartige Gefühle, mit denen gerade ich eine solche Urkunde betrachten konnte. Achtzehn Jahre waren es her, daß ich im damaligen Museum von Bulaq den Arzawa-Brief von el-Amarna ... kennenlernte. Damals hatte ich ... die Vermutung geäußert, daß auch der Ramses-Vertrag ursprünglich in Keilschrift abgefaßt gewesen sein dürfte, und jetzt hielt ich eines der darüber gewechselten Schreiben in Händen – in schönster Keilschrift und gutem Babylonisch! Es war doch ein seltenes Zusammentreffen in einem Menschenleben, wie das beim ersten Betreten orientalischen Bodens in Ägypten einst Erschlossene jetzt im Herzen Klein-Asiens seine Bestätigung fand. Wunderbar wie ein Märchenschicksal der 1001 Nächte konnte solch ein Zusammentreffen erscheinen – und doch sollte das nächste Jahr noch märchenhafteres bringen, als die Urkunden alle gefunden wurden, in denen die Gestalten wieder auftauchten, welche in diesen achtzehn Jahren mich so oft beschäftigt hatten ... Es war doch eine seltsame Verknüpfung von Umständen in einem Menschenleben ...!«[41]
Nicht alle Tafeln freilich waren verständlich. Die Funde waren zwar unschätzbar, die lesbaren historischen Nachrichten umstürzend, die Ergebnisse der ersten und einer zweiten Kampagne von 1911 bis 1912, die Winckler schon todkrank noch mitmachte, überwältigend. Aber ein großer Teil der

gefundenen Stücke war nicht lesbar – bis auf einzelne akkadische Ideogramme. (Es wurde schon oben von der Keilschrift bemerkt, wie hilfreich sie auch in unbekannter Sprache dem Forscher mit Ideogrammen und Determinativen entgegenkommt.)
Natürlich war es den Gelehrten nicht verborgen geblieben, daß es sich hier um die Sprache handeln konnte, welche die mysteriösen Arzawa-Briefe aufwiesen, eine Sprache auch, die, wie schon Sayce und Peiser an Hand der von Chantre gefundenen Tafeln vermutet hatten, mit der der Hieroglyphen identisch oder eng verwandt sein mußte.
Unentwegte Feldforschung kennzeichnete die letzten Jahre vor dem Ausbruch des Ersten Weltkrieges. Als die Schüsse zu Sarajewo fielen, lag die Ernte von Boghazköy in den Museen von Berlin und Konstantinopel.
Nach dieser Stadt hatte die Deutsche Orientgesellschaft nach dem Tode Wincklers 1914 noch vor Kriegsausbruch zwei junge Gelehrte zum Kopieren der Texte aus Boghazköy entsandt, H. H. Figulla und Friedrich (Bedřich) Hrozný. Dieser hatte das Glück, im Museum in Konstantinopel besonders große und guterhaltene Texte zugewiesen zu erhalten. Und ihm gelang der große Wurf: er erschloß und deutete die »keilschrifthethitische« Sprache und wies nach, daß es sich dabei um eine indogermanische, wenn auch mit zahlreichen Fremdwörtern vermutlich kleinasiatischer Herkunft durchsetzte Sprache handelte.
Friedrich (Bedřich) Hrozný wurde 1879 zu Lissa an der Elbe in Böhmen[42] als Sohn eines protestantischen Pastors geboren und bezog das Gymnasium zu Kolin, wo einer seiner Lehrer, der Professor für Geschichte und Geographie Dr. Justin V. Prášek, der selbst als Wissenschafter einen Namen hatte, dem begabten Schüler besonders nahestand. Wohl dem Wunsch des Vaters folgend, begann Hrozný protestantische Theologie zu studieren, ein Fach, das in ihm wie in so vielen die Liebe zum Alten Orient weckte. So wechselte er, der schon als Gymnasiast Hebräisch und Arabisch studiert hatte, nach dem

ersten Semester kurz entschlossen die Fakultät und widmete sich ab 1897 an der Wiener Universität dem Studium der altorientalischen Sprachen bei dem Semitisten D. H. Müller, einem vielseitigen und beliebten Lehrer, von dessen Schülern noch lange bedeutende Vertreter ihres Faches tätig waren. Bei ihm promovierte Hrozný 1901 mit einer Arbeit über *Südarabische Graffiti*.

Bezeichnenderweise gab Hrozný sich schon in jenen frühen Jahren keineswegs damit zufrieden, als Semitist ein bloßer Sprachforscher zu sein. Die Interpretation von Texten war ihm bis an sein Lebensende nur ein Mittel zu dem Zweck, die altorientalischen Kulturen gründlich kennenzulernen. Der Semitist jedoch muß auch einen der wichtigsten Zweige seines Faches, das (ostsemitische) Akkadische, das mit Keilschrift geschrieben wird, aus erster Hand kennen. Da aber die Wissenschaft davon, die Assyriologie, zu Hroznýs Zeit in Wien nicht vertreten war, ging er mit einem österreichischen Stipendium zu F. Delitzsch nach Berlin, um sich unter der Anleitung dieses Lehrers von Generationen in die Keilschrift einzuarbeiten. Das Stipendium war an Hrozný nicht vergeudet, wie er der Welt zehn Jahre darauf bewies. Nach seiner Rückkehr wurde Hrozný Universitätsbibliothekar in Wien, habilitierte sich dort und wurde als Vierundzwanzigjähriger außerordentlicher Professor an der Wiener Universität.

Seine Arbeiten aus jener Zeit tragen einen bezeichnenden Zug, der sie aus der Masse der damaligen assyriologischen Literatur heraushebt. Während seine Zeitgenossen sich beinahe ausschließlich mit der Mythologie und Religion der alten Babylonier und Assyrer befaßten, lenkte er als erster die Aufmerksamkeit auf die wirtschaftliche Seite seiner Wissenschaft, ein Gebiet, auf dem er förmlich als Entdecker auftrat. So reifte in Hrozný in jahrelanger Arbeit, die nur 1904 durch eine Orientreise mit Professor Ernst Sellin unterbrochen wurde, sein umfangreiches Wissen, schulte sich sein als phänomenal bezeichnetes Gedächtnis und eignete er sich die Meisterschaft an, die er an den Keilschrifttafeln aus Boghaz-

Die hethitischen Hieroglyphen 209

köy im Museum zu Konstantinopel so souverän beweisen sollte.
Es wurde schon gesagt, daß er sich dort vor besonders gut erhaltenen, langen Texten fand. An Hilfsmitteln, die entfernt einer Bilingue glichen, gab es zwar Fragmente von »Wörterbüchern«, Vokabelverzeichnisse nach der Art der sumerisch-akkadischen, wie wir sie im Kapitel über die mesopotamischen Keilschriften kennenlernten und welche die Hethiter um eine dritte, hethitische Spalte erweitert hatten. Aber damit war wenig geholfen, weil diese Verzeichnisse vielfach seltene Wörter brachten und den Forscher auf der Suche nach den alltäglichen und häufigen in der Regel im Stich ließen.
Darum richtete Hrozný bewußt sein Augenmerk stets auf den jeweiligen Text als Ganzes, aus dem er die Struktur der Sprache zu erahnen hoffte. Seine angeborene Intuition und Kombinationsgabe und sein gesunder Sinn für Fakten bewährten sich an dem reichen Material. Er prüfte es, soweit dies überhaupt möglich ist, völlig unvoreingenommen; am ehesten erwartete er noch, im Einklang mit dem damaligen Stande der Forschung, eine kaukasische Sprache in den Tafeln zu entdecken.
Einzelne Ideogramme waren ihm vertraut, brachten ihn jedoch in der Deutung der Sprache keinen Schritt weiter, da sie bekanntlich keine Lautung wiedergeben.
Nachdenklicher stimmten ihn Beobachtungen über die Veränderungen an ein und denselben Wörtern, besonders gewisse variable Endungen: sie legten ihm dringend die Vermutung nahe, daß das Hethitische grammatische Formen aufwies, die es mit den indoeuropäischen Sprachen gemein haben mußte!
Das wagte Hrozný allerdings nicht auszusprechen; er hätte es selbst noch kurz zuvor für eine wissenschaftliche Unverfrorenheit gehalten. Knudtzon, der das von der Sprache der Arzawa-Briefe zu beweisen unternommen hatte, hatte im Kreuzfeuer der Kritik widerrufen.
Diese Überlegung hinderte Hrozný allerdings nicht, alle Be-

obachtungen sorgfältig zu notieren und weiterzuverfolgen, die in diese Richtung wiesen. Sie vermehrten sich zusehends und nahmen allmählich Gestalt und Form einer Beweiskette an.

Gewißheit aber – eine Offenbarung, die dem Forscher selbst überraschend kam und ihm so jäh aufging, daß er beinahe davor erschrak – brachte ihm die Lesung eines einzigen Satzes. Sie wurde zum Angelpunkt der Entzifferung – und sie hat mit allen solchen entscheidenden Wendepunkten der Entzifferungsarbeit gemeinsam (man denke an Champollions Ptolemaios- und Kleopatra-Kartuschen sowie an Grotefends Dareios- und Xerxes-Inschriften), daß sie uns heute verblüffend einfach dünkt.

Der Satz, der ihn fesselte und nicht mehr losließ, las sich so:

»nu ⌑-an e-iz-za-at-te-ni wa-a-tar-ma e-ku-ut-te-ni.«

⌑ ist ein sumerisch-babylonisches Ideogramm, lautet, wie aus phonetischer Schreibung bekannt, »ninda« und bedeutet »Brot«. Der Satz hieß also (das Ideogramm wird nun deutsch eingesetzt und die Orthographie der silbischen Keilschrift zur wirklichen Aussprache zusammengezogen):

»nu BROT-an ezzāteni, wādar-ma ekuteni ...«

Von Brot also war die Rede (dies Beispiel zeigt so augenfällig wie kaum ein anderes, wie hilfreich die Keilschrift dem Deuter einer unbekannten Sprache entgegenkommen kann!), von Brot als Objekt eines Satzes, wie die Endung -an zu verraten schien; welches Verbum aber konnte besser zum Objekt »Brot« passen als das Wort – »essen«? Konnte hier mehr als eine bloße »Klingklang-Etymologie«, konnte echte Verwandtschaft bestehen? Hrozný ließ im Geiste etliche indoeuropäische Entsprechungen Revue passieren, wie sie ihm in den Sinn kamen. »Essen« – da war griechisches *édein*, lateinisches *edere*, althochdeutsches – althochdeutsches *ezzan*!

Nun umfaßte Hrozný fieberhaft erregt nochmals den Satz als Ganzes mit dem Blick und mit dem Sinn und prüfte als

Die hethitischen Hieroglyphen 211

geschulter Orientalist den Bau des Gebildes, an dem ihm die für die altorientalischen Sprachen charakteristische parallele Struktur der beiden Glieder auffiel: bestand der eine »Satz« nicht vielmehr aus zwei gleichgebauten Sätzen, und, wenn ja, konnte dann wādar nicht dem altniederdeutschen »watar«, »Wasser« entsprechen? Dann mußte, analog zu »essen«, das »ekuteni« wohl »trinken« bedeuten?
Die Verbalendung -teni, das Adverb nu, die angehängte Konjunktion -ma aber hatte Hrozný schon an anderen Stellen zu erkennen geglaubt. Und blitzschnell fügte sich nun vor dem Geist des Forschers ein Steinchen ans andere, rundete sich das Bild, klang ihm nahezu hörbar der erste lesbare, verständliche Satz entgegen, über mehr als drei Jahrtausende hinweg: »Nun eßt ihr Brot, Wasser aber trinkt ihr.« –

Hrozný war sich bewußt, daß seine Entdeckung ungeheures Aufsehen, leidenschaftlichen Widerspruch – kurz, eine wissenschaftliche Sensation ersten Ranges hervorrufen würde. Aber er konnte den einmal erkannten und betretenen Weg nicht mehr verlassen, und das um so weniger, als sich ihm die Beweise für den indogermanischen Charakter der zu erschließenden Sprache nun in geradezu erdrückender Fülle häuften. Dazu gehörten so auffallende Erscheinungen wie der eigentümliche, aus dem Griechischen und Lateinischen bekannte Wechsel zwischen r und n im Nominativ und Genitiv (griech. *hydōr*, gen. *hydatos* aus *hydn̩tos* »Wasser«; lat. *femur, feminis* »Schenkel«), (»Einen stärkeren Beweis für den Indogermanismus des Hethitischen kann man sich wohl kaum wünschen«, bemerkte Hrozný dazu[43]), sowie eine Anzahl förmlich verblüffender Entsprechungen von Pronomina und der Verbalflexion.
Der 15. November 1915, an dem Hrozný vor der Vorderasiatischen Gesellschaft in Berlin über diese Ergebnisse berichtete, war, wie der bekannte Assyriologe Ernst Weidner in einem schönen Nachruf auf seinen Kollegen hervorgehoben hat, der »eigentliche Geburtstag der Hethitologie«.

Im Dezember desselben Jahres erschien Friedrich Hroznýs vorläufiger Bericht unter dem Titel *Die Lösung des hethitischen Problems* in den *Mitteilungen der Deutschen Orientgesellschaft*. Das ausgebaute und abgerundete Werk folgte zwei Jahre später; es kam zu Leipzig unter dem Titel *Die Sprache der Hethiter, ihr Bau und ihre Zugehörigkeit zum indogermanischen Sprachstamm* heraus. Ein klassisches Werk, das auch unzweifelhaft den Höhepunkt von Hroznýs wissenschaftlicher Tätigkeit darstellt.

Seine Theorie war ein heute über jeden Zweifel erhabenes und unbestrittenes Fundament. Sie bedurfte aber der strengen philologischen Sichtung und Säuberung durch die Fachleute. Dieses Unternehmen wurde von den Forschern F. Sommer, H. Ehelolf, E. Forrer, J. Friedrich, A. Goetze und E. H. Sturtevant auf der Basis von Hroznýs Erkenntnissen in Angriff genommen und so weit geführt, daß die Hethitologie heute auch im streng philologischen Sinne als vollgültige Wissenschaft vor uns steht.

Das Archiv von Boghazköy war nun zur Gänze erschlossen: nun redeten nicht mehr allein die akkadischen, sondern auch die hethitischen Tafeln und ergänzten auf das Wünschenswerteste nicht nur unser historisches, sondern auch unser sprachgeschichtliches Wissen vom Alten Orient. Davon bald noch mehr.

Zur Illustration des eigentümlichen Gemisches aus sumerischen Ideogrammen, akkadischen und phonetisch hethitisch geschriebenen Wörtern, das die keilschrifthethitischen Texte bieten, sei ein Beispiel hiehergesetzt, das anschaulich zeigt, womit Hrozný zu kämpfen hatte. Es ist einer volkstümlichen Darstellung des obengenannten Gelehrten J. Friedrich[44] entnommen, ein Paragraph aus einer Gesetzessammlung:

»*ták-ku* LÚ.ULÙ^{LU} *-an EL.LUM QA.AZ.ZU na-aš-ma* GÌR-ŠU *ku-iš-ki tu-wa-ar-ni-iz-zi nu-uš-še* 20 GÍN KU-BABBAR *pa-a-i*.

›Wenn jemand eines freien Menschen Hand oder Fuß zerbricht, so gibt er ihm (als Buße) 20 Sekel Silber.‹

Hier ist der Stamm des Wortes für ›Mensch‹ mit dem sumerischen Ideogramm LÚ.ULÙ^{LU} geschrieben und daran die phonetische hethitische (Akkusativ-)Endung -an gehängt, EL.LUM ›frei‹ ist akkadisch geschrieben, ebenso QA.AZ.ZU ›seine Hand‹, während bei GÌR-SU ›sein Fuß‹ der Stamm mit dem sumerischen Ideogramm GÌR, die Endung dagegen durch das akkadische Possessivsuffix-ŠU ›sein‹ bezeichnet ist. Die Strafsumme 20 GÍN KUBABBAR ›20 Sekel Silber‹ ist rein sumerisch geschrieben, und die Wörter *takku* ›wenn‹, *našma* ›oder‹, *kuiški* ›jemand‹, *tuwarnizzi* ›er zerbricht‹, *nušše* ›nun ihm‹ und *pāi* ›er gibt‹ sind phonetisch hethitisch geschrieben.«[45]

Die Forschung ruhte also auf der Seite der Mittelmächte im Kriege keineswegs, aber auch im anderen Lager war man tätig. Dort allerdings arbeitete man nicht an den vorübergehend unzugänglichen (da in Deutschland und der Türkei aufbewahrten) keilschrifthethitischen Funden, sondern an den Hieroglyphen, die man bis unmittelbar vor Kriegsausbruch in steigender Zahl hatte sammeln können.

Schon vor dem Krieg hatte der Engländer R.C.Thompson, angetrieben von dem neuen Impuls der britischen Ausgrabungen in Karkemisch vom Jahre 1911, eine *Neue Entzifferung der hethitischen Hieroglyphen* (1913) angekündigt und dabei den naheliegenden, aber verfrühten Versuch unternommen, das Keilschrifthethitische, das noch gar nicht entziffert, sondern nur aus den Arzawa-Briefen ungefähr bekannt war, für das Verständnis der Hieroglyphen fruchtbar zu machen. Er scheiterte daran, daß gerade in jenen Briefen die hethitischen Wörter teils falsch gelesen, teils falsch abgeteilt worden waren. Als bleibenden Gewinn konnte er neben der halbrichtigen (aus assyrischen Quellen gewonnenen) Lesung einiger Ortsnamen die Entdeckung eines (nicht immer gesetzten) Determinativs für Personennamen buchen.

Ehe der nächste Versuch an den Hieroglyphen gemacht wurde, griff der Schweizer Sprachforscher Emil Forrer, der damals in Deutschland arbeitete, in die noch in vollem Fluß

befindliche Deutung des eben erst erschlossenen Keilschrifthethitischen mit einem Aufsatz in den Sitzungsberichten der Berliner Akademie der Wissenschaften ein (1919), der den verblüffenden Titel *Die acht Sprachen der Boghazköy-Inschriften* führte.
Der Titel klang verwirrender, als sich der Inhalt der überaus gehaltvollen und bedeutenden Abhandlung herausstellte. Unter den acht Sprachen waren nämlich auch das Sumerische und das Akkadische mitgezählt – es blieben also noch sechs. Ferner enthielten die Texte eine Reihe von indischen Fachwörtern aus dem Gebiet der Pferdezucht und -abrichtung; somit blieben noch fünf Sprachen übrig. Und innerhalb dieser fünf wartete Forrer mit einer weiteren Überraschung auf. Sie läßt sich kurz in die Formel kleiden: das Hethitische ist nicht hethitisch!
Und das erklärte Forrer so: Nach Ausweis ihrer Sprache sind die Hethiter Indogermanen, konnten also nach allem, was wir von diesem Sprachstamm wissen, nicht in Kleinasien bodenständig, sondern mußten dort erst eingewandert sein. Dort hatten sie eine Urbevölkerung vorgefunden, und deren Sprache tauchte nun unmißverständlich in einigen Tafeln von Boghazköy auf. Solche Stellen waren ausdrücklich als *hattili*, »auf hattisch«, d. h. hethitisch, bezeichnet, und das Wort selbst war unzweifelhaft vom Landesnamen Hatti abgeleitet. Diese Leute also, welche diese *vor*hethitische oder »hattische« Sprache redeten, waren die eigentlichen Hattier oder Hethiter gewesen, und die in den Keilschrifttexten zu über neunzig Prozent überwiegende indogermanische, »keilschrifthethitische« Sprache wollte Forrer nach einem Stadtnamen die »kanesische« nennen, Spätere die »Nesische«.
Diese Bezeichnung ist nicht durchgedrungen. Das indoeuropäische Eroberervolk, von dem wir bis heute nicht wissen, wie es sich selbst nannte, hieß nun einmal in der gelehrten Welt die »Hethiter«; die biblische Bezeichnung war zu fest eingewurzelt, um wieder aufgegeben zu werden. Darum

Die hethitischen Hieroglyphen 215

nennt man heute die Urbevölkerung und ihre Sprache meist »Protohattier« (»Vorhethiter«) und »protohattisch«.
Von den anderen neugefundenen Sprachen, deren Erforschung bis heute nicht abgeschlossen ist und die auf einzelnen Stücken aus Boghazköy zutage traten, bleiben zu erwähnen das Hurrische oder Churritische (früher »Harrische«), eine noch heute wenig erschlossene Sprache nichtindogermanischen Typs, die man im alten Mittani-Reich (ca. 1530–1350 v. Chr.) sprach, das mit dem Keilschrifthethitischen eng verwandte, indogermanische Luwische, an dessen Deutung in letzter Zeit mit Erfolg gearbeitet wird; schließlich das gleichfalls indogermanische Palaische, das in der Stadt Pala und deren Umgebung gesprochen wurde und dessen Studium über Anfänge noch nicht weit hinausgekommen ist.
Im Jahre 1919 war Forrer mit dieser seiner ersten, brillanten Entdeckung hervorgetreten; 1920 hatte Hrozný sie unabhängig von ihm bestätigt.
In dasselbe Jahr fiel ein neuer (zwei Jahre zuvor verfaßter) Entzifferungsversuch an den Hieroglyphen. Er stammte von dem englischen Orientalisten A. E. Cowley. Dieser stützte sich ausschließlich auf das Material von Messerschmidt und auf die Funde aus Karkemisch und ging abermals vom Namen dieser Stadt aus, hatte jedoch neben manchen Irrtümern wenige konkrete Ergebnisse aufzuweisen. Er bestimmte das Zeichen ⟨|⟩, das früher oft mit dem Gottesdeterminativ ⟨⊕⟩ verwechselt worden war, als das angehängte »und« (heute »ha« gelesen, entsprechend dem lateinischen -que). Ferner vermutet er schon, daß der sogenannte »Dorn«, ein schräger, an den Zeichen angebrachter Abstrich, als »r« zu lesen sei.
Der deutsche Assyriologe Carl Frank, der an das Problem der hethitischen Hieroglyphen 1923 heranging, kam von einem anderen Ausgangspunkt her. Das Studium der Kryptographie, der im Ersten Weltkrieg verwendeten Codes und Geheimschriften, hatte gezeigt, daß eine systematische Anordnung und Analyse des vorhandenen Materials allein schon Erfolg verhieß. So machte sich Frank mit viel Umsicht und

Sorgfalt daran, Listen von Namen zusammenzustellen, von Länder-, Städte-, Götter- und Personennamen. Dabei glückte ihm die richtige Lesung mehrerer geographischer Namen. Als Sprache der Hieroglypheninschriften – die Erkenntnis, daß sie sich nicht mit dem Keilschrifthethitischen deckte, griff immer weiter um sich – nahm er, eine bloße Vermutung Forrers zur Behauptung erhebend, irrtümlich das Churritische an.

Nun konnte man Carl Frank ja vorwerfen, daß seine ganze Arbeit von vornherein zu sehr auf die lautliche Lesung und zu wenig auf die Deutung und das Verständnis der Inschriften als in sich geschlossener Sinneinheiten gerichtet sei; man konnte ihm auch eine Anzahl von Irrtümern ankreiden. Das besorgte auch, leider nur allzu schroff und in geradezu verletzender Form, Peter Jensen. »Da legt man schamrot die Feder hin«, lautete eine seiner Entgleisungen in seiner Besprechung von Franks Entzifferung. Der Angegriffene wehrte sich in gemäßigtem Ton; als aber Jensen immer wieder hartnäckig auf seine Auffassung der Hieroglyphen als aneinandergereihter Ideogramme und bloßer Aufzählungen von Titulaturen pochte, da riß auch Frank die Geduld, und er fragte maliziös zurück, ob denn auch die vielen, in den langen Inschriften so häufig vorkommenden Esels- und Ochsenköpfe solche ideagraphischen Herrschertitel seien?

Der einzige Gefolgsmann, der gerade Jensens schlimmste Verirrungen eifrig mitmachte, war leider der alte Sayce. – Jedoch sollte es ihm noch beschieden sein, ehe er am 4. Februar 1933 im Alter von 88 Jahren starb, den Einbruch auf breiter Front zu erleben, der, um 1930 von mehreren Forschern ungefähr gleichzeitig, aber unabhängig voneinander getragen, die Entzifferung der hethitischen Hieroglyphen auf festen Grund stellte, und, soweit das bei dem damals vorhandenen Material möglich war, auch schon zu beachtlichen Einzelergebnissen führte.

Dieser »Einbruch« gelang fünf Gelehrten, deren jeder einem anderen Volk angehörte: einem Italiener, einem Amerikaner, einem Schweizer, einem Deutschen und einem Tschechen; sie kamen fast alle von verschiedenen Ausgangspunkten her, und jeder brachte von diesen verschiedenen Voraussetzungen her frischen Wind in die Entzifferung, die nach der peinlichen Fehde Jensens mit Frank abermals zu stagnieren begonnen hatte.

Der Mann, der gleichsam die Schneewächte lostrat, welche die folgende Lawine auslösen sollte, war der 1982 verstorbene Piero Meriggi, der an der Universität in Pavia lehrte, ein Sprachforscher von Weltruf; Bahnbrecher für die Entzifferung des Protoelamischen, Mitentzifferer der hethitischen Hieroglyphenschrift, Mitdeuter des Lykischen und des Lydischen, Herausgeber kretisch-mykenischer Texte, Erforscher der rätselhaften Indusschrift und der noch wenig bekannten luwischen Sprache.

Der Vater des jungen Piero, Cesare Meriggi, war Oberlehrer für Italienisch in Pavia, ein vielseitiger Mann, den der Sohn als seinen »besten Lehrer des wissenschaftlichen Verfahrens« überhaupt bezeichnete. Man darf mit Recht das günstige Klima im Vaterhaus als den Nährboden ansehen, auf dem die Begabung des Sohnes sich schon früh entfalten konnte.

Diese Atmosphäre erwies sich auch als so stark, daß der Student schließlich nach dem Ersten Weltkrieg auf der Universität Pavia klassische Philologie, besonders Griechisch, studierte und bei dem Sanskritisten L. Suali in Vergleichender Sprachwissenschaft promovierte, der ihn auch anregte, das damals noch arg umstrittene Lykische in seiner Dissertation zu behandeln, und ihm damit den Weg nach dem Alten Orient wies. Zur selben Zeit nämlich, als Meriggi von Suali auf Kleinasien verwiesen wurde (Lykien heißt die südlichste Landschaft im westlichsten Kleinasien), las auch sein Lehrer der Alten Geschichte, Pl. Fraccaro, über die Hethiter.

Die aber galten damals noch als heißes Eisen; Hroznýs Entzifferung, erst vor kurzem bekanntgeworden, war noch leidenschaftlich umstritten. Zwar war die keilhethitische Schrift entziffert, die bildhethitische hingegen, die Hieroglyphen, nicht. Ihnen wandte sich Piero Meriggi nun zu; einmal, wie er später bemerkte, weil ihm die für das Keilschrifthethitische unerläßliche assyriologische Schulung unerreichbar war; vor allem aber wohl, weil hier das vollkommen Unbekannte lockte.

Abb. 69
Piero Meriggi (1899–1982)

Meriggi war nach der Absolvierung seines Hochschulstudiums ein Jahr lang Gymnasiallehrer gewesen, ging jedoch dann als Lektor für Italienisch an die Universität Hamburg. Hier fand er einen Aufgabenkreis vor, der ihm Raum für private Studien ließ, und auch wissenschaftliche Förderung von seiten namhafter Gelehrter.
»Ich nahm mir vor allem die Hieroglyphen vor.« Meriggi ging, was auch seine Methode kennzeichnet, wie einige seiner Vorgänger von einer Untersuchung des Schriftsystems aus. Im September 1927 hatten seine systematischen Studien Ergebnisse gezeigt, die er einer öffentlichen Mitteilung für wert hielt. Anfang März 1928 besuchte er H. Ehelolf in Berlin, der ihm bestätigte, daß seine wesentliche Entdeckung

ihre Parallelen im Keilschrifthethitischen hatte. Dadurch ermutigt, trat Meriggi mit seiner Arbeit an die Öffentlichkeit. »Als für den Deutschen Orientalistentag in Bonn 1928 der junge italienische Linguist Piero Meriggi eine neue ›Vorstudie‹ zur Entzifferung dieser Schrift (der hethitischen Hieroglyphen) ankündigte, ... da war wenigstens der Verfasser dieser Zeilen reichlich mißtrauisch gegen dieses neue Unterfangen«, schrieb J. Friedrich rückblickend im Jahre 1939.[46] Es stellte sich jedoch bald heraus, daß das Mißtrauen unbegründet war, und gerade J. Friedrich ebnete dem jungen Italiener den Zugang zur führenden deutschen *Zeitschrift für Assyriologie*, in der sein Bonner Vortrag 1930 erschien.
Meriggi behandelte darin mit besonderem Nachdruck prinzipielle Fragen. Er stellte statistische Untersuchungen an über die Verwendung der Grundzeichen, ihre Stellung innerhalb der durch den Worttrenner gesicherten Grenzen, ihre Verbindung mit dem »Dorn«. Er versuchte die Natur der Zeichen zu bestimmen (ob Lautzeichen oder Ideogramm) und untersuchte die Häufigkeit der einzelnen Schriftzeichen. In den Lesungen schloß er sich zumeist an seine Vorgänger an. Dabei stand er noch so sehr im Banne von Jensens Ansichten, daß er dessen irrige »Syennesis«-Lesung noch nicht zu verwerfen wagte. Aber gegen Ende seiner Abhandlung konnte er ankündigen:
»Als wesentlichen Bestandteil dieses Aufsatzes muß ich hier zum Schluß die Mitteilung folgen lassen, daß ich in einer bestimmten Zeichengruppe das Wort ›Sohn‹ festgestellt zu haben glaube.«[47]
Denkt man hier an Grotefends Anfänge, so kann man ermessen, was damit gewonnen ist: nicht nur ein wichtiger Einblick in die syntaktische Gliederung der Sprache, sondern vor allem auch historische Aufschlüsse von höchstem Wert: damit werden nämlich ganze Genealogien lesbar! Es ließen sich denn auch in der Tat ganze Reihen von Dynastennamen aus Karkemisch, Hamath und Marasch aufstellen; das ermöglichte wieder den Vergleich mit den aus den Keilschrifttexten

erschlossenen Dynastenreihen und eine gesicherte Lesung der Königsnamen.

Wie war Meriggi vorgegangen? Er hatte den Anfang zweier Inschriften sorgfältig verglichen und analysiert. Am Beginn der beiden Inschriften (sie stammten aus Karkemisch und

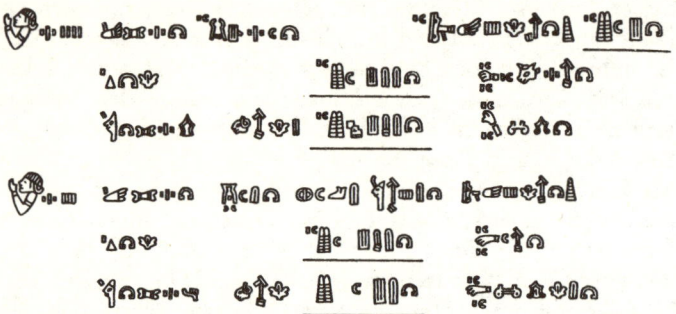

Abb. 70 Die beiden Inschriftenanfänge aus Karkemisch, an denen Prof. Meriggi das Wort für »Sohn« erschloß (die jeweils drei Zeilen sind die drei Namen; der Titel »Landesherr« ist unterstrichen; darauf folgen die Wörter für »Sohn«, 2. Zeile, und »Enkel«, 3. Zeile; man beachte die Varianten der Zeichenformen und der Schreibung)

waren damals vor den Bilinguenfunden die längsten, die man besaß) standen drei Namen, denen verschiedene Attribute folgten. Von diesen war eines allen drei Namen gemeinsam: der von Meriggi erkannte Titel »Landesherr«, ⛰⛰▯. Dieser stand beim ersten Namen, wie Abb. 70 zeigt, am Ende der Titulatur; auf ihn folgte nichts mehr. Nicht so beim zweiten und dritten; bei diesen folgte jeweils auf den »Landesherrn« noch ein weiteres Wort, das sowohl beim zweiten wie beim dritten Namen mit demselben Zeichen begann; es drehte sich also um zwei Wörter gleichen Stammes! »Bei diesem Sachverhalt war es ja ein leichtes, in diesen beiden Gruppen die Wörter ›Sohn‹ und ›Enkel‹ zu vermuten, zumal

Die hethitischen Hieroglyphen 221

die offenbare Stammverwandtschaft beider Wörter dafür spricht.«[48] Professor Meriggi war seiner Sache sicher, als zum Vergleich herangezogene Inschriften diese Erkenntnis aufs beste bestätigten.
»Dieser systematische Teil meines ersten Artikels auf diesem Gebiet, der zu einer beginnenden Erfassung der syntaktischen Struktur der Texte und somit auch zur klaren Feststellung der Wörter für Sohn, Enkel usw. und der Genealogien führte, darf sich am ehesten noch sehen lassen«, meinte der Gelehrte zurückhaltend auf einem später in Wien gehaltenen Vortrag. Man verdankt jedoch schon dieser Arbeit die sichere Bestätigung des schon von Thompson angedeuteten Personendeterminativs, das Attribut »von den Göttern geliebt«, den Titel »Landesherr« und, wie gesagt, die Wörter für »Sohn«, »Enkel«, »Urenkel« usw. Sie war in Wirklichkeit nach einem Wort des englischen Forschers R. D. Barnett »the last touch that starts an avalanche« – der letzte Anstoß, der eine Lawine auslöste. Die Lawine hieß »Gelb-Forrer-Bossert«.
Ignace J. Gelb war Professor am Orientalischen Institut der Universität Chicago. Er war am 14. Oktober 1907 zu Tarnow in Polen geboren und ist erst kürzlich verstorben. Früh begeisterten den Knaben die Rand- und Grenzgebiete der Wissenschaft, lockte ihn das Unbekannte, zog es ihn zum Unerforschten hin. Mit glühendem Eifer verschlang der Gymnasiast ein Buch des einst viel gelesenen ungarischen Romanciers Maurus Jókai, einen Schlüsselroman, dessen Held Paul Barko auf der Suche nach der Urheimat des ungarischen Volkes Innerasien durchstreift. Als Studenten finden wir Gelb in Florenz und später in Rom; die Träume, denen er als Schüler nachhing, haben sich nun zu zielbewußtem Studium verdichtet, und als er 1929 in Rom zum Doktor der Philosophie promoviert, tut er es mit einer Dissertation über die früheste Geschichte Kleinasiens.
Davon aber war das Phänomen der hethitischen Kultur, damals noch viel weniger bekannt und rätselhafter als heute,

nicht zu trennen. Über die Hethiter beginnt der junge Doktor noch im selben Jahr zu arbeiten – an der Universität Chicago, einem schon angesehenen Vorposten amerikanischer Orientforschung, an dessen Errichtung deutsche Forscher namhaften Anteil hatten und auf dem Emil Forrer wenige Jahre später wirken sollte.
Hier jedoch nehmen andere Aufgaben den Neuankömmling zunächst so stark in Anspruch, daß er seiner stillen Liebe, den hethitischen Hieroglyphen, nur die Abende, die Nächte und Sommerferien widmen kann. Dennoch bewältigt er die ungemein heikle Materie; in zwei Jahren hat er das Manuskript seiner *Hittite Hieroglyphs I* druckreif; sie erscheinen 1931 in Chicago. Im selben Jahr werden auf dem Leidener Orientalistenkongreß, jener denkwürdigen Versammlung, auf der mehrere bahnbrechende Entzifferungsarbeiten vorgetragen wurden, auch die Resultate von Gelbs zweijähriger konzentrierter Arbeit verkündet.
Wohl wandelt er noch zum Teil auf den Bahnen seiner Vorgänger. Viele seiner Namenslesungen sind noch tastende Versuche. Allein er kann mit wesentlichen neuen Ergebnissen dienen. Einmal beweist er, was früher nur Vermutung war: daß der Dorn ein r ist. Ferner erkennt er in der Gruppe ⟨⟩↑⟨⟩ ein Verbum »a-i-a« für »machen« (er liest noch »a-wa-a-«), das besonders wichtig ist, weil es zum unverkennbaren Hinweis auf die Verwandtschaft des Hieroglyphenhethitischen sowohl mit dem Luwischen wie auch mit dem Keilschrifthethitischen wird, das Gelb nun wieder, als erster seit Thompson, dem Hieroglyphenhethitischen gegenüberstellt. Das ist nun, wo das Keilschrifthethitische schon viel weiter erschlossen ist, ein weitaus fruchtbareres Beginnen. Weiter bestimmt Gelb die unter einem Haus in Assur neugefundenen, mit hethitischen Hieroglyphen beschriebenen Bleistreifen, die man anfangs für eine Art Amulette gehalten hat, als Briefe. Das ist wichtig, weil man nun aus der Analogie mit anderen orientalischen Sprachen weiß, welche Einleitungsphrasen man darauf ungefähr wird suchen dürfen.

Der wesentlichste Beitrag der *Hittite Hieroglyphs I* zur Entzifferung aber ist die Erkenntnis, daß die bildhethitische Schrift neben ihren zahlreichen Ideogrammen einen Bestand von ungefähr sechzig Zeichen aufweist, deren jedes eine Silbe vom Typ Konsonant + Vokal, nicht aber vom umgekehrten Typ enthält. Diese Erkenntnis war Gelb plötzlich aufgegangen; sie war der Überlegung entsprungen, daß die Zahl der Zeichen, die als phonetisch angesehen werden durften, ungefähr sechzig betrug und das hethitische Syllabar daher strukturell sehr ähnlich oder gar identisch mit dem der zyprischen Silbenschrift sein müsse. Von hier aus lag ein anderer Schluß nahe: daß auch die bildhethitische, wie die zyprische Schrift, nicht zwischen stimmhaften, stimmlosen und behauchten Konsonanten (z. B. zwischen b, p und ph) unterscheidet.
Sodann wandte sich Gelb der Lesung und Funktion des Relativpronomens im Hieroglyphenhethitischen zu. Diese Frage, zu deren Lösung er entscheidend beitragen konnte, bezeichnete er später als die Arbeit, die ihm am schwersten fiel. Hier galt es zunächst, eine schon recht umfangreiche und keineswegs übereinstimmende Literatur zu bewältigen und ihre Resultate mühsam zu sondern, und das erforderte eine geistige Gymnastik, bei der es, wie der Forscher einmal klagte, mehr auf das Sitzfleisch ankam, als ihm lieb war.
Gelbs Arbeit bedeutete einen ganz unverkennbaren Fortschritt. Er sollte durch zwei andere Entzifferungsarbeiten großen Stils weitergeführt werden.
Von dem Schweizer Sprachforscher Emil Forrer, einst Professor in Berlin, dann in Chicago und San Salvador, dem Entdecker der acht Sprachen, wurde schon berichtet. Das war eine bahnbrechende Arbeit an den Keilschrifttexten gewesen. Nicht minder bedeutungsvoll für die Entzifferung der Hieroglyphen wurde sein Werk über *Die hethitische Bilderschrift* (Chicago 1932), das, wie J. Friedrich sagte, von geradezu grundlegender Wichtigkeit war.
Die von Forrer angewandte Methode ist von entscheidender Bedeutung für jede Entzifferungsarbeit und soll darum hier in

großen Umrissen skizziert werden. Während alle bisherigen Entzifferungsversuche, so führte der Gelehrte aus (mit Ausnahme dessen von Jensen, wie früher geschildert), die lautliche Lesung der Schriftzeichen zum Ziele hatten und darum nicht recht vorwärtskamen, müsse man vielmehr zuerst nach einem sachlichen Verständnis des Inhaltes der Inschriften trachten. Er weist u. a. hin auf die Ideogramme der chinesischen Schrift, die in Japan japanisch, in Korea koreanisch, in Annam annamitisch gelesen werden, erinnert an die sumerischen Ideogramme, die, wie wir nun wissen, in Assyrien assyrisch, bei den Hethitern hethitisch ausgesprochen wurden, hebt hervor, daß wir heute noch eine Anzahl solcher Ideogramme verwenden, die überall verstanden werden, ohne daß sie einen Lautwert wiedergeben, indem ihnen vom jeweiligen Leser der ihm geläufige Lautwert beigelegt wird, wie die Münzbezeichnungen £, $ und Fl. oder das Zeichen &. Man müsse also dem sachlichen Verständnis den Vorrang vor der Lesung einräumen.

Wie soll man aber dies sachliche Verständnis erwerben, ohne auch nur eine Silbe wirklich lesen zu können? Dazu gibt es, sagt Forrer, eine ungemein wichtige Handhabe: die Beobachtung paralleler Erscheinungen. Solche Parallelitäten können herrschen:

1. zwischen der bildlichen Darstellung und der Beischrift;
2. zwischen dem beschriebenen Gegenstand und seiner Bezeichnung;
3. zwischen dem Schriftbild selbst und seiner Bedeutung.

Kurze Beispiele zu dem bisher Gesagten sollen veranschaulichen, was der Forscher meint. Punkt 1 ist z. B. gegeben, wenn Figuren eines Felsreliefs an Haltung, Tracht und Attributen einwandfrei als Götter zu erkennen sind und jede von demselben Hieroglyphenzeichen begleitet ist; man wird daraus schließen dürfen, daß es sich um ein Zeichen für »Gott« handelt; oder, noch deutlicher, wenn, wie auf dem Familienrelief eines Fürsten von Karkemisch, der Herrscher seinen

Jungen an der Hand faßt und genau über dem Arm des Fürsten geschrieben steht: »Ich faßte ihn an der Hand.« Der Fall 2 liegt z. B. vor, wenn auf einer Opferaxt eingegraben steht: »Axt des Hohenpriesters«; ein solches aufschlußreiches Werkzeug verhalf entscheidend zur Entzifferung der ugaritischen Keilschrift. Punkt 3 schließlich ist faktisch bei allen denjenigen Ideogrammen gegeben, die sich von ihrem bildlichen Ursprung noch nicht zu weit entfernt haben; also zum Beispiel bei dem altsumerischen Bildzeichen für »Stern«, ✸.

Allein diese drei Parallelitäten, so fährt Forrer fort, liefern ohne Lautlesung schon an die zwanzig Punkte für das Wörterbuch der zu erschließenden Sprache, hier also des Hieroglyphenhethitischen, und durch Vergleich untereinander auch vier wesentliche Punkte zur Grammatik. Damit sind aber die Möglichkeiten, die die aufgezeigte Beobachtung der Parallelerscheinungen bietet, noch keineswegs erschöpft. Ein weiterer kaum zu überschätzender Schlüssel ist nämlich die im gesamten Alten Orient übliche Parallelität gleicher Inschriftteile, von denen Forrer drei besonders hervorhebt:

1. die Anfänge der Königsinschriften (daran hatte Meriggi seine Genealogienlesung erzielt);
2. die Fluchformeln und
3. die Einleitung der Briefe.

Die Königsinschriften beginnen in der Regel mit der Genealogie der Fürsten und ihren Titeln, oft in Verbindung mit Götter- und Ortsnamen.

Die Fluchformeln bestehen aus koordinierten Relativsätzen, deren Verbum im Präsens oder Futurum steht (»Wer ... zerstört oder ... zerbricht oder ... sonstwie beschädigt, bzw. zerstören, ... zerbrechen ... beschädigen wird«) sowie einem Nachsatz, der den Fluch der Götter, gewöhnlich im Imperativ, enthält (»den sollen die Götter vernichten bzw. ... bzw. ...«).

Die Briefanfänge schließlich halten sich an die stereotype

Die hethitischen Hieroglyphen

Formel: »So spricht A zu B: Mir geht es gut, meinem Hause geht es gut; auch dir soll es gut gehen, deinem Hause usw.«
Und auf dem Wege der bloßen Beobachtung und Vergleichung dieser Erscheinungen ergeben sich Zeichen für Kasusendungen, Personalpronomina und Personalsuffixe, Demonstrativpronomina, das Relativ- und das Interrogativpronomen; ferner Adverbien, Präpositionen, Konjunktionen, Partikel sowie Verbalformen; kurz »immerhin die Grundzüge einer Grammatik, die allerdings vorerst nur sichtbar, nicht hörbar verständlich ist«.[49]

Abb. 71
Gesetzesstele
des Königs Hammurapi
von Babylon
(1728–1686 v. Chr.)

Die hethitischen Hieroglyphen

Aus diesen theoretischen Punkten sei nun jener herausgegriffen, der am anschaulichsten zeigt, wie Forrer seine Hypothese praktisch anwandte, und der zugleich sein wesentlichster Beitrag zur Entzifferung der hethitischen Hieroglyphen ist.
Oben wurden die im Alten Orient allgemein üblichen Fluchformeln hervorgehoben. Forrer versenkte sich in das Studium ihres Baues. Und er fand eine, die ihn auf die Spur führte.
Sie bildete den Schluß der berühmten Gesetzesstele des babylonischen Königs Hammurapi (1728–1686 v. Chr.), einer in akkadischer Sprache abgefaßten, auf einem zweieinhalb Meter hohen Basaltblock eingegrabenen Sammlung von zirka dreihundert Gesetzesparagraphen für sein neugegründetes Großreich, das ganz Babylonien und Assyrien umfaßte. Sie behandelt große Teile des Straf-, Zivil- und Handelsrechts und schließt so:
»... wenn dieser Mann meine Worte, die ich in meiner Inschrift geschrieben habe, nicht hört und meinen Fluch vergißt, den Fluch der Götter nicht fürchtet und das Recht, das ich richtete, austilgt, meine Worte vertauscht, meine Reliefs verändert, meinen geschriebenen Namen auslöscht und seinen Namen schreibt (oder) wegen der folgenden Flüche einen anderen (damit) beauftragt, dieser Mann,« – das Folgende wird nun gesperrt und der babylonische Text dazugesetzt –

»lû šarrum,   lû bêlum,   lû iššakum,
sei es ein König, ein Herr,   ein Statthalter

û lû awîlûtum ša šumam nabi'at
oder sonst eine Persönlichkeit, die
nennenswert ist...«[50] –

dem möge, so fährt die Inschrift fort, Anu, der große Vater der Götter, den Ruhm seines Königsnamens nehmen, sein Zepter zerbrechen und sein Geschick verfluchen.
Dieser eine Satz aus der Fluchformel wurde deshalb durch Sperrung hervorgehoben, weil Forrer hier einhakte. Er enthielt das Wort »König« und zwei weitere Titel. Die Titel

Die hethitischen Hieroglyphen

»König« und »Landesherr« kannte man aber auch schon als Ideogramme der hethitischen Hieroglyphenschrift.
Getreu seiner Hypothese von der Parallelität der orientalischen Fluchformeln suchte nun Forrer in den bildhethitischen Inschriften nach einem ähnlich gebauten Satz. Dabei stieß er auf diesen:

```
  ma-n    KÖNIG-da-S    ma-ba-wa-s    LAND(es)HERR-s
»sei er ein  König         oder ein     Landesherr...«
```

Und darauf folgte der Nachsatz; bei Hammurapi hatte es geheißen, der Göttervater Anu möge den Frevler der Herrschaft berauben, sein Zepter zerbrechen, sein Geschick verfluchen – es folgten dort noch weitere sechsundvierzig fromme Wünsche dieser Art.
Also: »Mögen die Götter...«, so mußte oder konnte auch im Hethitischen der Nachsatz beginnen. Und schon sprang auch dem Forscher das Subjekt dieses Nachsatzes in die Augen; es bot sich dafür die Zeichengruppe ⊕ ↑ an, deren ersten Bestandteil, das Götterdeterminativ, wir längst kennen; das ↑ mußte also das Zeichen für den Nominativ des Plurals sein! Ferner: das letzte Wort dieser Verwünschungssätze endete regelmäßig auf das schon bekannte Lautzeichen ⌒ oder ▭, »da« oder »tu«: und die Endung -tu mußte das Verbum im Imperativ sein, entsprechend der altindischen Befehlsform *astu*, der lateinischen *esto*, der griechischen éstō! Auf dieselbe Weise stellten sich Endungen des Ablativs und des passiven Partizips heraus und wurde Sayce-Cowleys angehängtes ⊕ »ha«, hier in neuer, gleichfalls aus dem Indogermanischen bekannter verallgemeinernder Bedeutung, wie im Lateinischen quis-*que* »jeder«, bestätigt!

Die hethitischen Hieroglyphen 229

Als Forrer in zwei Vorträgen zu Leiden und Genf (sie wurden dann zu dem oben genannten Buch vereinigt) den versammelten Orientalisten diese seine Resultate vorlegte, da hatte er mit einem Schlag die grammatische Struktur der Hieroglyphensprache enthüllt, »den ganzen Satzbau der Hieroglyphensprache mit allen ihren Partikeln erst ins volle Licht gesetzt«.[51] Zu den Lesungen steuerte er den Königsnamen Muwatallis in seiner richtigen Form bei.

Man hat diese Arbeit Forrers mit Recht wegen ihrer Originalität, Einsicht und Knappheit der Darstellung gerühmt. Nicht minder originell und gehaltvoll war eine fast gleichzeitig mit Forrers Arbeit und unabhängig von dieser erschienene Entzifferungsstudie des deutschen Gelehrten Helmuth Theodor Bossert. Sein Name ist heute sehr bekannt und wird im Zusammenhang mit der hethitischen Bilderschrift am meisten genannt.

Bosserts Lebenslauf war reich an Abwechslung und Wendepunkten; seine wissenschaftliche Arbeit erstreckte sich auf die verschiedensten Gebiete und ist ungemein vielseitig. Ein Grundzug aber läßt sich erkennen, der schon im Kinde lebte und den Forscher sein Leben lang kennzeichnete: Bossert war seit seinen frühesten Jahren der Schrift verfallen.

Es begann mit dem Interesse an der eigenen Herkunft, der Familienforschung. Am 11. September 1889 zu Landau in der Rheinpfalz geboren, verbrachte Bossert schon am Gymnasium in Karlsruhe seit etwa 1902 die Sommerferien damit, daß er in Dorf- und Stadtarchiven seinen Vorfahren nachspürte.

Es blieb allerdings nicht beim Steckenpferd; Bossert lernte sein Handwerk von Grund auf. Und er hatte das Glück, Gönner zu finden, die ihm väterlich zugetan waren, ihn an ihrem eigenen reichen Wissen teilnehmen ließen und ihm den Weg wiesen.

Da war der berühmte Keltologe Alfred Holder, damals Leiter der Karlsruher Landesbibliothek, ein großer Gelehrter und gütiger Mensch, der, als Bossert sein Abitur machte, eben mit der Herausgabe des Katalogs der Reichenauer Klosterbibliothek beschäftigt war und den Jüngeren gelegentlich zur Mitarbeit heranzog. Dieser hatte sich bereits so weit vervollkommnet, daß er lateinische und deutsche Manuskripte bis hinab zur Karolingerzeit lesen konnte, und Holder ließ sich von dem Studenten, dessen Fähigkeit er erkannt hatte, fallweise bei der Lesung schlecht erhaltener Texte und Palimpseste assistieren.

Ein anderer väterlicher Freund, dessen formender Einfluß aus Bosserts Jugend nicht wegzudenken ist, war der bekannte Kunsthistoriker Max Wingenroth. Der wohnte in Bosserts Vaterhaus und weckte inmitten der prachtvollen Bände seiner herrlichen Bibliothek in dem Jüngling die tiefe Liebe zu Kunstgeschichte und Archäologie. Aber gerade Wingenroth war es, der den Studenten immer wieder auf die Wichtigkeit und Notwendigkeit des Sprachenstudiums hinwies. So hatte dieser schon auf dem Gymnasium neben den Pflichtsprachen Latein, Griechisch und Französisch das Hebräische und das Englische studiert und daneben ägyptische Hieroglyphentexte, die er nicht kaufen konnte, abgeschrieben! Auf den Universitäten Heidelberg, Straßburg, München und Freiburg i. Br. widmete sich Bossert der Kunstgeschichte, Archäologie, mittelalterlichen Geschichte und Germanistik mit gleichem Eifer; neben diesen Hauptfächern aber betrieb er zielbewußt und gründlich das »Handwerk«, die historischen Hilfswissenschaften Diplomatik, Handschriftenkunde, Heraldik, Genealogie und Sphragistik. Der Kunstgeschichte galt in diesen Jahren seine besondere Vorliebe, und so trug auch seine Doktorarbeit, die 1914 zu Innsbruck erschien, den Titel *Der ehemalige Hochaltar in Unserer Lieben Frauen Pfarrkirche zu Sterzing in Tirol*!

Es war ein weiter Weg von Sterzing in Tirol nach Boghazköy, der alten Hethiterhauptstadt Hattusas; vom Altar Unserer Lieben Frauen zum Brandaltar des sagenhaften Mopsos. Noch freilich ahnte Bossert nicht, daß er ihn je gehen würde. Die Universität zu Freiburg, wo Bossert unter Wingenroth,

Die hethitischen Hieroglyphen

Abb. 72
Helmuth Theodor Bossert
(1889–1961)

der dort Direktor des Museums geworden war, als Volontärassistent arbeitete, war ihm akademische Heimat geworden, und an ihr wollte er sich für mittelalterliche Kunstgeschichte habilitieren.
Wenige Monate trennten den jungen Doktor der Philosophie noch vom Militärdienst, den er am 1. Oktober 1913 antrat. Vor der angesetzten Entlassung brach der Weltkrieg aus. Vier Jahre stand Bossert an verschiedenen Fronten. Eine Kommandierung führte ihn im Sonner 1918 nach Berlin. Dort erlebte er den Zusammenbruch und zugleich eine entscheidende Wende in seinen Studien.
Wie schon gesagt, lebte nach dem Ersten Weltkrieg das gelehrte Interesse an den Hethitern, das sich auf Wincklers Funde und Hroznýs Entzifferung gründete, allenthalben auf und befruchtete die internationale Forschung. Den Hethitern und den alten Mittelmeerkulturen, und zwar vornehmlich

zunächst diesen, wandte sich nun das Interesse des jungen Kunsthistorikers zu. Abermals ging er mit der ihm eigenen Gründlichkeit an die neue Aufgabe heran. Fast dreißig Jahre alt, beginnt er mit dem Studium der Keilschriftsprachen und arbeitet er sich ins Ägyptische ein. Daneben muß er sich seinen Lebensunterhalt verdienen, und er tut dies als wissenschaftlicher Berater des Berliner Wasmuth-Verlages und zeitweilig auch des Sozietätsverlages, des Buchverlages der *Frankfurter Zeitung*. Für seine eigenen Studien, für private Forschungen blieben ihm nur die Abende und die langen Fahrten ins Büro und zurück.

Besonderen Anreiz übten auf ihn die unentzifferten Schriften aus, darunter jedoch zunächst nicht die hethitischen Hieroglyphen, sondern die kretische Bilderschrift. In den Jahren 1929 und 1931 hatte er sich in Aufsätzen um die Lesung dieser »minoischen« Schrift bemüht und auf Wege zur Lesung altkretischer Personennamen hingewiesen. Nun war er jedoch, wie andere Gelehrte, der Überzeugung, daß Zusammenhänge zwischen dieser und der hethitischen Hieroglyphenschrift beständen, und hoffte, mit Hilfe dieser letzteren, deren Inschriftenmaterial viel zahlreicher war, die erstere teilweise erschließen zu können. Diesen Versuch unternahm er in seinem Buch *Šantaš und Kupapa. Neue Beiträge zur Entzifferung der kretischen und hethitischen Bilderschrift* (Leipzig 1932).

Gingen seine Vorgänger teils von den lautlichen Lesungen, teils vom sachlichen Verständnis der Inschriften aus, so kam Bossert von einem – Zauberspruch her, der in ägyptischer Schrift überliefert war – der Schrift, mit der sich schon der Gymnasiast vertraut gemacht hatte.

Es handelte sich um einen im Britischen Museum aufbewahrten Papyrus medizinischen Inhalts, der ein interessantes Zitat enthält: eine Beschwörung in der Sprache der »Keftiu«, hinter denen man die alten Kreter vermutet, gegen die Krankheit der Asiaten. Die Formel lautet »sa-n-ti ka-pu-pu wa-i-ia-im-a-n ti-re-ka-ka-ra«. Darin erkannte Bossert eine Anrufung des

Die hethitischen Hieroglyphen 233

Gottes Šantaš (Sandon, Sandes) und der Göttin Kupapa und ging nun daran, diese Namen auch in den hethitischen Hieroglyphentexten festzustellen. Dabei kamen ihm sein umfangreiches archäologisches Wissen und seine paläographische Schulung sehr zustatten. Er konnte, von stilkritischen Gesichtspunkten ausgehend, die hieroglyphischen Monumente chronologisch ordnen und zur Paläographie, der Kenntnis der Schriftentwicklung, Entscheidendes beitragen. »Eine unschätzbare paläographische Studie der Zeichenformen« nannte R. D. Barnett die Arbeit. Was die Lesungen anlangte, so ließ Bossert alle gebotene Vorsicht walten; er bot keine Übersetzungen größerer Texte. Er anerkannte die bereits gefundenen Lesungen der Stadtnamen Karkemisch, Gurgum (Marasch) und Hamath. Er las jedoch als erster den Stadtnamen von Tyana in Kleinasien richtig in Übereinstimmung mit der keilschriftlichen Form »Tu-wa-nu-wa«, und er beseitigte vor allem Jensens Irrtum, der bis dahin so lange gestört und den Fortschritt gehemmt hatte: der König von Tyana heißt nun nicht mehr wie bei Jensen »Syennesis«, sondern »Warpa-la-wa-s«.

Abb. 73 Der Name »Warpalawas« in hethitischen Hieroglyphen

Diese Lösung war für die Geschichte wie für die Entzifferung von gleicher Bedeutung. Bossert erkannte in Warpalawas sogleich denselben König von Tyana, den die keilschriftlichen assyrischen Quellen Urballā nannten, einen Gegner und Tributär Tiglatpilesars III.
Was damit für die Geschichte und Chronologie des Alten Orients gewonnen war, können wir nicht näher ausführen; es war eine reiche Ausbeute, die nicht minder ertragreich für die Gewinnung neuer Lautwerte war. Eine ganze Anzahl neubestimmter Hieroglyphenzeichen konnte Bossert auf den achtundachtzig Druckseiten seiner Arbeit veröffentlichen, von

denen nur ganz wenige Lesungen später wieder aufgegeben werden mußten. Sein Entzifferungswerk wurde zum durchschlagenden Erfolg und trug ihm von seiten des Berliner Assyriologen Bruno Meißner das Angebot ein, im Auftrag der Preußischen Akademie der Wissenschaften ein neues Sammelwerk, ein Corpus der hieroglyphenhethitischen Inschriften, verantwortlich zu leiten. Daraufhin unternahm Bossert im Sommer 1933 eine Reise nach der Türkei, um hethitische Felsinschriften aufzunehmen. Dort wurde er dem damaligen Unterrichtsminister Dr. Reschid Galip vorgestellt, der eben mit der Neuorganisation der Universität Istanbul beschäftigt war, die damals gerade von Kemal Atatürk nach europäischem Vorbild eingerichtet wurde. Der Minister bot dem erfolgreichen Privatgelehrten eine Professur an, und Bossert sagte zu. Von 1934 bis 1960 war er Professor für altkleinasiatische Sprachen und Kulturen an der Literarischen Fakultät der Universität Istanbul und zugleich Direktor des Instituts zur Erforschung altvorderasiatischer Kulturen.
Bisher wurde hier der Gang der Entzifferung bis auf Bosserts *Šantaš und Kupapa* verfolgt und dabei festgestellt, daß Bossert den alten »Syennesis« endgültig gestürzt und an seiner Statt Warpalawas eingesetzt hatte. Damit war freie Bahn geschaffen, und Meriggi, der in seiner ersten Arbeit noch jenem Irrtum unterlegen war, ging nun seinerseits daran, die Lautzeichen neu zu ordnen, wobei er in einer Reihe kleinerer Arbeiten in der Hauptsache zu Bosserts Resultaten kam, die Sprache jedoch im Gegensatz zu dem deutschen Forscher, der sie damals für churritisch hielt, als indogermanisch annahm. Sodann ging Meriggi in mehreren längeren Arbeiten in französischen und deutschen Fachzeitschriften daran, ganze Texte zu interpretieren, um vor allem die syntaktische Struktur der Sprache aufzuhellen, Versuche, die zwar in Einzelheiten nicht unwidersprochen blieben, im allgemeinen aber weitgehend mit denen Bosserts übereinstimmten, so daß die beiden Forscher eine gewisse gemeinsame Plattform geschaffen hatten; diese wurde durch einzelne Lesungen Friedrich

Die hethitischen Hieroglyphen 235

Hroznýs, der sich ab 1932 auch dem Hieroglyphenhethitischen zuwandte, noch gestützt, so daß J. Friedrich in einem später verfaßten Rückblick den damaligen Stand der Forschung als eine Art »Einheitsfront Bossert-Meriggi-Hrozný« bezeichnen konnte. Von Hroznýs Ergebnissen ist vielleicht am wichtigsten, daß er auf eine Anzahl von Ähnlichkeiten zwischen dem Keilhethitischen und dem Bildhethitischen hinwies, aus denen nun deutlich die enge Verwandtschaft der beiden Sprachen hervorging.
Neue Texte – das war das große Desiderat der hethitischen Forschung. Sie blieb auch nach 1933 nicht müßig. Zunächst wurde das Vorhandene gesammelt und allgemein zugänglich gemacht. Es erschienen Textausgaben von Hrozný, von Meriggi, von Gelb, Früchte jahrelanger Arbeiten in den Studierstuben und ausgedehnter Forschungsreisen im Lande selbst. So hatte Professor Gelb schon 1932 und 1935 Reisen in die Türkei unternommen, um neue hieroglyphenhethitische Denkmäler zu entdecken. »Die Streifzüge zu Pferde oder Maulesel durch das alte Land der Hethiter waren die glücklichsten Stunden meines Lebens.«[52] Dabei jagte er natürlich oft trügerischen Spuren nach. Dafür aber entschädigten ihn herrliche Funde wieder überreich, darunter die Entdeckung der Inschrift nahe der alten Kreuzfahrerburg Yilankale bei Sirkeli in Kilikien oder der Kampf um die Kötükale-Inschrift, um die sich bereits zwei frühere Expeditionen vergeblich bemüht hatten, weil sie an einer steilen, jäh zum Fluß abfallenden Felswand angebracht ist.
Professor Meriggi, der Systematiker, konnte 1937 eine (damals) vollständige Zeichenliste vorlegen, die noch heute unentbehrlich ist. Schon früher – 1934 – hatten die Deutschen K. Bittel und H. Güterbock die Grabungen in Boghazköy wieder aufgenommen und im dortigen Königspalast einen Vorratsraum mit fast 300 Tonsiegeln gefunden, von denen etwa 100 richtige (wenn auch sehr kurze und oft stark beschädigte) Bilinguen waren: sie trugen, wie das schon so lang bekannte Tarkumuwa-Siegel, die Namen der Könige in Keilschrift und

Die hethitischen Hieroglyphen

in Hieroglyphen. Der Hauptgewinn allerdings lag, was in der Natur der Sache begründet war, wieder nicht in neuen sprachlichen Erkenntnissen, sondern darin, daß man nun die

a) Tarkumuwa von Mira

b) Indilimma

c) Tabarna von Hatti

d) Königin Puduhepa von Hatti

Abb. 74 Keilschriftlich-hieroglyphenhethitische Siegel

hieroglyphische Schreibung der Namen der meisten hethitischen Großkönige kennenlernte. Diese Namen bestanden leider zum größten Teil aus Ideogrammen und gaben daher keine Aufschlüsse über die Lautung; aber einige silbisch geschriebene Namen fanden sich doch (darunter der der Königin Puduhepa, den Bossert schon 1933 gelesen hatte), und für die historische Forschung im allgemeinen und die Datierung der Felsinschriften im besonderen wurde die Entdeckung des Königsnamens Suppiluliuma von Bedeutung.

Dieses letztgenannte Siegel machte Bossert noch 1944 zum

Die hethitischen Hieroglyphen

Gegenstand einer besonderen Studie, in der er eine neue Frage aufwarf: Haben Zeichen, die normal Silbenzeichen sind, auch ideographischen Wert? Unter dieser Annahme kam Bossert zu einer ansprechenden Erklärung des Namens Suppiluliuma, die aber noch nicht allgemein anerkannt wurde.

Seit den späten siebziger Jahren erbrachten französische Grabungen in der antiken Stadt Emar (heute Meskene ostwärts von Aleppo) mehr als hundert Siegel und Siegelabdrücke in hethitischen Hieroglyphen aus dem 14. und 13. Jahrhundert v. Chr., die wesentliche Abweichungen der Zeichenformen von den bis dahin bekannten aufweisen; in vielen Fällen werden die Zeichen aber durch den beigegebenen Text in Keilschrift verständlich und lesbar.

Gelbs weitere Arbeiten (1935 und 1942) brachten eine vielfach glückliche Neuverteilung, besser gesagt, Neubestimmung gewisser bis dahin zweifelhafter Zeichen. Auch er bot eine Lautzeichentabelle, die jedoch, ebenso wie seine Annahme nasalierter Vokale, umstritten blieb.

Noch bei Kriegsende aber durfte man von dem Erreichten nur behaupten, was J. Friedrich vom Stande der Forschung im Jahre 1939 gesagt hatte: »daß die Hieroglyphenentzifferer in prinzipiellen Fragen wie in den Lesungen auf dem richtigen Wege«[53] waren.

Das Wesen der Schrift hatte man klargestellt. Man kannte etliche fünfzig regelmäßige Silbenzeichen, gewöhnlich vom Typ Konsonant + Vokal, über die ziemlich allgemeine Übereinstimmung erzielt war; diesen stand eine viel größere Anzahl Ideogramme gegenüber, die man nicht lautlich lesen konnte. Man hatte aber auch gesehen, daß die Silbenzeichen oft als »phonetische Komplemente« verwendet wurden, als Zusätze, mit denen man die Endungen der Wörter, welche sich hinter den Ideogrammen verbargen, aber auch willkürlich andere Wortteile, lautlich ausschrieb. Daß es sich beim Hieroglyphenhethitischen um eine indogermanische Sprache handelte, wurde angenommen, war aber nicht schlüssig bewiesen.

Die hethitischen Hieroglyphen

Man hoffte noch immer auf die große, guterhaltene, schöne Bilingue, nach der schon Sayce gerufen hatte, diesen Wunschtraum der Linguisten, Archäologen und Historiker. Der Mann, der sie der Forschung bescherte und für die Welt entdeckte, war abermals Helmuth Theodor Bossert.

Er hatte 1945 im Auftrag der Istanbuler Universität eine Reise in die südöstliche Türkei unternommen, um dort nach Spuren der alten Kulturen zu suchen, und dabei von Nomaden gesprächsweise von einem »Löwenstein« gehört, der sich in der Umgebung des nahen Städtchens Kadirli finden sollte.

Nun ist aber der Löwe eins der beliebtesten und häufigsten hethitischen Symboltiere. Bosserts Interesse war geweckt; er machte sich im Februar 1946 auf die Suche nach dem Stein. Vielleicht hätte er ihn nie gefunden, hätte ihn nicht der türkische Lehrer Ekrem Kuşçu, der einzige Mann am Ort, der davon wußte und die Stätte mehrmals besucht hatte, hingeführt. Bossert fand den »Löwenstein«, von dem er gehört hatte (der »Löwe« entpuppte sich später als ein Stier!) und erkannte, daß der Stein als Sockel für eine Statue gedient hatte. Diese lag, arg beschädigt, daneben und trug eine semitische Inschrift. An derselben Stelle – die Entdeckung ereignete sich auf dem Karatepe, dem »Schwarzen Berg«, früher Aslantasch genannt, am Flusse Ceyhan, dem antiken Pyramos, im alten Kilikien – fand Bossert schon bei dieser ersten Nachforschung, die zeitlich sehr beschränkt war, Bruchstücke mit hethitischen Hieroglyphen.

Semitische Schrift und hethitische Hieroglyphen – ein neuer Hoffnungsschimmer! Konnte es sein, daß der »Schwarze Berg« Texte in diesen beiden Schriften, Inschriften gleichen Inhalts barg, daß er eine, nein, *die* Bilingue freigeben würde?

Bossert war im nächsten Jahr abermals zur Stelle. Vier Wochen lang grub er dort mit seinem Assistenten Dr. Bahadir Alkim, einem jungen, westlich erzogenen und ausgebildeten Dozenten (später Professor der Istanbuler Universität). Und es war ihm beschieden zu finden, wonach man seit mehr als siebzig Jahren verlangt und was Bossert trotz aller frühe-

Die hethitischen Hieroglyphen 239

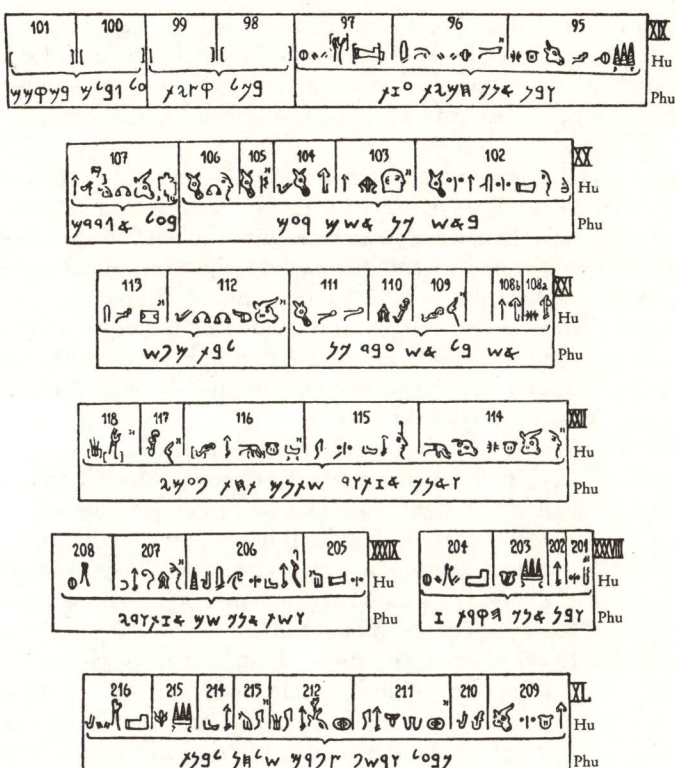

Abb. 75 Die Sätze XIX–XXII und XXXVIII–XL aus der Bilingue vom Karatepe

ren Erfolge insgeheim ersehnt hatte: aufrechtstehende, gut erhaltene Reliefplatten (»Orthostaten«) mit Skulpturen und Inschriften in phönizischer und in hieroglyphenhethitischer Schrift – *die Bilingue*.
»Er fand die Bilingue.« Das hört sich einfach an. In Wahrheit aber war diese »sensationelle Entdeckung« (um mit J. Friedrich zu sprechen) die Krönung unermüdlicher Arbeit, der

Lohn für zahllose Strapazen, Mühen und Enttäuschungen, Höhepunkt einer Reihe dramatischer Zwischenfälle und ein Geschenk des Glückes, das Bosserts Mitarbeiter Franz Steinherr die gefundenen Inschriften sozusagen im Schlaf als Bilingue erkennen ließ. –
Man hat die Inschriften vom Karatepe in ihrer Bedeutung zuweilen – wohl zu Unrecht – mit dem Stein von Rosette verglichen. Will man schon eins der ägyptischen Schriftdenkmäler zum Vergleich heranziehen, so müßte es vielmehr das Dekret von Kanopus sein, denn die Karatepe-Bilingue spielte hier die Rolle, die jenes Dekret dort gespielt hatte: sie wurde zum Prüfstein, der die wesentliche Richtigkeit der Entzifferung bestätigte, zum Siegel der Vollendung, das aller vergangenen Arbeit aufgedrückt wurde.
Die Übersetzung (nach dem phönizischen Text) lautete:

XIX: »Und ich baute starke Burgen an allen Enden auf den Grenzen an den Orten, an denen böse Menschen waren, Bandenführer, deren keiner dem Hause des Mpš (Dynastie des Asītawadda) dienstbar (gewesen) war, aber ich, Asītawadda, legte sie unter meine Füße.«

XXXVIII: »Und ich baute diese Stadt, und ich gab (setzte) (ihr) den Namen Asītawaddija(,), denn Baal (hier.-heth. ›der Wettergott‹) und der Rešef der Vögel (hier.-heth. ›der Hirschgott?‹) schickten mich aus, (sie) zu bauen.«[54]

Natürlich bekräftigte sie nicht nur, was man schon wußte: allein der Umstand, daß die hieroglyphenhethitische Version in zwei Fassungen vorliegt, lieferte durch Vergleich die Werte von fünfzehn Lautzeichen und die Bedeutung von ca. fünfundzwanzig Ideogrammen; er bestätigt außerdem die Werte von acht Zeichen und die Bedeutung von sechzehn Ideogrammen. Darüber hinaus gab uns die Bilingue auch zahlreiche neue Ideogramme; mehr als vierzig Wörter wurden so zum erstenmal lesbar, zwanzig andere, deren Lesung vermutet war, bestätigt.

Sie brachte auch ihre Überraschungen; so die Tatsache, daß gewisse Ideogramme auch als »Vokale« oder Silbenzeichen in der Wortmitte auftreten konnten; auch Homophonie konnte nachgewiesen werden: auch hier im Bildhethitischen konnte derselbe Lautwert durch verschiedene Zeichen ausgedrückt werden!

Ferner erlaubte es der Fund, tiefer in die Syntax der Sprache einzudringen, und förderte so deren Verständnis beträchtlich. Sie ist dank der Auswertung, die sie seit der Entdeckung der Bilingue durch Bossert erfuhr, heute lesbar, wenngleich auch hier noch manche Arbeit zu tun bleibt.

Wenn die Inschriften auch eine Enttäuschung brachten, so ist es der Umstand, daß sie für die Historiker nicht so ertragreich waren, wie man gehofft hatte.

Ihr Urheber ist kein Phönizier; er führt den anatolischen Namen Asitawatas und nennt sich König der Dananiyim und Vasall des Awarakus, eines kilikischen Herrschers, der nach keilschriftlichen Quellen Urikki oder Uriaik hieß und sich dem Assyrer Tiglatpilesar ergab. Nach den Karatepe-Inschriften ist das Königreich der Dananiyim die Ebene von Adana. In der Inschrift spricht, wie wir oben lasen, Asitawatas von seiner Gründung der nach ihm benannten Stadt (die mit der Karatepe-Ruinenstätte gleichzusetzen ist) und erzählt, wie er das Land von Osten nach Westen befriedet und starke Burgen gebaut hat. –

Da die Inschriften, wie angedeutet, aus dem achten Jahrhundert vor Christus stammen, Kilikien aber schon seit etwa 1000 vor Christus ein Gebiet hethitisch-phönizischer Mischkultur ist und historisch gesehen nur mehr ein Nachleben der einstigen Blütezeit des mächtigen Hethiterreiches (»Altes Reich« von ca. 1600–1470, »Neues« von ca. 1440–1200) zu verzeichnen hat, war die historische Ausbeute naturgemäß etwas enttäuschend.

Einen Hinweis enthielt die Bilingue allerdings auch, der für den klassischen Philologen von großem Wert ist. Wie man in der Übersetzung der phönizischen Version oben angedeutet

findet, bezeichnet sich Asitawatas als einen Angehörigen des Hauses »mpš«. Und das gab zu denken.
Man erkannte natürlich gleich, daß die Dananiyim identisch sein konnten mit den schon bekannten Danauna oder »dnwn«, die im 12. Jahrhundert vor Christus in Ägypten einfielen. Ein Brief aus El Amarna erwähnte sie als Danuna, ein Volk aus Kanaan. Im 14. Jahrhundert hatten sie demnach in Kilikien oder unweit davon gesessen. Und hier knüpfte eine andere Überlegung aus der griechischen Antike an.
Homer nennt die Griechen vor Troja »Danaoi«, die Danaer, und die griechische Überlieferung weiß zu berichten, daß der Name auf eine ursprünglich orientalische Dynastie zu Argos zurückgeht. Danaos, ihr Ahnherr, der ihr den Namen gab, sollte ein Sohn des Belos sein. Belos ist nun aber namensgleich mit dem babylonischen Gott Bel, und wer Belos hieß (-os ist nur die griechische Endung), der mußte ein Orientale gewesen sein. Und nun nannte sich Asitawatas einen Abkömmling des Hauses »mpš«. Das konnte nach dem übereinstimmenden Urteil mehrerer Gelehrter nur Mopsos sein. Und Mopsos ist der griechischen Sage nicht unbekannt.
Sie weiß von zwei mythischen Sehern dieses Namens. Der eine von ihnen ist mit Kleinasien verknüpft. Er gilt als der Miterbauer der Stadt Mallos in Kilikien, wo er auch den Tod gefunden haben soll.
Gleichfalls in Kilikien aber gibt es eine Stadt, die einst einen noch deutlicher sprechenden Namen trug. Sie liegt am Ceyhan, an der alten Straße von Tarsos nach Issos. Bis vor kurzem führte sie den türkischen Namen Misis; einst hieß sie Mopsuhestia, das ist griechisch und heißt »Herd« oder »Brandaltar des Mopsos«. –
Nun weiß man aus assyrischen Quellen, daß der assyrische König Assurnasirpal I. im elften Jahrhundert das Land Daununa besiegt und dort fünf Städte eingenommen hat.
Da die Inschriften vom Karatepe aus dem achten Jahrhundert stammen, müssen Dynastie und Königreich des Mopsos schon fast 300 Jahre alt gewesen sein, als Asitawatas seine

Die hethitischen Hieroglyphen

Inschrift schrieb. Mopsos ist somit aus dem mythischen Nebel der griechischen Sage herausgetreten und steht nach dem Zeugnis der Karatepe-Inschriften als historische Persönlichkeit vor uns.

Dies neue Wissen kombinierte nun Professor Bossert mit einer anderen Stelle aus den Karatepetexten, wo es heißt, daß Pahri (sprich »pachri«) eine wichtige Stadt des hethitischen Staates war, zu der die Festung Karatepe als Außenposten gehörte. Er ging daran, zu beweisen, daß Mopsuhestia, die Mopsos-Stadt, in älterer Zeit Pahri geheißen habe.

Das versuchte er, indem er das alte Mopsuhestia ausgrub!

Die Kampagne des Jahres 1956 legte u. a. ein Fußbodenmosaik der alten Bischofskirche von Mopsuhestia frei. Die Grabungen wurden durch den unerwarteten Tod des hochverdienten Forschers im Jahre 1961 unterbrochen.

Nun noch ein abschließendes Bild von der hethitischen Hieroglyphenschrift, wie es auch von der Keilschrift und der ägyptischen Schrift entworfen wurde. Hieroglyphen auch hier – aber wie ganz anders, wie fremdartig im Vergleich zu den doch viel vertrauteren ägyptischen! Ihnen sind, künstlerisch gesehen, die hethitischen wohl unterlegen; aber war es dort die schöne Form, das Ebenmaß, die Schreibzucht, die

Abb. 76 Inschrift aus Karkemisch, bildhaften Charakters

Die hethitischen Hieroglyphen

den Betrachter bestechen, so übt hier gerade das Unbekümmerte, irgendwie Unfertige und scheinbar Wirre einen seltsamen Zauber aus.

Wie schon aus mehreren Andeutungen im Laufe der Darstellung hervorging, finden wir in den hethitischen Hieroglyphen wieder, was das Wesen der ägyptischen Schrift und der akkadischen Keilschrift ausmachte: Ideogramme, phonetische Zeichen und Determinative, die teils vor, teils hinter dem zu bestimmenden Wort stehen. Dabei stimmt die hethitische Hieroglyphenschrift mit der akkadischen Keilschrift (*nicht aber mit der ägyptischen Schrift*) darin überein, daß auch ihre Silbenzeichen einen ganz bestimmten Vokal enthalten. Es gibt einen Worttrenner, der zwar häufig, doch nicht immer gesetzt wird (|C). Neben Wortzeichen, die in ihrer sorgsamen Ausführung kleinen Kunstwerken nahekommen, stehen häufig einfachere, kursive Zeichen.

Deutlich ist z. B. auf den Familienreliefs aus Karkemisch (s. Abb. 70, S. 220) das Personendeterminativ zu sehen, der kleine schräge Strich links oben vor den Namen (sechsmal untereinander), der vielleicht dem entsprechenden Determinativ der babylonischen Keilschrift, dem senkrechten Keil vor männlichen Personennamen, nachgebildet ist. Charakteristisch ist ferner, daß den oft so naturalistischen Bildern (man

Abb. 77 Hethitische Hieroglyphenzeichen für »Haus«, »Sonne«, »Gott«

vergleiche besonders die schönen Tierköpfe!) andere Zeichen gegenüberstehen, die so hochgradig stilisiert sind, daß ihr bildlicher Ursprung nicht mehr zu erkennen ist. Typisch hierfür sind etwa die Zeichen für »Haus« und »Sonne« sowie das rätselhafte Gottesdeterminativ, hier wie in der Keilschrift Determinativ und Ideogramm zugleich.

Die Schriftrichtung verraten die Menschen- und Tierköpfe, weil sie nach dem Zeilenanfang blicken, und gelegentliche unausgefüllte Zeilenstücke: man schrieb ›bustrophedon‹,

kehrte die Schriftrichtung jeweils am Zeilenende um, wie der Pflüger sein Gespann mit dem Pflug am Ende einer Ackerfurche. Die Frage, ob diese Schrift im wesentlichen entziffert sei, stellte H. Th. Bossert schon in den Jahren 1960 und 1961; man wird sie heute zuversichtlicher als damals bejahen. Schon in jenen Jahren lag als Ergebnis der Auswertung von ›digraphen‹ (mit zweierlei Schriften beschriebenen) Siegeln aus Boghazköy und Ugarit sowie der Bilingue von Karatepe die zusammenfassende Darstellung der Schrift durch E. Laroche vor, dem man neue Zeichenlesungen und lexikalische Erkenntnisse verdankte. Die Schrift wollte man von einer nordsyrischen Schreiberschule, vielleicht auch von der churritischen Schrift herleiten; ihre Erfindung setzte man um etwa 1600 v. Chr. an. Daneben waren monumentale Werke von P. Meriggi getreten: sein hieroglyphenhethitisches Wörterbuch und sein Handbuch des Althieroglyphischen, das alle Texte mit Umschrift, Übersetzung und Glossar bot sowie einen eigenen Grammatikband enthielt, den ersten für diese Sprache. Korrekturen früherer Zeichendeutungen steuerten sodann H. Mittelberger, J. D. Hawkins, A. Morpurgo-Davies und G. Neumann bei, die anhand neuer Funde vier Zeichen neue Lautwerte zuwiesen und mittels so gewonnener, neuer Lesungen die Verwandtschaft des ›Hieroglyphenhethitischen‹ mit dem Luwischen als so eng erkannten, daß man heute die herkömmlichen Bezeichnungen der Sprache, ›Hieroglyphenhethitisch‹ oder ›Bildhethitisch‹, durch ›Hieroglyphenluwisch‹ ersetzt hat; die Schrift allerdings heißt weiterhin ›hethitische Hieroglyphen‹. Die Übersichtstafel Abb. 78[55] läßt erzielte Übereinstimmungen ebenso erkennen wie noch offene Fragen, besonders solche der Vokalschreibung.
In seinem jüngsten, magisterialen Überblick über System und Ausbau der hethitischen Hieroglyphenschrift (1992) geht Günter Neumann auf die Frage ein, warum neben der akkadischen Keilschrift eine zweite Schrift, eben die hethitische Hieroglyphenschrift, als notwendig empfunden und geschaffen wurde. Er erklärt ihre Erfindung, wohl die bewußte

Die hethitischen Hieroglyphen

1	2		Mittel-berger	Laroche	Meriggi
∩		i	a	(209) a/e	(171) a
	𝄞	$í$		(299/1) $à$	(250) a_4
⎵		ia	$ā/ya$	(210) $ā$	(172) $ā$
		$iá$		(299/2) $à̄$	(251) $ā_4$
	∪	$ià$		(379) $ā_4$	(272a) a_5
↑		zi	i	(376) i	(387.1) i
	⊕	$zí$	$í_4$	(313) $ì$	(325) i_4
		$zì$		(336) i_5	(330) $ì$
		zi_4	$í_5$	(128) $í_6$	(125) i_6
↕		za	$ī$	(377) $ī$	(387.2) $ī$
		$zá$	$í$	(335) $í$	(329) $í$
		$zà$		(336) $ī_5$	—
		za_4	$ī_6$	(112) $í_4$	(106) $í_5$
⊥		$ní$	$ní$	(214) $ná$	(203) $ná$
⊂		$nì$	ni	(411) $nà/ní$	(388) na
⚘		si	si	(174) $sá$	(174) sa
o|o		wa/i	wa/i	(439) $wa/wí$	(394) wa
		$wá/í$		(165) $wá$	(147) $wà$
	⋇	$wà/ì$		(166) $wà$	(315) $wá$
╲		ra/i	ra/i	(383) ra/ri	$r.$
∥⊢		$tara/i$	$tara/i$	(389) tar	(370) tar
⌈		?		(378) si (??)	(272) $ś_2$

Die hethitischen Hieroglyphen 247

Schöpfung eines Mannes oder einer kleinen Gruppe, aus dem Bestreben, in einem mehrsprachigen Land durch bildhaft-deutliche Zeichen (im Gegensatz zu denen der Keilschrift) unmittelbare Verständlichkeit zu erzielen. Keine fremden Schriften, weder die kretische noch die ägyptische, seien als Vorbilder herangezogen worden. Ihr ursprünglicher Zweck trete schon auf den ältesten Zeugnissen, den Siegeln, zutage: die Demonstration der Herrschermacht. Infolge des zunehmenden Strebens nach Eindeutigkeit durch Phonetisierung erlischt diese Schrift mit ihrem Zeichenbestand von maximal 450 Zeichen (von denen aber zu einer gegebenen Zeit nicht mehr als etwa 200 in Gebrauch standen) um 700 v. Chr. oder kurz darauf; sie weicht der semitischen Buchstabenschrift in ihrer aramäischen Variante.

Die Hieroglyphen wurden von den Hethitern schon im sogenannten Alten Reich (um 1600–1470 v. Chr) neben der Keilschrift verwendet, und zwar nicht nur im monumentalen, sondern offenbar auch im privaten Gebrauch; die Holztafelschreiber, von denen gleich die Rede sein wird, schrieben gewiß keine Keile. Während der ganzen Dauer des hethitischen Großreiches (des Alten und des Neuen Reiches, von etwa 1600 bis rund 1200 v. Chr.) standen so die Keilschrift, wie sie uns im Boghazköy-Archiv entgegentritt, und die Hieroglyphen zum Gebrauch auf Denkmälern, aber gewiß auch als Privatschrift nebeneinander.

Die hethitischen Hieroglyphen verschwanden keineswegs mit dem Sturz des Neuen Reiches um 1200 vor Christus, sondern lebten weiter und wurden noch fortentwickelt in den kleinen, neohethitischen Diadochenstaaten Südostanatoliens und Syriens, vielleicht infolge einer bewußten Pflege natio-

---

Abb. 78 Zeichenliste der hethitischen Hieroglyphen nach Hawkins / Morpurgo-Davies / Neumann, verglichen mit den Lesungen anderer Forscher; Kolumne 1 enthält die Grundzeichen, Kolumne 2 seltene Zeichen, die mit jenen alternieren können.

naler Tradition inmitten der Diaspora. Gerade diesen kleinen Nachfolgestaaten verdanken wir ja so entscheidende Funde wie die Hamath-Steine, die Karkemisch-Inschriften, den Marasch-Löwen und die Bilingue vom Karatepe.
Schließlich ist noch ein letzter Hinblick auf das Materielle interessant. Wir haben gesehen, wie verhältnismäßig leicht die Erschließung der keilschrifthethitischen Sprache vor sich gehen konnte, weil mit den von Winckler entdeckten Tontafelarchiven eine Fundgrube zugänglich gemacht war, die infolge der Lesbarkeit der Schrift sogleich ausgebeutet werden konnte; es wurde auch dargelegt, wie im Gegensatz dazu die Entzifferung der hethitischen Hieroglyphen und ihrer Sprache eine Spanne von rund achtzig Jahren umfaßte und wie mühsam und tastend sie nur vorgetrieben werden konnte, ehe die große Bilingue kam. Warum sind hieroglyphenhethitische Schriftfunde, abgesehen von den Königsmonumenten, so spärlich?
Die Inschriften, die die Abbildungen des Buches wiedergeben, weisen zum allergrößten Teil erhabene Schriftzeichen auf. Dem Stein aber ist diese Technik nicht angemessen. Steininschriften werden in der Regel mit dem Meißel eingehauen. Daß die hethitischen Schriftzeichen dennoch erhaben auf Stein erscheinen, läßt den Schluß zu, daß sie ursprünglich mittels einer anderen Technik wiedergegeben wurden und die Steinmetzen später nur nachahmten, was am anderen Medium am Platz war: erhabene Schnitzerei in Holz. Und Holz war auch tatsächlich der hauptsächliche Beschreibstoff der ältesten Zeit; allerdings in eigens zurechtgemachter Form, wie uns die Darstellung von Schreibzeug und Schreibmaterial auf Skulpturen lehrt.
So kam es, daß das wenige, was uns an hethitischer Literatur erhalten blieb, ein recht unvollständiges, wenn auch ungemein ansprechendes Bild bietet: das Bild eines streng rechtlich gesinnten, kräftigen und gesunden Volkes, das das Leben und seine Freuden liebte, sich auch durch einen urwüchsigen Humor auszeichnete, in Notzeiten jedoch erschütternde

Die hethitischen Hieroglyphen

Worte fand, wie die ergreifenden Pestgebete des Königs Mursilis II. beweisen:

»Wettergott von Hatti, mein Herr, und ihr (anderen) Götter von Hatti, meine Herren! Es sandte mich Mursilis, der Groß-König, euer Diener: Geh und sprich zu dem Wettergott von Hatti, meinem Herrn, und zu den anderen Göttern, meinen Herren, folgendermaßen:
Das ist es, was ihr getan habt: in das Land Hatti habt ihr eine Pest hineingelassen, und das Land Hatti wurde von der Pest überaus heftig bedrückt.
Und wie es zur Zeit meines Vaters dahinstarb und zur Zeit meines Bruders und wie es, seit ich Priester der Götter wurde, nun auch vor mir dahinstirbt, das ist nun das zwanzigste Jahr.
Und das Sterben, das im Lande Hatti herrscht, und die Pest wird von dem Lande noch immer nicht genommen.
Ich aber werde der Pein im Herzen nicht Herr. In der Seele der Angst aber werde ich nicht mehr Herr.«[56]

»Hattischer Wettergott, mein Herr, und ihr Götter, meine Herren, es ist so: man sündigt.
Und auch mein Vater sündigte und übertrat das Wort des hattischen Wettergottes, meines Herrn. Ich aber habe in nichts gesündigt.
Es ist so: die Sünde des Vaters kommt über den Sohn.
Auch über mich kam die Sünde meines Vaters.
Ich habe sie nunmehr dem hattischen Wettergott, meinem Herrn, und den Göttern, meinen Herren, gestanden: es ist so, wir haben es getan.
Und weil ich nun meines Vaters Sünde gestanden habe, soll sich dem hattischen Wettergott, meinem Herrn, und den Göttern, meinen Herren, der Sinn wieder besänftigen.
Seid mir wieder freundlich gesinnt und jaget die Pest wieder aus dem Lande Hatti hinaus.

. . . .

Und weil ich zu euch bete, so erhöret mich. Weil ich nichts Böses getan habe
und von den damaligen, die fehlten und Böses taten, keiner mehr übrig ist,
weil sie längst tot sind, weil über mich aber meines Vaters Angelegenheit kam,
siehe, so will ich für das Land wegen der Pest euch, den Göttern, meinen Herren, Sühnegaben geben.

Aus dem Herzen die Pein verjaget mir, aus der Seele aber die Angst nehmet mir.«[57]

VI

Streitwagen und Becher

Die Entzifferung der kretisch-mykenischen Linearschrift B

> Auch ein stattlicher Kelch, den der Greis mitbrachte von Pylos, welchen goldene Buk-keln umschimmerten; aber der Henkel waren vier ...
>
> *Homer*, Ilias XI, 632–34

Es fing damit an, daß der englische Reisende und Antiquar Greville Chester im Jahre 1889 dem Ashmolean Museum in Oxford unter anderen Antiquitäten einen Siegelstein aus Karneol schenkte, dessen vier ovale Seiten stilisierte, hieroglyphenartige Bildzeichen trugen und der aus Sparta stammen sollte. Der Mann, in dessen Obhut das Geschenk überging, war der Keeper des Museums, Arthur Evans.

Diesem fiel sogleich eine gewisse Ähnlichkeit mit den hethitischen Hieroglyphen auf. Besonders der Hunde- oder Wolfskopf mit der heraushängenden Zunge (im 3. Oval) schien ihm darauf hinzudeuten. Allein, noch waren keine Parallelen aus einem der alten Kulturkreise aufgetaucht, und Evans zog die

Abb. 79 Vierseitiges Karneolsiegel aus Kreta (»Sparta«)

verschiedensten Herkunftsmöglichkeiten in Betracht, darunter auch das »vorhistorische« Griechenland.
Vier Jahre später, im Frühling 1893, reiste Evans nach Griechenland und stieß bei seinen Nachforschungen in Athen auf mehrere Exemplare von Siegeln, die jenem ersten glichen. Vier- und dreiseitige, in der Achse der Länge nach durchbohrte Siegel konnte er sammeln, und alle Nachfragen ergaben eindeutig ihre Herkunft: sie waren aus Kreta gekommen. Erkundigungen im Berliner Museum brachten Evans Abdrücke ähnlicher Exemplare ein, eine von A. H. Sayce in Athen entdeckte Gemme kam hinzu, und Evans konnte nach seiner Rückkehr im November 1893 der Londoner Hellenischen Gesellschaft mitteilen, daß er etliche sechzig hieroglyphische Symbole entdeckt hatte, die offenbar einer auf Kreta einheimischen Bilderschrift zugehörten. Nach Kreta fuhr er denn auch schon im folgenden Jahre.
Er bereiste das Innere und den Osten der Insel. Seine Erwartungen bestätigten sich, seine Hoffnungen gingen in Erfüllung. Er konnte eine überraschend hohe Zahl von Überresten jener alten Kultur sammeln, des Kreta der hundert Städte, das Homer besingt, des Reiches des Minos, wie er zu erkennen glaubte. Ein besonders glücklicher Fund beflügelte seine Sammlerleidenschaft und bestärkte ihn in seiner Ansicht: er fand einen Abdruck jenes von seinem Museum erworbenen Karneolsiegels »aus Sparta« (Abb. 79) in den Händen seines ursprünglichen Besitzers hier auf Kreta wieder!
Während rund fünfundzwanzig Jahre früher, als Wright die Hamath-Steine in Syrien entdeckte, der Aberglaube der Einheimischen die Zerstörung der Steine und tätliche Angriffe auf die Entdecker und Sammler hatte befürchten lassen, kam hier auf Kreta ein anderer, nicht weniger fest eingewurzelter Aberglaube Evans zu Hilfe. Er war auf der Suche nach Siegelsteinen und Gemmen, die in der Regel durchbohrt waren. Solche durchbohrten und daher bequem an Schnüren oder Kettchen um den Hals zu tragenden Stücke aber verwendeten, wie Evans zu seiner freudigen Überraschung feststellen

konnte, die kretischen Landfrauen und Dörflerinnen mit Vorliebe als Schmuckstücke und Amulette: sie schätzten sie als *galópetrais*, als »Milchsteine« oder *galoúsais* – »Milchbringer« oder »Milchspender«, und hielten in Zeiten der Schwangerschaft große Stücke auf sie!

Als Evans das erkannt hatte, begann er, die Dörfer auf seinem Wege systematisch zu »durchkämmen«; er machte Besuche von Haus zu Haus, von Hütte zu Hütte, bewunderte den Schmuck der Dorfschönen und bekam so Prachtexemplare durchbohrter Siegel aus kretischer Frühzeit zu sehen! Zugleich fielen ihm viele andere beschriebene Stücke in die Hand, die im Gegensatz zu jenen ersten Funden »lineare« oder »quasi-alphabetische« Schriftzüge aufwiesen! Der britische Antiquar hatte die Existenz zweier uralter, einheimischer Schriftsysteme, eines piktographischen und eines linearen, erkannt; eine Entdeckung von solcher Bedeutung und Tragweite, daß er sich entschloß, ihr nachzuspüren und auf Kreta zu graben.

Auf Kreta zu graben! Evans wußte auch schon, wo er den Spaten ansetzen sollte. Er wollte in Angriff nehmen, was Heinrich Schliemann noch zwei Jahre vor seinem Tode als die ersehnte Krönung seines Lebenswerkes bezeichnet hatte, die ihm versagt blieb. »Knossos, die Stadt des Minos, die sagenumwobene Stätte des Palastes mit allen seinen wunderbaren Kunstwerken, den sein kunstfertiger Meister Daidalos ihm errichtet hatte, mit dem Tanzplatz der Ariadne und dem Labyrinth selbst, schwebte mir natürlich als erstes Ziel vor Augen.«[58]

Man wußte, wo Knossos zu suchen war. Schon im fünfzehnten Jahrhundert hatte der italienische Forschungsreisende Buondelmonte, der 1419 auf der ägäischen Insel Andros das Buch Horapollons über die ägyptischen Hieroglyphen entdeckt hatte, die Stätte bezeichnet. Es war das Dorf Makroticho oder Makritichos (»Lange Mauer«) sechs Kilometer südlich von Kandia, dem heutigen Iraklion, in einem abgeschlossenen Tal, das ins Landinnere verläuft.

Die kretisch-mykenische Linearschrift B

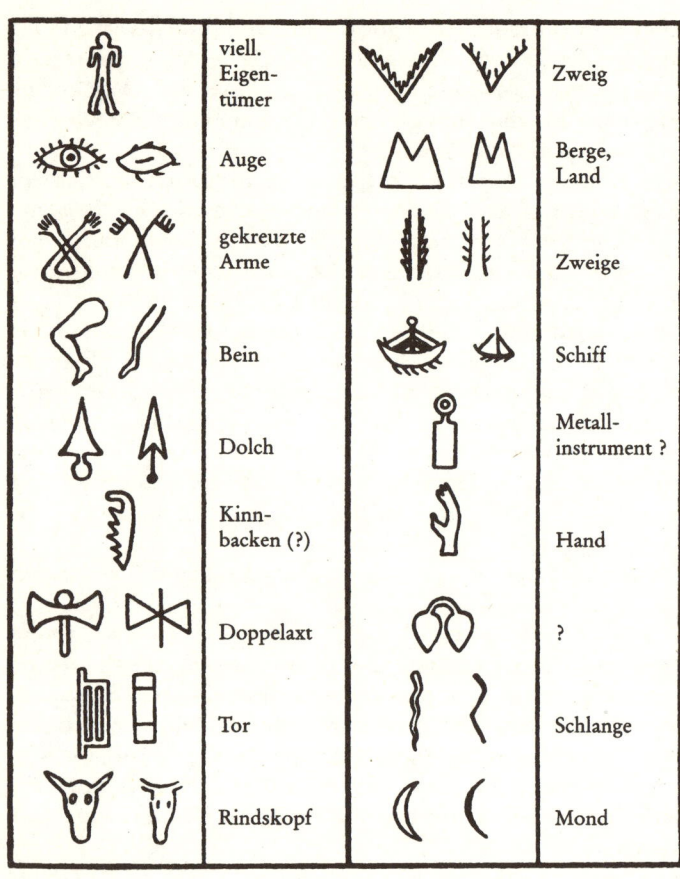

Abb. 80 Auswahl von Zeichen aus den von Evans festgestellten 135 kretischen »Hieroglyphen« nebst ihren mutmaßlichen Bedeutungen. Urtümlichere Formen von ausgeprägtem Bildcharakter stehen neben abgeschliffeneren Zeichen.

Die kretisch-mykenische Linearschrift B 255

Der Name Sir Arthur Evans ist heute zum Begriff geworden; seine große Tat, die Ausgrabung des »Palastes des Minos« in Knossos, ist in wissenschaftlichen und volkstümlichen Darstellungen immer wieder geschildert und Gemeinbesitz der gebildeten Welt geworden.

Abb. 81 Linear-B-Täfelchen aus Pylos

Evans wurde zum Entdecker der alten, kretischen Schriften. In Knossos fand er eine gewaltige Anzahl von »linear« beschriebenen Tontäfelchen sowie Abdrücke von Siegelsteinen vom Typ der »Milchsteine«. Evans brachte allein über die Schriftdenkmäler im Jahre 1909 zu Oxford den vorzüglich illustrierten, umfangreichen Prachtband *Scripta Minoa I* heraus; darin behandelte er hauptsächlich die hieroglyphischen Funde. Im Vorwort aber verhieß er, in den folgenden Bänden II und III die linearen Schriftdenkmäler, die er schon in zwei Klassen, A und B, einteilte, zu veröffentlichen.
Wohl enthielten Evans' *Scripta Minoa I* neben den hieroglyphischen Schriftdenkmälern auch schon das in Linear A gehaltene Material von Knossos sowie vierzehn mit Linear B beschriebene Täfelchen. Doch es vergingen nicht weniger als sechsundzwanzig Jahre, bis Evans sein einst gegebenes Ver-

256 *Die kretisch-mykenische Linearschrift B*

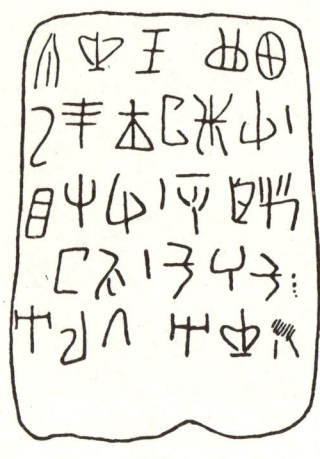

Abb. 82
Schrifttafeln aus Knossos:
a) Linearschrift A;
b) Linearschrift B

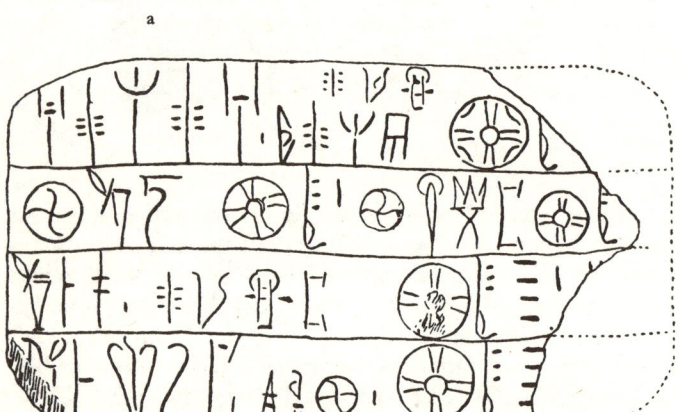

sprechen zu einem ganz geringen Teil einlöste und im Jahre 1935 im vierten Bande seines *Palace of Minos* von den mindestens 2800 (!) ausgegrabenen Tafeln in Linear B wenigstens 120 veröffentlichte.

Darum versteht man das Urteil der beiden englischen Entzifferer Ventris und Chadwick: »Zwei Generationen von

Gelehrten waren um die Gelegenheit betrogen worden, konstruktiv an dem Problem [der Linearschrift B] zu arbeiten.«[59]
Wie berechtigt dieser Vorwurf ist, ermißt man erst an dem, was sich in dem halben Jahrhundert von 1900 bis 1950 in dem Bestreben um die Entzifferung dieser Schrift wirklich abspielte. Es ist klar, daß die geheimnisvollen Denkmäler Berufene wie Unberufene in ihren Bann zogen, »angesehene Gelehrte, talentierte Amateure und Wirrköpfe aller Art aus jenen Randbezirken der Archäologie, wo diese in Wahnsinn übergeht«.[60] Man legte allen vorhandenen Schriftresten nach Evans' Vorgang dieselbe Sprache zugrunde, zog das klassische zyprische Syllabar heran oder suchte in allen Weltgegenden nach dem vermutlichen Urhebervolk der Schrift; so mußten die verschiedensten Völker der Alten Welt daran glauben: Hethiter und Ägypter, Basken und Albaner, Slawen und Finnen, Hebräer und Sumerer.
Da hatte Arthur Evans viel klarer gesehen und die Tatsachen, die sich aus den äußeren Merkmalen der Schriftkunde ergaben, wesentlich nüchterner und zurückhaltender zusammengestellt: die Tafeln waren, wie er sah, durchwegs Inventare, Verzeichnisse und Listen von Personen, Tieren und Gegenständen; worum es sich jeweils handelte, verrieten anschaulich-bildliche »Ideogramme« am Ende von Zeichengruppen oder Zeilen, die Anzahl war nach dem Dezimalsystem angegeben. Die Anfänge der eigentlichen Schriftzeilen bestanden aus Gruppen von zwei oder mehreren (bis zu sieben) Zeichen und stellten offenbar Wörter der »minoischen« Sprache dar. Abbildung 83 läßt erkennen, wie Evans zu diesen Schlüssen kam; 83 oben zeigt eine Tafel, die Evans 1904 im »Arsenal« oder »Zeughaus« zu Knossos fand; sie weist zwölf Wörter auf (durch die kurzen senkrechten Worttrenner leicht zu unterscheiden) und hat am Ende rechts oben das unverkennbare Piktogramm eines Streitwagens in Draufsicht; daneben die Zahlangabe »drei«.
Unter den Gelehrten, die sich während der Jahre der Stagna-

Die kretisch-mykenische Linearschrift B

tion um die mykenische Schrift bemühten, ragte A. E. Cowley hervor, den wir als Vor- und Mitentzifferer der hethitischen Hieroglyphen kennen. Er wies, freilich nur in Form einer Vermutung, 1927 auf sechs Zeichen hin; drei davon, nämlich ⊤ꟼ oder ⊤Υ, kehrten vor den Summen der knossischen Inventare wieder, und hinter drei anderen, den Gruppen ♀⊞ und ♀ꟼ, vermutete er die Bedeutung »Kind« in

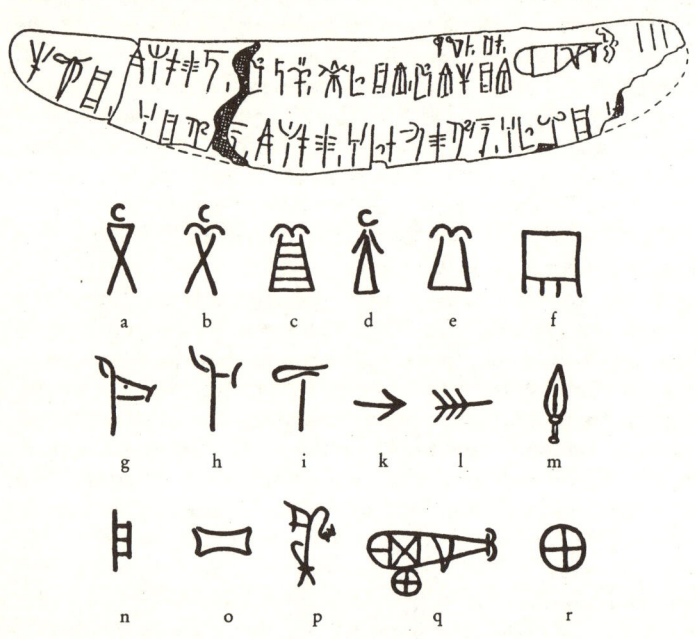

Abb. 83 oben: »Streitwagentäfelchen« aus Knossos; *unten*: Einige Ideogramme der kretisch-mykenischen Schrift: a Mann, b Krieger, c Panzerhemd, d Frau, e Kleid, f Textilien, g Schwein, h Rind, i Schaf, k Lanze, l Pfeil, m Schwert, n Bronze?, o Kupferbarren?, p Honig: Verbindung der beiden Silbenzeichen me-ri, griechisch *meli*, vgl. lateinisch *mel*, französisch *miel*, q Streitwagen, r Rad

Die kretisch-mykenische Linearschrift B

ihren maskulinen und femininen Formen »Jüngling«, ⚲𐀅, und »Mädchen«, ⚲𐀙 – eine Ahnung, die sich später als richtig herausstellte.
Das Vorspiel zur Entzifferung setzte zunächst nicht auf philologischem Gebiet, sondern in der Archäologie ein. Man kannte Schriftdenkmäler in der früher nur »minoisch« genannten Schrift seit Jahrzehnten auch aus Funden vom griechischen Festland, aus Mykene und Theben, aus Tiryns, Eleusis und Orchomenos. Evans hatte die Mykener einfach für kretische Eindringlinge und Kolonisten auf dem Festland erklärt; die Philologen wollten sie, wie erwähnt, abwechselnd zu Pelasgern und Etruskern, Illyriern oder Hethitern stempeln. Nun bahnte sich aber unter dem erbitterten Widerstand konservativer Experten allmählich eine neue Auffassung, gleichsam eine jüngere Schule an, die immer klarer erkannte, daß die Mykener sehr wohl griechisch gesprochen und vielleicht auch geschrieben haben konnten. Diese Richtung empfing einen starken Auftrieb durch die Arbeiten und Resultate einer griechisch-amerikanischen archäologischen Mission im Jahre 1939 in Westmessenien, wo der Amerikaner Carl W. Blegen zu Ano Englianos Überreste eines gewaltigen mykenischen Palastes erkannte und sie als die Residenz des alten Königs Nestor bestimmte, die im dritten Buch von Homers Odyssee beschrieben ist. Blegen trieb einige Versuchsstollen durch den Boden und hatte das Glück, sogleich ein Archiv mit rund 600 Tontäfelchen anzuschneiden! Die Funde wurden nach Athen geschafft und gereinigt, Fragmente zusammengesetzt; und als im Juni 1940 nach der italienischen Kriegserklärung an die Alliierten das letzte amerikanische Schiff aus dem Mittelmeer nach der Heimat auslief, führte es den Schatz unter der Obhut von Mrs. Wace nach Amerika mit. Dort gab der junge amerikanische Forscher Emmett L. Bennett die Täfelchen später heraus.
Die Schrift aber der Tafeln von Pylos, der Nestorresidenz, war unverkennbar identisch mit der kretischen Linearschrift B.

Blegens Entdeckung fand ein geteiltes Echo. Manche sahen in den neuen Funden Importware aus Knossos und somit eine Bestätigung von Evans' »knossozentrischer« Theorie. Kaum einer rechnete damit, daß beides, die pylischen wie die knossischen Tafeln, in griechischer Sprache abgefaßt sein könnte.
Wieder einmal sollte, wie in Anfangsstadien so oft, die strengste Zurückhaltung die ersten greifbaren Resultate zeitigen.
Am 16. Mai 1950 starb Alice J. Kober in Brooklyn. Sie hatte 1932 an der Columbia-Universität mit einer mathematisch-naturwissenschaftlichen Dissertation ihr Doktordiplom erworben. Sie war Sprachforscherin aus Passion und hatte Sanskrit und Hethitisch, Altpersisch und andere indoeuropäische Sprachen, aber auch das Semitische, ja sogar das Sumerische und das Baskische in den Kreis ihrer Studien einbezogen. Dem Kretisch-Minoischen galt ihr brennendes Interesse, und es ist eine liebenswürdige Ironie des Schicksals, daß ausgerechnet Alice Kober, die im Zusammenhang mit dieser Schrift nicht müde wurde zu betonen, daß aus nichts nichts entziffert werden könne, dazu ausersehen war, aus diesem »Nichts« die ersten festen Grundlagen zu schaffen.
Alice Kober legte zuverlässige und praktisch zu handhabende Zeichenlisten an. Dann ging sie daran, geschriebene Wörter zu vergleichen. Auf diesem Wege machte sie ihre erste wichtige Entdeckung: daß die Schrift eine Sprache mit grammatischen Flexionen wiedergab.
Sie sammelte von einer Anzahl Tafeln eine Reihe von Wörtern, deren jedes in drei verschiedenen Formen vorkam; Wörter also, die dadurch hervorstachen, daß sie, abgesehen von einem oder mehreren Endzeichen, aus denselben Zeichengruppen bestanden und sich demnach voneinander offenbar nur durch die Endung unterschieden. Daß es sich in allen diesen Beispielen bei allen drei Versionen jeweils um dasselbe Wort handelte, ging daraus hervor, daß alle drei Formen gemeinsam in einer Liste vorkamen oder aber innerhalb ein und derselben Klasse von Täfelchen in derselben Stellung wiederkehrten.

Die kretisch-mykenische Linearschrift B 261

Alice Kober ordnete die zu vergleichenden Wörter zu einer systematischen Übersicht. Auf den verschiedenen Typen von Tafeln (die Typen wurden nach Inhalt und Zweck festgelegt, die sich aus den Fundorten, den Piktogrammen und anderen Begleitumständen ergaben) kamen vor:

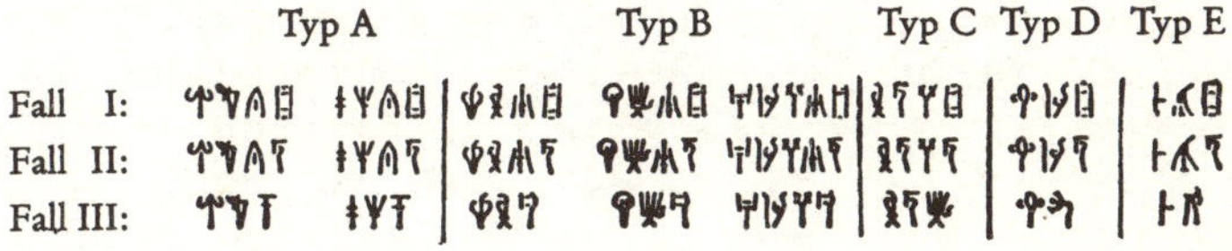

	Typ A	Typ B	Typ C	Typ D	Typ E
Fall I:	ⲯⲨⲛⲉ ⲓⲨⲛⲉ	ⲫⲶⲙⲉ ⲯⲰⲙⲉ ⲯⲂⲨⲛⲉ	ⲓⲨⲨⲉ	ⲯⲨⲉ	ⲧⲕⲉ
Fall II:	ⲯⲨⲛⲋ ⲓⲨⲛⲋ	ⲫⲶⲙⲋ ⲯⲰⲙⲋ ⲯⲂⲨⲛⲋ	ⲓⲨⲨⲋ	ⲯⲨⲋ	ⲧⲕⲋ
Fall III:	ⲧⲨⲧ ⲓⲨⲧ	ⲫⲶⲧ ⲯⲰⲧ ⲯⲂⲨⲧ	ⲓⲨⲯ	ⲯⲋ	ⲧⲛ

Abb. 84 Alice Kobers Dreiergruppen

Wir sind hier abermals in der Lage, den beliebten »Blick in die Werkstatt« zu tun und einen Gedankengang nachzudenken, dessen zwingender Logik man sich nicht verschließen kann. Dabei nimmt er sich, wie so viele berühmte Vorbilder, die bereits vorüberzogen, in der Rückschau ungemein »einfach« aus.

Die Tabelle (Abb. 84) gibt insgesamt acht Dreiergruppen wieder; zwei unter Typ A, drei unter B, je eine unter C, D und E. Eine solche Dreiergruppe stellt ein und dasselbe Wort in drei verschiedenen, an der wechselnden Endung erkenntlichen Fällen dar. Fall III zeigt in jeder Dreiergruppe die kürzeste Form; Fall I hängt durchwegs das Endzeichen -❒ an, Fall II das Zeichen ⲋ, und im Zug dieses Anhängungsprozesses wird in den Fällen I und II auch jenes andere Zeichen geändert, das in Fall III als Schlußzeichen fungierte: - ⲧ in Typ A wird zu -ⲛ, das -ⲯ von Typ B zu ⲙ, und ein entsprechender Wandel tritt auch in C, D und E ein.

Dieser Wandel aber ist von großem Interesse. Er entspricht nämlich genau den Veränderungen, die in einer flektierenden Sprache vor sich gehen, wenn beispielsweise ein Substantiv abgewandelt wird. Die amerikanische Forscherin zog als Analogie die lateinischen Wörter für »Sklave«, »Freund« und

»gut« heran, die alle der zweiten lateinischen Deklination angehören, trennte sie nach Silben, weil man ja bei der mykenischen mit einer Silbenschrift rechnen mußte, und stellte unter ihre Dreiergruppentabelle folgende lateinische Vierergruppen zum Vergleich:

```
ser – vu – s      a – mi – cu – s     bo – nu – s
ser – vu – m      a – mi – cu– m      bo – nu – m
ser – vi          a – mi – ci         bo – ni
ser – vo          a – mi – co         bo – no
```

Vergleicht man die mykenische Tabelle aufmerksam mit der lateinischen Übersicht, so kann man schon Alice Kobers nächsten Schritt ahnen.
Wird nämlich nun versuchsweise (natürlich ohne damit etwas über die wirklichen Lautwerte der mykenischen Silbenzeichen aussagen zu wollen!) das ser–vu–s mit dem Fall I des Typs A gleichgesetzt, so entsprechen (es wird hier von der Endung an begonnen, von der die ganze Überlegung ja ausgeht, also von rechts!) das ▢ dem s, das ⋂ dem vu, der Rest des mykenischen Wortes, 𐂷𐂸, dem Rest des lateinischen, dem ser–; ebenso wäre ser–vo gleich 𐂷𐂸𐂹. Um das besser zu veranschaulichen, sei diese angenommene Gleichung in zwei Zeilen untereinandergesetzt.

```
ser – vu – s      ser – vo       Abb. 85
𐂷𐂸  ⋂  ▢          𐂷𐂸  𐂹           Experimentelle Hilfsgleichung
```

Nun bieten die Silben vu und vo den ersten Anhaltspunkt; sie haben ein und denselben Konsonanten gemeinsam. Nach dem lateinischen Beispiel ist es das v, in Wirklichkeit natürlich ein unbekannter Konsonant. Da man keinen einzigen Laut der mykenischen Silbenzeichen wirklich kennt, hilft man sich, indem man das v des Beispiels »Konsonant 1« nennt, das u »Vokal 1«, das o »Vokal 2«. Versucht man, diese

Die kretisch-mykenische Linearschrift B

Beobachtung in Tabellenform niederzulegen, so ergibt sich dieses Fragment:

	Vokal 1	Vokal 2
Konsonant 1	⋔	𝍖

Man weiß nun von den beiden abgebildeten Silbenzeichen, daß sie beide einen gemeinsamen Konsonanten, aber verschiedene Vokale haben. Ein mageres Resultat – aber jeder geübte Kreuzworträtsellöser, der dies Tabellenfragment betrachtet, wird erkennen, daß es auch ein vielversprechender Anfang ist. Diese begonnene Tabelle bietet sich nämlich wie von selbst zur weiteren Ausfüllung an.

Man beginnt etwa mit der rechts außen angefangenen Spalte »Vokal 2«. Der Vokal 2 war o. Das Wort 𝍖𝍗𝍖, das mit ser-vo gleichgesetzt wurde (man hätte es ebensogut mit ser–vi tun können), steht im Fall III des Typs A. Betrachtet man

	Vokal 1	Vokal 2
Konsonant 1	⋔	𝍖
Konsonant 2		୩
Konsonant 3		Ψ
Konsonant 4		⋌
Konsonant 5		⋈

Die kretisch-mykenische Linearschrift B

nun die dem Fall III entsprechende letzte Zeile der lateinischen Übersicht, so findet man dort die Endsilben (ser)*vo*, (ami)*co*, (bo)*no* – lauter Silben also, die den Vokal 2 enthalten! Dasselbe darf man nun von den Schlußsilben aller mykenischen Wörter annehmen, die im Falle III stehen, also von den Silbenzeichen ᛏ, ᛥ, ᛞ, ᛉ und ᛟ; sie alle enthalten den Vokal 2, sie alle aber auch einen verschiedenen Konsonanten. Als zweiter Schritt sei also die Tabelle vervollständigt, die nun so aussieht, wie S. 263 abgebildet.

Nun kann man sich bereits kürzer fassen. In der noch freien Spalte »Vokal 1« sollen jetzt diejenigen Zeichen aufscheinen, die den Vokal 1, nach der obigen Annahme das u, enthalten. Das sind nach der lateinischen Übersicht die Silben vu, cu, nu; diejenigen, die auf der mykenischen Tabelle in den Fällen I und II vor dem Schlußzeichen der einzelnen Wörter stehen. Dort findet man die Zeichen ᚠ (Typ A), ᛘ (B), ᛚ (C), ᚢ (D) und ᚴ (E). Setzt man sie ein, so ist die Tabelle fürs erste vollständig:

	Vokal 1	Vokal 2
Konsonant 1	ᚠ	ᛏ
Konsonant 2	ᛘ	ᛥ
Konsonant 3	ᛚ	ᛞ
Konsonant 4	ᚢ	ᛉ
Konsonant 5	ᚴ	ᛟ

Diese unscheinbare Tabelle ist nicht mehr und nicht weniger als Kern und Keimzelle der späteren Entzifferung, die Urform des sogenannten »Silbenrostes« (»grid«) oder Gitternetzes, von dem die englischen Entzifferer und ihre amerikanischen Kollegen heute noch gern sprechen. Es ist klar, daß dies Gitternetz nach dem Prinzip, das hier ausführlich dargelegt wurde, nach allen Richtungen erweiterungsfähig war.

Es allerdings weiter auszubauen oder, bildlich gesprochen, seine Maschen immer enger zu ziehen, so daß sich darin nicht nur unbestimmte Vokale und Konsonanten, sondern echte Lautwerte »fangen« konnten, war der frühverstorbenen Alice Kober nicht mehr beschieden. Sie konnte noch 1949 einen weiteren, wichtigen Beitrag zur Entzifferung liefern, indem sie zeigte, daß die schon von Cowley hervorgehobenen Zeichengruppen ⲦꝘ, ⲦΥ und ꝘꝨ, ꝘⱲ die Maskulin- und Femininformen je ein und desselben Wortes sind. Das war abermals ein wertvoller Hinweis auf den Charakter der rätselhaften Sprache, denn die Sprachen, die zum Ausdruck des Maskulinums und des Femininums den Vokal der Endsilbe wechseln (statt etwa eine weitere Silbe hinzuzufügen), sind fast ausschließlich indogermanisch.

Es könnte nun scheinen, Alice Kober habe 1950 bereits eine Lösung hinterlassen, die ihre Nachfolger nur auszuwerten und auszubauen brauchten. Demgegenüber sei nochmals darauf verwiesen, daß man 1950 noch keine einzige Silbe, kein einziges Wort der unbekannten Schrift mit Sicherheit lesen konnte und über den Charakter der Sprache noch immer die widerstreitendsten Vermutungen hegte.

Der Anstoß zur durchschlagenden Entzifferung kam von Sir Arthur Evans, der die entscheidende Anregung, von der hier die Rede ist, aber nicht bewußt und absichtlich gab. Er konnte jedoch, als er 1936 anläßlich des Jubiläums der British School of Athens in London einen Vortrag über die von ihm betreute minoische Abteilung dieser Ausstellung hielt, nicht ahnen, daß der zukünftige Entzifferer inmitten seiner Zuhörer saß und gespannt seinen Ausführungen folgte. Der Mann, der vor

Die kretisch-mykenische Linearschrift B

Abb. 86
Michael Ventris
(1922–1956)

nunmehr vierzig Jahren das Rätsel der kretisch-mykenischen Linear-B-Schrift lösen konnte, war, als er hingerissen dem greisen Evans lauschte, ein Junge von vierzehn Jahren, der noch die Schulbank drückte!

Er hatte sich freilich nicht von ungefähr eingefunden, um den bewunderten Entdecker des Palastes von Knossos zu hören. Schon als Kind bekundete Michael Ventris (1922–1956) eine ungewöhnliche Vorliebe für wenig bekannte Sprachen und geheimnisvolle Schriften. Eine ausgeprägte Sprachenbegabung war ihm eigen, und später überraschte der junge Mann Freunde und Kollegen und gewann im Flug die Herzen Unbekannter, als er sich zwanglos und gewandt mit jedem in seiner Muttersprache zu unterhalten wußte.

Für den ganzen Rest seiner Schulzeit ließ ihn die »minoische« Schrift, wie sie damals noch allgemein hieß, nicht mehr los. Er hatte schon die Schule verlassen und sein Architekturstudium begonnen, als er 1940 im Alter von achtzehn Jahren eine »Einführung« in die minoische Schrift erscheinen ließ und die Täfelchen darin unter dem Gesichtspunkt prüfte, daß sie in etruskischer Sprache gehalten sein könnten – eine Ansicht, die er erst zwölf Jahre später endgültig aufgab.

Doch es gab mehr, was Ventris in diesen bildsamen Jahren beschäftigte. Sein begonnenes Architekturstudium unterbrach der Krieg. Vier Jahre diente er als Navigator in der königlich britischen Luftwaffe. Er gehörte auch eine Zeitlang der britischen Besatzungstruppe in Deutschland an. In allen diesen Jahren führte er die Kopien und Abschriften der minoischen Schriftdenkmäler mit sich! Als er 1946 den grauen Rock seines Königs auszog, kehrte er zur Architektur zurück.

Diese hatte er sich zum Beruf erwählt, und es trifft wohl nicht ganz zu, wenn manche seiner Biographen es heute so darstellen, als sei ihm dieser nur Nebenbeschäftigung, sein eigentliches Anliegen aber die kretische Schrift gewesen. Als Michael Ventris »zu früh«, viel früher noch als einst Champollion, im September 1956 den Tod fand, beklagten die offiziellen und privaten Nachrufe aus Architektenkreisen eines der verheißungsvollsten Talente der jungen Generation.

Unterdessen waren sieben weitere Täfelchen aus Pylos veröffentlicht und damit das vorliegende Material abermals bereichert worden. Das gab den Anstoß, daß Ventris, seine früher entwickelten Theorien freimütig über Bord werfend, sich zu einer neuen »Versuchsreihe«, einer Anzahl detaillierter Schriftstudien entschloß. In privat vervielfältigten und verbreiteten *Arbeitsnotizen (Work Notes)*, die er von Januar 1951 bis Juni 1952 an rund zwei Dutzend Mitforscher und Interessierte versandte und in denen er seine Versuche erläuterte und zu Mitarbeit und Kritik einlud, legte er Schritt für Schritt die Resultate seiner Bemühungen nieder – seiner unablässigen, abendlichen Studien, denn tagsüber arbeitete er an den Plänen für eine Schule und baute er 1952 ein Haus für sich und seine

Frau, ein »schlichtes, logisches, freundliches und unaffektiertes Stück Architektur«.

In diesen Arbeitsnotizen geht er anfangs allerdings noch so manchen Irrweg. Er prüft und untersucht noch immer die Möglichkeit »ägäischer« und etruskischer Wörter und Lesungen – an Griechisch nur zu denken war ja von der orthodoxen Historie und Archäologie verpönt. Doch liegen in den Notizen Nr. 2, 8, 10, 11 und 12 schon mehrere Keime für die Entzifferung beschlossen; sie enthielten Beobachtungen und Vermutungen, die zum Teil schon von Alice Kober, dem jungen Cambridger Philologen John Chadwick, dem Griechen K. D. Ktistopoulos und dem Amerikaner Emmett L. Bennett vorweggenommen worden waren. Die Notizen 1, 13 und 14 beschäftigten sich mit Eigennamen und wiesen darin mindestens sechs an dem Vokal der letzten Silbe des Nominativs erkennliche »Deklinationen« nach – wobei Ventris nach dem von Kober begonnenen Rastersystem verglich und einordnete. Andere Täfelchen, die Zahlangaben enthielten, ermöglichten ihm die Unterscheidung zwischen Singular- und Pluralformen. In Notiz 9 versuchte er noch, die gemachten Beobachtungen mit etruskischen Deklinationsformen zu erklären – ein Beginnen, das sich als immer schwieriger herausstellte. Die Notizen 1, 15, und 17 schließlich illustrierten aufeinanderfolgende Entstehungsstadien von Ventris' »Silbenrost«, der im Februar 1952 die Gestalt angenommen hatte, die Abbildung 87 zeigt.

Er war noch ein sehr unfertiges und unvollkommenes Produkt. Wie ersichtlich, stand noch nicht einmal fest, wie viele Vokale angenommen werden sollten, außerdem wurden manche Zeichen in zwei verschiedene Felder eingesetzt – eben weil Ventris in diesen Fällen damals noch zwei Bedeutungen für möglich hielt.

Dieses vorläufige, mühsam erarbeitete Gebilde hatte jedoch zwei große Vorteile, und darauf sei schon an dieser Stelle im Hinblick auf spätere Angriffe nachdrücklich hingewiesen. Dieser Rost war, lückenhaft und unsicher, wie er in manchen

Die kretisch-mykenische Linearschrift B 269

Teilen noch sein mochte, vollkommen objektiv ausschließlich aus den Kennzeichen erwachsen, die man an den Schriftdenkmälern selbst ablesen konnte; d. h. er beruhte auf Beobachtungen von Tatsachen, die sich aus der bloßen Sichtung der Tafeln nach den Fundorten und sonstigen Begleitumständen der Auffindung, aus der bloßen Zählung und Vergleichung der Schriftzeichen ergab. *Keinerlei* Theorie über die eine oder

	Vokal 1 -a?	V2 -e?	V3 -i?	V4 -o?	V?
Konsonant 1	⊤		◨		
Konsonant 2	⊕	𐀀	𐀂		
Konsonant 3	⊢𐂛			⸰	
Konsonant 4	𐀃	𐀄			
Konsonant 5	𐀅	𐀆	𐀇	𐀈	
Konsonant 6	⇧	𐀉𐀊		𐀋	
Konsonant 7	𐀌	𐀍	𐀎	𐀏	
Konsonant 8	𐀐	𐀑	𐀒	𐀓	
Konsonant 9	✚	𐀔	𐀕		⫐
Konsonant 10		⊖		𐀖	⫑
Konsonant 11	𐀗		𐀘		𐀙
Konsonant 12	𐀚	𐀛	𐀜	✝	𐀝
Konsonant 13	𐀞	𐀟	𐀠	𐀡	
Konsonant 14		𐀢	𐀣	𐀤	𐀥
Konsonant 15	𐀦	𐀧	𐀨	𐀩	𐀪
Konsonant ?		𐀫 𐀬 𐀭	𐀮 𐀯		

Abb. 87
Der »Silbenrost« im Februar 1952, vor der Entzifferung

andere in den Täfelchen verborgene Sprache hatte hier Pate gestanden, kein einziges Feld war im Hinblick darauf ausgefüllt und besetzt worden, daß das Gewonnene sich so besser dem Formenschema einer bestimmten Sprache einfüge!

Das muß betont werden; einer der heftigsten Angriffe, die später gegen Ventris' System gerichtet wurden, gipfelte nämlich in der Behauptung, die Schriftdenkmäler von Linear B enthielten kein Griechisch, und das bißchen Griechisch, das man daraus herauslesen wolle, habe Ventris selbst hineingelegt!

Noch im selben Jahre gab Ventris die etruskische Theorie auf, anfangs widerstrebend und ungläubig, bis er sich gezwungen sah, die Möglichkeit ins Auge zu fassen, daß es sich doch um griechische Sprache handeln könnte.

Der Februar 1952 brachte nämlich die Einlösung des Versprechens, das Arthur Evans 1909 gegeben und nicht gehalten hatte, durch seinen einstigen Schüler, den Oxforder Professor Sir John Myres. Dieser hatte in seiner Ausgabe der Knossos-Täfelchen *Scripta Minoa II* (einem begreiflicherweise überaus dornenvollen und entsagungsreichen Unternehmen, ging es doch auf Evans nachgelassenes, teilweise fünfzig Jahre altes Material zurück) nicht verhindern können, daß dem Werk Mängel anhafteten, die Bennett und Chadwick 1952, 1954 und 1955 korrigieren konnten. Eins aber brachte die neue Veröffentlichung mit ziemlich hoher Wahrscheinlichkeit: eine abermalige Bestätigung des vorläufigen Rostes von Ventris (Abb. 87).

Und ferner führte ein Vergleich der Wörter des nunmehr erweiterten Vokabulars Ventris auf eine Idee, die entscheidend werden sollte.

Nach seinem bisherigen Silbenrost, dessen mangelnde Symmetrie ihn (und andere) schon immer gestört hatte, ergaben gewisse Wörter ein und desselben Typs am Wortende Schreibvariationen, die als Deklinationsendungen einleuchten konnten, während andere Wörter desselben Typs Schreibvarianten aufwiesen, die nach dem Silbenrost be-

trächtlich sein mußten (z. B. Schwankungen zwischen -so und -i), nach dem Kontext aber keine Varianten sein konnten. Wo steckte der Fehler? Gewiß nicht in den Täfelchen. Ventris nahm abermals seinen Silbenrost vor.
Und nun sah er sich veranlaßt, eine Gleichung für vier Zeichenwerte wieder aufzunehmen, die zum Teil auf frühere Hypothesen, besonders A. Kobers zurückgingen, die er jedoch selbst erst, wenigstens teilweise, vor kurzem verworfen hatte. War sie richtig, so trug sie wesentlich zur Symmetrie des Silbenrostes bei und erhöhte dessen Wahrscheinlichkeit beträchtlich.

Sie lautete: ⚹ = a, ⬚ = ja, ⬚ = o, ⚹ = jo.

Stimmte die Gleichung, so war sie folgenschwer. Die häufige Endung von Männernamen im Genitiv, -⚹ oder -⚹⚹, hieß dann -(o)jo und (-i)jojo und glich so alten Formen, die man längst aus Homer kannte, wie *Autolýkoio* und *Ikaríoio*; der als solcher schon vermutete Genitiv Pluralis des Femininums, - ⬚ ⬚, war dann -(i)ja-o und entsprach den altertümlichen Formen *gaiáōn*, *theáōn*. Setzte man nun diese Werte in Kobers Dreiergruppen ein, hinter denen Ventris als erster – nach Analogie der zeitgenössischen Keilschrift-Buchführung der nordsyrischen Hafenstadt Ugarit – Ortsnamen und deren adjektivische Ableitungen vermutete, so ergaben die ersten fünf davon (Typen A und B) ein Vokal- und Halbvokalgerippe, das eine so deutliche Sprache redete, daß es nicht vieler Phantasie mehr bedurfte, sich auch die fehlenden Konsonanten zu ergänzen: da standen nun der Reihe nach die Namen von fünf der bedeutendsten Städte des antiken Kreta, darunter der der Hauptstadt: Lyktos, Phaistos, Tylissos, *Knossos* und Amnisos (Abb. 84, s. S. 261, Fall III, Typen A und B, in der unvollkommenen Schreibung der Originale, die an die der zyprischen Schrift erinnert, ru-ki-to (r tritt statt l ein, u ist im älteren Griechisch y), pa-i-to, tu-ri-so, ko-no-so, a-mi-ni-so).

Stimmten diese neuen Werte, so setzte auf dem Silbenrost die in solchen Fällen unvermeidliche Kettenreaktion ein: nicht weniger als einunddreißig Zeichen konnten nun ihre festen Lautwerte zugewiesen erhalten! Noch glaubte Ventris – trotz dieses Beweismaterials – in seiner letzten Arbeitsnotiz Nr. 20, die er eben versandte, an eine Täuschung, eine Fata Morgana. Aber während die Post diese seine letzte Aussendung vom Juni 1952 noch beförderte, kam Ventris, der schon wieder an der Arbeit saß und die neuen Lautwerte probeweise in eine größere Anzahl von Täfelchen einsetzte, die Erleuchtung, daß die griechische Lösung nun unvermeidlich war, ja sich einfach aufdrängte. Immer mehr Wörter des Vokabulars tauchten nun aus dem Dunkel, erwachten aus ihrem jahrtausendelangen Schlaf: da kamen zum Vorschein ein po-me, Genitiv po-me-no (klassisch griechisch *poimén*) »Hirte«, ein ka-ke-u (*chalkeús*) »Schmied«, ein ke-ra-me-u (*kerameús*) »Töpfer«, ein ka-na-pe-u (*gnapheús*) »Tuchwalker«, und auch i-e-re-u (*hiereús*) und i-je-re-ja (*hiéreia*), »Priester« und »Priesterin«, fehlten nicht!

Nun war ja die Diskrepanz zwischen der Schreibung, die hier zutage trat, und den aus dem klassischen Griechisch überlieferten Formen gewaltig. Man schrieb den Silbenanlaut und den Vokal; der Auslaut der Silbe fiel weg. So konnte pa-te *patér*, »Vater«, bedeuten, aber auch *pántes*, »alle«. Ein Wort wie *stathmós*, »Stall«, scheint als ta-to-mo auf: das s am Wortanfang fällt aus; es gibt ja keine Einzelkonsonantenzeichen; dasselbe gälte für das th vor dem m; hier aber wird umgekehrt verfahren, das th bekommt einen stummen Vokal o angehängt! Lange und kurze Vokale werden nicht auseinandergehalten, ebensowenig b, p und ph und g, k und ch; daß sogar r und l in der Schrift zusammenfallen, sah man schon am Beispiel der Stadtnamen Lyktos und Tylissos!

Ventris, von Beruf Architekt und nicht Philologe, sagte sich, daß unter solchen Umständen vieles, ja vielleicht alles möglich würde – und dieses »alles« dann wohl wieder »nichts« bedeuten könnte! Er fühlte immer dringender das Bedürfnis,

Die kretisch-mykenische Linearschrift B 273

einen Fachmann zum Mitarbeiter zu gewinnen, der sein Handwerk von Grund auf gelernt hatte.
Sir John Myres wußte ihm Rat. Er vermittelte ihm die Bekanntschaft mit einem jungen Mann, der in Cambridge studiert, später in Oxford an der Herausgabe eines lateinischen Lexikons mitgearbeitet, dort Myres kennengelernt hatte und eben zu Anfang des Jahres 1952 als Lecturer in klassischer Philologie an die Universität Cambridge berufen worden war. So fand sich das Entziffererpaar Michael Ventris – John Chadwick; beide Namen sind heute untrennbar miteinander und mit der Entzifferung der Linearschrift B verknüpft.
John Chadwick war im Mai 1920 als zweiter Sohn eines Staatsbeamten geboren und hatte in London die berühmte St. Paul's School besucht. Von dort ging er an die Universität Cambridge. Wie die Studien des um zwei Jahre jüngeren Ventris, so wurden auch John Chadwicks Cambridger Jahre durch den Krieg unterbrochen. Er rückte zur britischen Kriegsmarine ein, in der er fünf Jahre diente.
Auch John Chadwick hegte schon auf der Schule regstes Interesse für Sprachen, und sein vorzüglicher Griechischlehrer in St. Paul's, G. E. Bean, später Professor in Istanbul, verstand es, die Anlagen des begabten Jungen zu fördern. Von jeher hatten aber nicht nur fremde Sprachen, sondern auch unverständliche oder wenig bekannte Schriften den Schüler fasziniert, und während der achtzehnjährige Ventris 1940 die kretischen Tontäfelchen auf ihren Gehalt an Etruskisch untersuchte, hatte sich der achtzehnjährige Chadwick zwei Jahre früher darangemacht, Tibetanisch zu lernen. »Im Krieg verwendete ich meine Freizeit dazu, Neugriechisch und Sanskrit zu lernen. Der Krieg bot mir auch die Möglichkeit, Japanisch zu studieren, und die Kenntnis dieser Schrift« – sie wurde im ersten Kapitel als Beispiel einer Silbenschrift vorgeführt – »und Sprache hat mir sehr geholfen, meine vorgefaßten Meinungen zu revidieren und einer Sprache anzupassen, die in ideographischer und Silbenschrift geschrieben ist.«[61]

Abb. 88
John Chadwick
(geb. 1920)

Als der Fünfundzwanzigjährige 1945 abrüstete, ging er nach Cambridge zurück und bestand im folgenden Jahre seine Abschlußprüfungen in klassischer Philologie mit Auszeichnung.
Im selben Jahr tat er sich auch mit zwei Kommilitonen zu privater Forscherarbeit an den kretischen Texten zusammen. Zunächst kam allerdings nicht viel dabei heraus. Die beiden anderen Adepten wandten sich bald von dem Problem ab. Ihr Abfall konnte John Chadwick nicht irremachen. Er setzte seine Arbeiten fort, wenn auch nicht eben methodisch und planvoll. Er sammelte Auszüge und Notizen, wagte einige vorsichtige Schlüsse und wartete im übrigen das Erscheinen neuen Materials ab. Obwohl er schon zu Beginn seiner Arbeit 1946 das Griechische als mögliche Sprache betrachtete, kam er doch kaum zu nennenswerten Ergebnissen. Als Ventris im

Jahre 1952 seine Entdeckung verkündete und John Myres seine Bekanntschaft mit Chadwick vermittelte, traf die Ankündigung der Entzifferung den neuernannten Lecturer über seinen neuen akademischen Aufgaben und daher trotz seiner vorangegangenen sechsjährigen Beschäftigung mit der kretisch-mykenischen Schrift im Augenblick unvorbereitet an.
Sir John Myres, der Chadwick die letzten »Arbeitsnotizen« von Ventris zeigte, war davon nicht sonderlich beeindruckt. Auch Chadwick war zunächst skeptisch, aber doch viel eher bereit, auf Ventris' Resultate einzugehen, da er ja selbst zu denen gehörte, die mit dem Griechischen in den minoischen Texten rechneten. Sir John Myres gestattete dem jungen Kollegen, Ventris' Silbenrost, wie er damals vorlag, zu kopieren.
»Die nächsten vier Tage waren die aufregendsten meines Lebens – ja ich versenkte mich so gründlich in die Sache, daß mir meine Frau vorwarf, die Wiederkehr unseres Hochzeitstages übersehen zu haben!«[62]
Chadwick begann, die von Ventris aufgestellten Werte in die Texte einzusetzen, und mußte zu seiner steigenden Überraschung und Spannung erkennen, daß sich – in der von Ventris angenommenen »Orthographie« – ganz einfach zu viele griechische Wörter darin fanden, als daß man noch an einen Zufall hätte glauben dürfen! Er stieß auch auf mehrere Bedeutungen, auf die er schon im Zuge seiner eigenen Studien verfallen war, sowie – eine glänzende Rechtfertigung der Arbeit des jungen Architekten! – auf eine Anzahl »unklassischer« Formen, die in diesem Zweifel und Bedenken geweckt hatten, Chadwick aber, dem versierten Kenner griechischer Dialekte, auf den ersten Anblick klar und vertraut waren!
Kein Wunder, daß sogleich eine rege Korrespondenz zwischen den beiden Forschern einsetzte (später schrieben sie einander sogar gelegentlich in der von ihnen entzifferten Schrift!), die bis zu Ventris' tragischem Ende nicht mehr abriß. Chadwick konnte nun seinerseits für mehrere noch

nicht identifizierte Zeichen Lautwerte vorschlagen, eine Beobachtung ergänzte die andere oder rief neue des Partners hervor. Chadwick konnte übrigens auch als erster die Götternamen auf einer der Knossostafeln lesen – einer der wenigen Fälle, in denen Ventris einer Erkenntnis seines Mitarbeiters zunächst skeptisch gegenüberstand.

»Ich habe mich stets bemüht, klarzumachen, daß der Durchbruch Ventris' alleiniges Verdienst war; meine Rolle war die der ersten Infanteriedivision, die die Bresche verbreiterte und der Panzerspitze die erforderliche Unterstützung lieh. Die bloße Bestimmung der Lautwerte war erst ein Anfang, und in der überaus schwierigen Aufgabe, die entzifferten Wörter in verständliches Griechisch zu übertragen, arbeiteten wir als ebenbürtige Partner, sandten einander beständig unsere Vorschläge zu und hatten oft unabhängig voneinander dieselben Einfälle ...

Es war eine reine Freude, mit Ventris zu arbeiten, und selbst wenn wir nicht übereinstimmten, fiel es uns nie schwer, den Standpunkt des anderen zu begreifen und eine Kompromißlösung zu bieten oder unsere entgegengesetzten Ansichten niederzulegen.«[63]

Noch vor dem Ende des Jahres 1952 hatten Ventris und Chadwick ihre erste größere Publikation vollendet, den Artikel *Evidence for Greek Dialect in the Mycenaean Archives*, der im folgenden Jahr in der Fachzeitschrift *The Journal of Hellenic Studies* erschien, »eine denkwürdige Publikation, ebenso gediegen im Inhalt wie bescheiden in der Form. Sie hat im Kreuzfeuer der Kritik glänzend bestanden und schon in den ersten zwei Jahren gegen hundert andere wissenschaftliche Arbeiten über die Sprache der mykenischen Griechen hervorgerufen, was auch äußerlich die Bedeutung der Entdeckung dokumentiert«.[64]

Dieser Artikel enthält den Schlüssel zur Schrift; nun keine farblose Tabelle von bloß ziffernmäßig bezeichneten Vokalen und Konsonanten mehr, sondern eine Übersicht der konkreten Lautwerte von fünfundsechzig der damals festgestellten

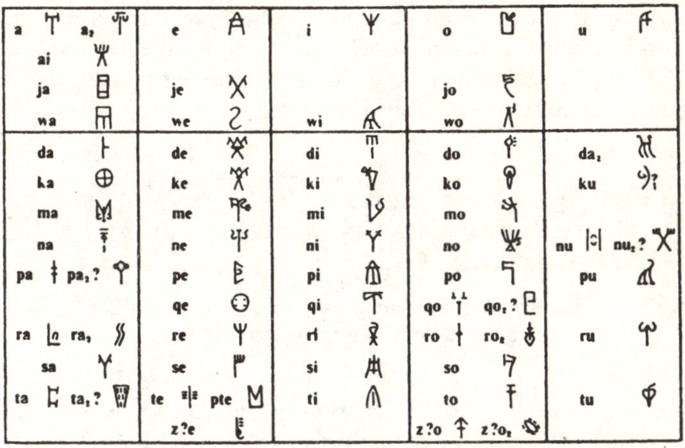

Abb. 89 Die entscheidende Silbenzeichentabelle aus Evidence

achtundachtzig Silbenzeichen; dieser »Experimentelle Silbenrost« ist hier in seiner damaligen, noch nicht vollkommenen Gestalt wiedergegeben.

Doch das Gefolge, das *Evidence* auf den Plan rief, war noch gering, der Großteil der Fachwelt verhielt sich abwartend und reserviert, und das Kreuzfeuer der Kritik setzte ein. Zu den Archäologen, die zwar in Prinzip einverstanden, die konkrete, von Ventris und Chadwick vorgeschlagene Lösung aber mit vorsichtiger Zurückhaltung betrachteten, gehörte auch der amerikanische Ausgräber Carl W. Blegen. Dieser hatte im Sommer 1952 die Grabungen in Pylos wieder aufgenommen und dabei über dreihundertdreißig neue Täfelchen gefunden, die natürlich nicht an Ort und Stelle ausgewertet werden konnten. Sie im einzelnen zu studieren, zu vergleichen und zur Herausgabe vorzubereiten, fand sich Blegen im Frühling 1953 in Athen ein.

Was das Dekret von Kanopus für die ägyptische Schrift, die Bilingue vom Karatepe für die hethitischen Hieroglyphen,

Die kretisch-mykenische Linearschrift B

das wurde für die kretisch-mykenische Linear-B-Schrift ein unscheinbares Täfelchen, vor dem Carl W. Blegen im Mai 1953 voll ungläubigen Staunens saß, das er mit steigender Erregung studierte. Es sah so aus:

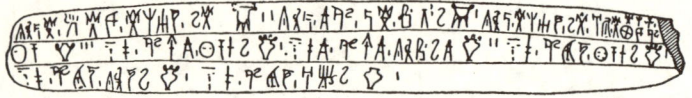

Abb. 90 Inventartäfelchen aus Pylos über Dreifüße und Gefäße – die glänzende Bestätigung der Entzifferung

Am 16. Mai 1953 setzte sich Blegen hin und schrieb an die beiden Entzifferer. Er teilte ihnen mit, er habe ein Täfelchen gefunden, das »offenbar von Gefäßen handelt, von denen einige drei Füße, andere vier Henkel, andere nur drei und wieder andere gar keine Henkel haben« (vgl. die Übersicht S. 279).
»Das erste Wort« (Blegen meint das Ideogramm) » 𐂼 heißt offenbar nach Ihrem System ti-ri-po-de, und es kehrt zweimal als ti-ri-po (Singular?) wieder. Dem vierhenkeligen Gefäß 𐃌 geht que-to-ro-we voraus, dem dreihenkeligen 𐃌 ti-ri-o-we-e oder ti-ri-jo-we, dem henkellosen 𐃌 a-no-we. Das scheint alles zu schön, um wahr zu sein. Ist ein Zufall ausgeschlossen?«[65]
Das war er allerdings! Am augenfälligsten kann man sich davon überzeugen, wenn man die Inschrift des Täfelchens mit dem Wiener Forscher W. Merlingen nach Ventris systematisch zerlegt und in lautlicher Umschrift, klassisch griechischer und deutscher Version darbietet.[66] So kann man sie auch Stück für Stück auf dem Täfelchen selbst wiedererkennen, im Zweifelsfall die Silbenzeichentabelle Abbildung 89 (S. 277) zu Rate ziehen und damit die erste Schriftprobe in Linear B mit eigenen Augen lesen.
Das war eine unwiderlegbare, herrliche Bestätigung, ein

Die kretisch-mykenische Linearschrift B 279

Nr. der Zeile auf dem Täfelchen	Umschrift	Ideogramm
1	ti-ri-po-de ai-ke-u ke-re-si-jo we-ke *trípode Aigeùs krēsios (w)érge* Dreifüße, Aigeus der Kreter machte (?) [sie]?	⋈ II *Dreifüße: 2*
1	ti-ri-po e-me po-de o-wo-we *trípous henì podì oi(w)ōwēs* Dreifuß, an einem Fuß mit einem Henkel	⋈ I *Dreifüße: 1*
2	di-pa me-zo-e qe-to-ro-we *dépas me(î)zon tetrôwes* Krug: ein größerer vieröhriger	♉ I *vieröhrige Gefäße: 1*
2	di-pa-e me-zo-e ti-ri-o-we-e *dépae meízoe triôwe* (Zwei) Krüge: größere dreiöhrige	♉ II *dreiöhrige Gefäße: 2*
2	di-pa me-wi-jo qe-to-ro-we *dépas meîon tetrôwes* Krug: ein kleinerer vieröhriger	♉ I *vieröhrige Gefäße: 1*
3	di-pa me-wi-jo ti-ri-jo-we *dépas meîon triôwes* Krug: ein kleinerer dreiöhriger	♉ I *dreiöhrige Gefäße: 1*
3	di-pa me-wi-jo a-no-we *dépas meîon ánōwes* Krug: ein kleinerer öhr*loser*	♉ I *Gefäße ohne Öhr: 1*

schlagender Beweis. Ihm folgte ein wissenschaftliches Echo, das kaum zu überbieten war. Angesehene Gelehrte aus aller Welt zögerten nicht mit Anerkennung und Beifall; andere sahen sich zumindest zu prinzipieller Zustimmung veranlaßt. Der mittlerweile verstorbene Tübinger Professor Ernst Sittig steuerte eine neue Bestätigung bei, die Lesung *dépas anoúaton* für di-pa a-no-wo-to, das auf einem anderen Täfelchen neben dem Ideogramm ◊ stand, »Krug ohne Henkel«, dasselbe also, was auf jenen anderen Tafeln »ohne Ohren« oder »öhrlos« hieß.

Im Jahre 1954 faßten Ventris und Chadwick gemeinsam den Plan zu einem großen Werk, das in drei Teile gegliedert wurde, deren erster die mykenische Schrift, Sprache und Kultur behandeln sollte, während der zweite, Hauptstück und Kern des Buches, dreihundert ausgewählte Täfelchen aus Knossos, Pylos und Mykene samt Umschrift und Kommentar, der dritte aber ein mykenisches Vokabular und verschiedene Register bringen sollte. Das Buch war zu Ende des Jahres 1955 bereits im Manuskript vollendet. Es enthielt den vermehrten und vervollkommneten Schriftschlüssel, der nur mehr ganz wenige ungedeutete, weil sehr selten vorkommende Zeichen aufweist.

Das Jahr 1956 sah Ventris mit dem intensiven Studium architektonischer Fragen beschäftigt. Es brachte ihm aber auch zu Ostern einen Höhepunkt in seiner Laufbahn als Entzifferer – das vom französischen *Centre National de la Recherche Scientifique* veranstaltete »mykenische« Kolloquium in Gif bei Paris, wo er und sein Mitarbeiter Chadwick zum erstenmal auch mit einer Anzahl namhaftester Mitforscher in persönlichen Kontakt kamen. Dort auch prägte sich das Bild des noch nicht Vierunddreißigjährigen allen, die ihm begegneten, unauslöschlich ein.

Am 6. September 1956 erlag Ventris im Alter von vierunddreißig Jahren bei Hatfield unweit von London einem Verkehrsunfall.

»Es war bezeichnend für ihn, daß er keine Ehrungen suchte,

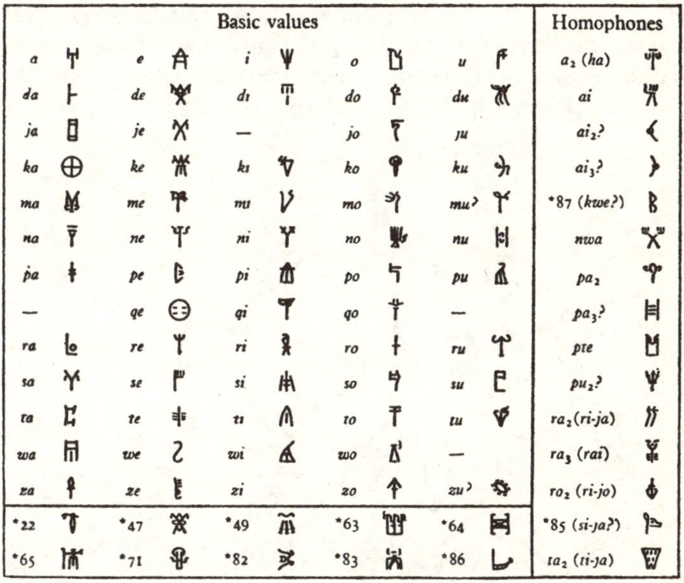

Die kretisch-mykenische Linearschrift B 281

Basic values										Homophones	
a		e		i		o		u		a_2 (ha)	
da		de		di		do		du		ai	
ja		je		—		jo		ju		ai_2?	
ka		ke		ki		ko		ku		ai_3?	
ma		me		mu		mo		mu_2		*87 (kwe?)	
na		ne		ni		no		nu		nwa	
pa		pe		pi		po		pu		pa_2	
—		qe		qi		qo		—		pa_3?	
ra		re		ri		ro		ru		pte	
sa		se		si		so		su		pu_2?	
ta		te		ti		to		tu		ra_2 (ri-ja)	
wa		we		wi		wo		—		ra_3 (rai)	
za		ze		zi		zo		zu?		ro_2 (ri-jo)	
*22		*47		*49		*63		*64		*85 (si-ja?)	
*65		*71		*82		*83		*86		ta_2 (ti-ja)	

Abb. 91 Mykenisches Syllabar nach Ventris' und Chadwicks Buch *Documents in Mycenaean Greek*

und von denen, die er empfing,« (sie wurden ihm noch in reichem Maß zuteil) »sprach er nicht gern. Er war stets bescheiden und anspruchslos, und sein gewinnendes Wesen, sein Witz und Humor machten ihn zu einem überaus angenehmen Gesellschafter und Gefährten. Er scheute keine Mühe für andere und stellte seine Zeit und seine Hilfe großzügig zur Verfügung. Vielleicht werden nur die, die ihn kannten, die Tragödie seines frühen Todes ganz ermessen können.« – John Chadwick in der *Times* vom 17. September 1956.
Und der Mentor und Förderer Professor Alan Wace schrieb in der griechischen Zeitung *Kathemerini*, Athen:
»Michael Ventris hat in der kurzen Spanne seines Lebens, das

ein tragischer Tod so jäh endete, Unsterblichkeit erlangt, indem er die mykenische Linear-B-Schrift entzifferte und die früheste bekannte Form der griechischen Sprache, wie sie 700 Jahre vor Homer gesprochen wurde, erschloß ...«

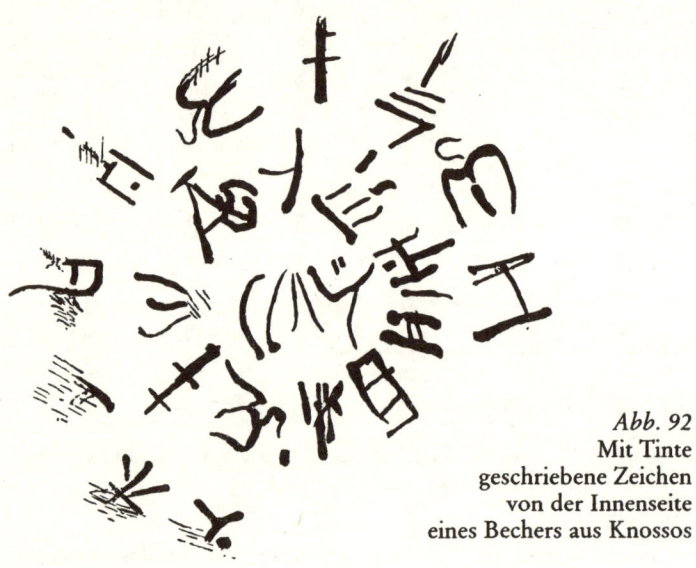

Abb. 92
Mit Tinte
geschriebene Zeichen
von der Innenseite
eines Bechers aus Knossos

Die Bedeutung der Entzifferung ist heute noch kaum abzuschätzen. Das Gefundene bietet zwar nicht die großen Literaturdenkmäler, die manche Gelehrte, manche Liebhaber des klassischen Altertums davon ersehnen mochten; darum soll auch darauf verzichtet werden, aus den bisher enträtselten Listen und Inventaren, diesen Überbleibseln einer grandiosen Buchhaltung, längere Proben als die bisher gegebenen zu bieten. Ein Umstand aber sei hervorgehoben, der uns heute beinahe tragisch anmutet. Die Täfelchen sind in ihrer Masse »Interimskarteien«, die vermutlich in regelmäßigen Zeitabständen, vielleicht jeweils zu Ende eines Rechnungsjahres, auf

Listen übertragen und dann vernichtet wurden. Daß sie uns erhalten blieben, verdanken wir nur der plötzlichen Zerstörung der Paläste, die aller Wahrscheinlichkeit nach von Feindeshand niedergebrannt wurden, und in Pylos sind anscheinend sogar noch die letzten Gestellungsbefehle gegen diesen Feindeinbruch erhalten geblieben! »Sicher ist aber, daß wir vor neuen, ungeahnten Zeugen aus der Frühzeit der europäischen Geschichte stehen, die mit dem Ursprung dessen, was wir Abendland nennen, ohne Zweifel mehr und unmittelbarer zu tun haben als alle die berühmten Denkmäler Babyloniens und Ägyptens.«[67]

Das Frühjahr 1958 bescherte der Forschung auch bei neuen Ausgrabungen in Mykene eine große, fast unversehrte Tafel, die eine Liste von Frauennamen enthielt, von denen man einige schon früher in Mykene kennengelernt hatte. In zwei Fällen besteht der zweite Teil der Eintragung aus den Wörtern ›und Tochter‹ (*tu-ka-te-qe* = thygatēr que) statt des Namens. Und von den Namen sind zwei nicht nur wohlbekannte griechische, sondern solche, die in mannigfachen Gestalten über ganz Europa hin bis auf den heutigen Tag beliebt geblieben sind. Sie lauten *A-re-ka-sa-da-ra* oder *Alexandra* und *Te-o-do-ra* oder *Theodora*. Und wieder stellen wir Blegens Frage: Ist Zufall ausgeschlossen? »Wie groß ist die Wahrscheinlichkeit, daß sechs wahllos aneinandergereihte Zeichen einen gebräuchlichen griechischen Namen wiedergeben?«[68]

Ein neuer Text über Räder aus Pylos sagt uns ferner, daß wir ein Wort *wo-ka* wahrscheinlich als *wocha* zu lesen haben. Das ist aber nichts anderes als der deutsche – »Wagen«; die beiden Wörter sind urverwandt. –

Es sei hier nicht verschwiegen, daß in jüngerer Zeit die Diskussion über die prinzipielle Richtigkeit der Entzifferung von Linear B neu auflebte und sogar verhältnismäßig scharfe Formen annahm. Den früheren Opponenten, deren entschiedenster Wortführer der Edinburgher Altphilologe A. J. Beattie war, gesellten sich die beiden deutschen Forscher E. Grumach und W. Eilers zu, die beide sowohl die von Ventris und Chadwick angewandte Methode wie auch deren Resultate verwarfen. Der Kern auch dieser neuen Einwände lag in dem Vorwurf an die Entzifferer, sie hätten das von ihnen aus den Täfelchen herausgelesene Griechisch vorher selbst in die Texte »hineingelegt«, und das von ihnen angenommene Schriftsystem lasse alle nur denkbaren Lesungen einer zügellosen Phantasie zu. Ventris und Chadwick hätten, so Grumach, wie vor ihnen Alice Kober, den methodisch unzulässigen Rückschluß von der klassisch-zyprischen Silbenschrift des 1. Jahrtausends v. Chr. auf Linear B gezogen und dabei die Lücke von mindestens 400 Jahren sowie das Zwischenglied, die zypro-minoische Schrift, übersprungen. Außerdem hätten die zeitgenössischen Schriften Ägyptens und des Nahen Ostens nicht, wie angeblich Linear B, den Übergang zu einer rein phonetischen Schrift vollzogen. Ein jüngerer Gegner, W. Ekschmitt, verstieg sich zu dem Vorwurf, die Schilderung des Entzifferungsganges durch Ventris und Chadwick in den ›Documents‹ sei bewußt entstellt, die ganze Mykenologie eine Art »habituelles sacrificium intellectus«, ein Verzicht auf den kritischen Verstand; es gebe »kaum eine Linear-B-Zeile, deren griechische Lesung ohne lexikalische, grammatische oder semantische Gewaltsamkeit aufginge«. Weit sachlicher hatte zuvor S. Levin versucht, das Gesicherte vom Ungesicherten zu scheiden. Nun war ja gewiß an den Ventris-Chadwickschen Lesungen manches anfechtbar; manches konnte auch inzwischen berichtigt werden. Das System jedoch könnte erst dann als widerlegt gelten, wenn ein Gegner an den Funden den bündigen und lückenlosen Beweis führte, daß ein solches Hineinlegen und Hineinlesen einer willkürlich angenommenen Sprache in die vorliegenden Zeichen überhaupt möglich ist. Das aber würde, wie der Oxforder Professor L. R. Palmer in seiner Replik auf Grumach ausführte, die innere Struktur und Eigengesetzlichkeit jeder Sprache, die dem geschriebenen Text nicht wirklich zugrundeliegt, nicht zulassen. Gerade daraus beziehen die Linguisten ihr Hauptargument für die Richtigkeit der Entzifferung von Linear B. Sie anerkennen sie heute ziemlich lückenlos; nicht so einhellig die Vertreter der altertumswissenschaftlichen Disziplinen, weil sie von sprachlichen Daten möglichst viele und genaue lexikalische Entsprechungen (hier mit dem – viel späteren! – Griechisch) erwarten, die Linguisten hingegen den wahren Prüfstein in der Morphologie der erschlossenen Sprache erblicken. Und diese liefert ihnen wohl unwiderlegbare Beweise für deren griechischen Charakter: die Kasusendungen von Personen- und Ortsnamen, die Kongruenz der Verbalformen mit dem Numerus des Subjekts; die Bildung zusammengesetzter Wörter mit verneinendem Vorderglied (dem Alpha privativum, daher ›Privativkomposita‹), denen ihre positiven Entsprechungen gegenüberstehen (wie etwa im Deutschen ›aseptisch‹ und ›septisch‹).

Ehe wir zu anderen kretischen Schriften übergehen, sei eine Zwischenbilanz des heutigen Erkenntnisstandes der Linear-B-Forschung gezogen. Diese Schrift ist zu Beginn des 16. Jahrhunderts v. Chr. entstanden und spätestens gegen 1450 v. Chr. mit der Eroberung Kretas durch die Mykener auf das griechische Festland übertragen worden. Die frühesten in Knossos gefundenen Dokumente datiert man um 1370, die letzten Zeugnisse aus Mykene fallen in die Zeit zwischen 1250 und 1200, als die mykenischen Städte von Invasoren von der See her zerstört wurden. Die ersten 200 Jahre der Geschichte dieser Schrift liegen völlig im Dunklen; sie ist wahrscheinlich eine Anpassung der Linear-A-Schrift an die griechische Sprache. Anhand von mehr als 4000 Dokumenten (Inschriften und Fragmenten) ist ein Bestand von 89 Silbenzeichen festgestellt; davon konnte der Lautwert von 73 Zeichen bestimmt werden. Von weiteren (seltenen) 16 ist er noch unklar; nach Chadwicks jüngster Darstellung (1990) sind es insgesamt 87 Zeichen, davon nur noch 11 nicht identifiziert. Fast alle Linear-B-Zeichen stehen für Silben vom Typus Konsonant + Vokal. Zu den Silbenzeichen gesellen sich Ideogramme (ihre Zahl wird zwischen 130 und 166 angegeben) wie z. B. die

Gefäßzeichnungen auf dem Dreifußtäfelchen von Pylos, aber auch Maßzeichen. Daß der Sinn mancher Dokumente heute noch dunkel ist, hat seine Gründe unter anderem in dem schlechten Erhaltungszustand der Schriftträger und in den Mängeln des höchstwahrscheinlich aus einer nichtgriechischen Sprache übernommenen Schriftsystems; manche Wörter lassen sich allerdings weder mit dem (späteren) Griechisch in Verbindung bringen noch aus ihrem Textzusammenhang erschließen. Dennoch ist die überwältigende Mehrheit der Forscher, nicht zuletzt dank der fortwährenden Bestätigung durch Neufunde, heute überzeugt, daß die Entzifferung von Linear B den Beweis einer voralphabetischen Schriftkultur auf griechischem Boden erbracht hat, daß ein Fundament gesicherter Ergebnisse die Mykenologie als einen Forschungszweig der Altertumswissenschaft etabliert und die Weiterarbeit an den Linear-B-Texten gerechtfertigt hat. Dabei galt in letzter Zeit besondere Aufmerksamkeit den historischen Aussagen der Linear-B-Texte, einem schwierigen Gegenstand, weil ja der Interimscharakter der Täfelchen, die jeweils nur der wirtschaftlichen Administration eines einzigen Jahres dienten und nach dessen Ablauf vernichtet wurden, ihnen einen ahistorischen Charakter verleiht.

Dennoch ist ihnen ihr Quellenwert nicht abzusprechen, vor allem für die Wirtschafts- und Sozialgeschichte: sie erhellen die spätbronzezeitliche Institution des Palastes und lassen deutliche ›Klassenunterschiede‹ erkennen. Außerdem bestätigen sie die Einwanderung griechischer Stämme auf die Balkanhalbinsel zu Beginn des 2. Jahrtausends v. Chr., die Anwesenheit ›mykenischer‹ Griechen auf Kreta seit der Mitte des 15. Jahrhunderts und deren nachhaltigen Einfluß auf die Inselbevölkerung. Eine Linear-B-Tafel aus Pylos ist von Chadwick sogar als ein religionshistorisches Dokument, ein mögliches Zeugnis für Menschenopfer, erwogen worden.

Nun zu den übrigen »minoischen« Schriften, von denen eingangs gesprochen wurde. Sie sind beide noch unentziffert. Daß sich die Forschung zunächst der Linear-B-Schrift zuwandte, hatte seinen guten Grund. Diese hatte weitaus zahlreicheres und besseres Material als die beiden anderen, die Schrift Linear A und die kretischen Hieroglyphen.

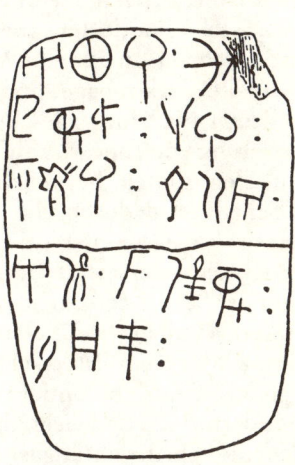

Abb. 93
Beschriebenes Tontäfelchen
in Linear A aus Hagia Triada

Die Linearschrift A war, wie erwähnt, schon von Evans in Knossos entdeckt worden, auf Täfelchen und anderen beschriebenen Gegenständen, auch mit Tinte im Inneren von Bechern aufgemalt. Nach neueren Funden war sie nicht nur auf ganz Kreta, sondern auch auf den ägäischen Inseln Keos (heute Kea), Melos (Milo) und Thera (Santorin) in Gebrauch; sie wurde nicht allein auf Tontafeln, sondern auch auf Keramik, Stein oder Metall angebracht. Im 18. Jahrhundert entstanden, wurde sie bis zur Zerstörung der minoischen Paläste um 1450 v. Chr. verwendet. Der Bestand an Denkmälern ist gering: es sind an die 300 Inschriften auf Täfelchen, dazu einige Malereien und Ritzungen bekannt. Die Hauptmasse der Funde verdankt man italienischen Archäologen, die in dem kleinen Palast von Hagia Triada bei Phaistos im südlichen Kreta über 150 Täfelchen zutage förderten, ferner französischen Grabungen, die 1923 bei Mallia ein Tontafelarchiv freilegten, das späte ›Hieroglyphen‹ und beginnende Linear-A-Schrift nebeneinander aufwies. Inzwischen ist die Feldforschung nicht müßig gewesen; eine Zwischenbilanz aus dem Jahre 1976 registriert Neufunde von Täfelchen und Medaillons an sechs Fundorten, Inschriften auf steinernen und tönernen Gefäßen an elf, eine Mauerinschrift, zwei mit Linear A bemalte Sarkophage und zwei lange Aufschriften auf metallenen Nadeln – alles Funde, die ein klareres Bild der Verbreitung von Linear A auf Kreta und in der Ägäis und der kulturellen Einheit dieses Schriftgebietes ergeben.

Die Schrift ist dadurch von besonderem Interesse, daß sie, einerseits unverkennbar mit den noch älteren, kretischen Hieroglyphen verwandt, andererseits entweder als Vorgängerin oder Schwesterschrift von Linear B gelten muß. A und B haben nämlich 48 Zeichen gemeinsam, von denen wiederum 20 der alten Bilderschrift entstammen.

Ihr gesamter Bestand umfaßt rund 105 Zeichen, zu denen ca. 20 Sonderformen und viele Ligaturen (Zeichenverbindungen) treten; die Schriftrichtung ist rechtsläufig. Die Frage der Herkunft von Linear A wird heute anders beantwortet als einst von Evans, der Linear A aus der kretischen Hieroglyphenschrift und Linear B aus Linear A ableitete. Man glaubt heute eher an die Entstehung von Linear A aus einer früheren, linearen Bilderschrift und an ein zeitliches Nebeneinander der frühen Linear A mit den Hieroglyphen, der späteren mit Linear B. Das Nebeneinander von Hieroglyphen und Linearschrift erklärt man aus ihrem verschiedenen Zweck: während die Siegel als Talismane, Rangabzeichen und Kunstwerke getragen wurden, dienten die Linearschriften für wirtschaftliche Inventare.

Als Sprache, die der Linear-A-Schrift zugrundeliegt, gilt heute allgemein die der nichtgriechischen, kretischen Urbevölkerung; diese Annahme wird einerseits durch strukturanalytische Untersuchungen von Texten, andererseits auch dadurch erhärtet, daß die vermutlich wenigstens zum Teil aus Linear A hervorgegangene Linearschrift B dem alten, mykenischen Griechisch so offenkundig schlecht sitzt wie ein erborgter Rock. An Versuchen, die Sprache zu erschließen, hat es nicht gefehlt; so wollte der amerikanische Orientalist Cyrus H. Gordon sie durch Einsetzen Ventrisscher Silbenwerte von Linear-B-Zeichen in ähnliche Zeichen von Linear A als semitisch erweisen, worin ihm die südafrikanischen Gelehrten M. Pope und S. Davis folgten. Dem setzte L. R. Palmer seine ›asianische‹ Hypothese entgegen; er suchte hinter Linear A eine indogermanische Sprache aus jener Sprachengruppe, die im 2. Jahrtausend v. Chr. in Kleinasien gesprochen wurde. Angesichts des geringen Materials, das wir bisher haben, müssen beide Richtungen sich auf sehr dürftige Anhaltspunkte stützen. Eine Mehrheit der Forscher ist überzeugt, daß die Entzifferung und Deutung von Linear A bis heute nicht gelungen ist; Wege dazu sollen über Strukturanalysen und Vergleiche mit Linear B führen. Am ehesten aber erhofft man auch hier eine Lösung von zukünftigen Neufunden.

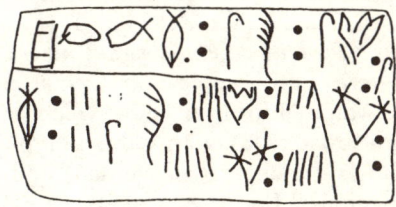

Abb. 94
»Hieroglyphisches«
Inventartäfelchen
aus Phaistos

Von den Hieroglyphen Kretas schließlich war zu Beginn dieses Kapitels die Rede, und sie stehen am Anfang aller kretischen Schriftentwicklung (vgl. Abb. 79, S. 251 und Abb. 80, S. 254). Ein »hieroglyphisches« Inventartäfelchen gibt Abb. 94. Man nimmt an, daß die obere Zeile zwanzigeinhalb »Einheiten« von jeder der vier Waren angibt, die man hinter den Ideogrammen ⟨, ⟩, ⟨ und ⟨ sucht, vermutlich Weizen, Öl, Oliven und Feigen.

»Was wissen wir heute von der kretischen Hieroglyphen-

oder piktographischen Schrift? Praktisch nichts, außer daß sie weder eine Hieroglyphenschrift noch piktographisch ist.« So provokant pointiert leitete J.-P. Olivier 1976 eine Abhandlung ein, deren anfängliche Resignation doch durch positive Ausblicke gemildert wurde. Gewiß, die weniger als 100 Zeichen (also wohl ein Syllabar) sind unlesbar, die zugrundeliegende Sprache unbekannt. Die Dokumente sind dünn gesät und wenig aussagekräftig. Man kennt etwa 200 Siegel und Siegelabdrücke; die meisten Aufschriften sind sehr kurz, rund 20 weisen nicht mehr als 4–5 Zeichen auf und kehren oft wieder, etwa 40 auf Siegelsteinen haben zwischen 2 und 20 Zeichen, 30 Täfelchen tragen Inschriften von 2 bis 30 Zeichen; diese Zahlen stützen sich hauptsächlich auf Funde aus Mallia. Als gesichert können aber drei Wesenszüge gelten, welche die Hieroglyphenschrift mit Linear A und B verbinden (und das ist doch mehr als »praktisch nichts«!): ihr silbischer Charakter, ihr Rechnungswesen nach dem Dezimalsystem und die Verwendung von (ca. 60) Ideogrammen, die den Inhalt von Eintragungen piktographisch anzeigen; zwei davon, nämlich die Zeichen für ›Feige‹ und ›Wein‹, sind allen drei Systemen gemeinsam. Jüngere Forschung hat (gegen die ältere Chronologie von Evans) erwiesen, daß, wie früher erwähnt, Linear A keine Weiterentwicklung der Hieroglyphen darstellt (kaum 10 hieroglyphische Zeichen könnten als Vorläufer angesehen werden) und daß beide, die Hieroglyphen und Linear A, von etwa 1900 bis 1450 v. Chr., d. h. bis zur Zerstörung der älteren kretischen Paläste, nebeneinander in Gebrauch standen. Angesichts der Gemeinsamkeiten, aber auch der Unterschiede, die beim Studium der kretischen Schriftsysteme offenbar werden, neigt Olivier zu der Annahme, daß die Hieroglyphen und Linear A (die verschiedene Sprachen enthalten könnten) auf einen gemeinsamen graphischen Vorfahren (nicht unbedingt einen kretischen) zurückgehen und daß Linear B aus einer uns nicht mehr erhaltenen Frühform von Linear A entstanden ist. Auch im Falle der kretischen Hieroglyphen ist die Hoffnung auf Neufunde

Die kretisch-mykenische Linearschrift B 291

nicht ganz unbegründet, fördert doch jede Grabung zwei oder drei neue Zeichen zutage. Gelänge es, die Hieroglyphen und Linear A zu entziffern, so würden damit die Sprachen uralter, geheimnisvoller und sagenumwitterter Kulturvölker erschlossen, die auf Kreta heimisch waren, ehe die mykenischen Griechen auf die Insel einwanderten.

Ungedeutet auch blieb bis heute ein Fund, der seit nun mehr als 80 Jahren vor aller Augen liegt und so rätselhaft geblieben ist wie am ersten Tag: der einzigartige Diskos von Phaistos. Ihn zu heben glückte der italienischen archäologischen Mission von 1908 unter Professor F. Halbherr, die auch im nahen Hagia Triada arbeitete. Der Finder, Dr. L. Pernier, legte im Sommer 1908 einen rechteckigen Vorratsraum in einem Zu-

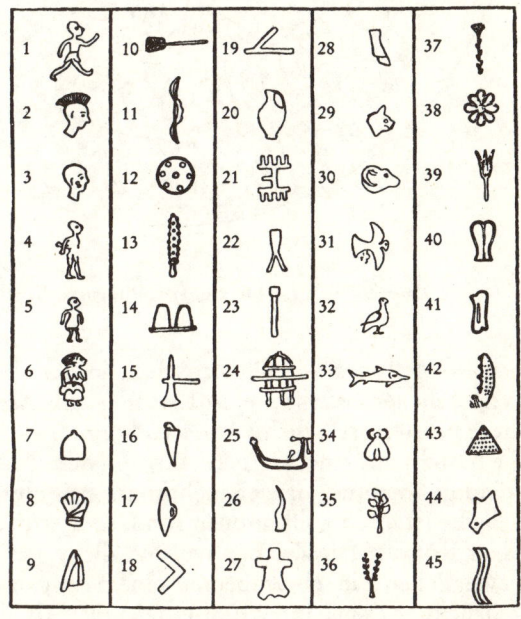

Abb. 95 Die Zeichen des Diskos von Phaistos

292 Die kretisch-mykenische Linearschrift B

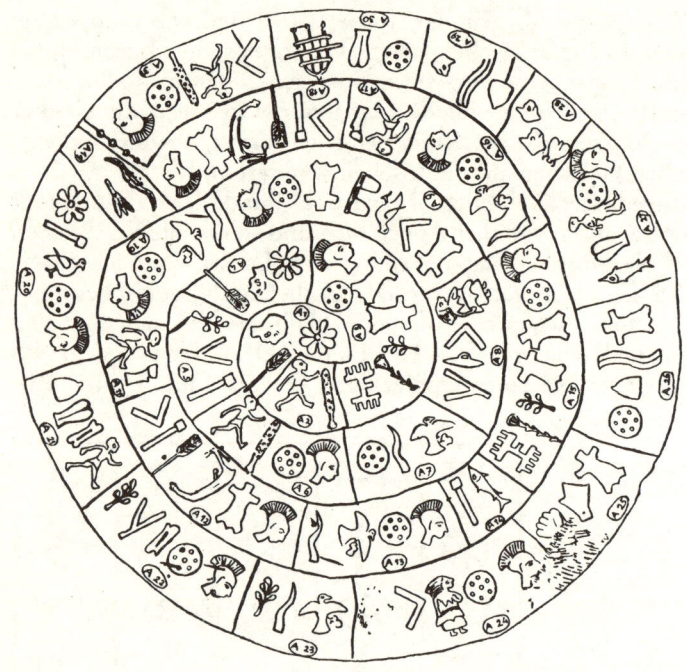

Abb. 96a Der Diskos von Phaistos, Vorderseite

bau des Palastes von Phaistos frei, in dem er, neben einer zerbrochenen Schrifttafel in Linear A, am Abend des 3. Juli diese mysteriöse Scheibe auflesen konnte.
Sie besteht aus einem feinen Ton, von dem einzelne Sachverständige meinten, daß er nichtkretischer Herkunft sei. Die Scheibe ist nicht vollkommen rund, sondern von unregelmäßiger Kontur. Die Zeichen wurden allem Anschein nach mit beweglichen Einzelstempeln, je einem für jedes Zeichen, eingedrückt. Es sind ihrer fünfundvierzig; Abbildung 95 zeigt sie übersichtlich zusammengestellt.

Die kretisch-mykenische Linearschrift B

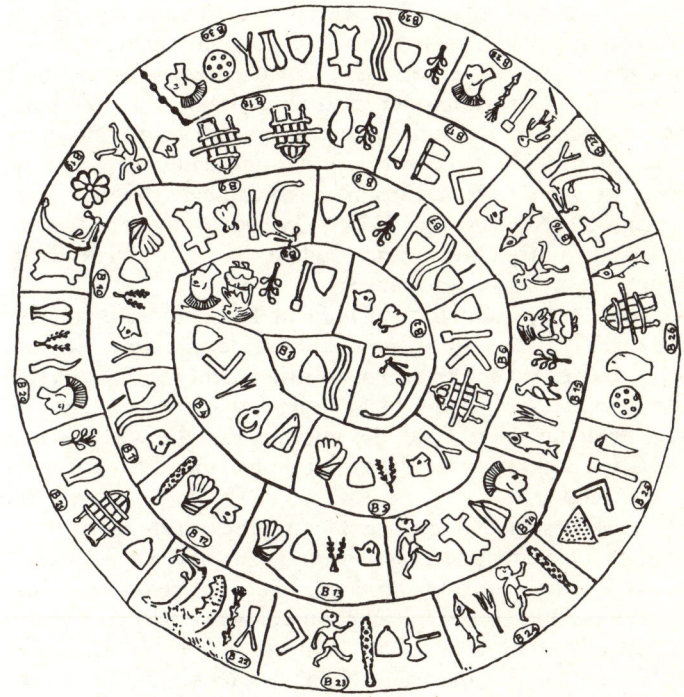

Abb. 96 b Der Diskos von Phaistos, Rückseite

Sieht man sich in der Fachliteratur um, so kann man eine Fülle von Vermutungen und Deutungsversuchen für fast jedes einzelne der fünfundvierzig Zeichen zusammentragen. Eine besondere Rolle spielt dabei der eigentümliche Kopfschmuck, den der Mann auf Abb. 95, Nr. 2, trägt. Aus dem kriegerischen Element, das man aus verschiedenen Bildzeichen ohne allzuviel Phantasie herauslesen kann, wollte Sir Arthur Evans auf eine Siegeshymne schließen und vermutete hinter dem ganzen Text ein Kultlied.

Man ist seit Evans' Tagen mit der Lösung dieses urkretischen

Rätsels (wenn es überhaupt ein kretisches ist; auch das wird ja bestritten) noch keinen Schritt weitergekommen. Philistinischen, karischen, zyprischen, libyschen, anatolischen und semitischen Ursprung oder Einfluß wollte man darin erkennen. Gelehrtenfleiß und Amateureifer sind bisher gleichermaßen daran zuschanden geworden und dabei oft auf recht abseitige Wege geraten. Ein einziges, köstliches Beispiel dafür – einige Zeilen aus einer 1931 zu Oxford erschienenen »Entzifferung« – möge hier für viele stehen; es ist Chadwicks Buch *Linear B* (S. 39 f.) entnommen:

»... der Herr, wandelnd auf Flügeln die atemlose Bahn, der Sterntreffer, der schäumende Schlund der Wasser, der Seehundstreffer auf der kriechenden Blüte; der Herr, der Treffer der Pferdehaut (*oder* der Felsoberfläche), der Hund, der den Pfad erklettert, der Hund, der mit dem Fuß die Wasserkrüge leert, den umkreisenden Pfad erklimmend, den Weinschlauch ausdörrend ...«

Die Geister schieden und scheiden sich schon an der Bestimmung der Schrift- und Leserichtung; sowohl Rechts- als auch Linksläufigkeit sind aufgrund von Beobachtungen zur Stempeltechnik und von Vergleichen mit außerkretischen Schriftsystemen vertreten worden. Heute tritt die Mehrheit der Fachleute für die Linksläufigkeit und damit für die Leserichtung vom Rand zur Mitte ein. Ziemlich allgemein stimmt man auch darin überein, daß die Stempelzeichen einzigartig und auch von den Hieroglyphen deutlich verschieden sind. Doch hier endet der Konsens; aufschlußreiche Kritik an bisherigen Entzifferungsversuchen haben u. a. der Würzburger Professor Günter Neumann und der Entzifferer John Chadwick geübt. Warum derzeit keine Aussicht auf eine Lösung besteht, hat Neumann zusammenfassend dargelegt: der Diskos ist das einzige und einmalige Denkmal, das solche Schriftzeichen trägt; der Text ist zu kurz, als daß er statistische Beobachtungen ermöglichte; weder die Fundumstände noch der Schriftträger selbst lassen stichhaltige Schlüsse auf den Inhalt des Textes zu; der Diskos stammt aus so früher

Zeit, daß keine Vergleiche mit Vorausgegangenem möglich sind. Zuversichtlicher als Chadwick stellt Neumann den bisher angewandten Methoden (Schlüssen aus dem Bildwert der Zeichen, Einsetzen von Silbenwerten aus anderen Schriftsystemen, Beobachtung der Zeichenhäufigkeit in verschiedenen Positionen) erfolgversprechende Vorarbeiten gegenüber. Er sieht sie auf dem Gebiet der internen Analyse, die über bisherige Beobachtungen hinaus besonders den Determinativa, den noch erkennbaren, auf dem Diskos angebrachten Korrekturen und der Funktion des ›Dorns‹ gilt, der Zeichengruppen trennt. Neben Strukturanalysen, Zeichenvergleichen und schrifttechnischen Untersuchungen sind allerdings auch ›Entdeckungen‹ der Sprache weitergegangen (darunter die des Hethitischen durch S. Davis). Ein wissenschaftlich redliches Resümee muß sich aber auch heute mit dem resignierenden Fazit John Chadwicks (1990) begnügen: »Ich selbst halte mit allen seriösen Gelehrten den Diskos für unentzifferbar, solange er ein isoliertes Denkmal bleibt.«
Er wartet also nach wie vor auf seinen Entzifferer. Beide Flächen, die das Auge unwillkürlich gefangennehmen und nicht nur zu neuen Deutungsversuchen einladen, sondern auch dem Laien einen von aller Spekulation ungetrübten hohen Genuß der Betrachtung gewähren, bleiben stumm, so beredt sie auf den ersten Anblick auch scheinen mögen. Ist dieses unergründliche, runde Stück Ton, das heute im Museum von Iraklion aufbewahrt wird, vom Schicksal dazu ausersehen, stumm zu bleiben und sein Rätsel zu hüten – als ein Geheimnis erhalten zu bleiben einer Welt, die an Geheimnissen immer ärmer wird? –

VII

Entzifferungen und Deutungen von heute und morgen

Das Etruskische, die Indus- und die Osterinselschrift

> Gewöhnlich glaubt der Mensch, wenn er
> nur Worte hört,
> Es müsse sich dabei doch auch was denken
> lassen.
>
> *Goethe*, Faust I
>
> Das am Indus aufgetauchte Problem ist ...
> so gut wie völlig aussichtslos, wenigstens
> was die Lesung der Texte angeht.
>
> *Piero Meriggi*[69]
>
> Und dann beteten sie zum Gott von Rangi-
> tea.
>
> Schrifttafel von der Osterinsel
> nach *Thomas Barthel*

Am Ende der knappen Auswahl, die dieses Buch zu bieten versucht, soll noch ein Einblick in drei der aktuellsten Probleme gegeben werden, die der Forschung noch immer große Schwierigkeiten bereiten.

Das eine Rätsel unterscheidet sich von den anderen dadurch, daß es allen Deutungsversuchen hartnäckig widerstanden hat und sein Geheimnis im wesentlichen auch hat bewahren können, obgleich es seit mehr als zweieinhalb Jahrtausenden mitten im Herzen der antiken Kulturwelt eingebettet liegt. Es ist das »Rätsel aller italischen Rätsel«, die Sprache der Etrusker.

Nicht ihre Schrift; die können wir lesen, sogar schon seit geraumer Zeit. Allerdings wurden die Schriftzeichen dieses alten Kulturvolkes auch erst durch Humanismus und Renaissance der Vergessenheit entrissen und von da an allmählich und schrittweise erschlossen, bis Richard Lepsius dem neugewonnenen Alphabet einen der wichtigsten und letzten Buchstaben hinzufügen konnte; ein Entzifferungsprozeß also, der sich über Jahrhunderte hinzog!

Das etruskische Alphabet weist eine Reihe charakteristischer Besonderheiten auf; die auffallendste ist wohl das Zeichen 8 = f, das man auch in gleicher Bedeutung aus dem lydischen Alphabet Kleinasiens kennt – einer der vielen Gründe, die für die alte, auf Herodot zurückgehende Tradition sprechen, daß die Etrusker aus Kleinasien eingewandert und nicht in Italien bodenständig sind. Die alten Zeichen O, X und F (o, ks und v) hat es aufgegeben und schreibt das h stets in seiner alten, geschlossenen Form ⊟. Ebenso fehlen Zeichen für die stimmhaften Verschlußlaute b, d und g. Die Schrift verwendet die Buchstaben ⊕, Φ und ↓ (th, ph und kh) ohne Unterschied auch für t, p und k. Schließlich deutet die Richtung der Schrift, die fast stets von rechts nach links verläuft, darauf hin, daß das etruskische Alphabet schon früh, wohl im achten Jahrhundert v. Chr., dem griechischen Mutteralphabet entlehnt wurde, als man dieses noch vorwiegend linksläufig schrieb. Mit dieser Übernahme und der Weitergabe des Alphabets an die Römer haben die Etrusker die Kunst des Schreibens und Lesens in Westeuropa begründet.

Woran liegt es nun, daß man das Etruskische seit geraumer Zeit Wort für Wort lesen, aber noch immer kaum verstehen kann?

Es hat sich eingebürgert, die Schuld daran auf die Dürftigkeit der erhaltenen Sprachdenkmäler zu schieben. Wir besitzen an die 9000 etruskische Inschriften; davon sind allerdings vier Fünftel ganz kurze Grabinschriften, die wenig mehr als Eigennamen und etliche Verwandtschaftsbezeichnungen bieten. Diese Inschriften finden sich auf Stein, Ton und Metall; auf Bronzespiegeln, Gemmen, Vasen, Sarkophagen, Aschen-

Das Etruskische. Indus- und Osterinselschrift

Normalformen	Frühformen [7.-5. Jh. v. Chr.]	Spätformen [4.-1. Jh. v. Chr.]	Lautwert	Normalformen	Frühformen [7.-5. Jh. v. Chr.]	Spätformen [4.-1. Jh. v. Chr.]	Lautwert
A	A	A	a	⊞			(s)
B			(b)	O			(o)
⌐	)	C	c(k)	↑	↑	↑	p
ᗞ			(d)	M	M	M	ś
∃	∃	∃	e	φ	φ		q
⌐	⌐	⌐	v	ᗞ	ᗞ	ᗞ	r
I	I	⊥	z	⌇	⌇	⌇	s
目	日	日	h	T	T	†	t
⊗	⊗	⊙	θ(th)	Y	Y	V	u
l	l	l	i	X	X,+		ṡ
X	X		k	φ		Φ	φ(ph)
↓	↓	↓	l	↓		↓	X(ch)
M	M	m	m		8	8	f
ɥ	ɥ	n	n				

Abb. 97 Das etruskische Alphabet

Das Etruskische. Indus- und Osterinselschrift

Abb. 98
Cippus Perusinus

urnen, Votivfiguren und Münzen. Von größeren Denkmälern sind zu erwähnen die aus dem vorchristlichen fünften Jahrhundert stammende Tontafel von S. Maria di Capua mit etwa 300 Wörtern, ein Opferverzeichnis, von dessen 61 Zeilen allerdings nur 29 lesbar sind; der (jüngere) Cippus Perusinus, ein im Museum in Perugia aufbewahrter Inschriftenstein, ein juristischer Text (der einzige seiner Art), mit ungefähr 120 Wörtern, zwei Fluchtafeln, zwei Würfel, welche die in Buchstaben ausgeschriebenen Zahlwörter von eins bis sechs tragen, ein interessantes Bleitäfelchen aus Magliano (sechstes Jahrhundert vor Christus), ein Opferkalender, dessen Text von mindestens 70 Wörtern spiralenförmig angeord-

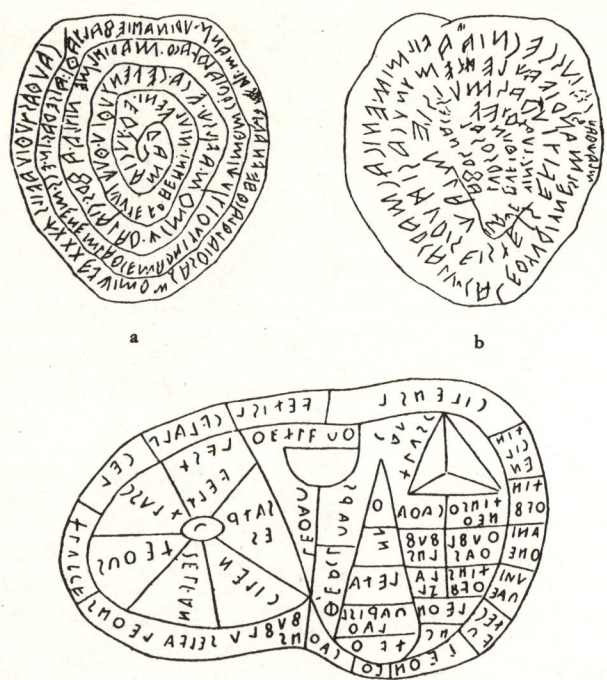

Abb. 99
Oben: Bleitäfelchen von Magliano mit spiralenförmig angeordneter Schrift (a Vorder-, b Rückseite). Unten: Bronzeleber von Piacenza

net ist, und schließlich die bekannte Bronzeleber von Piacenza, die wohl zur Unterweisung angehender Wahrsager diente und häufig mit ähnlichen Geräten der Babylonier und Hethiter verglichen worden ist.
Dazu kamen im Jahre 1964 die Goldbleche von Santa Severa, gefunden im Tempelgebiet des alten Pyrgi, des Hafens von Caere, drei in etruskischer und punischer Schrift beschriebene, zusammengerollte Goldstreifen, an deren Rückseite man die Schriftzeichen in Spiegelschrift eingedrückt hatte; sie

werden in die Zeit des Übergangs vom 5. zum 4. Jahrhundert v. Chr. datiert und enthalten die ersten aufgefundenen etruskischen Herrscherurkunden im Original: Weihinschriften des Königs Thefarie Velianas von Kisria (Caere) an die Göttin Uni (die der punischen Astarte und der griechischen Hera entspricht), und zwar in einer punischen formelhaften Fassung und einer freieren etruskischen Version. Da diese nur wenige wörtliche Übereinstimmungen mit der punischen aufweist, stellen die Goldbleche von Pyrgi keine Bilingue im strengen Sinne des Wortes dar. Das Jahr 1966 bescherte der Forschung den Bleistreifen von Santa Marinella, der einen arg beschädigten etruskischen Text von über 80 Wörtern aufweist, von denen nur 40 vollständig erhalten sind – genug, um seinen Inhalt als ein Opfergelübde einer Frau an eine Gottheit zum Dank für die Geburt eines Knaben erkennen zu lassen.

An Handschriften ist ein einziges Exemplar vorhanden – allerdings eines, das in seiner Eigenart seinesgleichen sucht. Es sind die berühmten »Agramer Mumienbinden«, die nicht nur für die Etruskologie, sondern ganz allgemein von größtem schriftgeschichtlichem Interesse sind, weil sie das einzige erhaltene Beispiel eines *liber linteus* darstellen, eines auf Leinwand handgeschriebenen Buches. Dieses Leinwandmanuskript, das ursprünglich die Form einer Buchrolle hatte, wurde später in Streifen geschnitten und zum Einwickeln der vermutlich aus dem ersten vorchristlichen Jahrhundert stammenden Mumie einer Ägypterin verwendet; es stammt aus Mittelägypten und wurde von einem kroatischen Reisenden dem Agramer Museum geschenkt; dort »entdeckte« J. Krall 1872 die Schrift auf den Binden. Sie trugen einen etruskischen Text von mehr als 1500 Wörtern – den längsten, den wir besitzen.

Wie man sieht, ist ein immerhin stattlicher Bestand vorhanden. Es sind schon Schriften entziffert worden, deren Material weit geringer war. Man mag sich mit Recht fragen, woran angesichts dieses beträchtlichen Umfangs der vorhandenen Schriftdenkmäler die vollständige Erschließung der Sprache

scheitert, um so mehr, als man im Jahre 1932 durch Beleuchtung mit infraroten Strahlen auch die ganz verblichenen und bis dahin unleserlichen Stellen der Agramer Mumienbinden lesbar machen konnte!
Es gibt mehrere Hindernisse. Einmal sind alle auch nur irgendwie längeren Texte einsprachig – lateinisch-etruskische Bilinguen haben wir, abgesehen von den Goldblechen von Pyrgi, nur in Form kurzer und kürzester Grabschriften, die sprachlich wenig ertragreich sind; Eigennamen, Verwandtschaftsbezeichnungen, Amtstitel, Datumsangaben und das häufige »starb« oder »gestorben« – mehr ist ihnen kaum zu entnehmen. Das Fehlen eines ergiebigen, ausreichend langen lateinisch-etruskischen Textes ist einer der Hauptgründe, warum man bisher, trotz verheißungsvoller Ansätze und Arbeiten gerade über die Agramer Mumienbinden, noch nicht weitergekommen ist.
Bisher wurden und werden angewandt einerseits die kombinatorische Methode der Deutung der Inschriften aus sich heraus (aus den Anfangsstadien einer Reihe von gelungenen Entzifferungen bekannt), andrerseits die etymologische Methode der Vergleichung mit vermutlich verwandten Sprachen. Und hier liegt das Haupthindernis.
Nach all dem wenigen, was man bisher vom Etruskischen weiß, steht es nämlich offenbar nicht nur in Italien, sondern überhaupt vollkommen isoliert da (manche Forscher glauben an Verwandtschaft mit dem Lydischen, das aber selbst viel zu wenig bekannt ist, um weiterzuhelfen), und daher fehlt jener eine große Schlüssel, der doch in dieser oder jener Form bei allen großen Entzifferungen mithalf, dem Geheimnis der Schrift auf die Spur zu kommen – das Wissen oder auch nur die bloße Vermutung, welche Sprache mit der zu deutenden verwandt war oder verwandt sein konnte! So halfen sich Champollion mit dem Koptischen, Grotefend mit dem Pehlevi. Auch wo die Sprache dem Schriftentzifferer überraschend kam – wie Hrozný das Indogermanische des Keilschrifthethitischen oder Ventris das Griechische der kretisch-

mykenischen Schrift –, half sie, einmal erkannt, entscheidend zur Weiterarbeit und Vollendung.

Daran sind beim Etruskischen bisher alle Bemühungen gescheitert, darüber konnten weder Götter- noch Personennamen, weder Amtstitel noch Verwandtschaftsbezeichnungen, noch der übrige dürftige Vokabelschatz hinweghelfen, den man bis heute erschlossen hat. Die Vergleiche mit nahestehenden altitalischen Sprachen, dem Umbrischen der Iguvinischen Tafeln oder dem Oskischen der sabinischen Stämme haben den Durchbruch nicht gebracht, ebensowenig die Versuche, eine Verwandtschaft des Etruskischen mit dem Hethitischen oder mit einer anderen indogermanischen Sprache Altanatoliens nachzuweisen. Dabei ist die Forschung gerade an der Agramer Mumienbinde nicht müßig gewesen; Übereinstimmung konnte freilich nicht erzielt werden. Nach K. Olzscha enthält sie einen etruskischen Opferkalender, nach A. J. Pfiffig ist der liber linteus die späte, private Abschrift eines echten Priesterbuches. Auch an vollständige Übersetzungen hat man sich schon gewagt; auch diese gehen weit auseinander. Und so ist, obwohl man heute im großen und ganzen den allgemeinen Sinn fast aller Texte versteht, einen Wortschatz von ca. 100 Wörtern (Verwandtschaftsgrade, Weiheformeln, Amtstitel) gesichert und die Morphologie der Sprache in einer fragmentarischen Grammatik (Genus, Numerus, Deklinationen, Präpositionen, Konjunktionen, Adverbien) niedergelegt hat, *die* Bilingue, die große, lange, zweisprachige, lateinisch-etruskische Inschrift nach wie vor der Sehnsuchtstraum der Etruskologie. Noch gilt, was Massimo Pallottino, der führende Experte dieses Faches an der Universität Rom, 1956 sagte: »Die Entdeckung einer einzigen solchen Inschrift würde revolutionierend auf die Gesamtentwicklung der etruskischen Forschung wirken, indem sie für die Deutung der Texte grundlegende äußere Fakten liefern und aller Wahrscheinlichkeit nach ein für allemal den Großteil dieses jahrhundertealten Fragenkomplexes lösen würde.«[70]

Vorläufig aber muß man sich, will man jenem geheimnisvollen Volke näher kommen und seine Art, sein Wesen ergründen, mit dem bescheiden, was aus seiner eigentümlichen und lange unterschätzten Kunst, die uns die Gräber bewahrt haben, spricht, was vor allem seine unvergleichliche Wandmalerei vermittelt – jenen »Visionen einer schon von Trauer überschatteten Heiterkeit«, der »Abschiedsbotschaft« der einst mächtigen Herren Mittelitaliens.[71]
Nun zu einem anderen Rätsel! Es hat seinen eigenen Reiz nicht zuletzt auch darin, daß fast alle seine Denkmäler uns auf Siegeln und Amuletten aus Speckstein, ganz wenige auch auf Keramikfragmenten erhalten sind, die in vielen Fällen überaus wohlgelungene kleine Kunstwerke darstellen. Wir tun hier einen gewaltigen Sprung – gewaltig im Raum, von Mittelitalien nach Nordwestindien, und gewaltig in der Zeit – von der Mitte des ersten zurück bis in die Mitte des dritten vorchristlichen Jahrtausends. »Fünfundzwanzig Jahre Grabungen, Forschung und Studium haben die Geschichte Indiens um zweitausend Jahre bereichert, eine Leistung, die als eine der bemerkenswertesten in der Archäologie gelten darf.«[72] Die entscheidenden fünfundzwanzig Jahre, von denen hier die Rede ist, sind die zweieinhalb Jahrzehnte von 1922 bis 1947.
Innerhalb dieser erstaunlich kurzen Zeitspanne hat man eine ganz neue Kultur erschlossen, die sogenannte Induskultur von Harappa und Mohendscho-daro, die man aufgrund der Funde zwischen 3500 und 2000 v. Chr. datiert.
Der gewaltige Ruinenhügel der uralten Siedlung, auf der sich das Städtchen Harappa im Pandschab erhob, wurde bereits 1820 bemerkt und 1853 näher studiert. Jahrzehntelang machte man dort immer wieder Einzelfunde von Siegeln, deren etliche schon 1875 veröffentlicht wurden. Die Siegel, die meist das Bild eines Tieres mit bilderschriftlichen Zeichen darüber trugen, erregten seit ihrem Bekanntwerden beträchtliches Aufsehen und gaben Anlaß zu gewagten Ursprungshypothesen.

Planvolle, moderne und ertragreiche Ausgrabungen setzten erst im Januar 1921 unter Rai Bahadur Daya Ram Sahni ein und wurden mit ganz bedeutenden Ergebnissen von 1926 bis 1934 von Madhu Sarup Vats fortgesetzt.
Ein Zufall führte zur Entdeckung der zweiten Fundstätte, die seither dieser verschollenen Kultur mit den Namen gegeben hat. Der indische Archäologe R. D. Banerdschi grub im Jahre 1922 einen aus den letzten vorchristlichen Jahrhunderten stammenden buddhistischen Stupa (turmartiges Heiligtum) samt dem dazugehörigen Kloster aus und entdeckte dabei, daß diese alten Bauten selbst auf einem Schutthügel aus viel älteren, »vorgeschichtlichen« Trümmern errichtet worden waren. Sir John Marshall, damals Leiter der archäologischen Arbeiten in Indien, erkannte sogleich die Bedeutung der neuen Stätte, Mohendscho-daro, »Ort der Toten« genannt, rund 600 Kilometer südwestlich von Harappa und etwa 40 Kilometer von Larkana im mittleren Sindh entfernt, und ließ es sich nicht nehmen, dort persönlich die Ausgrabungen von 1922 bis 1927 zu leiten, die dann E. J. H. Mackay von 1927 bis 1931 fortsetzte; von kleineren Grabungsstätten kam als bedeutendste die von Tschanhu-daro südlich von Mohendscho-daro dazu. Aus der Tätigkeit dieser beiden Forscher erwuchsen die Standardwerke von Sir John Marshall und E. J. H. Mackay über Mohendscho-daro und die Induskultur; dazu gesellte sich G. R. Hunters wichtige Monographie über die dort aufgefundene Schrift.
Nur diese kann hier einer kurzen Betrachtung unterzogen werden. Sie ist bis heute nicht entziffert.
Sie findet sich, wie gesagt, fast ausschließlich auf Siegeln und »Amuletten«, wie Mackay meint, weil die Siegel in verschiedener Weise durchbohrt sind, wobei freilich nicht feststeht, ob zum Tragen oder aber zu anderweitiger Befestigung etwa an Waren, Säcken oder Geräten. Die Schriftzeichen stehen entweder als Beischriften zu Tierdarstellungen oder aber als bloße Inschriften für sich selbst; etwa 2500 solcher Siegel sind bisher ans Licht gekommen.

306 *Das Etruskische. Indus- und Osterinselschrift*

Abb. 100 Siegel der Industal-Kultur

Diese Beispiele lassen auch schon erkennen, warum die Entzifferung dieser Rätselschrift bisher nicht gelungen ist; es liegt einmal an der Kürze aller vorhandenen Inschriften. Das ist gewiß ein arges Hindernis; und dazu kommt, daß die auftretenden Zeichen so zahlreich und mannigfaltig sind, daß die Gelehrten sich bisher nicht einmal über ihre Zahl einigen konnten. Während einige Forscher deren 400 unterscheiden wollten, der genannte G. R. Hunter hingegen, indem er viele für Varianten erklärte, auf nur 150 Grundzeichen kam, Meriggi das Richtige in der Mitte suchte und die Zeichenzahl mit etwa 250 annahm, zählen andere ca. 650 Zeichen.
Schon deren flüchtige Betrachtung lehrt, daß sie teils stili-

sierte Bilder sind, teils linearen Charakter tragen. Diese Beobachtung, kombiniert mit der Anzahl der Zeichen, die für eine Silbenschrift zu hoch, für eine reine Wortschrift aber zu niedrig ist, läßt den Schluß zu, daß es sich bei der Indusschrift um eine Mischung von Ideogrammen und phonetischen Zeichen handeln dürfte. Solche Beobachtungen sind noch am sichersten. Als Ertrag jüngerer, computerunterstützter Analysen darf mit großer Wahrscheinlichkeit auf eine gemischte Wort- und Silbenschrift mit Determinativen und phonetischen Ergänzungen geschlossen werden.
Allein das ärgste Hindernis für eine glaubhafte und überzeugende Entzifferung und Lesung liegt nicht so sehr in der geringen Zahl der erhaltenen Schriftdenkmäler und in der Kürze ihrer Texte. Als ganz unüberwindlich hat sich vielmehr eine andere Schwierigkeit herausgestellt: unsere völlige Unkenntnis der Sprache, die in dieser Schrift niedergelegt wurde. Man hat im Laufe der verhältnismäßig jungen Forschungsgeschichte geradezu verzweifelte Anstrengungen unternommen, um diese zu bestimmen; sie wurde u. a. mit dem Sumerischen, dem Semitischen, dem Hethitischen und dem Etruskischen in Verbindung gebracht. Am entschiedensten traten Inder für – Indisch ein: die Sprache der Veden, aber auch das Drawidische; in dieser letzteren Herleitung wurden sie durch finnische Gelehrte bestärkt. Übereinstimmung allerdings ist heute unter den Forschern nur darüber erzielt, daß fast alle bisherigen Interpretationsversuche gescheitert sind und vielleicht nur einer zukunftweisend sein könnte. Diese einzige ernstzunehmende Vorarbeit erblickte Johannes Friedrich in einer eingehenden Studie Piero Meriggis,[73] die noch heute als grundlegend gilt.
Da man diese Arbeit, ganz abgesehen von ihren konkreten Ergebnissen, die zumindest schwer zu widerlegen sind, in rein methodischer Hinsicht für beispielgebend halten darf, sei ein kurzer Einblick in ihren Gang gegeben; sie scheint nicht zuletzt deshalb vorbildlich zu sein, weil sie sich von vornherein auf die kombinatorische Deutung der Inschriften aus sich

selbst heraus beschränkt und die lautliche Lesung gleich eingangs für »völlig aussichtslos« erklärt. Da diese denn auch bis heute nicht geglückt ist, muß man die Schrift als unentziffert bezeichnen.

Meriggi geht von den oben mitgeteilten Beobachtungen über die Natur und die Zahl der Zeichen aus und schließt daraus auf ein gemischtes, ideo-phonographisches System. Er anerkennt mit anderen Forschern das Vorhandensein von Zahlzeichen, die unter gewissen Bedingungen anscheinend auch als Lautzeichen auftreten. An Ergebnissen, die er für gesichert hält, stellt er abschließend zusammen: erstens, die Kenntnis verschiedener Hilfszeichen (Worttrenner und Ideogramm-Kennzeichen), zweitens, die Zeichen für die drei häufigsten Nominalendungen der unbekannten Sprache und drittens, die Deutung (natürlich nicht die Lesung) einer Reihe einzelner Zeichen.

Aus dieser »Summe« seien die Punkte zwei und drei als methodisch instruktiv herausgegriffen.

Meriggi vergleicht nach einem ähnlichen Verfahren wie Alice Kober, als sie ihren ersten Silbenrost der kretisch-mykenischen Linearschrift B zusammenstellte, Zeichengruppen, die sich nur durch ihre Endzeichen voneinander unterscheiden, und stellt so drei besonders häufige Nominalendungen fest, die Zeichen ⚹, ⚹ und ⚹, die er aus technischen Gründen mit A, U und Y (Ψ) umschreibt (was natürlich, abermals sei es betont, nicht heißt, daß er ihnen die Lautwerte a, u und y bzw. ps beilegt). Da er nun gemäß dem archäologischen Befund in den Siegeln vor allem Verwaltungsstempel ohne Nennung von Personennamen sieht, erwartet er in den Inschriften von vornherein hauptsächlich drei Fälle, den Nominativ als den einen Fall, in dem der Gegenstand, um dessen Registrierung es sich handelt, angegeben sein dürfte, und den Genitiv zur Angabe entweder des Besitzes oder aber als Teilungsgenitiv zur Angabe von Mengen; und schließlich einen Dativ zur Angabe des Zweckes oder der Bestimmung ge-

Das Etruskische. Indus- und Osterinselschrift 309

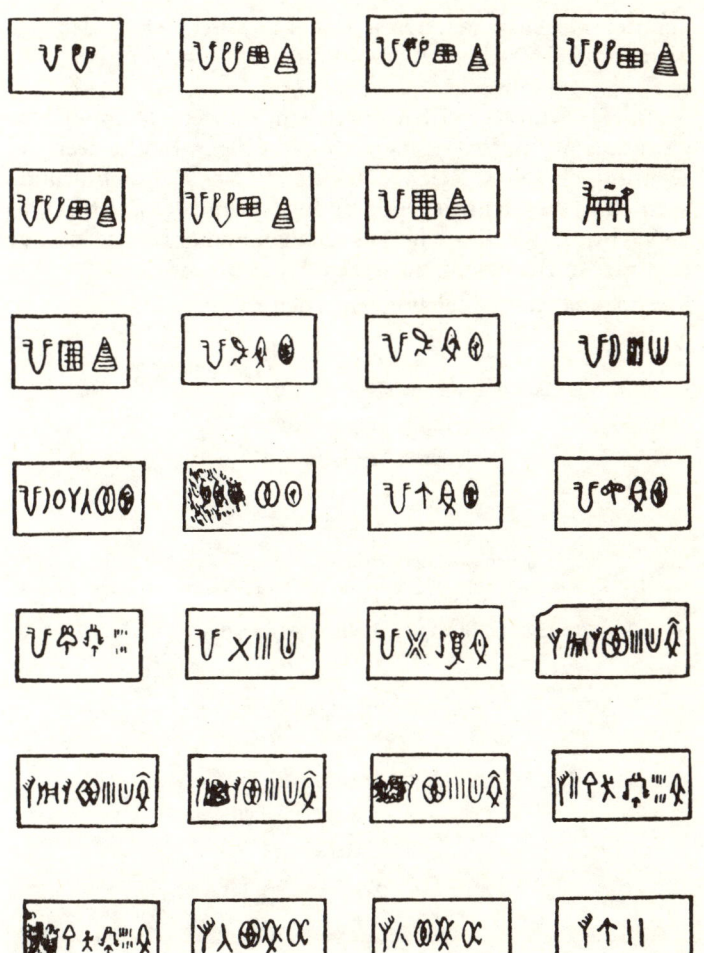

Abb. 101 Protoindische Siegelinschriften

nannter Gegenstände. Diese drei Fälle sieht er in den genannten drei Zeichen (A = Nominativ, U = Genitiv, Y / Ψ = Dativ) ausgedrückt.
Meriggis Gründe werden durch eine weitere Komponente gestützt und illustriert, nämlich den obigen Punkt drei, die Deutung einzelner Zeichen selbst. Hier hält er sich grundsätzlich an die nächstliegende Bildbedeutung der Zeichen und versucht, sie aus dieser heraus sachlich und grammatisch zueinander in Beziehung zu setzen.

Seine wichtigsten Gleichungen sehen so aus:

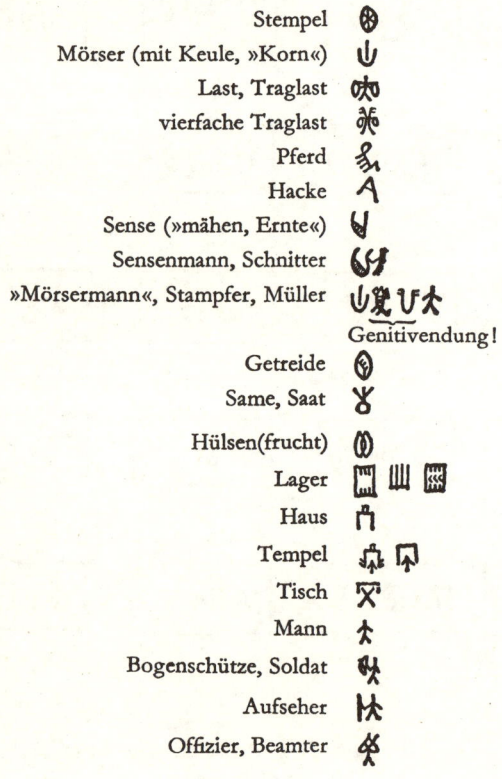

Das Etruskische. Indus- und Osterinselschrift

Mit Hilfe dieser Gleichungen lassen sich Lesungen erzielen, die durchaus einleuchten. So heißt etwa die zweimal belegte Zeichenfolge ⊕✿◊⋈ in Meriggis Umschrift Getreide-Offizier-Raute-Tisch und in seiner Deutung »Getreide (für) des Offiziers-Korps (?) Mensa«.
Stärker jedoch als die gewiß vertretbaren Ableitungen aus dem Bildcharakter der Zeichen scheint für Meriggis Auffassung der folgende Umstand zu sprechen: einmal angenommene Bedeutungen bewähren sich, anderswo eingesetzt, zumindest so, daß sie einen vernünftigen Sinn ergeben, und alle Inhalte, die auf diese Weise von den Inschriften zustande kommen, entstammen ein und dem selben Ideenkreis, nämlich einer ausgeprägten landwirtschaftlichen Terminologie, von Getreide, Saat und Hülsenfrucht bis zu Sense und Hacke, Mühle und Mörser. –
Der gewichtigste Einwand gegen diese Auffassung liegt darin, daß Bilder, sobald sie einmal stilisiert sind, natürlich eine Vielfalt von Deutungen zulassen; so erklärte, um nur ein Beispiel zu nennen, Hrozný Meriggis »Hülsenfrüchte« für das Bild eines Siegels samt seiner Schnur!
Das Jahr 1934 brachte der Orientalistik eine der kühnsten, ja abenteuerlichsten Hypothesen, die ihre an gewagten Vermutungen wahrlich nicht arme Geschichte kennt. Es sei gleich vorweggenommen, daß die meisten Forscher sie heute noch als glattes Phantasieprodukt ablehnen – was dem Laien ganz und gar nicht einleuchten will. Das auf den ersten Blick verblüffende »Beweisstück« sei hiehergesetzt (s. Abb. 103). Die erwähnte abenteuerliche Hypothese, die vollkommen phantastische Theorie besteht in der schlichten Behauptung, daß die beiden hier verglichenen Schriftsysteme verwandt sein müßten – und wer möchte das angesichts der Abbildung 103 leugnen?
Die Ähnlichkeit zwischen den hier gegenübergestellten, ausgewählten Zeichen der Indusschrift mit denen von der Osterinsel scheint zunächst so unverkennbar und unleugbar, daß man jeden Zweifel daran für ausgeschlossen erachtet. Um

312   *Das Etruskische. Indus- und Osterinselschrift*

darzutun, warum die Forschung dennoch hier »ihren Augen nicht traut« und sich gegenüber diesem scheinbar so zwingenden Vergleich wenigstens vorläufig abweisend verhält, sei etwas näher auf die Osterinselschrift eingegangen.
Die einzigartigen Dokumente dieser sonderbaren Schrift verdankt man einem glücklichen Zufall. Die »Sprechenden Hölzer«, die *kohau rongorongo* der Osterinsel, waren in den letzten Jahrzehnten des vergangenen Jahrhunderts, als die Bevölkerung jenes einsamen Eilands durch eine peruanische Kaperflotte auf weniger als zweihundert Seelen dezimiert worden war und französische und belgische Missionare ihre

Abb. 102
Holztafel mit
Osterinselinschrift

Das Etruskische. Indus- und Osterinselschrift 313

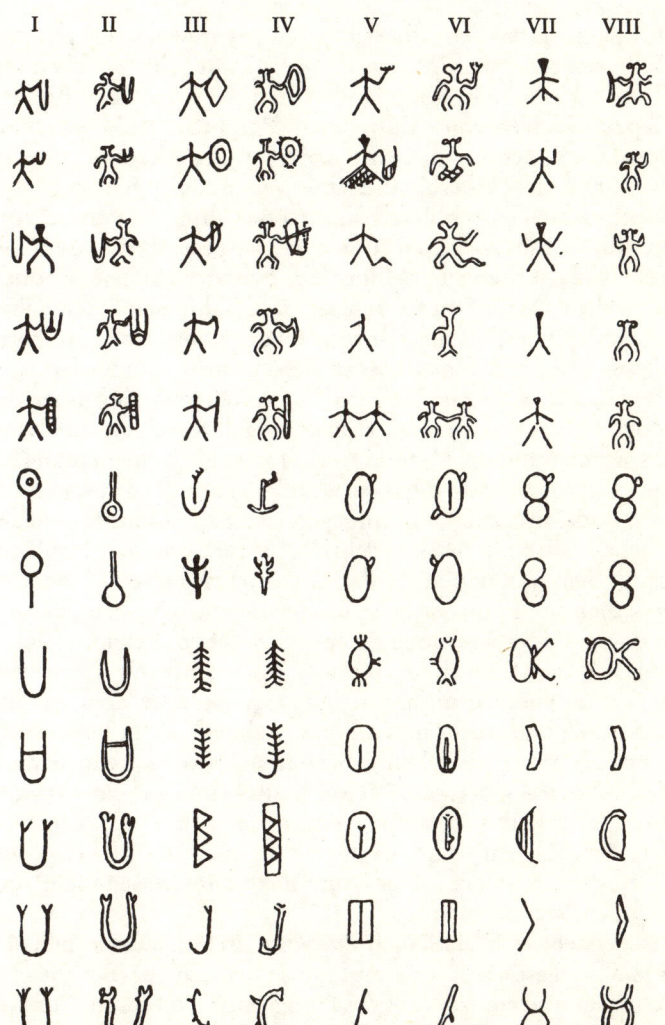

Abb. 103 Vergleich von Indus- mit Osterinselschriftzeichen (I, III, V, VII: Indusschrift, II, IV, VI, VIII: Osterinselschrift)

Tätigkeit unter den Überlebenden begannen, zum größten Teil vernichtet worden; einige wenige mit Schriftzeichen bedeckte Holztafeln aber fanden den Weg zu dem Bischof Tepano Jaussen von Tahiti, einem Bergbauernsohn aus Südfrankreich, der ihre historische Bedeutung erkannte und sich bemühte, diese Überbleibsel einer versunkenen Kultur für die Nachwelt zu entschlüsseln und zu bewahren. Da die schriftkundigen Eingeborenen so gut wie ausgestorben waren, bereitete das erhebliche Mühe und Schwierigkeiten. Endlich kam dem Bischof zu Ohren, daß auf Tahiti selbst ein dahin verschleppter Osterinsulaner von vornehmer Abkunft lebte; diesen ließ der Kirchenfürst zu sich kommen und forderte ihn zum Lesen auf. Ein Lächeln des Erkennens ging über die Züge des jungen Metoro; er nahm die dargereichte Tafel und las sie mit erhobener Stimme; sein Lesen glich einem monotonen Gesang. Mit dem Finger verfolgte er die Zeilen und fuhr, am Ende angelangt, in entgegengesetzter Richtung wieder zurück. Bischof Jaussen schrieb nieder, was der Insulaner sang. Sein Versuch aber, das Gehörte zu verstehen oder es wörtlich ins Französische zu übertragen, scheiterte; er vermochte der vorgesungenen polynesischen Version keinen vernünftigen Sinn abzugewinnen, und so schrieb er denn das Gehörte wörtlich nieder, so gut er es konnte, und machte sich, dort und da ergänzend und nachhelfend, in Form einer sinnvollen französischen Übersetzung seinen Reim darauf. Kein Zweifel – der gute Metoro hatte, stolz auf einst erworbene, aber halb vergessene Kenntnisse, sich seiner ehrenvollen Aufgabe entledigt, so gut er konnte, aber dabei gewiß gemogelt und wohl selber kaum die Hälfte dessen mehr verstanden, was er vortrug.

Es versteht sich, daß auch ein von Bischof Jaussen mit viel Fleiß hergestelltes, aber auf derselben Quelle beruhendes Wörterverzeichnis die Forschung nur irreführen konnte. Hinzu kam, daß die »Originalaufnahme« des von Metoro abgesungenen Textes bald verschwand und nicht mehr aufgefunden werden konnte.

Der Gedanke, diese Quelle wieder aufzuspüren, führte im Jahre 1954 den jungen Hamburger Völkerkundler Dr. Thomas Barthel in das Archiv des Ordens, dem Bischof Jaussen angehört hatte, nach Rom. Dort entdeckte er in einem alten, verstaubten und unscheinbaren Buch »die Bilingue«, den einst von dem fleißigen Bischof niedergeschriebenen Gesang Metoros in polynesischer und französischer Sprache.

Auch Barthel mußte erkennen, was seinem Vorgänger so erhebliche Schwierigkeiten bereitet hatte: daß die »Bilingue« keine Bilingue war; aber gewisse Anhaltspunkte bot sie dennoch, und es sei noch kurz dargelegt, wie der deutsche Forscher auf die ersten greifbaren Resultate stieß. Die Schrift der Osterinsel – sie weist an die 600 Zeichen auf, die Barthel jahrelang gesammelt, verglichen und studiert hatte – beruhte offenbar zum großen Teil auf einem bereits vertrauten Prinzip: dem des Laut-Rebus. Da fand sich z. B. mitten in einem Text, den die französische Übersetzung und ihr polynesisches Urbild einwandfrei als religiösen Inhalts auswiesen, das stark vereinfachte Bild einer aufgeklappten Muschel. Das Wort für Muschel nun heißt im Polynesischen *pure*, und *pure* bedeutet auch – »Gebet«!

Durch mühsamste Kleinarbeit, geduldige und schrittweise Vergleichung der beiden sprachlichen Versionen mit dem Bildertext des »Sprechenden Holzes« konnte Thomas Barthel zu Anfang des Jahres 1955 bereits einen kleinen Grundstock von Zeichen als gesichert betrachten. Abbildung 104 zeigt den ersten damals von ihm übersetzten Satz.

Wohl das aufsehenerregendste Ergebnis von Barthels Entzifferung war aber die Lesung eines häufig wiederkehrenden Refrains: »Und sie beteten zum Gott von Rangitea.« »Rangitea«, »Lichter Himmel«, heißt nämlich eine der Gesellschaftsinseln, 3000 Kilometer von der Osterinsel entfernt. Damit schien das Problem der Herkunft der Insulaner, eine viel diskutierte und heiß umstrittene Frage, die Archäologen, Ethnologen und Historiker seit Jahrzehnten beschäftigt, zum erstenmal konkret gelöst – ganz abgesehen von den damit verknüpften Besiedlungsfragen in Polynesien überhaupt sowie dem Problem der alten Verbindungen zwischen der Osterinsel und dem Lande im Osten, aus dem, einer ande-

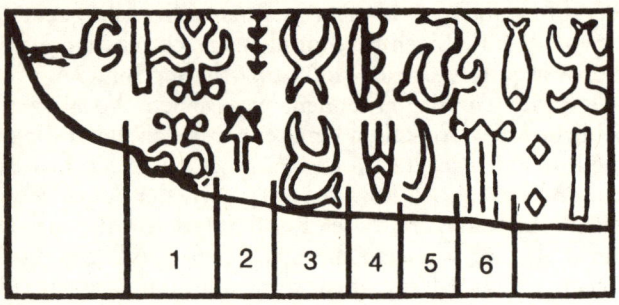

Abb. 104 »Rongo, Herr des Himmels und der Erde, der das Licht geschaffen hat«: Anfang einer Schrifttafel von der Osterinsel nach Thomas Barthel. – (1) *Der Herr* (2) *des Himmels* (3) *Rongo (Göttername)* (4) *der Erde* (5) *macht* (6) *Licht.*

ren Tradition zufolge, die Vorfahren der heutigen Eingeborenen kamen – dem Peru der Inkas. »Schien« gelöst – denn das Urteil der Fachwelt über Dr. Barthels Entzifferung war damals noch keineswegs einhellig.
Die Zuversicht, mit der man den Ergebnissen seiner Arbeit entgegensah, rechtfertigte der genannte Forscher durch sein umfangreiches und gehaltvolles Werk *Grundlagen zur Entzifferung der Osterinselschrift* (Hamburg 1958).
Auch Barthels »Grundlagen« sind, was ihr Titel sagt, und noch nicht die Entzifferung selbst. Von den Metorogesängen mußte der Forscher noch immer bekennen: »Die vollständige Übereinstimmung zwischen einem Tafelgesang und einem bestimmten kohau rongorongo bleibt ein unerfüllter Wunschtraum des Entzifferers.«[74]
In seiner Deutung der Schrift ging Barthel von dem engen Zusammenhang zwischen den in den Texten behandelten

Themen und dem polynesischen Lebensgefüge aus und spürte der nachweisbaren Verkettung von Kultur und Sprache der Osterinsel mit anderen Inseln Randpolynesiens nach. Auf diesem Wege kam er zu seinen Interpretationen der vorliegenden Texte: die Natur, die Himmelskörper, die Götter, die Menschen, ihre Handlungen, der Tod und schließlich Ethnographisches (Boote, Häuser, Waffen, Steinbeil, Tanzpaddel, Brustschmuck, Gürtel und Federgirlande, Federkopfputz, Musikinstrumente) sind ihre Themenkreise.

Barthels Ergebnisse eröffneten Einblicke in Wesen, Struktur und Funktion der Osterinselschrift, die man noch wenige Jahre zuvor nicht zu erhoffen wagte. Ihrer Gattung nach steht diese Schrift wegen ihrer engen Bindung an hergebrachte Konventionen als »Konturschrift« schon über der Stufe der reinen Piktographie. Aus ihrem beschränkten Bestand an Grundzeichen können nach festen Regeln zwischen 1500 und 2000 verschiedene Kompositionen entwickelt werden. Zu diesem Grundzeichenbestand »gehört eine kleine Zahl von typischen Kopfformen, bestimmte Körperhaltungen, die aus einer Pantomimik, und charakteristische Handstellungen, die aus einer Gestensprache hervorgegangen zu sein scheinen. Bei den meisten Zeichen für Tiere, Pflanzen und Gegenstände der materiellen Kultur sind die Vorbilder noch mehr oder minder deutlich zu erkennen; jedoch haben verschiedene geometrische Zeichen bereits eine abstrakte Formgebung erlangt.«[75]

Die Mehrzahl der Zeichen sind Ideogramme. Die Symbolbildung erfolgt nach verschiedenen, deutlich voneinander zu trennenden Prinzipien. Von den mehrdeutigen Ideogrammen abgesehen, besitzt jedes Zeichen der Osterinselschrift seinen festen Lautwert. Dadurch wird die phonetische Wiedergabe, z. B. von Namen, sowie das Spiel mit den vielen gleichlautenden Wörtern verschiedenen Sinnes, den Homonymen der polynesischen Sprache, ermöglicht, also die Anwendung des »Laut-Rebus«. Ein gesprochener Satz kann in der Osterinselschrift nicht vollständig wiedergegeben werden. »Der Schreiber mußte die Kernbegriffe auswählen und damit die Fassung der mündlichen Überlieferung auf eine Art Telegrammstil reduzieren.«[76] Ein letztes Merkmal dieser Schrift ist schließlich die sogenannte »partielle Lautandeutung«: einzelne Zeichen werden so verwendet, daß ihre Lautwerte längere Ausdrücke wenigstens teilweise wiedergeben. Diese partielle Lautandeutung herrscht auch in Metoros Tafelgesängen und erklärt zum Teil die Unzulänglichkeit, mit der der Sänger die Texte der »Sprechenden Hölzer« wiedergab.

Die *kohau rongorongo*: sie sind überwiegend unhistorischen Inhalts. Politische Ereignisse oder Geschlechterfolgen finden wir sehr selten. Das erklärt sich vielleicht daraus, daß zur Niederschrift von Chroniken das »*ta'u*«-System, eine vereinfachte und stets nur wenigen Schreibern bekannte Form der klassischen Osterinselschrift, verwendet wurde, teils wohl auch aus dem sakralen Charakter dieser Schrift. Die Tafeln enthalten Lieder auf Götter, Ritualtexte für Kulthandlungen, Feste und für das Totenzeremoniell (Trauer- und Rachegesänge) und schließlich Texte für den Fruchtbarkeitszauber. Auch an Beschreibungen von Menschenopfern und Kannibalismus fehlt es nicht.

Ein erster und wesentlicher Gewinn aus diesen »zeitlosen« Texten war die Erschließung unverkennbarer Parallelen zwischen der versunkenen Osterinselkultur, so unvollkommen und lückenhaft unser Bild davon auch noch immer sein mag, mit den Kulturen anderer polynesischer Inseln. Solche Parallelen bestehen zwischen der Osterinsel und Mangareva, den Marquesasinseln, den Tuamotus, den Gesellschaftsinseln und Neuseeland. »Deutlich kommen auf den Schrifttafeln der Osterinsel gemeinsame Begriffe und Gedanken der altpolynesischen Kultur zum Vorschein.«[77]

Die Tafeln einmal vollständig zu übersetzen und zu kommentieren, muß vorläufig noch der Zukunft überlassen bleiben. Auch dazu weist Thomas Barthel erfolgverheißende Wege. Im Jahre 1963 konnte er eine zweite Arbeitsperiode mit Ergebnissen aus eigener Feldforschung abschließen. Aus der

Kritik des Entzifferungsversuchs der sogenannten ›Kleinen Santiagotafel‹ durch den russischen Forscher N. A. Butinow und aus Barthels eigener Entzifferung dieses Textes ergab sich die Identifikation der Heimat des legendären Einwandererkönigs Hotu Matua mit der Insel Huahine-nui, einer der westlichen Gesellschaftsinseln. Noch in demselben Jahr konnte er das erste Stadium der Entzifferung für beendet erklären: »Alle wichtigen und häufigen Einzelzeichen sind jetzt zumindest in ihrer allgemeinen Bedeutung, überwiegend auch in ihren Laut- und Symbolwerten anerkannt; Ausdrucksmöglichkeiten und Ausdrucksgrenzen des Schriftsystems lassen sich klar bestimmen; der auf den Tafeln behandelte Themenkreis ist übersehbar und erlaubt wichtige historische, ethnologische und linguistische Schlüsse.«[78]
So konnten Zeichen für die Natur, die Tier- und Pflanzenwelt, für bestimmte Gegenstände und Tätigkeiten, aber auch für soziologische Strukturen und Funktionen, für Götterwelt und Jenseitsvorstellungen bestimmt werden. Symbolhaftigkeit und Lautcharakter der Schrift, das Loslösen der Zeichen vom Bild, bestätigten sich als Merkmal der Osterinselschrift. Die Zeichen auf den Schrifttafeln enthalten Gruppen von Stichwörtern zu mündlich überlieferten Gesängen, Rezitationen, Anweisungen zu Mythen, Riten und Traditionen. Der begrenzte Zeichenbestand erfaßt nur einen Ausschnitt des polynesischen Wortschatzes. Die Sprache enthält Elemente aus verschiedenen Stadien der ostpolynesischen Sprachentwicklung.
In Barthels zusammenfassendem Werk *Das achte Land* wurden auch Handschriften ausgewertet, die alte Einheimische im europäischen Alphabet und in ihrer Sprache angefertigt hatten. In einer seiner bisher letzten Arbeiten geht er daran, die ›eingekerbte Vergangenheit‹ Stück für Stück zu erschließen; er versucht, anhand dekadischer Textstrukturen den Tafeln Kalenderwissen, chronologische und genealogische Sequenzen abzugewinnen. Das Vorkommen von Inselnamen aus der Gruppe der Australinseln (600–700 km süd-

lich von den Gesellschaftsinseln) stelle das missing link, den Beweis für die Südroute der Hotu-Matua-Einwanderer dar, deren Ankunft auf der Osterinsel in das 14. oder aber das 16. Jahrhundert n. Chr. zu setzen sei. In seinen *Wegen durch die Nacht* erschließt ihm das Studium des Rongorongotextes auf dem Santiagostab konvergierende Bedeutungsebenen: Körperteile werden als zusätzliche Informationsträger verstanden; die Übereinstimmung von Informationen auf einer mit Schriftzeichen bemalten Rindenbastfigur mit eingekerbten Zeichen auf dem Santiagostab verhilft zur Feststellung endgültiger und zuverlässiger Lautwerte. Die Struktur der Inschrift auf dem Santiagostab enthüllt in Übereinstimmung mit anderen polynesischen Kulturen Einsichten in die Kosmogonie und die Eschatologie der Osterinsulaner: »›Boote‹ tragen nicht nur über See, sondern führen auch zu den Letzten Dingen.«[79]

Schriftgeschichtlich gesehen, bleibt die wirklich verblüffende Ähnlichkeit gewisser Zeichen der Indusschrift mit solchen der Osterinsel zu erklären. »Wer nicht an übernatürliche Zusammenhänge glaubt, tut besser, die äußere Ähnlichkeit zwischen beiden Schriften als ein Spiel des Zufalls zur Kenntnis zu nehmen.«[80]

Zunächst soll der scheinbar schlagendste Beweis, nämlich Abbildung 103, sozusagen »demaskiert« werden. Sie stellt insgesamt 48 Zeichen der beiden Schriften einander gegenüber, und selbst die 100 Schriftzeichen, die der Urheber der Verwandtschaftstheorie, W. v. Hevesy,[81] zu diesem Zweck aufbietet, stellen nur einen geringen Prozentsatz des Zeichenbestandes der Osterinsel, nämlich rund ein Fünftel, dar. Außerdem sind zum Zweck der Gegenüberstellung alle Zeichen, die sich irgendwie dafür eignen, herangezogen worden, und das ist vom wissenschaftlichen Standpunkt aus zuweilen bedenklich, weil die Auswahl ohne Rücksicht auf die Häufigkeit und damit auf die typische Form mancher Zeichen erfolgte; wo man auf seltene oder ganz vereinzelt vorkommende Varianten zurückgreifen muß, verliert jeder solche

Das Etruskische. Indus- und Osterinselschrift

Vergleich viel an Überzeugungskraft. Aber auch wenn man die äußere Ähnlichkeit unumwunden zugeben will, so ist doch damit noch gar nichts über Bedeutung und Wert der Zeichen ausgesagt. Besonders mit einem so allgemein verbreiteten, so naheliegenden und so unmittelbar einleuchtenden Bildzeichen wie dem für »Mann, Mensch« läßt sich schlecht argumentieren, weil dieses, zumal je mehr es stilisiert wird, um so weniger abweichende Möglichkeiten zuläßt; »auf zwei Beinen stehe, oben sei ein Kopf« – das gilt schließlich am Nordpol wie am Äquator; es wird immer so, 𐆊 , oder ähnlich aussehen!
Ganz und gar unwahrscheinlich aber wird jeder Zusammenhang angesichts des riesigen zeitlichen und räumlichen Abstandes, der die beiden Schriften voneinander trennt. Um die Mitte des neunzehnten Jahrhunderts nach Christus erloschen Übung und Kenntnis der Osterinselschrift – um 2500 *vor* Christus blühte die Indusschrift! Auch hier die gewaltige Kluft von rund 4500 Jahren; und selbst wenn man Meldungen Glauben schenken will, nach denen es gelungen ist, das Alter der Osterinselschrift um 1000 Jahre zurückzuverlegen, so bleibt noch immer ein Abgrund von bestenfalls dreieinhalb Jahrtausenden. Die geographische Entfernung, die zweite Hauptschwierigkeit der Verwandtschaftstheorie, hat man mit verschiedenen Annahmen zu überbrücken gesucht, die aber den unvoreingenommenen Betrachter nicht überzeugen können.

Ein weiter Weg, eine wechselvolle Fahrt hat uns von den Ufern des Nils an die Gestade des verlorenen Eilands im Pazifik geführt, von Sumerern zu Babyloniern und Assyrern, von der Minosinsel in die Gräber Etruriens und ins Industal – ein unendlich verschlungener Pfad durch Zeiten und Räume. Und wie viel ist nicht abseits liegengeblieben – Ostturkestan etwa mit seinen stupenden Schriftfunden, der Ferne Osten, Wiege und Heimat einer unvergleichlichen Schrift- und Schreibkultur, das alte Amerika mit den Hieroglyphen seiner vorkolumbianischen Kulturen, Nord- und Innerafrika, Südarabien auch, dessen heißen Wüstensand immer wieder wagemutige Forscher mit ihrem Blute tränkten auf der Suche nach Inschriften, nach der Schrift schlechthin, der »Mutter der Sprecher und des Vaters der Weisen«, wie ein sumerisches Sprichwort sagt.

Allein wir wollen uns bescheiden. *Non multa, sed multum*, sagten die Römer – nicht ein verwirrendes Allerlei wollten wir ja bieten, sondern an Hand weniger ausgewählter und für uns Abendländer kulturgeschichtlich bedeutsamer Beispiele dem Wunder der Zeichen nachspüren und tiefer hinabsteigen in die Schächte, darin der menschliche Geist seinen kostbarsten Besitz angelegt hat und aus denen er sich ununterbrochen speist. Die Sprache scheidet den Menschen vom Tier und hebt ihn hoch über seine Mitgeschöpfe hinaus. Die Sprache aber ist selbst noch Geist vom Geiste – ist Laut und Schall, der unfaßbar und unbehütet verwehte, bis ihm das adelige Gefäß der Schrift Bewahrung und Bestand über die Geschlechter hinweg sicherte.

In der Schrift gelang dem Menschen eine der glücklichsten Vermählungen des Geistes mit dem Stoff. Von Macht und Größe, von Fülle und Schönheit, vom unvergänglichen Zauber dieser erhabenen Verbindung will auch dieses Buch künden und einen Hauch verspüren lassen aus einem Reiche, in dem der Mensch, Abbild des Schöpfers, selbst zum Schöpfer geworden ist.

Anmerkungen

(Die Zahlen in den Klammern nach Autorennamen verweisen auf die Bezifferung des Literaturverzeichnisses)

Kapitel I

1 Miltner (36) S. 27.
2 »Basically, microchips are merely a technical improvement over clay tablets« (Coulmas [19] S. 9).
3 *An Historian's Approach to Religion*, London 1956, S. 3.
4 Miltner (36) Anm. 1.
5 Jensen (1) S. 24 f.
6 Ebd. S. 25.
7 Ebd. S. 34.
8 Tschichold (35) Taf. 1.

Kapitel II

9 Herodot II, 125, übersetzt von A. Horneffer. Die Summe ist von Herodot infolge irriger Umrechnung der ägyptischen auf griechische (attische) Währung viel zu niedrig beziffert.
10 Diese deutsche Version sowie diejenigen der früher gebotenen Proben aus Horapollon stammen von A. Wiedemann.
11 Wie sehr Horapollon mit seinen symbolisierenden und allegorisierenden Angaben dem Zeitgeschmack entgegenkam und wie nachhaltig sein Einfluß wirkte, geht anschaulich daraus hervor, daß kein Geringerer als Albrecht Dürer Zeichnungen entworfen hat (besonders für die Ehrenpforte Kaiser Maximilians), die den von Horapollon beschriebenen Hieroglyphenzeichen entsprechen sollten. Diese Zeichnungen sind zwar künstlerisch bedeutsam, in Auffassung und Ausführung jedoch vollkommen unägyptisch ausgefallen (Wien, Kunsthistorisches Museum).
12 Dieses sowie alle anderen französischen und deutschen Zitate im Zusammenhang mit Leben und Werk Champollions sind der verdienstvollen Biographie von Hermine Hartleben (41) entnommen.
13 Die Kopten (christlichen Ägypter) wurden zum Teil mit Rom

uniert durch die Bemühungen der früher erwähnten Propaganda-Kongregation, die die Wiederbelebung des Koptischen tatkräftig gefördert hat.
14 Jensen (1) S. 52.
15 Max Pieper, *Die ägyptische Literatur*, Wildpark / Potsdam 1927, S. 67.

Kapitel III

16 Der Kopenhagener Assyriologe Svend Aage Pallis weist in seinem umfassenden Handbuch *The Antiquity of Iraq*, Kopenhagen 1956, S. 63, darauf hin, daß der britische Orientalist Thomas Hyde in seiner *Historia religionis veterum Persarum*, 1700, die persische Schrift »*dactuli pyramidales seu cuneiformes*« nennt, also zwölf Jahre vor dem Erscheinen von Kämpfers Werk von »Keilschrift« spricht, und tadelt auch, daß die gesamte Fachliteratur dennoch Kämpfer das Verdienst an der Namensprägung zuschreibt. Der Verfasser ist trotz Pallis' Einwand hier der Masse der Fachliteratur gefolgt, denn einmal bietet Hyde die Bezeichnung »*cuneiformes*« nur als zweite Alternative gegenüber einer ersten, »*pyramidales*«, und zweitens hat, wie gerade die Entzifferungsgeschichte und ihr Niederschlag in der Fachliteratur zeigt, Kämpfer mit seiner Prägung »*litterae cuneatae*« das ungleich weitere und nachhaltigere Echo ausgelöst. Das muß festgehalten werden – womit wir freilich Hyde die zeitliche Priorität nicht streitig machen wollen.
17 Meier-Lemgo (59) S. 67.
18 Ebd.
19 Übersetzung von A. Horneffer.
20 In der 2. Aufl., Göttingen 1805, S. 931–960; 3. Aufl. (etwas erweitert) 1815, S. 563–609.
21 Ernst Diez, *Iranische Kunst*, Wien 1944, S. 114.
22 Archaeologia or miscellaneous tracts relating to antiquity, Bd. 34, London 1852, S. 74.
23 Ebd., S. 75 f.
24 Übersetzung von A. Horneffer.
25 Übersetzung nach F. W. König, *Relief und Inschrift des Königs Dareios I. am Felsen von Bagistan*, Leiden 1938, S. 36.
26 Ebd., S. 38.

Kapitel IV

27 Übersetzt von J. Friedrich.
28 So Mallowan bei L. Woolley, *Ausgrabungen als lebendige Geschichte*, Köln 1969, S. 16.
29 Carl Bezold, »Julius Oppert«, in: *Zeitschrift für Assyriologie* 19 (1905/06) S. 169–173.
30 Edouard Dhorme in einem Brief an den Verfasser vom 11. März 1957.
31 Bruno Meissner, *Die babylonisch-assyrische Literatur*, Wildpark / Potsdam 1930, S. 80.
32 Ebd., S. 81 f.

Kapitel V

33 Mordtmann (109) S. 625.
34 Ebd., S. 626.
35 Ebd., S. 627.
36 Übersetzt von A. Horneffer.
37 Mordtmann (109) S. 628.
38 Friedrich (123) S. 17.
39 Gustav Herbig, *Wege und Ziele der hethitischen Sprachforschung*, Breslau 1922, S. 5.
40 Winckler (113) S. 27 f.
41 Ebd., S. 29 f.
42 Nicht in Polen, wie Ceram (132) S. 73 behauptet, sondern in der damaligen österreichisch-ungarischen Monarchie.
43 Hrozný (114) S. 25.
44 Friedrich (25).
45 Ebd., S. 60 f.
46 Friedrich (123).S. 25.
47 Meriggi (118) S. 199.
48 Ebd., S. 201.
49 Forrer (121) S. 4.
50 J. Kohler / F. E. Peiser, *Hammurabi's Gesetz*, Bd. 1, Leipzig 1904, Col. XXVI, 15–40.
51 Friedrich (123) S. 27.
52 Brief Prof. Gelbs an den Verfasser vom 14. August 1957.
53 Friedrich (123) S. 37 f.
54 Friedrich (25) S. 83.

Anmerkungen

55 Die Tafel stammt aus Hawkins / Morpurgo-Davies / Neumann (143) S. 192.
56 Aus Riemschneider (131) S. 110.
57 Ebd., S. 37 f.

Kapitel VI

58 Evans (147) S. 16.
59 Ventris / Chadwick (159) S. 11.
60 Ebd.
61 Brief John Chadwicks an den Verfasser vom 22. Februar 1957.
62 Ebd.
63 Ebd.
64 H[ugo] M[ühlestein], in: *Basler Nachrichten*, 20. September 1956, Beilage Nr. 400.
65 Ventris / Chadwick (159) S. 25.
66 Merlingen (158) S. 12. Zeile 1 wird jetzt anders gelesen; ein Stück (Zeilen 1/2) wurde hier nicht wiedergegeben, da der Text noch nicht restlos klar war; vgl. Ventris / Chadwick (159) S. 336 f., Chadwick (163) S. 99 f.
67 Merlingen (158) S. 13.
68 Chadwick (163) S. 169.

Kapitel VII

69 Meriggi (228) S. 198.
70 Massimo Pallottino, *The Etruscans*, Harmondsworth ²1956, S. 241.
71 *Tarquinia. Wandmalereien aus etruskischen Gräbern*, Aufnahmen von Walter Dräyer, Einführung von Massimo Pallottino, München 1955, S. 48.
72 Diringer (4), hier ²1949, S. 81.
73 Friedrich (25) S. 137; Meriggi (228); ders., »Über weitere Indussiegel aus Vorderasien«, in: *Orientalistische Literaturzeitung* 40 (1937) Nr. 10, S. 593–596.
74 Barthel (259) S. 201.
75 Ebd., S. 315.
76 Ebd., S. 316.

77 Ebd., S. 224.
78 Barthel (261) S. 372.
79 Barthel (269) S. 111.
80 Friedrich (25) S. 140.
81 Hevesy (253).

Literaturhinweise

Die Literatur über die Entzifferung und Deutung unbekannter Schriften und Sprachen ist allein kaum mehr übersehbar, und wer einzelne Themenkreise dieses Gebietes darstellen will, gerät dabei vollends ins Uferlose, weil es ja nicht möglich ist, eine Entzifferung oder Deutung zu schildern, ohne auch mit den Schriften und Sprachen, um die es geht, einigermaßen auf vertrautem Fuß zu stehen. Ein vollständiges Verzeichnis auch nur des geringen Bruchteils der bestehenden Fachliteratur, den der Verfasser eingesehen und benützt hat, würde noch immer viele Seiten füllen. Daher sind im folgenden nur Hinweise geboten, die vor allem zwei Zwecken dienen sollen: dem interessierten Leser, der sich gerne weiter vertiefen möchte, die ersten Schritte zu weisen und zugleich aufzuzeigen, auf welchen Quellen die Darstellung des Verfassers jeweils im wesentlichen beruht. Bisher unveröffentlichte sachliche, autobiographische und biographische Mitteilungen, die der Verfasser den behandelten Forschern selbst oder anderen Gelehrten verdankt, sind nicht aufgeführt.

Grundlegend informieren über Schriftgeschichte und Schriftprobleme eine Anzahl älterer, mehrmals aufgelegter und noch immer unentbehrlicher Werke:

1 Jensen, H.: Die Schrift in Vergangenheit und Gegenwart. Glückstadt 1935. 2., neubearb. Aufl. Berlin 1958. Nachdr. 1969.
2 Février, J. G.: Histoire de l'écriture. Paris 1948. ²1959.

3 Driver, G. R.: Semitic Writing from Pictograph to Alphabet. London 1948. ²1954. 3., neu bearb. Aufl. 1976.
4 Diringer, D.: The Alphabet. A Key to the History of Mankind. New York ²1949. ³1968 (2 Bde.).
5 Gelb, I. J.: A Study of Writing. London/Chicago 1952. ²1963. – Deutsch: Von der Keilschrift zum Alphabet. Stuttgart 1958.
6 Cohen, M.: La grande invention de l'écriture et son évolution. 3 Bde. Paris 1958. ²1969.
7 Friedrich, J.: Geschichte der Schrift unter besonderer Berücksichtigung der geistigen Entwicklung. Heidelberg 1966.

Zu diesen Klassikern der Schriftgeschichte gesellten sich jüngere Werke teils schriftgeschichtlich beschreibenden, teils linguistischen Charakters sowie popularwissenschaftliche Darstellungen; davon eine knappe Auswahl:

8 Ekschmitt, W.: Das Gedächtnis der Völker. Hieroglyphen, Schriften und Schriftfunde. Berlin 1964. ²1968. München 1980.
9 Frühe Schriftzeugnisse der Menschheit. Vorträge, gehalten auf der Tagung der Joachim Jungius Gesellschaft der Wissenschaften, Hamburg, 9. und 10. Oktober 1969. Göttingen 1969.
10 Haas, W. (Hrsg.): Writing without Letters. Manchester 1976.
11 Wills, F. H.: Schrift und Zeichen der Völker von der Urzeit bis heute. Düsseldorf/Wien 1977.
12 Stiebner, E. D./Leonhard, W.: Bruckmanns Handbuch der Schrift. München 1977.
13 Coulmas, F.: Über Schrift. Frankfurt a. M. 1982.
14 Coulmas, F./Ehlich, K. (Hrsg.): Writing in Focus. Berlin/Amsterdam/New York 1983.
15 Günther, K. B./Günther, H. (Hrsg.): Schrift, Schreiben, Schriftlichkeit. Tübingen 1983.
16 Gaur, A.: The History of Writing. London 1984.
17 Feldbusch, E.: Geschriebene Sprache. Untersuchungen zu ihrer Herausbildung und Grundlegung ihrer Theorie. Berlin/New York 1985.
18 Sampson, G.: Writing Systems. A Linguistic Introduction. Stanford, California 1985.
19 Coulmas, F.: The Writing Systems of the World. Oxford 1989.
20 Kuckenburg, M.: Die Entstehung von Sprache und Schrift. Köln 1989.
21 Haarmann, H.: Universalgeschichte der Schrift. Frankfurt a. M. 1990.

22 Godart, L.: Le pouvoir de l'écrit. Paris 1990.
23 Reading the Past. Ancient Writing from Cuneiform to the Alphabet. London 1990.

Zu Geschichte und Technik von Schriftentzifferungen vgl. außer den genannten Werken:

24 Aalto, P.: Notes on Methods of Decipherment of Unknown Writings and Languages. Helsinki 1945.
25 Friedrich, J.: Entzifferung verschollener Schriften und Sprachen. Berlin 1954.
26 Cottrell, L.: Reading the Past. The Story of Deciphering Ancient Languages. New York 1971.
27 Gordon, C. H.: Forgotten Scripts. The Story of their Decipherment. Harmondsworth 1971.
28 Barber, E. J. W.: Archaeological Decipherment. A Handbook. Princeton 1974.
29 Pope, M.: The Story of Decipherment from Egyptian Hieroglyphic to Linear B. London 1975. – Deutsch: Die Rätsel alter Schriften. Hieroglyphen, Keilschrift, Linear B. Bergisch Gladbach 1978. Neudr. Herrsching 1990.
30 Proceedings of the Symposium on the Undeciphered Languages. In: Journal of the Royal Asiatic Society (1975) H. 2.
31 Segert, S.: Decipherment of Forgotten Writing Systems: Two Different Approaches. In: Coulmas / Ehlich (14) S. 131–156.
32 Coulmas, F.: From Letter to Sound: Deciphering Written Languages. In: Coulmas (19) S. 205–224.
33 Duhoux, Y. / Palaima, Th. G. / Bennet, J. (Hrsg.): Problems in Decipherment. Louvain-la-Neuve 1989.

Arbeiten zur Entzifferungsgeschichte einzelner Schriften sind in den folgenden Literaturhinweisen zu den Kapiteln I–VII genannt.

Kapitel I

34 Weule, K.: Vom Kerbstock zum Alphabet. Stuttgart 1915.
35 Tschichold, J.: Geschichte der Schrift in Bildern. Basel / Frankfurt a. M. ^{3}1951.

36 Miltner, F.: Wesen und Geburt der Schrift. In: Historia Mundi. Hrsg. von Fritz Valjavec. Bd. 3: Der Aufstieg Europas. Bern 1954. S. 27–41.
37 Schmandt-Besserat, D.: The Earliest Precursors of Writing. In: Scientific American 238 (1978) S. 50–59.
38 Andree, R.: Merkzeichen und Knotenschrift. In: Ders.: Ethnographische Vergleiche und Parallelen. Stuttgart 1978. S. 184–197.

Kapitel II

39 Brischar, K.: Athanasius Kircher. Ein Lebensbild. Würzburg 1877.
40 Ebers, G.: Richard Lepsius. Ein Lebensbild. Leipzig 1885.
41 Hartleben, H.: Champollion. Sein Leben und sein Werk. 2 Bde. Berlin 1906.
42 Griffith, F. L.: Meroitic Inscriptions. 2 Bde. London / Boston 1911–12.
43 Erman, A.: Die Entzifferung der Hieroglyphen. In: Sitzungsberichte der Preußischen Akademie der Wissenschaften. Philosophisch-historische Klasse (1922) S. XVII–XLIII.
44 Wiedemann, A.: Die Entzifferung der Hieroglyphen. In: Neue Jahrbücher für das klassische Altertum 51 (1923) S. 1–15.
45 Sethe, K.: Vom Bilde zum Buchstaben. Die Entstehungsgeschichte der Schrift. Leipzig 1939. Nachdr. (mit Beiträgen von S. Schott) Hildesheim 1964.
46 Scharff, A.: Archäologische Beiträge zur Frage der Entstehung der Hieroglyphenschrift. München 1942.
47 Schott, S.: Hieroglyphen. Untersuchungen zum Ursprung der Schrift. Mainz / Wiesbaden 1950.
48 Schott, S.: Die Erfindung der ägyptischen Schrift. Das Schriftsystem und seine Durchbildung. Abhängigkeit und Einwirkung. In: Handbuch der Orientalistik. Abt. 1. Bd. 1. Abschn. 1. Leiden 1959. S. 18–36.
49 Brunner, H.: Die altägyptische Schrift. In: Studium Generale 18 (1965) S. 756–769.
50 Kaplony, P.: Strukturprobleme der Hieroglyphenschrift. In: Chronique d'Egypte 41 (1966) S. 60–99.
51 Westendorf, W.: Die Anfänge der altägyptischen Hieroglyphen. In: Frühe Schriftzeugnisse der Menschheit (9) S. 56–87.

52 Pope, M.: Die Rätsel alter Schriften. Bergisch Gladbach 1978. S. 11–96. [Die ägyptischen Hieroglyphen.]
53 Andrews, C.: The Rosetta Stone. London 1981.
54 Schenkel, W.: Einführung in die klassisch-ägyptische Sprache und Schrift. Tübingen 1989.
55 Schlott, A.: Schrift und Schreiber im alten Ägypten. München 1989.
56 Schenkel, W.: Einführung in die altägyptische Sprachwissenschaft. Darmstadt 1990.
57 Davies, W. V.: Egyptian Hieroglyphs. In: Reading the Past (23) S. 75–135.

Kapitel III

58 Weisbach, F. H.: Die Keilinschriften der Achämeniden. Leipzig 1911.
59 Meier-Lemgo, K.: Engelbert Kämpfer. Stuttgart 1937.
60 König, F. W.: Relief und Inschrift des Königs Dareios I. am Felsen von Bagistan. Leiden 1938.
61 Kent, R. G.: Old Persian Grammar, Texts, Lexicon. New Haven ²1953.
62 Brandenstein, W. / Mayrhofer, M.: Handbuch des Altpersischen. Wiesbaden 1964.
63 Mittelberger, H.: Zum Altpersischen. In: Die Sprache II (1965) S. 93–121.
64 Sharp, R. N.: The Inscriptions in Old Persian Cuneiform of the Achaemenian Emperors. [Teheran, um 1970.]
65 Mayrhofer, M.: Supplement zur Sammlung der altpersischen Inschriften. Wien 1978.
66 Diakonoff, I. M.: The Origin of the ›Old Persian‹ Writing System and the Ancient Oriental Epigraphic and Annalistic Traditions. In: W. B. Henning Memorial Volume. London 1970. S. 98–124.
67 Mayrhofer, M.: Das Altpersische seit 1964. Ebd. S. 276–298.
68 Mayrhofer, M.: Neuere Forschungen zum Altpersischen. In: Donum Indogermanicum. Festgabe für Anton Scherer. Heidelberg 1971. S. 41–66.
69 Kellens, J.: L'avestique de 1962 à 1972. In: Kratylos 16 (1971) S. 1–30.

70 Kellens, J.: L'avestique de 1962 à 1972: addenda et corrigenda. In: Kratylos 18 (1973) S. 1–5.
71 Hinz, W.: Neue Wege im Altpersischen. Wiesbaden 1973.
72 Schmitt, R.: Neue Wege zum Altpersischen. In: Göttingische Gelehrte Anzeigen 226 (1974) S. 95–113.
73 Brethauer, K. / Röhrbein, W. R.: Georg Friedrich Grotefend. Eine biographische Skizze. In: Die Welt des Alten Orients. Keilschrift – Grabungen – Gelehrte. [Ausstellungskatalog.] Göttingen 1975. S. 9–14.
74 Hinz, W.: Grotefends genialer Entzifferungsversuch. Ebd. S. 15–18.
75 Borger, R.: Grotefends erste »Praevia«. Einführung – Faksimile – Übersetzung – Kommentar. Ebd. S. 155–184.
76 Hoffmann, K.: Zur altpersischen Schrift. In: Ders.: Aufsätze zur Indoiranistik II. Wiesbaden 1976. S. 620–645.
77 Borger, R.: Dokumente der Entzifferung der altpersischen Keilschrift durch H. C. Rawlinson. In: Persica 7 (1975/78) S. 1–5.
78 Borger, R.: Die Entzifferungsgeschichte der altpersischen Keilschrift nach Grotefends ersten Erfolgen. Ebd. S. 7–19.
79 Pope, M.: Die Rätsel alter Schriften. Bergisch Gladbach 1978. S. 97–124. [Die persische Keilschrift.]
80 Mayrhofer, M.: Die altiranischen Namen. Tl. 2. Wien 1979.
81 Schmitt, R.: Altpersisch-Forschung in den Siebzigerjahren. In: Kratylos 25 (1980) S. 1–66.
82 Arndt, H.: Persepolis. Entdeckungsreisen in die Vergangenheit. Stuttgart 1984.
83 Seidl, U.: Iranische Felsreliefs von Kurangun und Nagṣ-e-Rustam. Berlin 1986. (Iranische Denkmäler. Reihe 2. Liefg. 12.)
84 Schmitt, R.: Altpersisch. In: Ders. (Hrsg.): Compendium Linguarum Iranicarum. Wiesbaden 1989. S. 56–85.
85 Mayrhofer, M.: Über die Verschriftung des Altpersischen. In: Historische Sprachforschung 102 (1989) S. 174–186.

Kapitel IV

86 Budge, E. A. W.: The Rise and Progress of Assyriology. London 1925.
87 Meissner, B.: Die babylonisch-assyrische Literatur. Wildpark / Potsdam 1930.

88 Chiera, E.: They Wrote on Clay. Chicago / London 1938. Nachdr. 1975. – Deutsch: Sie schrieben auf Ton. Zürich ³1953.
89 Pallis, S. A.: The Antiquity of Iraq. Kopenhagen 1956.
90 Kramer, S. N.: Geschichte beginnt mit Sumer. München 1959.
91 Hinz, W.: Zur Entzifferung der elamischen Strichschrift. In: Irania Antiqua 2 (1962) S. 1–21.
92 Labat, R.: Manuel d'épigraphie akkadienne. Paris 1963. ⁵1976.
93 Hinz, W.: Das Reich Elam. Stuttgart 1954.
94 König, F. W.: Die elamischen Königsinschriften. Graz 1965.
95 Jaritz, K.: Schriftarchäologie der altmesopotamischen Kultur. Graz 1967.
96 Kienast, B.: Keilschrift und Keilschriftliteratur. In: Frühe Schriftzeugnisse der Menschheit (9) S. 39–55.
97 Meriggi, P.: Altsumerische und proto-elamische Bildschrift. In: Zeitschrift der Deutschen Morgenländischen Gesellschaft. Suppl. Bd. 1. Wiesbaden 1969. S. 156–163.
98 Reiner, E.: The Elamite Language. In: Handbuch der Orientalistik. Abt. 1. Bd. 2. Abschn. 1 und 2. Lieferung 2: Altkleinasiatische Sprachen. Leiden / Köln 1969. S. 54–118.
99 Meriggi, P.: La scrittura proto-elamica. 3 Bde. Rom 1971–74.
100 Kramer, S. N.: Mesopotamien. Frühe Staaten an Euphrat und Tigris. Reinbek 1974.
101 Pope, M.: Die Rätsel alter Schriften. Bergisch Gladbach 1978. S. 125–137. [Andere Keilschriften.]
102 Le Brun, A. / Vallat, F.: L'origine de l'écriture à Suse. In: Cahiers de la Délégation Archéologique Française en Iran 8 (1978) S. 11–70.
103 Röllig, W. (Hrsg.): Altorientalische Literaturen. Wiesbaden 1978. [Auch zu Kap. II und V.]
104 Bermant, Ch. / Weitzman, M.: Ebla. Neu entdeckte Zivilisation im Alten Orient. Frankfurt a. M. 1979.
105 Pettinato, G.: The Archives of Ebla: An Empire Inscribed in Clay. Garden City, New York 1981.
106 Matthiae, P.: I tesori di Ebla. Rom / Bari 1984. ²1985.
107 Soden, W. von: Einführung in die Altorientalistik. Darmstadt 1985.

Kapitel V

108 Burckhardt, J. L.: Travels in Syria and the Holy Land. London 1822. – Deutsch: Reisen in Syrien, Palästina und der Gegend des Berges Sinai. 2 Bde. Weimar 1823–24.

109 Mordtmann, A. D.: Entzifferung und Erklärung der armenischen Keilschriften von Van und der Umgegend. In: Zeitschrift der Deutschen Morgenländischen Gesellschaft 26 (1872) S. 465–696. [Bes. S. 625–628 (Tarkumuwa-Siegel).]

110 Sayce, A. H.: The Hamathite Inscriptions. In: Transactions of the Society of Biblical Archaeology 5 (1876) S. 22–32.

111 Sayce, A. H.: The Bilingual Hittite and Cuneiform Inscription of Tarkondimos. In: Transactions of the Society of Biblical Archaeology 7 (1880) S. 294–308.

112 Sayce, A. H.: The Discovery of Archaic Hittite in Asia Minor. In: Proceedings of the Society of Biblical Archaeology 27 (1905) S. 43–47 [3 Taf.].

113 Winckler, H.: Nach Boghasköi! Leipzig 1912. (Der alte Orient. Jg. 14. H. 3.)

114 Hrozný, F.: Die Lösung des hethitischen Problems. In: Mitteilungen der Deutschen Orientgesellschaft 56 (1915) S. 17 bis 50.

115 Hrozný, F.: Die Sprache der Hethiter I. Leipzig 1917.

116 Forrer, E.: Die acht Sprachen der Boghazköi-Inschriften. In: Sitzungsberichte der Preußischen Akademie der Wissenschaften 53 (1919) S. 1029–1041.

117 Frank, C.: Die sogenannten hettitischen Hieroglyphen-Inschriften. Leipzig 1923.

118 Meriggi, P.: Die hethitische Hieroglyphenschrift. Eine Vorstudie zur Entzifferung. In: Zeitschrift für Assyriologie N.F. 5 (1930) S. 165–212.

119 Gelb, I. J.: Hittite Hieroglyphs. 3 Bde. Chicago 1931–42.

120 Forrer, E.: Die hethitische Bilderschrift. Chicago 1932.

121 Forrer, E.: Die Entzifferung der hethitischen Bilderschrift. In: Forschungen und Fortschritte 8 (1932) S. 3 f.

122 Bossert, H. Th.: Šantaš und Kupapa. Neue Beiträge zur Entzifferung der kretischen und hethitischen Bilderschrift. Leipzig 1932.

123 Friedrich, J.: Entzifferungsgeschichte der hethitischen Hieroglyphenschrift. Stuttgart 1939.

124 Bossert, H. Th.: Ein hethitisches Königssiegel. Berlin 1944.
125 Bossert, H. Th.: Die phönikisch-hethitische Bilingue vom Karatepe. In: Oriens 1 (1948) S. 163–192; 2 (1949) S. 72–120; Archiv Orientální 18 (1950) H. 3. S. 10–42; Jahrbuch für Kleinasiatische Forschung 1 (1950/51) S. 264–295; 2 (1952/53) S. 167–188, 293–339; Kronasser, H. (Hrsg.): Μνήμης χάριν. Gedenkschrift für P. Kretschmer. Bd. 1. Wien 1956. S. 40–51.
126 Güterbock, H. G.: Die Bedeutung der Bilinguen vom Karatepe für die Entzifferung der hethitischen Hieroglyphen. In: Eranos 47 (1949) S. 93–115.
127 Gelb, I. J.: The Contribution of the New Cilician Bilinguals to the Decipherment of Hieroglyphic Hittite. In: Bibliotheca Orientalis 7 (1950) S. 129–141.
128 Meriggi, P.: La bilingue di Karatepe in Canaaneo e geroglifici etei. In: Athenaeum 29 (1951) S. 25–99.
129 Barnett, R. D.: Karatepe, the Key to the Hittite Hieroglyphs. In: Anatolian Studies 3 (1953) S. 53–95.
130 Friedrich, J.: Zur Lesung der hethitischen Bilderschrift. In: Archiv Orientální 21 (1953) S. 114–139.
131 Riemschneider, M.: Die Welt der Hethiter. Stuttgart 1954.
132 Ceram, C. W.: Enge Schlucht und Schwarzer Berg. Reinbek 1956. [9]1976.
133 Bossert, H. Th.: Sie schrieben auf Holz. In: Minoica. Festschrift für J. Sundwall. Berlin 1958. S. 67–79 [4 Taf.].
134 Laroche, E.: Les hièroglyphes hittites. Tl. 1: L'écriture. Paris 1960.
135 Bossert, H. Th.: Ist die BL Schrift im wesentlichen entziffert? In: Orientalia 29 (1960) S. 423–442; 30 (1961) S. 110–118.
136 Mittelberger, H.: Studien zur Laut- und Formenlehre des Hieroglyphen-Hethitischen. Diss. Wien 1961 [Masch.].
137 Guerney, O. R.: The Hittites. Harmondsworth [4]1962. Neudr. 1981.
138 Meriggi, P.: Hieroglyphisch-Hethitisches Glossar. 2., völlig umgearb. Aufl. Wiesbaden 1962.
139 Kronasser, H.: Etymologie der hethitischen Sprache. Wiesbaden 1962–65. [4 Lieferungen in 1 Bd.].
140 Meriggi, P.: Manuale di eteo geroglifico. 4 Bde. Rom 1962–75.
141 Beran Th.: Die hethitische Glyptik von Bogazköy. Tl. 1: Die Siegel und Siegelabdrücke der vor- und althethitischen Perioden und die Siegel der hethitischen Großkönige. Berlin 1967.

142 Mittelberger, H.: Die hethitische Bilderschrift. In: Hausmann, U. (Hrsg.): Allgemeine Grundlagen der Archäologie. München 1969. S. 228–233.
143 Hawkins, J. D. / Morpurgo-Davies, A. / Neumann, G.: Hittite Hieroglyphs and Luwian: New Evidence for the Connection. In: Nachrichten der Akademie der Wissenschaften in Göttingen. Philologisch-Historische Klasse. 1973/6. S. 145–197.
144 Güterbock, H. G.: Die Inschriften. In: Bittel, K. [u. a.]: Das hethitische Felsheiligtum Yazilikaya. Berlin 1975. S. 167–187.
145 Pope, M.: Die Rätsel alter Schriften. Bergisch Gladbach 1978. S. 152–162. [Die hethitischen Hieroglyphen.].
146 Neumann, G.: System und Ausbau der hethitischen Hieroglyphenschrift. In: Nachrichten der Akademie der Wissenschaften in Göttingen. Philologisch-Historische Klasse. 1992/4. S. 23 bis 48.

Kapitel VI
Ägäische Schriften

147 Evans, A. J.: Scripta Minoa. The Written Documents of Minoan Greek. Bd. 1. Oxford 1909.
148 Myres, J. (Hrsg.): Scripta Minoa. Bd. 2. Oxford 1952.
149 Bartonek, A.: Die Silbenschriften des alten Ostmittelmeerraums. In: Das Altertum 5 (1959) S. 16–34.
150 Schachermeyr, F.: Die minoische Kultur des alten Kreta. Stuttgart 1964.
151 Buchholz, H.-G.: Die ägäischen Schriftsysteme und ihre Ausstrahlung in die ostmediterranen Kulturen. In: Frühe Schriftzeugnisse der Menschheit (9) S. 88–150.
152 Kerschensteiner, J.: Die mykenische Welt in ihren schriftlichen Zeugnissen. München 1970.
153 Marinatos, S.: Kreta, Thera und das mykenische Hellas. München 1976.
154 Chadwick, J.: The Mycenaean World. Cambridge 1976. – Deutsch: Die mykenische Welt. Stuttgart 1979.
155 Pope, M.: Die Rätsel alter Schriften. Bergisch Gladbach 1978. S. 163–177. [Evans und die ägäischen Schriften.].
156 Palaima, T. G.: The Development of the Mycenaean Writing System. In: Minos. Beih. 10 (1988) S. 269–342.

Linear B

157 Ventris, M. / Chadwick, J.: Evidence for Greek Dialect in the Mycenaean Archives. In: Journal of Hellenic Studies 73 (1953) S. 84–103.

158 Merlingen, W.: Die kretische Schrift entziffert. In: Der Mittelschullehrer und die Mittelschule 3 (1954) H. 9. S. 11–13.

159 Ventris, M. / Chadwick, J.: Documents in Mycenaean Greek. Cambridge 1956. ²1973.

160 Beattie, A. J.: M. Ventris' Decipherment of the Minoan Linear B Script. In: Journal of Hellenic Studies 76 (1976) S. 1–17.

161 Eilers, W.: Kretisch-Kritisches. Betrachtungen zur angeblichen Entzifferung der minoischen Strichschrift B. In: Forschungen und Fortschritte 31 (1957) H. 11. S. 326–332.

162 Grumach, E.: Bemerkungen zu M. Ventris / J. Chadwick: Evidence for Greek Dialect in the Mycenaean Archives. In: Orientalistische Literaturzeitung 52 (1957) Nr. 7/8. S. 293–342.

163 Chadwick, J.: The Decipherment of Linear B. Cambridge 1958. ²1967. – Deutsch: Linear B. Die Entzifferung der mykenischen Schrift. Göttingen 1959.

164 Palmer, L. R.: Mr. Ventris and his Critics. In: Orientalistische Literaturzeitung 53 (1958) Nr. 3/4. S. 101–117.

165 Webster, T. B. L.: From Mycenae to Homer. London 1958. – Deutsch: Von Mykene bis Homer. Anfänge griechischer Literatur und Kunst im Lichte von Linear B. München / Wien 1960.

166 Palmer, L. R.: The Interpretation of Mycenaean Greek Texts. Oxford 1963.

167 Levin, S.: The Linear B Decipherment Controversy Re-examined. New York 1964.

168 Heubeck, A.: Aus der Welt der frühgriechischen Lineartafeln. Göttingen 1966.

169 Geiss, H.: Untersuchungen zur Ventrisschen Entzifferung. In: Klio 48 (1967) S. 5–28.

170 Ekschmitt, W.: Die Kontroverse um Linear B. München 1969.

171 Chadwick, J.: The Linear-B-Tablets as Historical Documents. In: The Cambridge Ancient History. 3. Aufl. Bd. 2. Tl. 1. Cambridge 1973. S. 609–626.

172 Grumach, E.: The Cretan scripts and the Greek alphabet. In: Haas (10) S. 45–70.

173 Hiller, S./Panagl, O.: Die frühgriechischen Texte aus mykenischer Zeit. Zur Erforschung der Linear B-Tafeln. Darmstadt 1976. ²1986.
174 Pope, M.: Die Rätsel alter Schriften. Bergisch Gladbach 1978. S. 178–200. [Kober, Ventris und Linear B.]
175 Chadwick, J.: »Evidence« after 25 Years. In: Studi Micenei ed Egeo-Anatolici 20 (1979) S. 11–14.
176 Olivier, J.-P.: L'origine de l'écriture Linéaire B. In: Studi Micenei ed Egeo-Anatolici 20 (1979) S. 43–52.
177 Sampson, G.: A syllabic system: Linear B. In: Sampson (18) S. 62–76, 215.
178 Baumbach, L.: Linear B: Retrospect and Prospects. In: Minos 20–22 (1987) S. 69–75.
179 Chadwick, J.: Linear B and related scripts. In: Reading the Past (23) S. 137–195.

Linear A

180 Gordon, C. H.: The Language of the Hagia Triada Tablets. In: Klio 38 (1960) S. 63–68.
181 Davis, S.: The Decipherment of the Minoan Linear A and Pictographic Scripts. Johannesburg 1967.
182 Davis, S.: The Decipherment of Linear A. In: Studi Micenei ed Egeo-Anatolici 6 (1968) S. 90–100.
183 Godart, L.: La scrittura lineare A. In: La Parola del Passato 31 (1976) S. 30–37.
184 Godart, L.: Le linéaire A et son environnement. In: Studi Micenei ed Egeo-Anatolici 20 (1979) S. 27–42.
185 Chadwick, J.: Twenty-Seven-Years of Linear A. In: Actes du VIIe Congrès de la Fédération Internationale des Associations des Études Classiques. Bd. 2. Budapest 1983. S. 451–459.
186 Patria, E.: The Misunderstanding of Linear A. In: Minos 23 (1988) S. 15–37.

Hieroglyphen

187 Matz, F. [u. a.]: Kretisch-mykenische Siegel. Boppard a. Rhein 1974.
188 Olivier, J.-P.: La scrittura geroglifica cretese. In: La Parola del Passato 31 (1976) S. 17–23.

Diskos von Phaistos

189 Davis, S.: Remarks on the Phaistos Disk. In: Studi Micenei ed Egeo-Anatolici 2 (1967) S. 114–117.
190 Neumann, G.: Zum Forschungsstand beim Diskos von Phaistos. In: Kadmos 7 (1968) S. 27–44.
191 Olivier, J.-P.: Le Disque de Phaistos. Athen 1975.
192 Duhoux, Y.: Le Disque de Phaestos. Louvain 1977.

Kapitel VII

Etruskisch

193 Buonamici, G.: Epigrafia Etrusca. Florenz 1932.
194 Olzscha, K.: Interpretation der Agramer Mumienbinde. Leipzig 1939.
195 Pallottino, M. (Hrsg.): Testimonia Linguae Etruscae. Florenz 1954. Neudr. 1968.
196 Vacano, O. W. von: Die Etrusker – Werden und geistige Welt. Stuttgart 1955.
197 Pallottino, M.: Etruscologia. Mailand ^{3}1955. ^{6}1968.
198 Olzscha, K.: Schrift und Sprache der Etrusker. In: Historia 6 (1957) S. 34–52.
199 Banti, L.: Die Welt der Etrusker. Stuttgart 1960.
200 Heurgon, J.: La vie quotidienne chez les Étrusques. Paris 1961. – Deutsch: Die Etrusker. Stuttgart 1971. ^{2}1977.
201 Georgiev, V. I.: Hethitisch und Etruskisch. Sofia 1962.
202 Rix, H.: Etruskisch (seit 1951). In: Kratylos 8 (1963) S. 113 bis 158.
203 Pfiffig, A. J.: Ist das Etruskische mit dem Hethitischen verwandt? In: Die Sprache 9 (1963) S. 48–68.
204 Pfiffig, A. J.: Studien zu den Agramer Mumienbinden. Der etruskische liber linteus. Wien 1963.

205 Georgiev, V. I.: Etruskisch ist Späthethitisch. In: Die Sprache 10 (1964) S. 159–167.
206 Olzscha, K.: Aus einem etruskischen Priesterbuch. Die X. und XI. Spalte der Agramer Mumienbinden. In: Glotta 42 (1964) S. 229–268.
207 Pallottino, M. [u. a.]: Scavi nel santuario etrusco di Pyrgi. In: Archaeologia classica 16 (1964) S. 49–117.
208 Pfiffig, A. J.: Uni-Hera-Astarte. Studien zu den Goldblechen von S. Severa/Pyrgi mit etruskischer und punischer Schrift. Wien 1965.
209 Pallottino, M.: Die Etrusker. Frankfurt a. M. 1965.
210 Olzscha, K.: Die punisch-etruskischen Inschriften von Pyrgi. In: Glotta 44 (1967) S. 60–108.
211 Georgiev, V. I.: Die hethitische Herkunft der etruskischen Morphologie. In: Studi Micenei ed Egeo-anatolici 4 (1967) S. 55–91.
212 Pfiffig, A. J.: Ein Opfergelübde an die etruskische Minerva. Studien und Materialien zur Interpretation des Bleistreifens von S. Marinella. Wien 1968.
213 Pfiffig, A. J.: Die etruskische Sprache. Versuch einer Gesamtdarstellung. Graz 1969.
214 Olzscha, K.: Etruskischer Literaturbericht. In: Glotta 47 (1970) S. 279–323; 48 (1970) S. 260–294.
215 Rix, H.: Die moderne Linguistik und die Beschreibung des Etruskischen. In: Kadmos 10 (1971) S. 150–170.
216 Pfiffig, A. J.: Einführung in die Etruskologie. Probleme, Methoden, Ergebnisse. Darmstadt 1972. ^{3}1989.
217 Georgiev, V. I.: Etruskisch und Hethitisch. Ein Vergleich der bekannten Tatsachen der etruskischen Grammatik. In: Balkansko Ezikoznanie (Linguistique Balkanique) 17 (1974) H. 1 S. 5–40.
218 Pfiffig, A. J.: Zum Methodenstreit in der etruskischen Sprachwissenschaft. In: Kadmos 13 (1974) S. 137–145.
219 Cristofani, M.: Recent Advances in Etruscan Epigraphy and Language. In: Italy before the Romans. Hrsg. von D. und F. R. S. Ridgway. London/New York/San Francisco 1979. S. 373 bis 412.
220 Maggiani, A.: Qualche osservazioni sul fegato di Piacenza. In: Studi Etruschi 50 (1982) S. 53–88.

221 Bonfante, G./Bonfante, L.: The Etruscan Language. An Introduction. Manchester/New York 1983. – Ital. (durchges. Ausg.): Lingua e cultura degli Etruschi. Rom 1985.
222 Van der Meer, L. B.: The Bronze Liver of Piacenza: Analysis of a Polytheistic Structure. Amsterdam 1987.
223 Adrados, F. R.: Etruscan as an IE Anatolian (but not Hittite) Language. In: Journal of Indo-European Studies 17 (1989) S. 363–389.
224 Macnamara, E.: The Etruscans. London 1990.
225 Bonfante, L.: Etruscan. In: Reading the Past (23) S. 321–378.
226 Neu, E.: Etruskisch – eine indogermanische Sprache Altanatoliens? In: Historische Sprachforschung 104 (1991) S. 9–28.

Indusschrift

227 Marshall, J.: Mohenjo Daro and the Indus Civilization. 3 Bde. London 1931.
228 Meriggi, P.: Zur Indusschrift. In: Zeitschrift der Deutschen Morgenländischen Gesellschaft N. F. 12 (1934) S. 198–241.
229 Hunter, G. R.: The Script of Harappa and Mohenjodaro and its Connection with other Scripts. London 1934.
230 Hevesy, M. G. de: Osterinselschrift und Indusschrift. In: Orientalistische Literaturzeitung 37 (1934) Nr. 11. S. 665–674.
231 Mackay, E. J. H.: Early Indus Civilization. London 1935.
232 Mackay, E. J. H.: Further Excavations at Mohenjo Daro. 2 Bde. Delhi 1937–38.
233 Hrozný, B.: Inschriften und Kulturen der Proto-Inder von Mohenjo-Daro und Harappa. In: Archiv Orientální 12 (1941) S. 192–259; 13 (1942) S. 1–102.
234 Piggot, St.: Prehistoric India. Harmondsworth ³1961.
235 Knorozov, Y. [u. a.]: Proto-Indica: Brief Report on the Investigation of Proto-Indian Texts. Moskau 1968.
236 Wheeler, M.: The Indus Civilization. Cambridge ³1968.
237 Parpola, A. [u. a.]: Decipherment of the Proto-Dravidian Inscriptions of the Indus Civilization. Kopenhagen 1969.
238 Parpola, A. [u. a.]: Progress in the Decipherment of the Proto-Dravidian Indus Script. Kopenhagen 1969.
239 Parpola, A. [u. a.]: Further Progress in the Indus Script Decipherment. Kopenhagen 1970.

240 Brice, W.: The Copenhagen Decipherment of the Proto-Indic Script. In: Kadmos 9 (1970) S. 22–28.
241 Koskenniemi, S. / Parpola, A. / Parpola, S.: Material for the Study of the Indus Script. I. A Concordance to the Indus Inscriptions. Helsinki 1973.
242 Mahadevan, I.: The Indus Script: Texts, Concordances and Tablets. Neu Delhi 1977.
243 Jaritz, K.: Zum Problem der Indusschrift. In: Stiegner, R. G. (Hrsg.): Al-Hudhud. Festschrift für Maria Höfner. Graz 1981. S. 113–131.
244 Allchin, B. / Allchin, R.: The Rise of Civilization in India and Pakistan. Cambridge 1982.
245 Hembram, N.: Austric Civilization of India. Kalkutta 1982.
246 Parpola, A.: Interpreting the Indus Script. In: Lal, B. B. / Gupta, S. P. (Hrsg.): Frontiers of the Indus Civilization. Neu Delhi 1984. S. 179–192.
247 Rao, S. R.: New Light on Indus Script and Languages. Ebd. S. 193–200.
248 Fairservis, W. A.: Harappan Civilization According to its Writing. In: Allchin, B. (Hrsg.): Papers from the Sixth Conference of South Asian Archaeologists in Western Europe. Cambridge 1984. S. 162–165.
249 Parpola, A.: The Indus Script: A Challenging Puzzle. In: World Archaeology 17 (1985/86) H. 3. S. 399–419.
250 Mahadevan, I.: Study of the Indus Script: A Bi-Lingual Approach. In: Krishnamurti, Bh. (Hrsg.): South Asian Languages. Structure, Convergence, and Diglossia. Delhi 1986. S. 113–119.
251 Jansen, M.: Die Indus-Zivilisation. Wiederentdeckung einer frühen Hochkultur. Köln 1986.

Osterinselschrift

252 Routledge, S.: The Mystery of Easter Island. London 1919.
253 Hevesy, M. G. de: Osterinselschrift und Indusschrift. In: Orientalistische Literaturzeitung 37 (1934) Nr. 11. S. 665–674.
254 Englert, S.: Tradiciones de la Isla de Pascua. Padre Las Casas (Chile) 1939.
255 Englert, S.: La Tierra de Hotu Matu'a. Padre Las Casas (Chile) 1948.

256 Butinow, N. A. / Knorosow, J.: Preliminary Report on the Study of the Written Language of Easter Island. In: Journal of the Polynesian Society 66 (1957) S. 5–17.
257 Métraux, A.: Die Osterinsel. Stuttgart 1957.
258 Heyerdahl, T.: Aku-Aku. Das Geheimnis der Osterinsel. Berlin 1957.
259 Barthel, Th. S.: Grundlagen zur Entzifferung der Osterinselschrift. Hamburg 1958.
260 Heyerdahl, T. / Ferdon, E.: Archaeology of Easter Island. Reports of the Norwegian Archaeological Expedition to Easter Island and the East Pacific. Bd. 1. Stockholm 1961.
261 Barthel, Th. S.: Rongorongo-Studien. (Forschungen und Fortschritte bei der weiteren Entzifferung der Osterinselschrift). In: Anthropos 58 (1963) S. 372–436.
262 Barthel, Th. S.: Diskussionsbemerkungen zu einem Rongorongo-Text: Acta Ethnographica Academiae Scientiarum Hungariae. Bd. 12. Budapest 1963.
263 Heyerdahl, T. / Ferdon, E.: Miscellaneous Papers. Reports of the Norwegian Archaeological Expedition to Easter Island and the East Pacific. Bd. 2. Stockholm 1965.
264 Barthel, Th. S.: Entzifferungen früher Schriftsysteme in Alt-Amerika und Polynesien. In: Frühe Schriftzeugnisse der Menschheit (9) S. 151–176.
265 Felbermayer, F.: Sagen und Überlieferungen der Osterinsel. Nürnberg 1971.
266 Barthel, Th. S.: Das achte Land. Die Entdeckung und Besiedlung der Osterinsel. Nach Eingeborenentraditionen übersetzt und erläutert. München 1974.
267 Barthel, Th. S.: Eingekerbte Vergangenheit. Die Zukunft der Rongorongo-Studien. In: Esen-Baur, H.-M. (Hrsg.): [Katalog] 1500 Jahre Kultur der Osterinsel. Mainz 1989. S. 125–133.
268 Guiart, J.: Die Schriftzeichen der Osterinsel. Ebd. S. 134–138.
269 Barthel, Th. S.: Wege durch die Nacht. Rongorongo-Studien auf dem Santiagostab. In: Esen-Baur, H.-M. (Hrsg.): States and Perspectives of Scientific Research in Easter Island Culture. Frankfurt a. M. 1990. S. 73–112.

Abbildungsnachweis

Die Abbildungen sind zum größten Teil den dieser Edition vorausgehenden Ausgaben entnommen:
Ernst Doblhofer (I): Zeichen und Wunder. Die Entzifferung verschollener Schriften und Sprachen. Wien/Berlin/Stuttgart: Paul Neff, 1957.
Ernst Doblhofer (II): Zeichen und Wunder. Die Entzifferung verschollener Schriften und Sprachen. München: Deutscher Taschenbuch Verlag, 1964.
Ernst Doblhofer (III): Le Déchiffrement des écritures. [Paris:] Arthaud, 1959.

Bei den Einzelnachweisen, die ebenfalls weitgehend den genannten Ausgaben entnommen sind, beziehen sich die Ziffern nach den Namen auf die Nummern der Bibliographie. Nach dem Doppelpunkt folgt die Nummer der Abbildung.

Michel Audrain (Doblhofer III): 40, 49   Nach Th. Barthel: 104
Bossert (122): 73   Bossert (125): 75   Georges Bourdelon (Doblhofer III): 47   British Museum, London: 19   Chadwick (163): 86   Diringer (4): 8, 93, 99, 101, 103   A. Erman, *Die Hieroglyphen*, 1912: 11, 25, 27, 29, 30, 35   Evans (147): 79, 82, 92, 93   Friedrich (25): 10, 17, 18, 52, 53, 54, 59, 63, 64, 65, 67, 68, 74, 77   Friedrich (123): 76   Gelb (5): 15   *Georg Friedrich Grotefend. 1775–1853*, Festschrift seiner Vaterstadt zu seinem Gedenken, Hannoversch Münden 1975: 43   Hawkins/Morpurgo-Davies/Neumann (143): 78   Ferdinand Hinzen, Aachen (Doblhofer I): 72   S. Huber, *Im Reich der Inkas*, Olten/Freiburg i. Br. ^{2}1956: 2   Jensen (1): 3, 4, 5, 7, 12, 13, 14, 20, 21, 24, 26, 28, 31, 32, 33, 34, 36, 37, 38, 39, 48, 50, 56, 57, 58, 60, 61, 62, 80   *Kadmos* 22 (1983) Heft 1: 69   Linden-Museum, Stuttgart: 1   Meriggi (118): 70   Merlingen (158): 90   L. Messerschmidt, *Die Entzifferung der Keilschrift*, in: *Der Alte Orient* 5 (1903) Heft 2: 42, 44, 45, 51   *Minos* 20–22 (1987): 88
Pallottino (209): 97   Reclam Archiv: 16, 46, 55, 71, 81   *Scrivere Etrusco*. Mailand 1985: 98   Tschichold (35): 6   Ullstein-Bilderdienst, Berlin (Doblhofer I): 22, 23, 95, 96, 100, 102   Ventris/Chadwick (157): 89   Ventris/Chadwick (159): 83, 84, 87, 91, 94   *Weltstimmen*, Heft 8: 9   Yan (Doblhofer III): 66

Register

Agramer Mumienbinden 301 f.
Ägyptische Schrift 31, 36 f., 45–100
Åkerblad, David 44, 58–62, 71
Akrophonie 37
Alkim, Bahadir 238
»Alphabet«, ägyptisches, s. Lautzeichen, einkonsonantige ägyptische
Alphabete
  altpersisches 142
  altsemitisches 37 f.
  armenisches 11
  etruskisches 297 f.
  griechische 39
  meroitische 95–97
  phönizisches 12, 39
  Ursprung 42 f.
»Alpine« Schriften 12
Altamira 22
Altiberische Schrift 12
Altpersische Schrift s. Keilschrift
Altsumerische Schrift 29 f., 158, 170
Anatolische Schriften 12
»Änigmatische« Schrift 45
Anquetil-Duperron, Abraham Hyacinthe 111–113, 115, 126
Arabische Schrift 12
Arzawa-Briefe 203, 206 f., 209, 213
Assyrische Schrift s. Keilschrift
Athenaios 101
Avesta, Avestisch 112, 115, 124, 127, 137, 141

Babylonische Sprache 146
Babylonische Schrift s. Keilschrift
Banerdschi, R. D. 305
Bankes, William John 75, 79 f.
Barnett, R. D. 221, 233
Barth, Heinrich 138
Barthel, Thomas 281, 314–320
Barthélemy, Abbé 69, 151

Beattie, A. J. 283
Bauer, Hans 180
Beauchamps, Abbé 150
Beer, E. E. F. 139
Behistun-Inschriften 101, 130–136, 139–154, 157
Belzoni, Giovanni Battista 74, 79
Benaga, Sockel von 95
Bennett, Emmett L. 259, 268, 270
Bezold, Carl 161, 175
Bilderchronik der Crow-Indianer 23 f.
Bilderschrift s. Piktographie
Bildhethitisch s. hieroglyphenhethitische Sprache
Bildzeichen s. Piktographie
Birch, Samuel 89, 159, 163
Bittel, Kurt 235
Blegen, Carl W. 259 f., 277 f., 283
Boghazköy 191, 203–207, 212, 214, 245, 247
Bonjour, Pater 69
Borger, Rykle 125
Bossert, Helmuth Theodor 221, 229–243, 245
Botenstäbe 14
Botta, Paul Emile 113, 151 f., 157 f., 167
Boussard, Andre Joseph 55
Brugsch, Heinrich 89
Bruin, Cornelius de 108–110
Brunner, Helmut 90
Buchstabenschrift allgemein 36, 38 bis 40
Budge, E. A. W. 138
Bugge, Sophus 203
Bunsen, Karl Josias von 86
Buondelmonte 253
Burckhardt, Johann Ludwig 186 f.
Burnouf, Eugène 127, 137 f., 141
Butinow, N. A. 319

Register

Cailliaud, Frédéric 95
Caylus, Graf 113
Chadwick, John 256, 268, 270, 273 bis 281, 284–286, 294 f.
Champollion, Jean François 44, 52, 58, 65–90, 113, 124, 210, 267, 302
Champollion-Figeac, Jacques Joseph 65–69, 71
Chantre 203, 207
Chardin, Jean 105 f.
Chester, Greville 251
Chinesische Schrift 12, 35
Churritisch s. Hurrisch
Clemens von Alexandrien 45
Cowley, A. E. 215, 228, 258, 265

Dacier, Bon Joseph 74, 84
Dananiyim, Danaer 242
Dareios I. (Dārajawausch) 14, 20, 101–103, 110, 121–124, 131–133, 137–140, 143, 145–147
Davis, S. 289, 295
Delitzsch, F. 208
Demotische Schrift s. ägyptische Schrift
Determinative
  ägyptische 81, 89
  babylonische 156, 177–179, 244
  elamische 146
  hieroglyphenhethitische 191, 196, 198, 213, 221, 244
Dhorme, Édouard 180 f.
Diakonoff, I. M. 143
Diodor 45, 68, 101, 104
Dunand, Maurice 181

Ebers, Georg 56
Echnatons Sonnengesang 99, 102
Eckardt, Andre 28
Ehelolf, H. 212, 218
Eilers, W. 284
Ekschmitt, W. 284
Elamische Sprache 146–150
Elwend-Inschriften 130, 137, 139 f.
Erman, Joh. Peter Adolf 45, 84
Etruskische Schrift 296–304

Etruskische Sprache 267–270, 296 bis 304
Eusebios 45, 101
Evans, Arthur 251–257, 260, 265, 270, 287 f., 290, 293

Felszeichnungen 21 f.
Figulla, H. H. 207
Flower, S. 106
Forrer, Emil 212–216, 221–229
Fourier, Jean Baptiste 67–69
Fox Talbot, William Henry 159, 161 f.
Frank, Carl 215
Fresnel, Fulgence 160
Friedrich, Johannes 31, 50, 169, 212, 219, 223, 235, 239, 307

Garcilaso de la Vega 17
Gardiner, Alan 90
Garstang, John 203
Gegenstandsbriefe 18–20
Gegenstandsschrift 13–20
Gelb, Ignace J. 41–43, 221–223, 235 f.
Gilgamesch-Epos 164–167, 182, 200
Goethe, Johann Wolfgang 296
Goetze, A. 212
Gollmer 19
Gordon, Cyrus H. 289
»Gottesschrift« 11
Griechische Schrift 12, 39
Griffith, F. L. 95, 97
Grotefend, Georg Friedrich 113, 117–127, 138–142, 146 f., 158, 160, 210, 219, 302
Grumach, E. 283 f.
Guignes, Joseph de 63, 69
Güterbock, H. 235

Halbherr, F. 291
Hamath (Hama) 186 f., 190 f., 196 f., 219
Hamath-Steine 186, 198, 248, 252
Hammer-Purgstall, Joseph 84
Hammurapis Gesetze 226 f.

Register

Harappa 304 f.
Hartleben, H. 79
Hawkins, J. D. 245
Hebräische Schrift 12
Heeren, Arnold Hermann Ludwig 118, 124
Herodot 14, 20, 44 f., 68, 101, 121, 138, 194, 297
Hethitisch s. Hieroglyphen; Keilschrift
Hevesy, W. von 320
Heyne, Christian Gottlob 118
Hieratische Schrift 31, 33, 61, 72, 89 f.; s. *auch* ägyptische Schrift
Hieroglyphen
  ägyptische 31, 33, 37, 44–100, 244
  hethitische 184–250, 258
  kretische 232, 251–255, 287–295
  meroitische 95–97
Hieroglyphenhethitische Sprache 184–250
Hincks, Edward 89, 141, 154–156, 159, 161 f., 169
Hintze, F. 97
Hjelmslev, L. 41
Hoffmann, K. 143
Hölderlin, Friedrich 6, 184
Homer 66, 181, 189, 242, 251 f., 259, 271, 282
Horapollon 45 f., 51, 52, 253
Hrozný, Friedrich (Bedřich) 207 bis 212, 215, 217, 231, 234 f., 302, 311
Humboldt, Alexander von 86
Humboldt, Wilhelm von 84
Hunter, G. R. 305 f.
Hurrisch 215
Hystaspes (Wischtāspa) 122–124, 132, 139

Ibrahim, Scheich s. Burckhardt, Johann Ludwig
Ideenschrift s. Ideographie
Ideographie 21–31, 41
Indusschrift 304–313, 320 f.

Jacquet, E. V. St. 139
Janson, Karel 28
Japanische Schrift 12, 35 f.
Jaussen, Bischof 314 f.
Jensen, Hans 18 f., 21, 41
Jensen, Peter 199–202, 216 f., 219, 224, 233
Jessup 186 f.
Johnson, Augustus 186–188

Kämpfer, Engelbert 106–111
Kanopus, Dekret von 89, 277
Karatepe (»Schwarzer Berg«), Bilingue von 238–243, 245, 248, 277
Karkemisch 190, 196, 200, 204, 213, 219 f., 243 f.
Katakana-Silbenschrift 33 f.
Keilhethitisch s. Keilschrifthethitische Sprache
Keilschrift
  akkadische s. babylonische
  altpersische 37, 101–143
  altsumerische 29 f.
  assyrische s. babylonische
  babylonische 12, 108, 113, 125, 136, 146, 149–183, 244
  elamische 113, 134 f., 144–150
  hethitische 202–250
Keilschriften, mesopotamische s. Keilschrift, babylonische; elamische
Keilschrifthethitische Sprache 184–250, 302
Kerbhölzer 13 f.
Kerbstöcke 13 f.
Kircher, Athanasius 49–52
Knotenschnüre 14–17
Knudtzon, J. A. 203, 209
Knossos(-täfelchen) 250–271, 276, 278, 280
Kober, Alice J. 260–265, 268, 271, 284, 308
Kohelet, babylonischer 182 f.
Königssiegel, hethitische 235–237
Koptische Sprache 51–53, 59, 70, 73
Krahmer 26

Krall, J. 301
Kretische Schrift s. Linearschrift A und B
Kryptographie 215
Ktistopoulos, K. D. 268
Kurzschriftsysteme 40
Kyrill 11
Kyrillische Schrift 12
Kyros (Kurusch) II. der Große 102 f., 132, 146, 150
Kyros-Grab 103, 113

Laroche, E. 245 f.
Lassen, Christian 127, 137, 141, 160
Laut-Rebus 19, 34, 92 f., 315
Lautschrift 34
Lautschriften, wissenschaftliche 40
Lautzeichen, einkonsonantige ägyptische 93 f.
Lautzeichen, zweikonsonantige ägyptische 93
Layard, Austen Henry 114, 151 f., 164, 167, 188
Lehrgedicht, babylonisches 182 f.
Leibniz, Gottfried Wilhelm 49, 53 bis 55, 69
Lepsius, Richard 86–89, 95, 297
Letronne, Jean Antoine 79 f.
Levin, S. 284
Linearschrift A, kretische 256, 287 bis 295
Linearschrift B, kretische 251–295, 308
Logogramm 31
Löwenstern 152–156
Luvisch 215, 217

Mackay, E. J. H. 305
Madhu Sarup Vats 305
Mallowan, M. E. L. 152
Mans, Raphael du 107
Marasch 190, 196, 219, 248
Marshall, John 305
Matthiae, P. 180
Mayrhofer, M. 142 f.
McLuhan, Marshall 10

Mehemet Ali 75
Mehrwertigkeit babylonischer Keilschriftzeichen 156–158, 174–177
Meißner, Bruno 234
Menant, J. 198
»Menschenschrift« 11
Meriggi, Piero 149, 217–221, 225, 234, 245 f., 296, 306
Merlingen, W. 278
Meroitische Schrift 95–97
Mesrop 11
Messerschmidt, Leopold 198–200, 215
Method 11
Meyer, Wilhelm 125
Mittelberger, H. 245 f.
Mohendscho-daro 304 f.
Mohl, Julius 151
Mopsos 230, 243
Mopsuhestia 243
Mordtmann, A. D. 192–196, 202
Morenz, S. 90
Morpurgo-Davies, A. 245 f.
Mourier, James Justin 113
Müller, D. H. 208
Münter, Friedrich Christian Karl Heinrich 115–117, 120, 126
Mursilis' II. Pestgebete 249 f.
Myres, John 270, 273, 275

Naksch i-Rustam 103, 147
Napoleon Bonaparte 53–55, 57, 64, 66–68, 73, 110
Nesisch s. Keilschrifthethitische Sprache
Neumann, Günter 245 f., 294 f.
Niebuhr, Carsten 52 f., 55, 107, 109, 114–116, 119, 127, 138
Norris, Edwin 140, 147, 159, 161
Nsibidi-Schrift 31

Olivier, J.-P. 290
Olzscha, K. 303
Omar, Kalif 46, 103
Oppert, Julius (Jules) 159–162, 169, 175

Osterinselschrift 311–321
Ouseley, William 113

Palaisch 215
Pallottino, Massimo 303
Palmer, L. R. 284, 289
Parsen 111f., 126, 128
Pascal, Blaise 11
Pasiega-Höhle 21
Pehlevischrift 58, 119f.
Peiser, F. E. 199, 207
Penn, William 18
Pernier, L. 290
Pettinato, G. 180
Pfiffig, A. J. 303
Phaistos-Diskos 291–295
Philae-Obelisk 74f., 79
Picto s. Welthilfsschriften
Piktographie 21–32
Plinius d. Ä. 68
Plutarch 45, 68, 195
Pope, M. 289
Porphyrios 45
Porter, Robert Ker 113
Prašek, Justin V. 207
Protohattisch s. Hattisch
Pylos(-täfelchen) 259f., 267, 277 bis 283

Quipus s. Knotenschnüre

Rai Bahadur Daya Ram Sahni 305
Raphael, Dom 68, 71
Rask, Rasmus Christian 125f., 128
Rassam, Hormuzd 164, 166
Rawlinson, Henry Creswicke 127 bis 131, 134–142, 144, 147, 152, 154f., 157–163, 167, 176
Reinisch, Leo 88
Rich, Claudius James 113f., 151
Rosellini, Ippolito 85, 88
Rosenkranz 14
Rosette-Stein 53–64, 71, 73, 77, 145, 240
Runen 12

Sacy, Sylvestre de 58–60, 62, 69–71, 81, 86, 115, 119f.
Safo s. Welthilfsschriften
Sahak, Katholikos 11
Saint-Martin, Antoine Jean 140
Salt, Henry 74, 84
Sampson, G. 41
Sayce, Archibald Henry 188–198, 201, 203f., 207, 216, 228, 238, 252
Schliemann, Heinrich 204, 253
Schneider, H. 91
Schott, S. 90
Schrader, Eberhard 199
Schreibmaterial 31, 41–43
Schrift
  Alter 10
  Arten 13–43
  Definition 13
  Normierung 30f.
  Phonetisierung 32
  Ursprung 11
  Vorstufen 13–31
  Wert 11
  Wesen 9f.
Schulz, E. F. 137
Sethe, Kurt 90
Sharp, R. N. 142
Silbenschrift 34–36; s. auch Hieroglyphen, hethitische; Japanische Schrift; Keilschrift, babylonische und elamische; Linearschrift B, kretische; zyprische Silbenschrift
Silva Figueroa, Garcia de 104
Sintflutsage, babylonische s. Gilgamesch-Epos
Sittig, Ernst 280
Smith, George 144, 162–169, 190
Sommer, F. 212
»Sprechende Hölzer« s. Osterinselschrift
Steinherr, Franz 240
Strabo 68, 101
Sturtevant, E. H. 212
Subhi Pascha 187
Sumerer, Sumerisch 29f.

Tarkondemos-Siegel s. Tarkumuwa-Siegel
Tarkumuwa-Siegel 192–196, 235
Texier, Charles 191, 203
Thompson, R. C. 213, 222 f.
Torp, A. 203
Totenbücher, ägyptische 75 f.
Toynbee, Arnold 10
Tschichold, Jan 22
Tychsen, Oluf Gerhard 114–116
Tychsen, Thomas Christian 118, 124

Valle, Pietro della 52, 104 f., 115
Vater, Johann Severin 61
Ventris, Michael 256, 266–281, 284, 289, 302
Vergil 66, 189
Virolleaud, Charles 180

Wace, A. J. 289
Wampumgürtel 17 f., 25
Ward, Hayes 188

Weidner, Ernst 211
Welthilfsschriften 28, 118
Westendorf, W. 90
Westergaard, Niels Ludwig 147
Weule, Karl 18
Winckler, Hugo 204–207, 231, 248
Winter-Zählung Lonedogs 24
Wortbildschrift 25, 31, 34
Wortlautschrift 32, 34
Wright, William 187 f., 197, 252
Wulfila 11

Xerxes 103, 110, 113, 121–124, 139, 152–154, 194

Yazilikaya 191
Young, Thomas 58, 60–64, 72 f., 75, 78, 80, 84, 122, 159

Zoega, Johann Georg 63
Zyprische Silbenschrift 164, 223, 271